Energie- und Infrastrukturrecht

Band 21

Schriftenreihe
Energie- und Infrastrukturrecht

Herausgegeben von

Prof. Dr. Christian Theobald
Prof. Dr. Gabriele Britz
Christian Held

Band 21

Verlag C.H. Beck München 2013

Kartellrechtliche Entflechtung im Energiesektor

von

Tilmann M. Schreiber

Verlag C. H. Beck München 2013

www.beck.de

ISBN 978 3 406 65866 2

Wilhelmstraße 9, 80801 München

Druck: Nomos Verlagsgesellschaft
In den Lissen 12, 76547 Sinzheim

Satz: Typo&Grafik, Berlin

Gedruckt auf säurefreiem, alterungsbeständigen Papier
(hergestellt aus chlorfrei gebleichtem Zellstoff)

Für Franzi und Jan

Geleitwort

Eine funktionsfähige Infrastruktur ist seit jeher eine Voraussetzung wirtschaftlicher und gesellschaftlicher Entwicklung. So bezeichnete schon *ADAM SMITH* – als eine von drei Ausnahmen der Güterallokation über den Markt – die Verantwortlichkeit für die wirtschaftliche Infrastruktur als Staatsaufgabe. Nicht zuletzt die Erkenntnisse in den Wirtschaftswissenschaften, dort in der Netzökonomie sowie der Institutionenökonomik, und der ökonomischen Analyse des Rechts in den vergangenen 30 Jahren haben der seit Jahrhunderten geführten Diskussion der „richtigen" Aufgabenverteilung zwischen Staat und Wirtschaft eine neue Dimension verliehen. In vielen Bereichen scheint sich der bisherige Leistungsstaat zum Gewährleistungsstaat zu wandeln, der sich auf die Überwachung der Erfüllung der Aufgaben durch Private beschränkt. Eine zentrale Frage ist und wird auch künftig immer bleiben, wer für die Bereitstellung der wesentlichen Infrastruktureinrichtungen verantwortlich ist. Hierzu zählen wir neben den klassischen Infrastrukturen des Straßen-, Schiffs- und Schienenverkehrs, der Strom-, Gas-, Fernwärme- und Wasserversorgung auch die Bereiche des Luftverkehrs, der Telekommunikation, der Postdienste sowie des Rundfunkwesens. Die meisten der genannten Bereiche sind auf das Vorhandensein von festen Leitungen bzw. Trassen oder aber Netzsystemen angewiesen, welche entweder aus tatsächlichen, wirtschaftlichen oder rechtlichen Gründen, nicht beliebig duplizierbar sind.

Die derzeitige Fragmentierung dessen, was auch als Daseinsvorsorge oder Erfüllung öffentlicher Aufgaben verstanden wird, führt nicht zuletzt zu einer zunehmenden Zahl von Spezialgesetzen: Eine entsprechende parallele Rezeption in immer neuen Spezialzeitschriften und Kommentierungen der Fachgesetze verleitet mehr und mehr dazu, das Ganze, d.h. die wesentlichen Gemeinsamkeiten und zugleich die wesentlichen Unterschiede, aus den Augen zu verlieren, ein Phänomen der, um mit den Erkenntnissen der Luhmann'schen Systemtheorie zu sprechen, Ausdifferenzierung der Gesellschaft im Allgemeinen und des Rechts im Besonderen.

Dem gegenwirkenden, erforderlichen ganzheitlichen Ansatz soll die neue Schriftenreihe Rechnung tragen. Da das Energiewirtschaftsrecht als ein Bestandteil des übergeordneten Infrastrukturrechts gegenwärtig das wohl wirtschaftlich bedeutsamste und auch publizistisch am intensivsten bearbeitete Rechtsgebiet ist, hat sich aus unserer Sicht die Bezeichnung „Energie- und Infrastrukturrecht“ angeboten. Die Schriftenreihe behandelt Rechtsfragen aus der Energie- und der übrigen Infrastrukturwirtschaft im oben erläuterten Sinne. Kommunalrecht, Vergabe- und Wettbewerbsrecht, Europa- und Verfassungsrecht sowie interdisziplinäre Betrachtungen werden dabei ständig eine wichtige Rolle spielen.

Der ganzheitliche Ansatz soll auch durch die Herausgeber gewährleistet werden, die rechtswissenschaftliche Tätigkeit und anwaltliche Praxis repräsentieren. In einer Zeit, die durch grundsätzliche Veränderungen und Umbrüche in den betroffenen Rechtsgebieten gekennzeichnet ist, wollen die Herausgeber Zeichen setzen. Dogmatische Konturen und praktische Relevanz sind dabei die Anliegen.

Die vorliegende Untersuchung beschäftigt sich mit den Möglichkeiten einer kartellrechtlichen Entflechtung im Stromsektor. Damit greift der Verfasser eine grundlegende Frage auf, die im Rahmen der 8. GWB-Novelle erneut kritisch diskutiert wurde. Der Verfasser weist nach, dass die in § 41a GWB geplante Entflechtungsregelung zwar zulässig ist, aber im Stromsektor nicht angewendet werden sollte. Umfassend beschreibt die Untersuchung die kartellrechtliche Wahrnehmung der energiewirtschaftlichen Wertschöpfungsprozesse und die Probleme des geltenden Kartellrechtsregimes. Zugleich liefert der Verfasser mit der wettbewerbspolitischen, ökonomischen, verfassungs- und europarechtlichen Analyse der Entflechtungsvorschrift einen Beitrag zur kartellrechtlichen Debatte um die Legitimität und Reichweite struktureller Maßnahmen im GWB.

Berlin und Gießen, im August 2013 *Die Herausgeber*

Vorwort des Autors

Die Rechtswissenschaftliche Fakultät der Albert-Ludwigs-Universität hat die vorliegende Arbeit im Mai 2013 als Dissertation angenommen. Der Untersuchung liegt der Rechtsstand vom 1. Juli 2013 zugrunde. Literatur und Rechtsprechung sind bis zum 31. November 2012 berücksichtigt.

Meinem Betreuer und Erstgutachter, Herrn Prof. Dr. Boris P. Paal, M.Jur., danke ich herzlich für die thematische Anregung zu dieser Arbeit und seine Begleitung während der gesamten Zeit bis zur Fertigstellung. Herrn Prof. Dr. Maximilian Haedicke, LL.M. danke ich für die zügige Erstellung des Zweitgutachtens.

Den Herausgebern, Frau Prof. Dr. Gabriele Britz, Herrn Prof. Dr. Christian Theobald und Herrn Christian Held sowie dem Verlag danke ich für die Aufnahme in diese Schriftenreihe. Der Stiftung Landesbank Baden-Württemberg: Ausbildung, Fort- und Weiterbildung danke ich für die Förderung dieser Arbeit mit einem Druckkostenzuschuss.

Die Solidarität und Freundschaft von vielen Menschen haben wesentlich dazu beizutragen, diese Arbeit fertigzustellen. Mein ganz besonderer Dank gilt dabei meiner Familie und insbesondere meinen Eltern. Ihre großzügige und unerschütterliche Unterstützung haben mir die Kraft gegeben haben, meine Ziele mit Zuversicht zu verfolgen.

Berlin, im Juli 2013 *Tilmann M. Schreiber*

Inhaltsübersicht

Inhaltsverzeichnis

Literaturverzeichnis

Aberle, Gerd, Wettbewerbstheorie und Wettbewerbspolitik, 2. Auflage, Stuttgart u.a. 1992

Ackermann, Thomas, Art. 85 Abs. 1 EGV und die rule of reason. Zur Konzeption der Verhinderung, Einschränkung oder Verfälschung des Wettbewerbs, Köln u.a. 1998

Albers, Michael, Der „more economic approach" bei Verdrängungsmissbräuchen: Zum Stand der Überlegungen der Europäischen Kommission, 2006, abzurufen unter: http://ec.europa.eu/competition/antitrust/art82/albers.pdf (letzter Abruf: 30. Oktober 2012)

Alexander, Christian, Die Neuordnung der kartellrechtlichen Missbrauchsaufsicht, WuW 2012, 1025–1035

Alexy, Robert, Theorie der juristischen Argumentation. Die Theorie des rationalen Diskurses als Theorie der juristischen Begründung, 3. Auflage, Frankfurt am Main 1996

Areeda, Phillip E./Hovenkamp, Herbert, Antitrust Law: An Analysis of Antitrust Principles and Their Application, Band III, 3. Auflage, Austin u.a. 2008

dies., Antitrust Law: An Analysis of Antitrust Principles and Their Application, Band IIA, 3. Auflage, Austin u.a. 2007

Arndt, Helmut, Macht und Wettbewerb, in: Cox, Helmut/Jens, Uwe/Markert, Kurt (Hrsg.), Handbuch des Wettbewerbs, München 1981, S. 49–78

Bach, Albrecht, Theaterdonner zur Abschreckung – zur Debatte um kartellrechtliche Entflechtungen, in: Bechtold, Stefan/Jickeli, Joachim/Rohe, Matthias (Hrsg.), Recht, Ordnung und Wettbewerb, Festschrift zum 70. Geburtstag von Wernhard Möschel, Baden-Baden 2011, S. 35–46

Bain, Joe Staten, Industrial Organization, 2. Auflage, New York u.a. 1968

ders., Funktionsfähiger Wettbewerb im Oligopol: Theoretische Überlegungen und einige empirische Beweise, in: Poeche, Jürgen (Hrsg.), Das Konzept der „Workable Competition" in der angelsächsischen Literatur, Köln u.a. 1970, S. 33–46

Baker, Jonathan, Policy Watch: Developments in Antitrust Economics, Journal of Economic Perspectives 13 (1999), 181–194

Bartel, Kristin, Wettbewerbsprobleme auf dem deutschen Energiemarkt durch Unternehmenszusammenschlüsse, Berlin u.a. 2011

Barth, Christoph/Budde, Stefanie, Die Implementierung des SIEC-Tests im GWB und ihre Folgen für die nationale Fusionskontrolle – Teil I, BB 2011, 1859–1866

Bartling, Hartwig, Schlussfolgerungen aus Entwicklungstendenzen der Wettbewerbstheorie für die Wettbewerbspolitik, WuW 1993, 16–30

ders., Leitbilder der Wettbewerbspolitik, München 1980

Baumbach, Adolf/Hueck, Alfred, GmbH-Gesetz, 19. Auflage, München 2010

Baur, Jürgen F., Das Tatbestandsmerkmal „Wettbewerb", ZHR 134 (1970), 97–151

Bausch, Camilla, Entflechtungsregeln im Stromsektor: Die Vorgaben des Gesetzesentwurfs zum Energiewirtschaftsrecht, ZNER 2004, 332–342

Bechtold, Rainer, GWB – Kartellgesetz, Gesetz gegen Wettbewerbsbeschränkungen, 6. Auflage, München 2010

ders., Zum Referentenentwurf einer Entflechtungsregelung, BB 2010, 451–454

ders., Die Anwendbarkeit des § 1 GWB auf Zusammenschlüsse des § 23 Abs. 2 Nr. 1–4 GWB (mit Ausnahme der Gemeinschaftsunternehmen), WuW 1977, 460–469

ders./Bosch, Wolfgang/Brinker, Ingo/Hirsbrunner, Simon, EG-Kartellrecht, 2. Auflage, München 2009

Becker, Florian, Entflechtung im Wettbewerbsrecht und Eigentumsgrundrecht, ZRP 2010, 105–108

Becker, Helmut Paul, Die soziale Frage in Neoliberalismus, Analyse und Kritik, Heidelberg u.a. 1965

Becker, Peter, Aufstieg und Krise der deutschen Stromkonzerne – Zugleich ein Beitrag zur Entwicklung des Energierechts, 2. Auflage, Bochum 2011

Behrens, Peter, Abschied vom more economic approach?, in: Bechtold, Stefan/Jickeli, Joachim/Rohe, Matthias (Hrsg.), Recht, Ordnung und Wettbewerb, Festschrift zum 70. Geburtstag von Wernhard Möschel, Baden-Baden 2011, S. 115–130

Blair, John M., Economic Concentration, Structure, Behavior & Public Policy, New York u.a. 1972

Blum, Reinhard, Soziale Marktwirtschaft – Wirtschaftspolitik zwischen Neoliberalismus und Ordoliberalismus, Tübingen 1969

Böge, Ulf, Reform der Europäischen Fusionskontrolle, WuW 2004, 138–148

ders., Der „more economic approach" und die deutsche Wettbewerbspolitik, WuW 2004, 726–732

ders./Ost, Konrad, Up and running, or is it? Private enforcement – the situation in Germany and policy, ECLR 2006, 197–205

Böhm, Franz, Wirtschaftsordnung und Staatsverfassung, Tübingen 1950

Borchardt, Knut/Fikentscher, Wolfgang, Wettbewerb, Wettbewerbsbeschränkung, Marktbeherrschung, Stuttgart 1957

Bork, Robert H., The Antitrust Paradox: A Policy at War with Itself, New York 1978

Britz, Gabriele/Hellermann, Johannes/Hermes, Georg, EnWG – Energiewirtschaftsgesetz, Kommentar, 2. Auflage, München 2010

Brockhaus, Brockhaus – Die Enzyklopädie in 30 Bänden, 21. neu bearbeitete Auflage, Leipzig u.a. 2005

Bronett, Georg-Klaus de, Europäisches Kartellverfahrensrecht, Kommentar zur VO 1/2003, 2. Auflage, Köln u.a. 2012

Brozen, Yale, Concentration, Mergers, and Public Policy, New York 1982

Bruch, David/Greve, Holger, Atomausstieg 2011 als Verletzung der Grundrechte der Kernkraftwerkbetreiber?, DÖV 2011, 794–804

Brunke, Oliver, Die Strafbarkeit marktmissbräuchlichen Verhaltens am Spotmarkt der European Energy Exchange, Frankfurt am Main u.a. 2011

Büdenbender, Martin, Entflechtung von Stromnetzen in Deutschland und Europa im Rahmen des dritten EU-Legislativpakets – Eine Problemdarstellung, Arbeitspapiere des Instituts für Genossenschaftswesen der Westfälischen Wilhelms-Universität Münster, Nr. 91, Februar 2010

Calliess, Christian, Der Schlüsselbegriff der „ausschließlichen Zuständigkeit“ im Subsidiaritätsprinzip des Art. 3b II EGV, EuZW 1995, 693–700

ders./Ruffert, Matthias, EUV/AEUV – Das Verfassungsrecht der Europäischen Union mit Europäischer Grundrechtecharta, 4. Auflage, München 2011

dies., Kommentar zu EU-Vertrag und EG-Vertrag, 2. Auflage, Kriftel 2002

Christiansen, Arndt, Die „Ökonomisierung“ der EU-Fusionskontrolle: Mehr Kosten als Nutzen?, WuW 2005, 285–293

Church, Jeffrey/Ware, Roger, Industrial Organization – A Strategic Approach, Boston u.a. 2000

Clark, John Maurice, Toward a Concept of Workable Competition, The American Economic Review, 30 (1940), 241–246

Cournot, Antoine Augustin, Untersuchungen über die mathematischen Grundlagen der Theorie des Reichtums, Jena 1924

Cox, Helmut/Hübener, Harald, Wettbewerb. Eine Einführung in die Wettbewerbstheorie und Wettbewerbspolitik, in: Cox, Helmut/Jens, Uwe/Markert, Kurt (Hrsg.), Handbuch des Wettbewerbs, München 1981, S. 1–48

Craig, Paul, The Lisbon Treaty, Oxford 2010

Dammann, Jens, Materielles Recht und Beweisrecht im System der Grundfreiheiten, Tübingen 2007

Danner, Wolfgang/Theobald, Christian, Energierecht, Band 1, Energiewirtschaftsgesetz, Loseblattsammlung, Stand: 75. Ergänzungslieferung, München 2012

Dauses, Manfred, Handbuch des EU-Wirtschaftsrechts, Band 2, Loseblattsammlung, Stand: 31. Ergänzungslieferung, München 2012

Demsetz, Harold, Economics as a Guide to Antitrust Regulation, Journal of Law, Economics & Organization 19 (1976), 371–384

Dittert, Daniel, Die Reform des Verfahrens in der neuen EG-Fusionskontrollverordnung, WuW 2004, 148–161

Doutrelepont, Carine, Mißbräuchliche Ausübung von Urheberrechten? Bemerkungen zur Magill-Entscheidung des Gerichts 1. Instanz des Europäischen Gerichtshofs, GRUR Int 1994, 302–308

Dreher, Meinrad, Die Zukunft der Missbrauchsaufsicht in einem ökonomisierten Kartellrecht, WuW 2008, 23–27

ders., Deutsche Ministererlaubnis in der Zusammenschlusskontrolle und europäisches Kartellrecht: zugleich ein Beitrag zur Abgrenzung von Art. 81, 82 EG und FKVO, WuW 2002, 828–841

Droste-Franke, Bert/Rehtanz, Christian/Paal, Boris P./Sauer, Dirk Uwe/Schneider, Jens-Peter/Schreurs, Miranda/Ziesemer, Thomas, Balancing Renewable Electricity: Energy Storage, Demand Side Management and Network Extension from an Interdisciplinary Perspective, Heidelberg u.a. 2012

Duden, Konrad, Entflechtung und Grundgesetz, in: Coing, Helmut/Konstein, Heinrich/Mestmäcker, Ernst-Joachim (Hrsg.), Wirtschaftsordnung und Rechtsordnung, Festschrift zum 70. Geburtstag von Franz Böhm, Karlsruhe 1965, S. 3–20

Dudenredaktion (Hrsg.), Deutsches Universalwörterbuch, 6. Auflage, Mannheim u.a. 2007

Easterbrook, Frank, The Limits of Antitrust, University of Texas Law Review 63 (1984), 1–40

Eilmansberger, Thomas, Verbraucherwohlfahrt, Effizienzen und ökonomische Analyse – Neue Paradigmen im europäischen Kartellrecht? ZWeR 2009, 437–471

Emmerich, Volker, Kartellrecht, 12. Auflage, München 2012

ders., Europäische Fusionskontrolle nach dem Zigaretten-Urteil, in: Baur, Jürgen/Hopt, Klaus/Mailänder, Peter (Hrsg.), Festschrift für Ernst Steindorff zum 70. Geburtstag am 13. März 1990, Berlin u.a. 1990, S. 951–966

ders., Fusionskontrolle 1985/86, AG 1986, 345–360

Engel, Christoph, Die verfassungsrechtliche Zulässigkeit eines Entflechtungstatbestands im Kartellgesetz, Baden-Baden 2008

Epple, Matthias, Die Ökonomisierung der deutschen Fusionskontrolle unter dem Eindruck des „more economic approach", ZWeR 2009, 220–231

Ensthaler, Jürgen/Kempel, Leonie, Marktbeherrschung durch Beeinträchtigung des Wettbewerbs oder umgekehrt?, WRP 2010, 1109–1113

Erbguth, Wilfried, Energiewende: großräumige Steuerung der Elektrizitätsversorgung zwischen Bund und Ländern, NVwZ 2012, 326–332

Eucken, Walter, Die Grundsätze der Wirtschaftspolitik, 2. Auflage, Tübingen 1955

ders., Die Wettbewerbsordnung und ihre Verwirklichung. ORDO 2, Düsseldorf u.a. 1949, S. 1–99

Everling, Ulrich, Zur Wettbewerbskonzeption in der neueren Rechtsprechung des Gerichtshofs der Europäischen Gemeinschaften, WuW 1990, 995–1009

Evers, Hans Ulrich, Das Recht der Energieversorgung, Baden-Baden 1983

Ewer, Wolfgang, Der neuerliche Ausstieg aus der Kernenergie – verfassungskonform und entschädigungsfrei?, NVwZ 2011, 1035–1040

Faustmann, Jörg/Raapke, Julius, Zur Neuregelung des Preismissbrauchs im Energie- und Lebensmittelsektor – Fortschritt für den Wettbewerb, WRP 2008, 67–73

Fikentscher, Wolfgang, Neuere Entwicklungen der Theorie zum Tatbestandsmerkmal der Wettbewerbsbeschränkung § 1 GWB, WuW 1961, 788–801

Fischer, Florian, Staatliche Wettbewerbseingriffe zur Förderung von Wettbewerb, Köln u.a. 2006

Fuchs, Andreas, Die 7. GWB-Novelle – Grundkonzeption und praktische Konsequenzen, WRP 2005, 1384–1396

Fudenberg, Drew/Tirole, Jean, Game Theory, Cambridge u.a. 1991

Funke, Susann/Neubauer, Maik, Reaktion auf die Finanzmarktkrise: REMIT und EMIR als neue Frühwarnsysteme für den Europäischen Energiemarkt, CCZ 2012, 6–12

Gawel, Erik/Purkus, Alexandra, Markt- und Systemintegration erneuerbarer Energien: Probleme der Marktprämie nach EEG 2012, ZUR 2012, 587–596

Geppert, Martin/Piepenbrock, Hermann-Josef/Schütz, Raimund/Schuster, Fabian, Beck'scher TKG-Kommentar, München 2006

Gippini-Fournier, Eric, Institutional Report, in: Köck, Heribert-Franz/Karollus, Margit M. (Hrsg.), The Modernisation of European Competition Law: First Experiences with Regulation 1/2003, Band 2, Wien u.a. 2008, S. 375–481

Gleave, Sandro, Marktabgrenzung und Marktbeherrschung auf Elektrizitätsmärkten, ZfE 2010, 101–107

Gleiss, Alfred/Hirsch, Martin, Kommentar zum EWG-Kartellrecht, 3. Auflage, Heidelberg 1978

Gloy, Wolfgang/Loschelder, Michael/Erdmann, Willi, Handbuch des Wettbewerbsrechts, 4. Auflage, München 2010

Goette, Wulf/Habersack, Mathias, Münchener Kommentar zum Aktiengesetz, Band 1, 3. Auflage, München 2008

Goll, Ulrich/Kenntner, Markus, Brauchen wir ein Europäisches Kompetenzgericht? – Vorschläge zur Sicherung der mitgliedstaatlichen Zuständigkeiten, EuZW 2002, 101–106

Grabitz, Eberhard/Hilf, Meinhard/Nettesheim, Martin, Das Recht der Europäischen Union, Band 1, Loseblattsammlung, Stand: 48. Ergänzungslieferung, München 2012

Groeben, Hans von/Boeckh, Hans von/Thiesing, Jochen/Ehlermann, Claus-Dieter, Kommentar zum EWG-Vertrag, Band 1, 3. Auflage, Baden-Baden 1983

Günther, Eberhard, Die geistigen Grundlagen des sogenannten Josten-Entwurfs, in: Sauermann, Heinz/Mestmäcker, Ernst-Joachim (Hrsg.), Wirtschaftsordnung und Staatsverfassung, Festschrift für Franz Böhm zum 80. Geburtstag, Tübingen 1975, S. 183–204

Haggeney, Markus, Marktanteilsprognosen in der Europäischen Fusionskontrolle, Frankfurt am Main u.a. 2004

Harte-Bavendamm, Henning/Henning-Bodewig, Frauke, Gesetz gegen den unlauteren Wettbewerb (UWG), 2. Auflage, München 2009

Hartwich, Hans-Hermann, Sozialstaatspostulat und gesellschaftlicher status quo, Köln u.a. 1970

Haslinger, Sebastian, Netzmonopole in der Elektrizitätswirtschaft und Wettbewerb, Kassel 2006

Haus, Florian C., Entflechtung nach der KartellVO?, WuW 2001, 659–665

Hauser, Sebastian Max, Strukturelle Maßnahmen im europäischen Kartellverfahrensrecht, Köln u.a. 2009

Hayek, Friedrich August von, Der Wettbewerb als Entdeckungsverfahren (1968), wieder abgedruckt in: Freiburger Studien, Tübingen 1969, S. 249–265

Heitzer, Bernhard, Schwerpunkte der deutschen Wettbewerbspolitik, WuW 2007, 854–864

Hellwig, Martin, Effizienz oder Wettbewerbsfreiheit? Zur normativen Grundlegung der Wettbewerbspolitik, in: Engel, Christoph/Möschel, Wernhard (Hrsg.), Recht und spontane Ordnung, Festschrift für Ernst-Joachim Mestmäcker zum achtzigsten Geburtstag, Baden-Baden 2006, S. 231–268

Henk-Merten, Katrin, Die Kosten-Preis-Schere im Kartellrecht, Köln u.a. 2004

Herdzina, Klaus, Wettbewerbspolitik, 5. Auflage, Stuttgart 1999

Hering, Hendrik, Was tun auf dem Strommarkt? Weichenstellungen für mehr Wettbewerb!, Wirtschaftsdienst 2007, 814–817

Heselhaus, Sebastian/Nowak, Carsten, Handbuch der Europäischen Grundrechte, München 2006

Hirsch, Günter/Montag, Frank/Säcker, Franz Jürgen, Münchener Kommentar zum Europäischen und Deutschen Wettbewerbsrecht (Kartellrecht), Band 2, GWB, München 2008

dies., Münchener Kommentar zum Europäischen und Deutschen Wettbewerbsrecht (Kartellrecht), Band 1, Europäisches Wettbewerbsrecht, München 2007

Hirschhausen von, Christian/Neumann, Anne/Weigt, Hannes, Horizontale Entflechtung als Instrument einer aktiven Wettbewerbspolitik, Wirtschaftsdienst 2008, 322–325

dies., Entflechtung als Instrument einer aktiven Wettbewerbspolitik: Funktionsweise und Lehren aus internationalen Erfahrungen, 2007, abzurufen unter: http://www.perspektive-wettbewerb.de/files/gutachten_hirschhausen_1.pdf (letzter Abruf: 10. November 2012)

Hoeren, Thomas/Sieber, Ulrich, Handbuch Multimedia-Recht, Loseblattsammlung, Stand: 32. Ergänzungslieferung, München 2012

Hofer, Paul/Williams, Mark/Wu, Lawrence, Empirische Methoden in der Europäischen Fusionskontrolle, WuW 2005, 155–162

Hoffmann-Riem, Wolfgang/Schneider, Jens-Peter, Wettbewerbs- und umweltorientierte Re-Regulierung im Großhandels-Strommarkt, in: Hoffmann-Riem, Wolfgang/Schneider, Jens-Peter (Hrsg.), Umweltpolitische Steuerung in einem liberalisierten Strommarkt, Baden-Baden 1995, S. 13–94

Holler, Manfred/Illing, Gerhard, Einführung in die Spieltheorie, 5. Auflage, Berlin u.a. 2003

Holm-Müller, Karin/Weber, Michael, Ökonomische Folgen eines Atomausstiegs in Deutschland, Wirtschaftsdienst 2011, 295–299

Hommelhoff, Peter, Die Konzernleitungspflicht, Köln u.a. 1982

Hönn, Günther, Wettbewerbsregeln und die Wirksamkeit eines leistungsgerechten Wettbewerbs, GRUR 1977, 141–147

Hoppmann, Erich, Prinzipien freiheitlicher Wirtschaftspolitik, Tübingen 1993

Hüther, Michael, Wettbewerbspolitik vor einer Zeitenwende, in: FIW (Hrsg.), Wettbewerbspolitik und Kartellrecht in der Marktwirtschaft – 50 Jahre FIW: 1960 bis 2010 – Festschrift, Köln u.a. 2010, S. 39–47

Immenga, Ulrich, Schwerpunkte der vierten Novelle zum Gesetz gegen Wettbewerbsbeschränkungen, NJW 1980, 1417–1423

ders./Fuchs, Andreas, Artikel 85 EWG-Vertrag als Grenze für Unternehmensbeteiligungen?, NJW 1988, 3052–3059

ders./Kirchner, Christian/Knieps, Günter/Kruse, Jörn, Telekommunikation im Wettbewerb, München 2001

ders./Mestmäcker, Ernst-Joachim, Wettbewerbsrecht, Band 1 EU, Teil 1 – Kommentar zum Europäischen Kartellrecht, 5. Auflage, München 2012

dies., Wettbewerbsrecht, Band 1 EU, Teil 2 – Kommentar zum Europäischen Kartellrecht, 5. Auflage, München 2012

dies., Wettbewerbsrecht, Band 2 GWB, Kommentar zum Deutschen Kartellrecht, 4. Auflage, München 2007

dies., EG-Wettbewerbsrecht, Kommentar, Band I, 1. Auflage, München 1997

Jaeger, Wolfgang/Pohlmann, Petra/Rieger, Harald/Schroeder, Dirk, Frankfurter Kommentar zum Kartellrecht, Band IV, Stand: 76. Ergänzungslieferung, Köln 2012

Jarass, Hans/Pieroth, Bodo, Grundgesetz für die Bundesrepublik Deutschland, Kommentar, 11. Auflage, München 2011

Jehoram, Herman Cohen/Mortelmans, Kamiel, Zur „Magill"-Entscheidung des Europäischen Gerichtshofs, GRUR Int 1997, 11–15

Jestaedt, Thomas, Anmerkung zum Urteil in der Sache Magill (Radio Telfis Eireann und Independent Television Publications gegen Kommission), WuW 1995, 383–385

Jöhr, Walter Adolf, Das Modell der vollkommenen Konkurrenz, in: Konkurrenz und Planwirtschaft, Bern 1946, S. 19–66

Kantzenbach, Erhard, Die Funktionsfähigkeit des Wettbewerbs, 2. Auflage, Göttingen 1967

ders./Kallfass, Hermann H., Das Konzept des funktionsfähigen Wettbewerbs – workable competition, in: Cox, Helmut/Jens, Uwe/Markert, Kurt (Hrsg.), Handbuch des Wettbewerbs, München 1981, S. 103–127

Kapp, Thomas/Schumacher, Anke, Die „Reisestellenkarten"-Entscheidung des OLG Düsseldorf: Richtiges Ergebnis, falsche Begründung?, WuW 2008, 662–665

Karl, Matthias/Reichelt, Daniel, Die Änderungen des Gesetzes gegen Wettbewerbsbeschränkungen durch die 7. GWB-Novelle, DB 2005, 1436–1444

Kartte, Wolfgang, Ein neues Leitbild für die Wettbewerbspolitik, Köln u.a. 1969

ders./Holtschneider, Rainer, Konzeptionelle Ansätze und Anwendungsprinzipien im Gesetz gegen Wettbewerbsbeschränkungen, in: Cox, Helmut/Jens, Uwe/Markert, Kurt (Hrsg.), Handbuch des Wettbewerbs, München 1981, S. 193–224

Kaufer, Erich, Wettbewerb um den Wettbewerb, Mainz 1984

Kaysen, Carl/Turner, Donald, Antitrust Policy: An Economic and Legal Analysis, Cambridge 1959

Kerber, Markus, Die Unternehmensentflechtung nach dem GWB. Ein Beitrag zur Dogmatik des § 24 VI, VII GWB aus wettbewerbs-, gesellschafts- und verfassungsrechtlicher Sicht, Baden-Baden 1987

ders., Mehr Wettbewerb durch Entflechtung. Anmerkungen zum wettbewerbspolitischen Vorstoß von Wernhard Möschel, Diskussionspapiere der Wirtschaftswissenschaftlichen Dokumentation der TU Berlin, Berlin 2008

Kirchhoff, Wolfgang, Die Beurteilung von Bezugsverträgen nach europäischem Kartellrecht, WuW 1995, 361–374

Klaue, Siegfried, Zum Vorschlag einer Entflechtungsregelung in einer Achten Kartellgesetznovelle, in: Studienvereinigung Kartellrecht e.V. (Hrsg.), Kartellrecht in Theorie und Praxis, Festschrift für Cornelis Canenbley zum 70. Geburtstag, München 2012, S. 287–290

Klees, Andreas, Das Instrument der Zusagenentscheidung der Kommission und der Fall „E.ON" – Ein (weiterer) Sündenfall, WuW 2009, 374–382

ders., Europäisches Kartellverfahrensrecht mit Fusionskontrollverfahren, Köln u.a. 2005

Klees, Andreas/Hauser, Sebastian Max, Entflechtungen von Unternehmen als Instrument des allgemeinen Wettbewerbsrechts?, Braunschweig 2010

dies., Eigentumsrechtliche Entflechtung in der Energiewirtschaft als strukturelle Maßnahme i.S. des Art. 7 Abs. 1 Satz 2 VO 1/2003?, WuW 2007, 596–603

Kleinmann, Werner/Bechtold, Rainer, Kommentar zur Fusionskontrolle, Heidelberg 1977

Kling, Michael/Thomas, Stefan, Kartellrecht, München 2007

Knöpfle, Robert, Kann der Inhalt des Wettbewerbs i.S. des GWB bestimmt werden?, DB 1991, 1433–1440 *ders.*, Die Problematik der Zusammenschlusskontrolle nach dem GWB, Heidelberg 1986

ders., Die Abgrenzung des relevanten Marktes bei der Anwendung des § 22 Abs. 1 GWB, Köln u.a. 1985

ders., Der Rechtsbegriff „Wettbewerb“ und die Realität des Wirtschaftslebens, Köln u.a. 1966

Koch, Axel, Eingriffe in die Struktur beherrschender Unternehmen – Eine Untersuchung zum europäischen und US-amerikanischen Wettbewerbsrecht, Frankfurt am Main u.a. 2008

Koch, Hans-Joachim, Der Atomausstieg und der verfassungsrechtliche Schutz des Eigentums, NJW 2000, 1529–1535

Koenig, Christian/Kühling, Jürgen/Rasbach, Winfried, Energierecht, 2. Auflage, Frankfurt am Main 2008

Konstantin, Panos, Praxisbuch Energiewirtschaft, 2. Auflage, Berlin u.a. 2009

Köpke, Ralf, Hurra, der Wettbewerb ist da!, E&M 08/2008, 1

Krimphove, Dieter, Europäische Fusionskontrolle, Köln u.a. 1992

Kroes, Neelie, Tackling Exclusionary Practices to avoid Exploitation of Market Power: Some preliminary Thoughts on the Policy Review of Article 82, Fordham International Law Journal 29 (2005), 593–600

Kronast, Stephan, Die „Philip-Morris-Doktrin“ und die Europäische Fusionskontrolle, Baden-Baden 1996

Kühne, Gunther, Schicksal langfristiger Lieferverträge zwischen Energieversorgungsunternehmen (EVU) bei Aufhebung der §§ 103, 103a GWB, BB Beilage 1997, Nr. 19, 1–16

Kühnen, Jürgen, Der SIEC-Test in der deutschen Fusionskontrolle, WuW 2012, 458–467

Künzler, Adrian, Effizienz oder Wettbewerbsfreiheit? Zur Frage nach den Aufgaben des Rechts gegen private Wettbewerbsbeschränkungen, Tübingen 2008

Langen, Hermann-Josef (Begr.)/Bunte, Eugen (Hrsg.), Kommentar zum deutschen und europäischen Kartellrecht, Band 1, Deutsches Kartellrecht, 11. Auflage, Neuwied u.a. 2010

dies., Kommentar zum deutschen und europäischen Kartellrecht, Band 2, Europäisches Kartellrecht, 11. Auflage, Neuwied u.a. 2010

Lehnert, Wieland, Markt- und Systemintegration der Erneuerbaren-Energien: Eine rechtliche Analyse der Regeln zur Direktvermarktung im EEG 2012, ZUR 2012, 4–17

Leibenath, Christoph, Die Rechtsprobleme der Zusagenpraxis in der europäischen Fusionskontrolle, Baden-Baden 2000

Leibenstein, Harvey, Allocative Efficiency vs. X-Efficiency, American Economic Review 56 (1966), 392–415

Lenz, Carl Otto/Borchardt, Klaus-Dieter, EU-Verträge, Kommentar nach dem Vertrag von Lissabon, 5. Auflage, Köln 2011

Leprich, Uwe, EnBW: Perspektiven eines Energiekonzerns, Gutachten im Auftrag von Greenpeace, 2011, abzurufen unter: http://www.greenpeace.de/fileadmin/gpd/user_upload/themen/energie/Leprich_EnBW_Perspektiven_14032011.pdf (letzter Abruf: 11. November 2012) *ders./Junker, Andy*, Stromwatch 2: Die vier deutschen Energiekonzerne, Kurzstudie, 2009, abzurufen unter: http://www.htw-saarland.de/wiwi/fakultaet/personen/

professoren/dozenten-h-o/junker/publikationen/kurzstudie/leprich-kurzstudie-evu-gewinne-mitarbeit-junker-2009_02.pdf (letzter Abruf: 30. März 2012)

Levy, David/Rodriguez, Alvaro, Does the threat of antitrust policy keep prices down?: Making hay while the previous term sun shines, International Journal of Industrial Organization 5 (1987), 341–349

Loewenheim, Ulrich Meessen, Karl/Riesenkampff, Alexander, Kartellrecht, Deutsches und Europäisches Recht, 2. Auflage, München 2009

Lommler, Hans, Das Verhältnis des kartellrechtlichen Verbots der Kosten-Preis-Schere zum Verbot der Kampfreisunterbietung, WuW 2001, 245–254

Lotze, Andreas/Thomale, Hans-Christoph, Neues zur Kontrolle von Energiepreisen: Preismissbrauchsaufsicht und Anreizregulierung, WuW 2008, 257–270

Lübbing, Thomas, Kartellrechtliche Entflechtungsregelungen im internationalen Vergleich, in: Forschungsinstitut für Wirtschaftsverfassung und Wettbewerb e.V. (Hrsg.), Wettbewerb in der Finanzkrise – Lehren für die Zukunft, Köln u.a. 2010, S. 89–96

Lukes, Rudolf, Zum Verständnis des Wettbewerbs und des Marktes in der Denkkategorie des Rechts, in: Coing, Helmut/Konstein, Heinrich/Mestmäcker, Ernst-Joachim (Hrsg.), Wirtschaftsordnung und Rechtsordnung, Festschrift zum 70. Geburtstag von Franz Böhm, Karlsruhe 1965, S. 199–226

Lux, Jochen, Der Tatbestand der allgemeinen Marktbehinderung, Tübingen 2006

Maier-Rigaud, Frank P., Zur Idee der Subsidiarität struktureller Maßnahmen im europäischen Wettbewerbsrecht, WuW 2012, 487–500

Mangoldt, Hermann von/Klein, Friedrich/Starck, Christian, Kommentar zum Grundgesetz, Band 1, Präambel, Artikel 1–19, 6. Auflage, München 2010

Mannssen, Gerrit, Staatsrecht II, 8. Auflage, München 2011

Mantzavinos, Chrysostomos, Wettbewerbstheorie: eine kritische Auseinandersetzung, Berlin 1994

Mason, Edward, Price and Production Policies of Large-Scale Enterprises, The American Economic Review 29 (1939), 61–74

Markert, Kurt, Bestehende Lieferverträge als Grund für die Unzumutbarkeit von Stromdurchleitungen?, ZNER 1998, 3–8

Markopoulos, Titos, Die Prognoseentscheidung in der europäischen Fusionskontrolle, Baden-Baden 2009

Massumi, Fatima, Die Energieversorgungsunternehmen zwischen Kartellrecht und Energiewirtschaftsrecht, Göttingen 2010

Mayen, Thomas/Karpenstein, Ulrich, Eigentumsrechtliche Entflechtung der Energieversorgungsnetze, RdE 2008, 33–45

Mestmäcker, Ernst-Joachim, Zum Begriff des Mißbrauchs in Art. 86 des Vertrages über die Europäische Gemeinschaft, in: Schmidt, Karsten/Schwark, Eberhard (Hrsg.), Unternehmen, Recht und Wirtschaftsordnung, Festschrift für Peter Raisch zum 70. Geburtstag, Köln u.a. 1995, S. 441–469

ders., Fusionskontrolle im Gemeinsamen Markt zwischen Wettbewerbspolitik und Industriepolitik, EuR 1988, 349–371

ders., Der verwaltete Wettbewerb, Tübingen 1984

ders., Competition Policy and Antitrust: Some Comparative Observations, ZgS 138 (1980), 387–407

ders., Europäisches Wettbewerbsrecht, 1. Auflage, München 1974

ders./Schweitzer, Heike, Europäisches Wettbewerbsrecht, 2. Auflage, München 2004

Möllinger, Claus, Eigentumsrechtliche Entflechtung der Übertragungsnetze, Frankfurt am Main u.a. 2009

Monstadt, Jochen/Naumann, Matthias, Netzgebundene Infrastrukturen unter Veränderungsdruck – Sektoranalyse Stromversorgung, netWORKS – Papers, Heft 5, Berlin 2003

Moosecker, Karlheinz, Fusionskontrolle und Rechtssicherheit, GRUR 1978, 517–526

Möschel, Wernhard, Wettbewerbspolitik aus ordoliberaler Sicht, in: Freiherr von Gamm, Otto Friedrich/Raisch, Peter/Tiedemann, Klaus (Hrsg.), Strafrecht, Unternehmensrecht, Anwaltsrecht, Festschrift für Gerd Pfeiffer, Köln u.a. 1988

ders., Recht der Wettbewerbsbeschränkungen, Köln u.a. 1983

ders., Entflechtungen im Recht der Wettbewerbsbeschränkungen, Tübingen 1979

Motta, Massimo, Competition Policy, Cambridge u.a. 2004

Müller, Birgit, Entflechtung und Deregulierung – ein methodischer Vergleich, Berlin 2004

Müller, Christian, Abschied vom Bedarfsmarktkonzept bei der Marktabgrenzung, Baden-Baden 2008

Müller-Glöge, Rudi/Preis, Ulrich/Schmidt, Ingrid, Erfurter Kommentar zum Arbeitsrecht, 12. Auflage, München 2012

Müller-Henneberg, Hans (Begr.)/Benisch, Werner (Hrsg.), Gesetz gegen Wettbewerbsbeschränkungen und Europäisches Kartellrecht, Gemeinschaftskommentar, Lieferung 3, 4. Auflage, Köln u.a. 1981

Müller-Henneberg, Hans (Begr.)/Hootz, Christian (Hrsg.), Gesetz gegen Wettbewerbsbeschränkungen und Europäisches Kartellrecht, Gemeinschaftskommentar, Lieferung 9, 5. Auflage, Köln u.a. 2004

Müller-Terpitz, Ralf/Weigl, Michaela, Ownership Unbundling – ein gemeinschaftsrechtlicher Irrweg?, EuR 2009, 348–369

Mundt, Andreas, Neue Instrumente zur Beschneidung wirtschaftlicher Macht, in: Ludwig-Erhard-Stiftung Bonn (Hrsg.), Orientierungen zur Wirtschafts- und Gesellschaftspolitik Nr. 123, Stuttgart 2010, S. 29–31

ders., Wettbewerbsschutz durch Kartellrecht – ordnungspolitische Entwicklungslinien von Kartellrecht und Kartellrechtsdurchsetzung, in: FIW (Hrsg.), Wettbewerbspolitik und Kartellrecht in der Marktwirtschaft – 50 Jahre FIW: 1960 bis 2010 – Festschrift, Köln u.a. 2010, S. 237–252

Murach-Brand, Lisa, Antitrust auf deutsch, Tübingen 2004

Nagel, Bernhard, Fusion und Fusionskontrolle, in: Cox, Helmut/Jens, Uwe/Markert, Kurt (Hrsg.), Handbuch des Wettbewerbs, München 1981, S. 331–365

Nettesheim, Martin/Thomas, Stefan, Entflechtung im deutschen Kartellrecht: Wettbewerbspolitik, Verfassungsrecht, Wettbewerbsrecht, Tübingen 2011

Neumann, Manfred, Wettbewerbspolitik, Wiesbaden 2000

Nill-Theobald, Christiane/Theobald, Christian, Grundzüge des Energiewirtschaftsrechts, 2. Auflage, München 2008

Nitsche, Rainer/Thielert, Julia, Die ökonomische Analyse auf dem Vormarsch – Europäische Reform und deutsche Wettbewerbspolitik, WuW 2004, 250–258

Ockenfels, Axel, Neun Beobachtungen zur Preisbildung im liberalisierten Strommarkt: Darf man seiner Intuition vertrauen?, in: Löwer, Wolfgang (Hrsg.), Neue rechtliche Voraussetzungen für den Strommarkt – Tagungsband des 3. Bonner Gesprächs zum Energierecht, Göttingen 2008, S. 9–31

ders., Strombörse und Marktmacht, 2007, abzurufen unter: http://www.rwe.com/web/cms/mediablob/de/403782/data/403722/2/rwe/presse-news/specials/energiehandel/so-ensteht-der-strompreis/Stromboerse-und-Marktmacht.pdf (letzter Abruf: 19. September 2012)

Ott, Alfred, Grundzüge der Preistheorie, 3. Auflage, Göttingen 1997

Ott, Walter, Der Rechtspositivismus, 2. Auflage, Berlin 1992

Paal, Boris P., Suchmaschinen, Marktmacht und Meinungsbildung, Baden-Baden 2012

ders., Crossmediale Zusammenschlüsse, Marktabgrenzung und Medienmacht – Springer/ProSieben II, ZWeR 2012, 380–402

ders., Presse-Grosso auf dem Prüfstand, AfP 2012, 1–9

ders., Entflechtungstatbestand, Medienvielfalt und Kartellgesetz – Medienkartellrecht auf dem Prüfstand, JZ 2010, 647–654

ders., Medienvielfalt und Wettbewerbsrecht, Tübingen 2010

Picot, Arnold/Franck, Egon, Vertikale Integration, in: Hauschildt, Jürgen/Grün, Oskar (Hrsg.), Ergebnisse empirischer betriebswirtschaftlicher Forschung, Festschrift für Eberhard Witte, Stuttgart 1993, S. 179–220

Pilny, Karl H., Mißbräuchliche Marktbeherrschung gemäß Art. 86 EWGV durch Immaterialgüterrechte. Die Magill-Entscheidung des EuGH als Schnittstelle zwischen europäischem Wettbewerbs- und nationalem Urheberrecht, GRUR Int 1995, 954–962

Plassmann, Norbert, Rechtsbegriffe im Wettbewerbsrecht, JZ 1968, 81–90

Poeche, Jürgen, Workable Competition als wettbewerbspolitisches Leitbild, in: Poeche, Jürgen (Hrsg.), Das Konzept der „Workable Competition“ in der angelsächsischen Literatur, Köln u.a. 1970, S. 9–33

Pohlmann, Mario, Kartellrechtliche Missbrauchsaufsicht über die Durchleitungsentgelte, in: Büdenbender, Ulrich/Kühne, Gunther (Hrsg.), Das neue Energierecht in der Bewährung, Festschrift zum 65. Geburtstag von Professor Dr. Jürgen F. Baur, Baden-Baden 2001, 535–548

Pohlmann, Petra, Der Unternehmensverbund im Europäischen Kartellrecht, Berlin 1999

Posner, Richard, Antitrust Law: An Economic Perspective, Chicago 1976

Riley, Alan, EC Antitrust Modernisation: The Commission Does Very Nicely – Thank You! Part One: Regulation 1 and the Notification Burden, ECLR 2003, 604–615

Riesenkampff, Alexander, Auswirkungen des Urteils des EuGH vom 17.11.1987 („Philip Morris“), WuW 1988, 465–475

Rittner, Fritz/Kulka, Michael, Wettbewerbs- und Kartellrecht, 7. Auflage, Heidelberg u.a. 2008

Robert, Rüdiger, Konzentrationspolitik in der Bundesrepublik – Das Beispiel der Entstehung des Gesetzes gegen Wettbewerbsbeschränkungen, Berlin 1976

Röpke, Wilhelm, Civitas Humana, Grundlagen der Gesellschafts- und Wirtschaftsreform, 3. Auflage, Erlenbach u.a. 1949

Roth, Wulf-Henning, Entflechtung marktbeherrschender Unternehmen und Schranken des Unionsrechts – Eine Skizze, in: Bechtold, Stefan/Jickeli, Joachim/Rohe, Matthias (Hrsg.), Recht, Ordnung und Wettbewerb, Festschrift zum 70. Geburtstag von Wernhard Möschel, Baden-Baden 2011, S. 503–523

Ruffner, Markus, Funktionale Konkretisierung der Schlüsselartikel des neuen schweizerischen Kartellgesetzes. Diagnosemethoden von Wettbewerbsbeschränkungen und dogmatische Konzeption von Art. 6/7 und Art. 29 KG, Zürich 1990

Säcker, Franz Jürgen, Marktabgrenzung, Marktbeherrschung, Markttransparenz und Machtmissbrauch auf den Großhandelsmärkten für Elektrizität, Frankfurt am Main u.a. 2011

ders., Berliner Kommentar zum Energierecht, Band 1, 2. Auflage, Frankfurt am Main 2010

Salje, Peter, Erneuerbare-Energie-Gesetz 2012, 6. Auflage, Köln u.a. 2012

ders., Energiewirtschaftsgesetz, Köln u.a. 2006

Sandrock, Otto, Grundbegriffe des Gesetzes gegen Wettbewerbsbeschränkungen, München 1968

Satzky, Horst, Novellierung des GWB: Entflechtung von Großkonzernen?, WuW 2010, 614–627

Scharf, Daniel, Die Kompetenzordnung im Vertrag von Lissabon – Zur Zukunft Europas: Die Europäische Union nach dem Vertrag von Lissabon, Halle 2009

Scheerer, Frederic M., Structure-Performance Relationships and Antitrust Policy, Antitrust Law Journal 46 (1977), 864–872

ders./Roos, David, Industrial Market Structure and Economic Performance, 3. Auflage, Boston 1990

Scherf, Dieter, Konzentrative und kooperative Gemeinschaftsunternehmen im europäischen Kartellrecht, AG 1992, 245–258

Schiffer, Hans-Wilhelm, Energiemarkt Deutschland, 11. Auflage, Köln 2010

ders., Energiemarkt Deutschland, 10. Auflage, Köln 2008

Schlichter, Bernhard, Die Beseitigung von Konzentration in der Wirtschaft durch Unternehmensentflechtungen als Verfassungsfrage, Münster 1983

Schmalensee, Ricard, Inter-industry Studies of Structure and Performance, in: Schmalensee, Richard/Willig, Robert (Hrsg.), Handbook of Industrial Organization, 1. Auflage, Band 2, Amsterdam u.a. 1989, S. 951–1009

Schmidt, Ingo, Wettbewerbspolitik und Kartellrecht: Eine interdisziplinäre Einführung, 9. Auflage, München 2012

ders., Wettbewerbspolitik und Kartellrecht: Eine interdisziplinäre Einführung, 8. Auflage, Stuttgart 2005

ders., US-amerikanische und deutsche Wettbewerbspolitik gegenüber Marktmacht: Eine vergleichende Untersuchung und kritische Analyse der Rechtsprechung gegenüber Tatbeständen des externen und internen Unternehmenswachstums sowie des Behinderungswettbewerbs, Berlin 1973

ders./Rittaler, Jan B., Die Chicago School of Antitrust Analysis: wettbewerbstheoretische und -politische Analyse eines Credos, Baden-Baden 1986

Schmidt, Karsten, Umdenken im Kartellverfahrensrecht! Gedanken zur Europäischen VO Nr. 1/2003, BB 2003, 1237–1245 *ders.*, Europäische Fusionskontrolle im System des Rechts gegen Wettbewerbsbeschränkungen, BB 1990, 719–725

ders., Vierte Kartellrechtsnovelle zwischen Effektivitäts- und Legitimationsproblemen, ZRP 1979, 38–46

Schmidt-Preuß, Matthias, Atomausstieg und Eigentum, NJW 2000, 1524–1529

Schmidtchen, Dieter, Wettbewerbspolitik als Aufgabe. Methodologische und systemtheoretische Grundlagen für eine Neuorientierung, Baden-Baden 1978

ders., Der „more economic approach" in der Wettbewerbspolitik, WuW 2006, 6–17

Schneider, Jens-Peter, Infrastrukturausbau als Aufgabe des Regulierungsrechts, in: Fehling, Michael/Grewlich, Klaus W. (Hrsg.), Struktur und Wandel des Verwaltungsrechts. Symposium zum 80. Geburtstag von Prof. Dr. Dr. h.c. Martin Bullinger, Baden-Baden 2011, S. 69–86

ders., Aktuelle Rechtsprobleme von Offshore-Windenergieanlagen und ihrer Netzanbindung, in: Löwer, Wolfgang (Hrsg.), Neuere europäische Vorgaben für den Energiebinnenmarkt – Tagungsband des 5. Bonner Gesprächs zum Energierecht, Göttingen 2010, S. 59–79

ders., Technologieförderung durch eingerichtete Märkte: Erneuerbare Energien, in: Eifert, Martin/Hoffmann-Riem, Wolfgang (Hrsg.), Innovationsfördernde Regulierung. Innovation und Recht II, Berlin 2009, S. 257–272

ders., Stand und Perspektiven der Energiemarktregulierung, in: Lüdemann, Jörn (Hrsg.), Telekommunikation, Energie und Eisenbahn, Tübingen 2008, S. 100–117

ders., Das neue Energierecht: Bedrohung oder Chance der kommunalen Versorgungswirtschaft? in: Ipsen, Jörn (Hrsg.), Kommunalwirtschaft im Umbruch – Kommunale Wirtschaftsunternehmen zwischen öffentlicher Aufgabe und Wettbewerb, Osnabrück 2001, S. 114–127

ders., Liberalisierung der Stromwirtschaft durch regulative Marktorganisation. Eine vergleichende Untersuchung zur Reform des britischen, US-amerikanischen, europäischen und deutschen Energierechts, Baden-Baden 1999

ders./Theobald, Christian, Recht der Energiewirtschaft. Praxishandbuch, 3. Auflage, München 2011

Schödermeier, Martin, Auf dem Weg zur europäischen Fusionskontrolle, WuW 1988, 185–194

Scholz, Rupert, Entflechtung und Verfassung, Baden-Baden 1981

Schuhmacher, Florian, Effizienz und Wettbewerb. Ein Modell zur Einbeziehung ökonomischer Ansätze in das Kartellrecht, Baden-Baden 2011

Schröter, Helmuth/Jakob, Thinam/Mederer, Wolfgang, Kommentar zum Europäischen Wettbewerbsrecht, 1. Auflage, Baden-Baden 2003

Schulte, Josef L./Just, Christoph, Kartellrecht. GWB, Kartellvergaberecht, EU-Kartellrecht. Kommentar, Köln u.a. 2012

Schulte-Braucks, Reinhard, Die Auflösung marktbeherrschender Stellungen, Baden-Baden 1980

Schumacher, Harald, Die Entflechtung von Großunternehmen, Wirtschaftsdienst 1977, 619–624

Schwalbe, Ulrich/Zimmer, Daniel, Kartellrecht und Ökonomie. Moderne ökonomische Ansätze in der europäischen und deutschen Zusammenschlusskontrolle, 2. Auflage, Frankfurt am Main 2011

Schwintowski, Hans-Peter, Handbuch Energiehandel, 2. Auflage, Berlin 2010

Sellner, Dieter/Fellenberg, Frank, Atomausstieg und Energiewende 2011 – das Gesetzespaket im Überblick, NVwZ 2011, 1025–1035

Selmer, Peter, Unternehmensentflechtung und Grundgesetz: Verfassungsrechtliche Probleme einer allgemeinen Entflechtungsermächtigung, Köln u.a. 1981

Seiler, Wolfgang, Verbraucherschutz auf elektronischen Märkten, Tübingen 2006

Sosnick, Stephan, Eine Kritik der Konzeptionen vom funktionsfähigen Wettbewerb, in: Poeche, Jürgen (Hrsg.), Das Konzept der „Workable Competition" in der angelsächsischen Literatur, Köln u.a. 1970, S. 153–195

Steger, Ulrich/Büdenbender, Ulrich/Fees, Eberhard/Nelles, Dieter, Die Regulierung elektrischer Netze, Berlin u.a. 2008

Stigler, George Joseph, The Organization of Industry, Homewood 1968

Storr, Stefan, Die Vorschläge der EU-Kommission zur Verschärfung der Unbundling-Vorschriften im Energiesektor, EuZW 2007, 232–237

Ströbele, Wolfgang/Pfaffenberger, Wolfgang/Heuterkes, Michael, Energiewirtschaft, 3. Auflage, München 2012

dies., Energiewirtschaft, 2. Auflage, München 2010

Stuhlmacher, Gerd/Stappert, Holger/Schoon, Heike/Jansen, Guido, Grundriss zum Energierecht, Frankfurt am Main u.a. 2011

Sullivan, Lawrence A., Post-Chicago Economics: Economists, Lawyers, Judges, and Enforcement Official in a Less Determinate Theoretical World, Antitrust Law Journal 63 (1995), 669–681

ders./Grimes, Warren S., The Law of Antitrust: An Integrated Handbook, 2. Auflage, St. Paul 2006

Tirole, Jean, Industrieökonomik, 2. Auflage, München 1999

Theobald, Christian, Wettbewerb in Netzen als Ziel effizienten Rechts, WuW 2000, 231–244

Thomas, Stefan, De-merger Regimes in Europe. Are national deconcentration powers an appropriate tool for enhancing competition in the EU?, Journal of European Competition Law & Practice 2011, 201–216

Tolksdorf, Michael, Entwicklung der Wettbewerbstheorie, in: Demele, Ottwald/Semmler, Willie (Hrsg.), Monopoltheorie kontrovers, Berlin 1980, S. 89–109

ders., Stand und Entwicklungstendenzen der Wettbewerbstheorie, WuW 1980, 785–803

Uhlig, Torsten, Zusagen, Auflagen und Bedingungen im Fusionskontrollverfahren, Sinzheim 1996

Vahrenholt, Oliver, Marktabgrenzung und Systemwettbewerb, Baden-Baden 2011

Vonnemann, Wolfgang, Doppelkontrolle von europaweiten Unternehmenszusammenschlüssen und ihre Vermeidung, DB 1988, 2085–2089

Weizsäcker, Christian von, Der vorgeschlagene § 29 GWB und der Großhandelsmarkt für Strom, 2006, abzurufen unter: http://www.coll.mpg.de/download/ Weizsacker/CCvW%20Gutachten%20zum%20vorgeschlagenen%20%C2%A7%2029 %20GWB.pdf (letzter Abruf: 10. November 2012)

Westphalen, Friedrich Graf von/Thüsing, Gregor, Vertragsrecht und AGB-Klauselwerke, Band 2, Loseblattsammlung, München, Stand: 31. Ergänzungslieferung, München 2012

Wiedemann, Gerhard, Handbuch des Kartellrechts, 2. Auflage, München 2008

Williamson, Oliver, Economics as an Anti-Trust Defense: The welfare trade-offs, The American Economic Review 58 (1968), S. 18–36

Wuermeling, Joachim, Kalamität Kompetenz: Zur Abgrenzung der Zuständigkeiten in dem Verfassungsentwurf des EU-Konvents, EuR 2004, 216–229

Wurmnest, Wolfgang, Marktmacht und Verdrängungsmissbrauch, Tübingen 2010

Zimmer, Daniel, Der rechtliche Rahmen für die Implementierung moderner ökonomischer Ansätze, WuW 2007, 1998–1209

Zylka, Wolf-Sebastian, Marktaufsicht im Stromhandel, Baden-Baden 2010

Abkürzungsverzeichnis

a.A.	andere(r) Ansicht
a.F.	alte Fassung
ABl.	Amtsblatt der Europäischen Gemeinschaften/der Europäischen Union
Abs.	Absatz
AEUV	Vertrag über die Arbeitsweise der Europäischen Union
AfP	Zeitschrift für Medien- und Kommunikationsrecht
AG	Aktiengesellschaft (Rechtsform), Die Aktiengesellschaft (Zeitschrift)
AGB	Allgemeine Geschäftsbedingungen
AKtG	Aktiengesetz
Art., Artt.	Artikel
AtG	Gesetz über die friedliche Verwendung der Kernenergie und den Schutz gegen ihre Gefahren (Atomgesetz)
AusglMechV	Ausgleichsmechanismusverordnung
BAnz.	Bundesanzeiger
BB	Der Betriebsberater
Bd.	Band
BDEW	Bundesverband der Energie- und Wasserwirtschaft
Beck-TKG	Beck'scher TKG-Kommentar
Begr.	Begründung
BerlKommEnR	Berliner Kommentar zum Energierecht
BGB	Bürgerliches Gesetzbuch
BGBl. I	Bundesgesetzblatt Teil 1
BGBl. II	Bundesgesetzblatt Teil 2
BGH	Bundesgerichtshof
BKartA	Bundeskartellamt
BMWI	Bundesministerium für Wirtschaft
BMWT	Bundesministerium für Wirtschaft und Technologie
BNetzA	Bundesnetzagentur
BR-Drs.	Bundesratsdrucksache
BReg.	Bundesregierung
BT-Drs.	Bundestagsdrucksache
BVerfG	Bundesverfassungsgericht
BVerfGE	Entscheidungen des Bundesverfassungsgerichts
BVerwG	Bundesverwaltungsgericht
BVerwGE	Entscheidungen des Bundesverwaltungsgericht
bzgl.	bezüglich
bzw.	beziehungsweise
ca.	circa
CCZ	Corporate Compliance Zeitschrift
CO_2	Kohlenstoffdioxid
ct	Eurocent

DB	Der Betrieb
ders.	derselbe
dies.	dieselbe(n)
DÖV	Die Öffentliche Verwaltung
E&M	Energie & Management – Zeitung für den Energiemarkt
e.V.	eingetragener Verein
ECLR	European Common Law Review
EEG	Erneuerbare-Energie-Gesetz
EEX	European Energy Exchange, Strombörse mit Sitz in Leipzig
EG	Europäische Gemeinschaft(en)
EG-Kommission	Kommission der Europäischen Gemeinschaft(en)
EGKSV	Vertrag über die Gründung der Europäischen Gemeinschaft für Kohle und Stahl
EGV	Vertrag zur Gründung der Europäischen Gemeinschaft
EG-WettbR I	EG-Wettbewerbsrecht, Kommentar, Band I
Einl.	Einleitung
endg.	endgültig
EnWG	Energiewirtschaftsgesetz
EPEX	European Power Exchange, Europäische Spotbörse mit Sitz in Paris
ErfurterKomm	Erfurter Kommentar zum Arbeitsrecht
EU	Europäische Union
EuG	Europäisches Gericht erster Instanz
EuGH	Europäischer Gerichtshof
EU-Kommission	Kommission der Europäischen Union
EuR	Europarecht (Zeitschrift)
EUV	Vertrag über die Europäische Union
EU-WettbR I	Wettbewerbsrecht, Band 1 EU, Teil 1 – Kommentar zum Europäischen Kartellrecht
EU-WettbR II	Wettbewerbsrecht, Band 1 EU, Teil 2 – Kommentar zum Europäischen Kartellrecht
EuZW	Europäische Zeitschrift für Wirtschaftsrecht
EWCA	England and Wales Court of Appeal
EWG	Europäische Wirtschaftsgemeinschaft
EWGV	Vertrag zur Gründung der Europäischen Wirtschaftsgemeinschaft
f., ff.	folgende
FDP	Freie Demokratische Partei
FIW	Forschungsinstitut für Wirtschaftsverfassung und Wettbewerb e.V., Köln
FKVO	Europäische Fusionskontrollverordnung
Fn.	Fußnote
FrankfKomm	Frankfurter Kommentar zum Kartellrecht
FS	Festschrift
gem.	gemäß
GG	Grundgesetz
GK	Gemeinschaftskommentar
GmbH	Gesellschaft mit beschränkter Haftung
GmbHG	Gesetz betreffend die Gesellschaften mit beschränkter Haftung
GRUR	Gewerblicher Rechtsschutz und Urheberrecht

GRUR Int .... Gewerblicher Rechtsschutz und Urheberrecht, Internationaler Teil
GWB .... Gesetz gegen Wettbewerbsbeschränkungen
GWB-RefE .... Referentenentwurfs vom 08. Januar 2010 zu einem „Gesetz zur Einführung einer Entflechtungsbefugnis und eines Stellungnahmerechts des Bundeskartellamts im Gesetzgebungsverfahren"

HauptGA .... Hauptgutachten der Monopolkommission
Hdb. EuGR ...... Handbuch der Europäischen Grundrechte
Hdb. EU-WirtschaftsR Handbuch des EU-Wirtschaftsrechts
Hdb. KartellR ..... Handbuch des Kartellrechts
Hdb. MultimediaR .. Handbuch Multimedia-Recht
Hdb. WettbewerbsR . Handbuch des Wettbewerbsrechts
Hrsg. .... Herausgeber
HS. .... Halbsatz

ITO .... Independent Transmission Operator

JECLAP .... Journal of European Competition Law & Practice
JZ .... Juristenzeitung

KartellR .... Kartellrecht
KartellVO .... Verordnung gegen den Missbrauch wirtschaftlicher Machtstellungen
KG .... Kammergericht
KOM .... Dokument der EG-/EU-Kommission
kWh .... Kilowattstunde
KWKG .... Gesetz für die Erhaltung, die Modernisierung und den Ausbau der Kraft-Wärme-Kopplung

LG .... Landgericht
lit. .... Buchstabe

MK .... Monopolkommission
MüKo-AktG ...... Münchener Kommentar zum Aktiengesetz
MüKo-EuWettbR .. Münchener Kommentar zum Europäischen und Deutschen Wettbewerbsrecht (Kartellrecht), Band 1, Europäisches Wettbewerbsrecht
MüKo-GWB ...... Münchener Kommentar zum Europäischen und Deutschen Wettbewerbsrecht (Kartellrecht), Band 2, GWB
MW .... Megawatt
m.w.N. .... mit weiteren Nachweisen

n.F. .... neue Fassung
NJW .... Neue Juristische Wochenschrift
Nr. .... Nummer
NVwZ .... Neue Zeitschrift für Verwaltungsrecht

OLG .... Oberlandesgericht
ORDO .... Jahrbuch für die Ordnung von Wirtschaft und Gesellschaft
OTC .... Over-the-Counter

Pf .... Pfennig

RdE	Recht der Elektrizitätswirtschaft
Reg.Begr.	Regierungsbegründung
Reg.Entw.	Regierungsentwurf
RGBl.	Reichsgesetzblatt
RL	Richtlinie
RLM	Registrierende Leistungsmessung
Rn.	Randnummer
RSI	Residual-Supply-Index
S.	Seite, Satz
Slg.	Sammlung der Rechtsprechung des Gerichtshofes und des Gerichts Erster Instanz
SLP	Standardlastprofil
sog.	so genannt(e, er)
SonderGA	Sondergutachten der Monopolkommission
SPD	Sozialdemokratische Partei Deutschlands
SRU	Sachverständigenrat für Umweltfragen
StaatsR	Staatsrecht
TKG	Telekommunikationsgesetz
Tz.	Textziffer
U. S.	United States Supreme Court Reports
u.a.	unter anderem
UK	Vereinigtes Königreich Großbritannien und Nordirland (United Kingdom of Great Britain and Northern Ireland)
UKSC	United Kingdom Supreme Court
Unterabs.	Unterabsatz
US, USA	Vereinigte Staaten von Amerika (United States of America)
UWG	Gesetz gegen den unlauteren Wettbewerb
v.	von
vgl.	vergleiche
VO	Verordnung
Vorb.	Vorbemerkung
WpHG	Wertpapierhandelsgesetz
WRP	Wettbewerb in Recht und Praxis
WuW	Wirtschaft und Wettbewerb
WuW/E	Entscheidungssammlung der WuW mit den Rubriken DE-R, DE-V, EU-R, EU-V, OLG, BGH, BKartA
z.B.	zum Beispiel
ZfE	Zeitschrift für Energiewirtschaft
ZgS	Zeitschrift für die gesamte Staatswissenschaft
ZHR	Zeitschrift für das gesamte Handelsrecht und Wirtschaftsrecht
ZNER	Zeitschrift für Neues Energierecht
ZPO	Zivilprozessordnung
ZRP	Zeitschrift für Rechtspolitik
ZUR	Zeitschrift für Umweltrecht
Zus.-Kontrolle	Zusammenschlusskontrolle
ZWeR	Zeitschrift für Wettbewerbsrecht

Einführung

Lange Zeit glaubte der Gesetzgeber, dass Stromanbieter ihre Kunden auch ohne Wettbewerb nicht nur sicher, sondern auch preisgünstig beliefern werden.[1] Deshalb ließ der Staat zu, ja förderte sogar, dass Monopole die Energieversorgung beherrschten. Auf Druck der Europäischen Union vollzog der Gesetzgeber im Jahr 1998 sodann eine Kehrtwende und öffnete den Stromsektor für Wettbewerb. Jedes Unternehmen durfte jetzt unbeschränkt Strom erzeugen und vertreiben.

In der Folge begann sich der Staat aber zunehmend daran zu stören, dass nur einige wenige Unternehmen an allen Prozessen der Stromversorgung Geld verdienten. Diese Konzerne, die heute RWE, E.ON, Vattenfall und EnBW heißen, erzeugten nicht nur viel Strom, sondern belieferten ebenfalls Verbraucher über eigene Vertriebsunternehmen. Gleichzeitig betrieben diese Unternehmen die Infrastruktur, auf die alle im Stromsektor gleichermaßen angewiesen sind: die Übertragungsnetze.

Der Gesetzgeber sah in einem fairen, regulierten Netzbetrieb den Schlüssel zu mehr Wettbewerb. Mit Entflechtungsvorgaben im EnWG wurden RWE, E.ON, Vattenfall und EnBW gezwungen, den Netzbetrieb immer unabhängiger von den Wettbewerbssparten zu gestalten. Keinesfalls sollten die Konzerne andere Unternehmen behindern, wenn diese Unternehmen mit ihnen um Verbraucher oder Erzeugung konkurrierten. Knapp zehn Jahre nach der hierdurch vollzogenen Liberalisierung des Stromsektors sah sich der Staat trotz allem mit stetig steigenden Preisen konfrontiert und immer noch mit E.ON, RWE, Vattenfall und EnBW als marktbeherrschenden Unternehmen. Daraufhin startete das Land Hessen eine Kampagne für mehr Wettbewerb und warb offen dafür, die Macht großer Stromkonzerne auch abseits der Netze zu bekämpfen.[2] Dafür sollten die Wettbewerbsbehörden zusätzlich neben dem EnWG das Kartellrecht nutzen und die Konzerne zerschlagen.

---

[1] In diesem Sinne etwa die Gesetzespräambel des EnWG vom 13. Dezember 1935, RGBl. 1935 Bd. I S. 1451.

[2] Pressemitteilung der Hessischen Staatskanzlei vom 09. Oktober 2006, abzurufen unter: http://www.stk.hessen.de/irj/HStK_Internet?rid=HStK_15/HStK_Internet/nav/817/8176081c-69e6-f401-e76c-d1505eb31b65,bb91ce7a-1d2e-01d5-ce7b-44e9169fccd5,,,11111111-2222-3333-4444-100000005004%26_ic_uCon_zentral=bb91ce7a-1d2e-01d5-ce7b-44e9169fccd5%26overview=true.htm&uid=8176081c-69e6-f401-e76c-d1505eb31b65 (letzter Abruf: 01. November 2012).

A. Inhalt der Untersuchung

Das geltende GWB erlaubt den Kartellbehörden jedoch nicht, Unternehmen zu „zerschlagen". Die Vorstöße des Landes Hessen und der FDP-Bundestagsfraktion in den Jahren 2007 und 2008, in § 41a GWB ein neuartiges Entflechtungsinstrument zu verankern, blieben erfolglos.[3] Anfang 2010 sickerte aus dem Bundeswirtschaftsministerium dann ein Referentenentwurf an die Öffentlichkeit durch, der diese Idee wieder aufgriff.[4] Die vorliegende Arbeit beschäftigt sich mit der kartellrechtlichen Entflechtung nach § 41a GWB-RefE unter besonderem Bezug zum Stromsektor. Der benannte Referentenentwurf aus dem Jahr 2010 erwähnt den Energiebereich nicht ausdrücklich. In Industrie und Handel gilt § 41a GWB-RefE aber als „lex Netzwirtschaft"[5], die sich auf die Konzerne RWE, E.ON, Vattenfall und EnBW bezieht. Bislang begrenzen die Entflechtungsvorgaben im EnWG nur die Monopolmacht der vier Unternehmen als Netzbetreiber. § 41a GWB-RefE könnte den Einfluss der Stromkonzerne von einer anderen Seite begrenzen und ihr Engagement auf den Wettbewerbsmärkten einschränken.

Die Überlegungen, das GWB um eine Entflechtungsregelung zu erweitern, sind nicht neu. Politik und Wissenschaft beschäftigten sich in der Vergangenheit bereits mehrfach damit.[6] Die aktuelle Regelung hebt sich von früheren Entwürfen allerdings ab, weil sie strukturell ausgerichtet ist. Entflechtungen würden damit keine verhaltensbezogenen Missbräuche „sanktionieren". Vielmehr könnte das Bundeskartellamt strukturelle Maßnahmen anordnen, ohne dass die betroffenen Unternehmen durch eine Verhaltensänderung darauf Einfluss nehmen könnten bzw. ohne dass ein Fehlverhalten ihrerseits ursächlich wäre.

[3] Siehe Gesetzesentwurf des Hessischen Ministeriums für Wirtschaft, Verkehr und Landesentwicklung vom 02. November 2007, S. 2, abzurufen unter: http://www.perspektive-wettbewerb.de/files/entfl_endg021107_1.pdf (letzter Abruf: 30. März 2012); Gesetzesantrag des Landes Hessen vom 29. Januar 2008, BR-Drs. 76/08; Gesetzesantrag der FDP-Fraktion vom 17. Januar 2007, BT-Drs. 16/4065; Gesetzesvorschlag der FDP-Fraktion vom 15. März 2008, BT-Drs. 16/8405.

[4] BMWT, Referentenentwurf vom 08. Januar 2010 zu einem „Gesetz zur Einführung einer Entflechtungsbefugnis und eines Stellungnahmerechts des Bundeskartellamts im Gesetzgebungsverfahren" (im Folgenden abgekürzt als: GWB-RefE), abgedruckt in: MK, SonderGA 58 (2010), Anhang, S. 46 f.

[5] Siehe Handelsblatt vom 13. Januar 2010, S. 6; vom 02. August 2011, S. 14.

[6] MK, HauptGA III (1980), Tz. 662 ff., 719 ff.; *Möschel*, Entflechtungen im Recht der Wettbewerbsbeschränkungen (1979), S. 87 ff.; Gesetzesantrag der Fraktion der SPD vom 06. Februar 1985, BT-Drs. 10/2843; für einen Überblick der verschiedenen Überlegungen, einen Entflechtungstatbestand im Kartellgesetz zu verankern, siehe *Paal*, JZ 2010, 647, 650 f.

B. Ziel der Untersuchung

Ziel der Untersuchung ist, die Zulässigkeit und Zweckmäßigkeit einer kartellrechtlichen Entflechtung nach § 41a GWB-RefE von RWE, E.ON, Vattenfall und EnBW zu überprüfen. Die Politik reagiert auf das Ärgernis hoher Strompreise, indem sie eine Entflechtung der Stromkonzerne fordert.[7] Die vorliegende Arbeit wird kartellrechtlich begründen, inwieweit ein Bedürfnis für strukturelle Maßnahmen gegen RWE, E.ON, Vattenfall und EnBW besteht.

Im ersten Teil der Untersuchung wird herausgearbeitet, dass im Stromsektor aufgrund der Schwächen der geltenden Kartellrechtsvorschriften ein praktisches Bedürfnis nach einem schärferen Wettbewerbsinstrument besteht, um die Macht der Stromkonzerne wirksam kontrollieren und begrenzen zu können. Dafür werden die wettbewerblichen Probleme aufgezeigt, die sich aus der Erzeugerstellung von RWE, E.ON, Vattenfall und EnBW ergeben und die sich hinter den steigenden Preisen verbergen.

In der wettbewerbspolitischen, verfassungsrechtlichen und ökonomischen Analyse bleibt bis heute grundsätzlich umstritten, inwieweit Entflechtungsinstrumente überhaupt zulässig bzw. sinnvoll sind.[8] Bei § 41a GWB-RefE stellen sich die alten Konflikte in neuer Schärfe. Die geplante Entflechtungsregelung würde es erlauben, ohne Verhaltensvorwurf in die Unternehmensstruktur einzugreifen, um als Ziel „allein" den Wettbewerb auf vermachteten Märkten zu beleben. Aufgabe und Ziel des zweiten Teils dieser Untersuchung ist nun, durch eine neuerliche Untersuchung dieser Kriterien zu zeigen, dass der Erlass von § 41a GWB-RefE rechtlich zulässig und praktisch zweckmäßig ist. Die vorliegende Arbeit wird dazu insbesondere das wettbewerbspolitische Fundament des GWB offenlegen und auf eine ablehnende Haltung gegenüber Marktstruktureingriffen hin untersuchen. Damit soll die Untersuchung zugleich einen Beitrag zur kartellrechtlichen Debatte um die Legitimität und Reichweite struktureller Maßnahmen im GWB leisten, die das Kartellrecht seit jeher und aktuell im

---

[7] Siehe Handelsblatt online vom 23. Dezember 2005, abzurufen unter: http://www.handelsblatt.com/politik/deutschland/hohe-strompreise-bruederle-will-energiekartell-aufbrechen/2592540.html (letzter Abruf: 30. Oktober 2012); vom 12. November 2007, abzurufen unter: http://www.handelsblatt.com/politik/deutschland/zerschlagungs-initiative-hessen-will-strompreise-druecken/2885144.html (letzter Abruf: 30. Oktober 2012).

[8] Für Nachweise zum Meinungsstand im Rahmen der wettbewerbspolitischen Analyse, siehe unten Teil 2 § 2; zum Streitstand im Verfassungsrecht, siehe unten Teil 2 § 4; zu ökonomischen Aspekten, siehe unten Teil 2 § 3; vgl. allgemein zum wettbewerbspolitischen Hintergrund *Herdzina*, Wettbewerbspolitik, S. 108; zu wirtschaftlichen und verfassungsrechtlichen Bedenken MK, SonderGA 58 (2010), Tz. 41 ff.

Rahmen der Novellierung von § 32 Abs. 2 GWB beschäftigt.[9] Kritiker haben im Vertrag von Lissabon darüber hinaus ein neues Argument gegen das Instrument der Entflechtung entdeckt. Einige Autoren bestreiten, dass der deutsche Gesetzgeber befugt ist, § 41a GWB-RefE zu erlassen und verweisen auf die dortige Kompetenzabgrenzung.[10] Diese These wird widerlegt werden. Dafür wird die Reichweite der europäischen Zuständigkeiten im Kartellrecht unter wettbewerbspolitischen und systematischen Aspekten untersucht.

Das Land Hessen hat im Rahmen seiner politischen Initiative für mehr Wettbewerb einzelne Aspekte der Entflechtung wissenschaftlich untersuchen lassen. Die betreffenden Auftragsgutachten beschäftigen sich mit den Entflechtungserfahrungen in anderen Ländern und dem Verfassungsrecht.[11] Allerdings fehlt dabei eine Aufarbeitung, inwieweit RWE, E.ON, Vattenfall und EnBW die tatbestandlichen Voraussetzungen von § 41a GWB-RefE überhaupt erfüllen. Der dritte Teil der Arbeit untersucht deshalb die Anwendungsvoraussetzungen der geplanten Regelung im Stromsektor und wird zeigen, dass das Bundeskartellamt alle vier Stromkonzerne weder im Jahr des Entwurfs 2010 noch danach hätte entflechten dürfen.

C. Gang der Untersuchung

Die Bearbeitung ist in drei Teile gegliedert und beginnt mit der Wettbewerbssituation auf den Strommärkten. Ausgehend von der energiewirtschaftlichen Handelskette wird im ersten Teil dargestellt, wie stark die Stromkonzerne die einzelnen Märkte beherrschen. Daraus werden Schlüsse gezogen, mit welchen Möglichkeiten die betreffenden Stromkonzerne sowohl die Verbraucher als auch ihre Wettbewerber behindern können. Wie das Kartellrecht diese Missbrauchsanreize bislang kontrolliert, wird anschließend untersucht. Die Darstellung des Stromsektors und seiner Marktverhältnisse im ersten Teil dient zugleich als Ausgangspunkt, um im dritten Teil der Arbeit die praktische Anwendung von § 41a GWB-RefE in diesem Wirtschaftsbereich überprüfen zu kön-

[9] Zur anhaltenden Diskussion um die Legitimität und Sinnhaftigkeit struktureller Maßnahmen in der wettbewerbspolitischen Auseinandersetzung, siehe unten Teil 2 § 2 A II; zu diesem Streit im Kartellverfahrensrecht, siehe unten Teil 2 § 1 B III 2; zur geplanten Anpassung von § 32 Abs. 2 GWB an das europäische Recht, siehe Reg.Begr. zur 8. GWB-Novelle, BT-Drs. 17/9852, S. 26.

[10] *Nettesheim/Thomas*, Entflechtung im deutschen Kartellrecht, S. 145 ff., 157; *Roth*, in: FS Möschel, S. 509.

[11] Siehe *Engel*, Die verfassungsrechtliche Zulässigkeit eines Entflechtungstatbestands im Kartellgesetz (2008); *Hirschhausen/Neumann/Weigt*, Entflechtung als Instrument einer aktiven Wettbewerbspolitik (2007).

nen. In diesem Zusammenhang hat die im Jahr 2011 beschlossene Energiewende mit ihrem Fokus auf erneuerbare Energien die Markgegebenheiten erheblich verändert. Das Bedürfnis einer kartellrechtlichen Entflechtung ist in der Folge gesunken. Die Diskussion um das benannte Entflechtungsinstrument und eine mögliche Anwendung im Energiesektor hat jedoch bereits im Jahr 2007 begonnen und mit dem hier erörterten Referentenentwurf aus dem Jahr 2010 seinen Höhepunkt erreicht. Im ersten Teil der Arbeit werden deshalb die Marktdaten aus dem Jahr 2009 zugrunde gelegt und auf etwaige Änderungen verwiesen. Die Untersuchung beschränkt sich weiterhin auf den wettbewerblichen Teil des Stromsektors und diejenigen Märkte, die dem GWB unterliegen. Die Aufsicht über die Bedingungen und Entgelte beim Netzzugang sind hingegen nach § 111 EnWG dem GWB entzogen und der Regulierung durch die Bundesnetzagentur nach § 22 ff. EnWG unterstellt. Nachdem RWE, E.ON und Vattenfall den Betrieb von Übertragungsnetzen aufgegeben haben, wird im Rahmen der vorliegenden Untersuchung nicht näher überprüft, inwieweit die sektorspezifische Regulierung auf Grundlage des EnWG die Möglichkeiten der Netzbetreiber als Monopolisten begrenzt, den Wettbewerbsprozess im Stromsektor zu beeinflussen.[12]

Der zweite Teil ist allein dem Kartellrechtsinstrument der Entflechtung gewidmet. Die Untersuchung beginnt mit einer Darstellung der bestehenden kartellbehördlichen Möglichkeiten, in die Marktstruktur einzugreifen. Ein Vergleich mit den Tatbestandsvoraussetzungen der vorgeschlagenen Entflechtungsregelung wird anschließend zeigen, dass bislang kein mit § 41a GWB-RefE vergleichbarer Tatbestand im GWB existiert. Anschließend wird untersucht, ob der durch § 41a GWB-RefE veränderte Umgang des GWB mit Marktmacht rechtlich zulässig ist.

Erstens werden hierfür wettbewerbspolitische Erwägungen angestellt. Anhand der Schwierigkeiten, eine allgemeingültige Wettbewerbsdefinition zu finden und Kausalzusammenhänge zwischen den Elementen „Marktstruktur", „Marktverhalten" und „Marktergebnis" empirisch nachzuweisen, wird aufgezeigt, dass es keine abschließende wettbewerbspolitische Bewertung von Entflechtungen geben kann. Anschließend wird dargestellt, dass Entflechtungsmaßnahmen in der wettbewerbspolitischen Diskussion nur teilweise als geeignet angesehen werden, um die Wettbewerbsverhältnisse auf dem Markt zu verbessern. Die gegensätzliche Bewertung von Entflechtung in der Wettbewerbspolitik beruht auf grundlegend unterschiedlichen Wettbewerbskonzeptionen, die vorliegend idealtypisch anhand des wohlfahrtsökonomischen

[12] Ausführlich zur Netzzugangs-, Netzentgelt- und Netznutzungsregulierung Schneider/Theobald/*Theobald/Zenke/Dessau*, Recht der Energiewirtschaft, § 15 Rn. 26 ff.

und des systemtheoretischen Wettbewerbsansatzes unterschieden werden. Beide Idealtypen nehmen eine voneinander abweichende Haltung zu Marktmacht und Entflechtung ein, weil sie unterschiedliche Annahmen über den Zusammenhang der Elemente „Marktverhalten", „Marktstruktur" und „Marktergebnis" zugrunde legen. Im weiteren Verlauf werden dann ausgewählte Wettbewerbskonzepte auf ihr Verhältnis zum Instrument der Entflechtung überprüft. Diese Darstellung dient als Grundlage, um sodann das GWB auf eine wettbewerbspolitische Fundierung hin zu untersuchen. Dafür wird die Entstehungs- und Novellierungsgeschichte des GWB aufgearbeitet und aufgezeigt, dass der Staat mit dem GWB eine Wettbewerbspolitik verfolgt, die Entflechtungsmaßnahmen grundsätzlich erlaubt. Abschließend wird die Kartellrechtssystematik untersucht, um Rückschlüsse über die Zulässigkeit und Reichweite eines Entflechtungsinstruments zu ziehen.

Zweitens werden im Rahmen einer ökonomischen Analyse des Rechts die möglichen Vorfeldwirkungen der geplanten Entflechtungsregelung und die möglichen Auswirkungen einer entsprechenden Entflechtungsmaßnahme untersucht. Abschließend werden dann die praktischen Probleme der Effizienzmessung herausgearbeitet und die Erfahrung anderer Länder mit Entflechtungen dargestellt.

Drittens wird im Rahmen einer verfassungsrechtlichen Würdigung untersucht, inwieweit das geplante Entflechtungsinstrument mit dem Eigentumsgrundrecht gem. Art. 14 GG vereinbar ist. Die materiellen Anforderungen an eine Entflechtungsvorschrift hängen entscheidend davon ab, ob die jeweilige Regelung noch eine Inhaltsbestimmung des Eigentums nach Art. 14 Abs. 1 S. 2 GG darstellt oder bereits eine Enteignung nach Art. 14 Abs. 3 S. 1 GG. Diese Frage steht neben der Untersuchung der Verhältnismäßigkeit im Mittelpunkt der verfassungsrechtlichen Bewertung.

Viertens wird untersucht, ob und inwieweit § 41a GWB-RefE mit dem EU-Wettbewerbsrecht vereinbar ist. Einerseits wird überprüft, ob der deutsche Gesetzgeber noch über die Kompetenz verfügt, um die geplante Entflechtungsregelung überhaupt zu erlassen. Dazu werden die Rechtsquellen des europäischen Kartellrechts daraufhin untersucht, ob sie der Union auch den Bereich der Entflechtung ausschließlich zuweisen. Andererseits wird überprüft, inwieweit der Gesetzgeber mit § 41a GWB-RefE eine bestehende Gesetzgebungskompetenz überschreitet. Dafür wird herausgearbeitet, ob und inwieweit die geplante Vorschrift in ihrer Reichweite materiell in Regelungsbereiche eingreift, die der Gesetzgebung durch die Europäischen Union vorbehalten sind.

Der dritte und letzte Teil verknüpft die geplante Entflechtungsregelung wieder mit dem Stromsektor. Dafür werden zuerst die sektorspezifischen

Entflechtungsbemühungen betrachtet. Anschließend wird anhand der Tatbestandsvoraussetzungen von § 41a GWB-RefE untersucht, ob das Bundeskartellamt die Stromkonzerne kartellrechtlich entflechten kann. Die Darstellung berücksichtigt die Entwicklungen des Jahres 2011. Deshalb unterscheidet die Untersuchung zwischen den Möglichkeiten vor und nach der sog. „Energiewende". Unter Bezugnahme auf die relevante Rechtsprechung wird in diesem Zusammenhang der Ansatz des Bundeskartellamtes, mehrere Unternehmen auf dem Erstabsatzmarkt als individuell marktbeherrschend anzusehen, kritisch überprüft.

Erster Teil. Wettbewerb auf den Strommärkten

Seit 1998 hat der deutsche Gesetzgeber unterschiedliche Anstrengungen unternommen, um den Wettbewerb auf den Strommärkten zu beleben. Hinter diesen Anstrengungen steht insgesamt der Gedanke, dass stärkere Konkurrenz die Unternehmen zu mehr Effizienz zwingt und deshalb in der Folge die Strompreise sinken werden. Anfangs schienen sich die Hoffnungen zu erfüllen. So fielen die Preise für Endverbraucher bis ins Jahr 2002: Gewerbe- und Industriekunden zahlten teilweise 30 % weniger als vor der Liberalisierung.[13] Dann kehrte sich der Trend allerdings um. Allein in den Jahren 2006 bis 2011 stiegen ihre Stromkosten um über 20 %, während Haushalte sogar 37 % mehr bezahlen mussten.[14] Den kontinuierlichen Preissteigerungen für Stromkunden standen zugleich Rekordgewinne der Energieversorger gegenüber.[15] Dies weckte Zweifel an der wettbewerblichen Funktionsweise des Strommarktes und schuf Misstrauen gegen die großen Stromkonzerne.[16]

In diesem Teil der Arbeit gilt es deshalb zu untersuchen, ob sich in der Strompreisentwicklung tatsächlich eine verzerrte Wettbewerbssituation widerspiegelt, der das Kartellrecht bislang nicht wirksam begegnet. Ziel der nachstehenden Untersuchung ist es, das Bedürfnis nach einer Entflechtungsregelung im GWB anhand der Schwächen der geltenden Kartellrechtsvorschriften zu begründen. Dafür müssen zunächst die wirtschaftliche Macht und die sich daraus ergebenden Missbrauchspotentiale der Stromkonzerne festgestellt werden. Anschließend gilt es zu überprüfen, inwieweit die festgestellten Missbrauchsmöglichkeiten von den geltenden Kartellrechtsvorschriften wirksam erfasst und sanktioniert werden. Die Untersuchung beginnt im ersten Kapitel (§ 1) mit der Darstellung der Wertschöpfungskette im Stromsektor. Die Wertschöpfung ist der notwendige Bezugspunkt, um die Macht der Energiekonzer-

---

[13] *Konstantin*, Praxisbuch Energiewirtschaft, S. 67.

[14] Haushalte, die nicht über die Grundversorgung Strom beziehen, zahlen seit 2006 ca. 33 % mehr, siehe BNetzA, Monitoring Bericht 2011, S. 141, 149.

[15] Zwischen 2002 und 2007 verdreifachten E.ON, RWE, Vattenfall und EnBW ihre Konzerngewinne, siehe *Leprich/Juncker*, Kurzstudie Stromwatch 2, S. 2; ähnliche Zahlen zur Umsatzrendite zwischen 2000 und 2005 bei *Steger/Büdenbender/Feess/Nelles*, Die Regulierung elektrischer Netze, S. 20.

[16] Lediglich ein Teil der Preiserhöhung lässt sich durch die erhöhte Steuern, Umlagen und andere Abgaben erklären, siehe dazu BKartA, Sektoruntersuchung Stromerzeugung Stromgroßhandel, Bericht gem. § 32e GWB (im Folgenden abgekürzt als: BKartA, Sektoruntersuchung Stromgroßhandel), S. 37.

ne zutreffend abbilden zu können. Unternehmerische Leistungen auf verschiedenen Stufen greifen ineinander, um die Stromversorgung der Endkunden sicherzustellen. Die Macht der einzelnen Unternehmen ergibt sich aus ihrem Einfluss auf die einzelnen Prozesse der Wertschöpfungskette. Die Kartellrechtspraxis analysiert diese Prozesse und ordnet sie verschiedenen sachlich relevanten Märkten zu. Auf Grundlage der Marktabgrenzung beschäftigt sich das nachfolgenden Kapitel (§ 2) mit der Dominanz der vier größten Unternehmern und deren Ursachen. Die Prüfung wendet sich zunächst den einzelnen Märkten zu und untersucht, in welchem Ausmaß einzelne Unternehmen diese Märkte nach gerichtlicher und kartellbehördlicher Auffassung beherrschen.[17] Anschließend zeigt die Prüfung auf, welche Einflüsse diese Entwicklungen begünstigt haben. Der Anteil, den das Kartellrecht dazu beigetragen hat, ist ein Aspekt, um seine Wirksamkeit zu beurteilen. Der zweite und entscheidende Aspekt liegt darin, wie das Kartellrecht mit den Wettbewerbsgefahren der bestehenden Marktverhältnisse umgeht. Deshalb widmet sich das dritte Kapitel (§ 3) den Missbrauchsanreizen der Stromkonzerne und deren kartellrechtlicher Bewältigung.

§ 1. Kartellrechtliche Marktabgrenzung im Lichte der Wertschöpfungskette

Von der Erzeugung bis zur Belieferung des Endkunden durchläuft Strom mehrere Prozesse. Die energiewirtschaftliche Wertschöpfungskette beschreibt diesen Weg. Früher unterschied man drei Marktstufen: die Ebene der Produktion, die Weiterverteilung an lokale Stromversorger und die Endkundenstufe.[18] Auf der Erzeugerstufe waren Unternehmen tätig, die Strom selbst erzeugten oder importierten. Diesen Unternehmen standen auf der Weiterverteilerstufe (Distributionsstufe) regionale Stromversorgungsunternehmer und lokale Weiterverteiler als Abnehmer des Stroms gegenüber. Klein- und Großkunden fragten den Strom der weiterverteilenden Unternehmen auf der Endkundenstufe nach. Die Kartellbehörden grenzten – nahezu analog der Wertschöpfung – den Verteilermarkt für Großstromerzeuger ab, einen Weiterverteilermarkt für regionale und lokale Versorger und Letztverbrauchermärkte, die sich am

[17] Zur Bewertung der kartellbehördlichen Marktbeherrschungsfeststellung auf dem Erstabsatzmarkt, siehe unten Teil 3 § 2 II.

[18] OLG Düsseldorf WuW/E DE-R 2094, 2096 – *E.ON/Stadtwerke Eschwege*; Langen/Bunte/*Braun*, GWB, Sonderbereich Energiewirtschaft Rn. 49.

Nachfrageverhalten der Kunden orientierten.[19] Die klassische Einteilung der Wertschöpfungsstufen ordnet alle Wertschöpfungsprozesse anhand ihrer Bedeutung für die Stromlieferung, die letztlich aber nur eine Facette des Stromsektors darstellt. Zwar ist die Elektrizitätsversorgung seit jeher die originäre Aufgabe des Stromsektors und prägt dessen Bild bis heute. Allerdings sind durch die Liberalisierung neue Betätigungsfelder entstanden, die von der klassischen Handelskette der Stromlieferung unabhängig sind. Die Wertschöpfung im Stromsektor, insbesondere die Weiterverteilstufe, hat sich ausdifferenziert. Der Betrieb von Stromnetzen und der Handel mit Strom sind nunmehr eigenständige unternehmerische Aufgaben, deren wirtschaftliche Ziele über die reine Stromlieferung hinausgehen.[20] Die klassische Dreiteilung der Wertschöpfungsstufen ist deshalb einer uneinheitlichen, kontextgebundenen Gliederung gewichen.[21]

Im Rahmen der kartellbehördlichen und gerichtlichen Marktabgrenzung bildet die klassische dreistufige Wertschöpfungskette weiterhin die Grundlage.[22] Die modifizierten Wertschöpfungsabläufe haben jedoch die wirtschaftliche Basis verändert, auf die die überkommene Marktabgrenzung aufbaut. Nachfolgend werden zunächst die Bedeutung und das Ziel der kartellrechtlichen Marktabgrenzung dargestellt. Anschließend werden die relevanten Wettbewerbsmärkte im Stromsektor dargestellt und abgegrenzt.

A. Bedeutung der kartellrechtlichen Marktabgrenzung

Der Sinn der kartellrechtlichen Marktabgrenzung lässt sich nur im Zusammenhang mit dem Konzept von „Marktmacht“ verstehen.[23] In einer idealisierten, auf das Element der Preisentwicklung reduzierten Konstruktion ist der „Markt“ als ein Ort zu begreifen, an dem sich Angebot

[19] Siehe BGH WuW/DE-R 24, 27 – *Stromversorgung Aggertal*; WuW/DE-R 32, 33 – *Stadtwerke Garbsen;* zu dieser Praxis, siehe OLG Düsseldorf WuW/E DE-R 2094, 2096 – *E.ON/Stadtwerke Eschwege*; Wiedemann/*Scholz*, Hdb. KartellR, § 34 Rn. 138.

[20] Dazu Schwintowski/*Spicker*, Hdb. Energiehandel, Rn. 8 f., 22 ff.

[21] Zu diesem Aspekt, siehe Schwintowski/*Spicker*, Hdb. Energiehandel, Rn. 111 ff.

[22] Siehe BKartA, Beschluss vom 30. April 2010, B8-109/09, S. 13 f. – *RWE/Energieversorgung Plauen, Stadtwerke Lingen und Stadtwerke Radevormwald*; OLG Düsseldorf WuW/E DE-R 2094, 2096 ff. – *E.ON/Stadtwerke Eschwege*; BGH WuW/E DE-R 2451, 2453 (Rn. 15) – *E.ON/Stadtwerke Eschwege.*

[23] Das Marktmachtkonzept bestimmt insoweit den Maßstab, der die Voraussetzungen für ein kartellbehördliches Eingreifen in den Wettbewerb regelt, siehe *Emmerich,* Kartellrecht, § 27 Rn. 9; *Loewenheim/Meessen/Riesenkampff/Götting,* § 19 Rn. 10; Immenga/Mestmäcker/*Möschel*, GWB, § 19 Rn. 18 ff., 39 ff.; *Vahrenholt,* Marktabgrenzung und Systemwettbewerb, 45 f.; *Wurmnest,* Marktmacht und Verdrängungsmissbrauch, S. 281 f.

und Nachfrage gegenüberstehen und sich in den Preisen ausgleichen.[24] „Marktmacht“ ist insoweit vereinfacht als die Möglichkeit eines Unternehmens zu begreifen, das eigene Angebot an Waren oder Dienstleistungen zu reduzieren und dadurch den Verkaufspreis über das Wettbewerbsniveau zu heben.[25] Das genaue realpolitische Verständnis von „Marktmacht“ und seine Bewertung ist im Wettbewerbsrecht hingegen grundsätzlich davon abhängig, was man unter funktionierendem Wettbewerb und seinem adäquaten Schutz versteht.[26] Dabei hat sich bislang keine allgemein konsentierte Konzeption herausgebildet, wie eine umfassende staatliche Wettbewerbspolitik zu gestalten ist.[27] Dies liegt daran, dass die vielfältigen Erwartungen, die das Phänomen „Wettbewerb“ erfüllen soll, eine Wettbewerbspolitik erfordern, die neben der Preisentwicklung auch gesamtwirtschaftliche und gesamtgesellschaftliche Entwicklungen berücksichtigt.[28]

I. Zweistufiger Ansatz zur Bestimmung von Marktmacht

Aus der Idealvorstellung des „Marktes“ ist jedoch eine grundlegende Erkenntnis für die Bestimmung und Bewertung von Marktmacht zu ziehen, die auch in der geltende Kartellrechtspraxis weiterhin Gültigkeit besitzt: Wirtschaftliche Macht besteht immer nur bezogen auf einen bestimmten Ort, der eine sachliche, eine räumliche und eine zeitliche Dimension besitzt.[29] Wenn die Wettbewerbsbehörden oder Gerichte Kartellrechtssachverhalte beurteilen, dann grenzen sie deshalb zunächst den jeweils relevanten Produkt- oder Dienstleistungsmarkt ab und beurteilen anschließend, ob ein bestimmtes Unternehmen marktbeherrschend ist.[30]

---

[24] Zu diesem Konzept der Preistheorie, siehe unten Teil 2 § 2 A II 4 a) (1); zur Kritik aufgrund des alleinigen Fokus auf Preiselemente Teil 2 § 2 A II 4 a) (2); zusammenfassend *Wurmnest*, Marktmacht und Verdrängungsmissbrauch, S. 281.

[25] *Wurmnest*, Marktmacht und Verdrängungsmissbrauch, S. 133.

[26] Zum Definitionsdilemma und der unterschiedlichen Bewertung von Marktmacht in den verschiedenen wettbewerbspolitischen Konzepten, siehe unten Teil 2 § 2 A; allgemein dazu *Schwalbe/Zimmer*, Kartellrecht und Ökonomie, S. 72.

[27] Siehe dazu unten Teil 2 § 2 A II.

[28] Für einen Überblick über die Erwartungen, die vor allem auf den gesellschaftlichen Grundwerten wie Freiheit, Wohlstand und Gerechtigkeit aufbauen, siehe Langen/Bunte/*Bunte*, GWB, Einführung zum GWB Rn. 81 ff.; *Herdzina*, Wettbewerbspolitik, S. 12.

[29] Siehe dazu *Emmerich*, AG 1986, 345, 348; Loewenheim/Meessen/Riesenkampff/*Götting*, § 19 Rn. 10; Immenga/Mestmäcker/*Möschel*, GWB, § 19 Rn. 18 ff., 39 ff.; Langen/Bunte/*Ruppelt*, GWB, § 19 Rn. 20 ff.; zur zentralen Bedeutung der Marktabgrenzung im Wettbewerbsrecht generell, siehe auch *Paal*, Suchmaschinen, Marktmacht und Meinungsbildung, S. 41.

[30] Siehe im Energiebereich BKartA WuW/E DE-V 823, 824 – *E.ON/Stadtwerke Eschwege*; BGH WuW/E DE-R 1206, 1207 – *Strom und Telefon I*; DE-R 2451,

In der wissenschaftlichen Diskussion ist dieser zweistufige Ansatz verschiedentlich kritisiert worden,[31] vor allem im Kontext der Forderung, das Wettbewerbsrecht stärker wirkungsbezogen anzuwenden.[32] Nach dieser Ansicht sollten deshalb nicht formale Zwischenschritte über die kartellrechtliche Bewertung entscheiden, sondern allein der Nachweis, dass sich etwa bestimmte Verhaltensweisen oder Strukturen wettbewerblich nachteilig auswirken.[33]

Gegen eine vollständige Aufgabe des zweistufigen Ansatzes zur Bestimmung und Bewertung von Marktmacht spricht jedoch, dass etwa der Nachweis von konkreten wirtschaftlichen Schäden eines missbräuchlichen Verhaltens schwer zu führen ist, wenn es lediglich von kurzer Dauer ist.[34] Wenngleich das GWB und die Kartellrechtspraxis die Forderungen einer stärkeren auswirkungsbezogenen Beurteilung im Einzelnen durchaus rezipiert haben,[35] bleibt das GWB nach wie vor einem strukturorientierten Weg verpflichtet. Der Gesetzgeber hat zuletzt im Rahmen der 8. GWB-Novelle in § 18 Abs. 2 GWB ausdrücklich normiert, dass sich die Marktbeherrschung „auf den sachlich und räumlich relevanten Markt" bezieht. Die Eingriffe der Wettbewerbsbehörden rechtfertigen sich dabei anhand von Normen, die auf dem insoweit abgegrenzten Markt einzelne Verhaltensweisen verbieten oder das Ziel haben, bestimmten Strukturveränderungen entgegenzuwirken.

II. Marktabgrenzung als Hilfskriterium

Insgesamt versucht die Rechtsanwendung mit der Marktabgrenzung aus einem „Kontinuum", das als „Markt" zu bezeichnen ist, eine räumliche, zeitliche und örtliche „Dimension" für den Einzelfall zu fixieren,[36] um damit die Wettbewerbskräfte zu bestimmen, denen ein Unternehmen

2452 ff. – *E.ON/Stadtwerke Eschwege*; WuW/E BGH 1533, 1535– *Erdgas-Schwaben*; OLG Düsseldorf WuW/E DE-R 2094, 2096 f. – *E.ON/Stadtwerke Eschwege*; allgemein BGH WuW/E BGH 1501, 1506 – *Kfz-Kupplungen*; WuW/E BGH 1445, 1449 – *Valium*; zum Ganzen Loewenheim/Meessen/Riesenkampff/*Götting*, § 19 Rn. 10; Immenga/Mestmäcker/*Möschel*, GWB, § 19 Rn. 58 f.

[31] *Bork*, The Antitrust Paradox, S. 91 ff.; *Knöpfle*, Die Abgrenzung des relevanten Marktes bei der Anwendung des § 22 Abs. 1 GWB, S. 139, 142.

[32] Zu den Ansätzen der „Chicago School", siehe unten Teil 2 § 2 A II 4 c).

[33] Siehe unten Teil § 2 A II 4 c); zusammenfassend *Wurmnest*, Marktmacht und Verdrängungsmissbrauch, S. 287.

[34] Siehe dazu *Wurmnest*, Marktmacht und Verdrängungsmissbrauch, S. 287; zu den allgemeinen Problemen für die Rechtssicherheit bei einer wirtschaftlichen Bewertung, siehe Teil 2 § 3 A.

[35] Zum sog. SIEC-Test im deutschen Recht, siehe unten Teil 2 § 2 B II 2; zur Forderung einer verstärkten ökonomischen Auslegung, siehe unten Teil 2 § 3.

[36] Stellvertretend *Emmerich*, AG 1986, 345, 348.

ausgesetzt ist.[37] Die Marktabgrenzung ist folglich ein reines „Hilfskriterium“[38], ein Zwischenschritt, um das eigentliche Ziel zu erreichen: die Feststellung und Beurteilung von Marktmacht.[39]

III. Bedarfsmarktkonzept

In der wirtschaftswissenschaftlichen Literatur werden verschiedene Modelle diskutiert, wie sich kartellrechtliche Märkte sachgerecht abgrenzen lassen.[40] Die vorliegende Darstellung geht vom sog. „Bedarfsmarktkonzept“[41] aus, das auch die Rechtsprechung in ihren maßgeblichen Entscheidungen zum Stromsektor zugrunde legt.[42] Nach diesem Konzept dient ein sog. „Bedarfsmarkt“ als Teilmarkt innerhalb einer Volkswirtschaft dazu, einen bestimmten „gesellschaftlichen Bedarf“ zu decken.[43] Die Kartellbehörden bestimmen zusammengehörige Märkte deshalb grundsätzlich, indem sie von den Bedürfnissen der Kunden ausgehen.[44] Für die Marktabgrenzung kommt es deshalb nicht entscheidend darauf an, mit welchen Produkten seiner Wettbewerber ein Unternehmen konkurrieren will, sondern welche Produkte die Abnehmer für austauschbar

[37] Zur Aufgabe, den relevanten Wettbewerbsdruck festzustellen, siehe Langen/Bunte/*Ruppelt*, GWB, § 19 Rn. 20; *Wurmnest,* Marktmacht und Verdrängungsmissbrauch, S. 291; Bekanntmachung der EG-Kommission über die Definition des relevanten Marktes im Sinne des Wettbewerbsrechts der Gemeinschaft, ABl. C 372 vom 09. Dezember 1997, S. 5 (Tz. 2).

[38] BGH WuW/E DE-R 1206, 1207 – *Strom und Telefon I.*

[39] *Bishop/Walker*, Economics of EC Competition Law, Tz. 4-002; *Schwalbe/Zimmer*, Kartellrecht und Ökonomie, S. 73.

[40] Zum Bedarfsmarktkonzept, dem Monopoltest und empirischen Verfahren der Marktabgrenzung, siehe *Bishop/Walker*, Economics of EC Competition Law, Tz. 4-001 ff.; *Schwalbe/Zimmer*, Kartellrecht und Ökonomie, S. 72 ff.; *Wurmnest,* Marktmacht und Verdrängungsmissbrauch, S. 291 ff.

[41] Grundlegend KG WuW/E OLG 995, 995 f. – *Handpreisauszeichner*; BGH WuW/E BGH 3058, 2362 – *Pay TV Durchleitung;* WuW/E DE-R 1355, 1357 – *Staubsaugerbeutelmarkt*; WuW/E DE-R 1925, 1926 f. – *National Geographic II*; im europäischen Recht, siehe EuGH, Urteil vom 21. Februar 1973, Slg. 1973, 215 (Rn. 32) – *Continental Can*; Urteil vom 14. Februar 1978, Slg. 1978, 207, Tz. 22 ff. – *United Brands*; Urteil vom 13. Februar 1979, Slg. 1979, 461 (Rn. 28) – *Hoffmann-La Roche.*

[42] Siehe BGH WuW/E DE-R 1206, 1207 – *Strom und Telefon I*; WuW/E BGH 1533, 1535– *Erdgas-Schwaben*; OLG Düsseldorf WuW/E DE-R 2094, 2096 f. – *E.ON/Stadtwerke Eschwege.*

[43] *Schwalbe/Zimmer*, Kartellrecht und Ökonomie, S. 75.

[44] KG WuW/E OLG 995, 995 f. – *Handpreisauszeichner*; BGH WuW/E BGH 3058, 2362 – *Pay TV Durchleitung*; WuW/E DE-R 1355, 1357 – *Staubsaugerbeutelmarkt.*

halten.[45] Deshalb zählen alle Produkte zu einem einheitlichen Markt, die für Nachfrager nach Eigenschaft, Verwendungszweck und Preislage austauschbar sind, um ein bestimmtes Bedürfnis zu decken.[46] Auf dieser Grundlage werden nachstehend die kartellrechtlichen Märkte im Stromsektor abgegrenzt.

B. Erstabsatzmarkt auf der Erzeugerstufe

Strom produzieren in Deutschland verschiedene Kraftwerksarten, die dafür unterschiedliche Energieträger einsetzen. Dies beeinflusst wiederum die Einsatzmöglichkeiten der Kraftwerksarten und ihre Kosten. Teilweise steuern damit auch technische Gesichtspunkte die Macht und das Einflusspotential einzelner Erzeugungsunternehmen. Deshalb werden zuerst die technischen Besonderheiten der Stromgewinnung dargestellt. Anschließend wird der entsprechende Markt kartellrechtlich abgegrenzt.

I. Technische Grundlagen

Die deutschen Stromerzeuger produzieren Strom mit Kohle-, Gas-, Öl- und Atomkraftwerken sowie Anlagen auf Basis erneuerbarer Energien zu unterschiedlichen Kosten. Gemessen an der Brutto-Stromerzeugung gewannen die Unternehmen im Jahr 2009 ca. 24 % der Elektrizität aus Braunkohle, 23 % aus Uran, 18 % aus Steinkohle, 16 % aus erneuerbaren Energien und 13 % aus Erdgas.[47]

1. Schwankungen in Produktion und Nachfrage

Nicht alle Produktionsanlagen erzeugen allerdings konstant Strom. Einerseits liegt dies daran, dass die Nachfrage im Tages- und Wochenverlauf sowie saisonal schwankt. Anderseits erlaubt die technische Ausrich-

---

[45] Langen/Bunte/*Ruppelt*, GWB, § 19 Rn. 20; *C. Müller*, Abschied vom Bedarfsmarktkonzept bei der Marktabgrenzung, S. 59; *Paal*, Suchmaschinen, Marktmacht und Meinungsbildung, S. 41 f.

[46] BGH WuW/E DE-R 1206, 1207 – *Strom und Telefon I*; WuW/E BGH 1533, 1535– *Erdgas-Schwaben*; OLG Düsseldorf WuW/E DE-R 2094, 2096 f. – *E.ON/ Stadtwerke Eschwege*; ohne Bezug zum Energiesektor auch BGH WuW/E BGH 3058, 2362 – *Pay TV Durchleitung;* WuW/E DE-R 1355, 1357 – *Staubsaugerbeutelmarkt.*

[47] Ca. 6 % werden aus sonstigen Energieträgern gewonnen; zum Ganzen, siehe BMWT, Monitoring Bericht zur Versorgungssicherheit im Bereich der leitungsgebundenen Versorgung 2011, S. 7, abzurufen unter: http://www.bmwi.de/BMWi/Redaktion/PDF/M-O/monitoringbericht-bmwi-versorgungssicherheit-bereich-leitungsgebundene-versorgungelekrizitaet,property=pdf,bereich=bm wi2012,sprache=de,rwb=true.pdf (letzter Abruf: 30. Oktober 2012); zu den Anteilen der einzelnen Energieträger für das Jahr 2011, siehe unten Teil 3 § 2 C III.

tung der Kraftwerke teilweise keine gleichbleibende Produktion. So hängt vor allem bei Anlagen auf Basis regenerativer Quellen die Produktionsmöglichkeit und die entsprechende Kapazität von der Wetterlage sowie der Tages- und Jahreszeit ab.

a) Kein Ausgleich durch hinreichende Stromspeicher

Den höheren Verbrauch in Nachfragespitzen können die Unternehmen nur begrenzt auffangen, indem sie vorab mehr produzieren. Bislang fehlen kostengünstige und effiziente Technologien, um Strom in großen Mengen zu speichern.[48] Wirtschaftlich lässt sich Strom derzeit nur „mittelbar" durch Energieumwandlung speichern. Vornehmlich in Pumpspeicherkraftwerken wird Wasser in einen höheren Speichersee geleitet, wobei überschüssiger Strom verbraucht wird.[49] Sobald am Markt ein entsprechender Strombedarf entsteht, fließt das Wasser in ein tiefer gelegenes Auffangbecken und erzeugt dabei in Turbinen Elektrizität.[50] Die Einsatzmöglichkeiten dieser Kraftwerke sind allerdings in geographischer und kapazitätstechnischer Hinsicht durch die erforderlichen Höhengefälle begrenzt.[51] Physikalische Besonderheiten im Netzbetrieb verschärfen das Problem um Angebot und Nachfrage nach Elektrizität zusätzlich. Die Netzspannung verändert sich, wenn die Erzeugung und der Verbrauch von Strom zeitlich auseinanderfallen. Das gefährdet die Stabilität der Netze und die Gefahr eines Stromausfalls steigt. Angebot und Nachfrage müssen sich deshalb zu jeder Zeit exakt gegenüberstehen.[52] Besonders die verstärkte Einspeisung regenerativ erzeugten Stroms stellt das Elektrizitätssystem folglich vor große Herausforderungen.[53]

---

[48] Ausführlich zu den möglichen Speichertechnologien BKartA, Sektoruntersuchung Stromgroßhandel, S. 38; *Dorste-Franke/Paal/Rehtanz/Sauer/Schneider/Schreurs/Ziesemer*, Balancing Renewable Electricity, S. 86 ff.; *Koenig/Kühling/Rasbach*, Energierecht, S. 39; *Schiffer*, Energiemarkt Deutschland (2010), S. 232.

[49] Zur Funktionsweise, siehe *Dorste-Franke/Paal/Rehtanz/Sauer/Schneider/Schreurs/Ziesemer*, Balancing Renewable Electricity, S. 90 f.

[50] *Dorste-Franke/Paal/Rehtanz/Sauer/Schneider/Schreurs/Ziesemer*, Balancing Renewable Electricity, S. 90; Schneider/Theobald/*Schneider*, Recht der Energiewirtschaft, § 21 Rn. 9.

[51] Schneider/Theobald/*Schneider*, Recht der Energiewirtschaft, § 21 Rn. 9; es besteht deshalb grundsätzlich eine Nachfrage nach neuen Speichertechnologien und Speicherkraftwerken, siehe dazu *P. Becker*, Aufstieg und Krise der deutschen Stromkonzerne, S. 308; *Dorste-Franke/Paal/Rehtanz/Sauer/Schneider/Schreurs/Ziesemer*, Balancing Renewable Electricity, S. 142; *Holm-Müller/Weber*, Wirtschaftsdienst 2011, 255, 156; SRU, SonderGA 2011, BT-Drs. 17/4890, Tz. 652 f.

[52] BKartA, Sektoruntersuchung Stromgroßhandel, S. 39; *Koenig/Kühling/Rasbach*, Energierecht, S. 39; *Konstantin*, Praxisbuch Energiewirtschaft, S. 409 ff.; zum kurzfristigen Ausgleich durch Regelenergie *Ströbele/Pfaffenberger/Heuterkes*, Energiewirtschaft, S. 257 ff.

[53] Zu den Auswirkungen auf den Kraftwerkspark und die Stromnetze, siehe unten Teil 3 § 2 C I.

Interdisziplinär untersucht die wissenschaftliche Forschung deshalb, mit welchen Technologien Angebot und Nachfrage zukünftig ausgeglichen werden können.[54] Das Ziel ist es, ein Elektrizitätssystem zu entwickeln, das es ermöglicht, immer größere Mengen von Strom aus erneuerbaren Quellen für die Stromversorgung nutzen zu können.[55]

b) Lastenverteilung zum Ausgleich von Erzeugung und Verbrauch

Im Rahmen der derzeitigen technischen Gegebenheiten ist das Elektrizitätssystem darauf ausgerichtet, dass verschiedene Kraftwerksarten jeweils den Strombedarf decken, der in einer bestimmte Zeitspanne entsteht, die sog. „Gesamtlast im zeitlichen Verlauf".[56] Eine bestimme Menge Strom fragt der Markt konstant ab (Grundlast), während sich ein Teil des Bedarfs häufig (Mittellast) oder sogar kurzfristig verändert (Spitzenlast). Infrastrukturell hat das zwei Konsequenzen: Die Gesamtkapazität aller Kraftwerke muss gleichauf oder höher liegen als der maximale Verbrauch. Umgekehrt bedeutet dies, dass einige Anlagen in Zeiten niedriger Nachfrage still-liegen müssen. Beide Effekte wirken sich wirtschaftlich aus, indem sie die Systemkosten der Stromerzeugung insgesamt erhöhen.[57] Die sog. „Lastenverteilung" optimiert deshalb die Einsatzplanung der Kraftwerke.[58] Die Lastenverteilung soll sicherstellen, dass die Unternehmen bedarfsgerecht und gleichzeitig so kostengünstig wie möglich produzieren.

Dafür werden die Kraftwerke nach technischen Gesichtspunkten verschiedenen Lastbereichen zugeordnet. Die Entscheidung, welche Kraftwerke im jeweiligen Lastbereich tatsächlich zur Produktion eingesetzt werden, berücksichtigt die Arbeits- und Brennstoffkosten sowie die Kosten für CO_2-Zertitifikate.[59] Grundleistungskraftwerke genießen durch ihre niedrige Kostenstruktur eine hohe Einsatzpriorität. Diese Erzeugungsanlagen decken die konstante Nachfrage ab, weil sie ihre Leistung nicht kurzfristig an Bedarfsschwankungen anpassen können. Zur Grundlast zählen Biomasse-, Geothermie-, Braunkohle, Nuklear- und Wasserkraftwerke. Zusammen stellen Grundlastanlagen ca. 66 % der gesamten Kraftwerkskapazität.[60] Mittellastanlagen sind besser regelbar

[54] Umfassend etwa *Dorste-Franke/Paal/Rehtanz/Sauer/Schneider/Schreurs/Ziesemer*, Balancing Renewable Electricity (2012); SRU, SonderGA 2011, BT-Drs. 17/4890, Tz. 413 ff.

[55] Umfassend dazu *Dorste-Franke/Paal/Rehtanz/Sauer/Schneider/Schreurs/Ziesemer*, Balancing Renewable Electricity, S. 7.

[56] *Schiffer*, Energiemarkt Deutschland (2010), S. 251, 255.

[57] BKartA, Sektoruntersuchung Stromgroßhandel, S. 39.

[58] *Schiffer*, Energiemarkt Deutschland (2010), S. 251.

[59] *Schiffer*, Energiemarkt Deutschland (2010), S. 251.

[60] *Ströbele/Pfaffenberger/Heuterkes*, Energiewirtschaft, S. 218.

und können täglich an- oder abgefahren werden. Dazu zählen besonders Steinkohle, Gas- und teils Speicherwasserkraftwerke.[61] Die Mittellastkraftwerke erfordern ca. 23 % der Gesamtkapazität und liegen in ihrer Einsatzpriorität hinter den Grundlastkraftwerken, weil sie im direkten Vergleich zu höheren Kosten produzieren.[62] Kurzfristige Nachfrageveränderungen (Spitzenlast) oder Kraftwerksausfälle fangen Spitzenlastkraftwerke auf.[63] Spitzenlastanlagen können mehrmals am Tag an- bzw. abfahren und gleichzeitig ihre Leistung schnell verändern.[64] Diese Voraussetzungen erfüllen Pumpspeicher-, Öl- und Gaskraftwerke. Die Spitzenlast beansprucht rund 10 % der Kapazität.[65] Diese Kraftwerke erzeugen Strom relativ teuer, weil sie selten produzieren und häufig auf Basis teurer Energieträger arbeiten.

2. Produktion aus regenerativen Quellen

Die Stromerzeugung aus regenerativen Quellen ordnet man hingegen nicht in Lastbereiche ein. Unter die sog. erneuerbaren Energien fallen nur solche Energieträger, die nach menschlichem Ermessen unbegrenzt sind, weil sie sich dauerhaft bzw. in kurzen Abständen erneuern oder nachwachsen.[66] Bei Solarenergie und Windkraft bestimmen die Standortbedingungen, die Witterung sowie Jahres- und Tageszeiten die Erzeugung von Strom. Der Gesetzgeber hat in § 8 EEG entschieden, Strom aus erneuerbaren Quellen vorrangig in die Stromnetze einzuspeisen, unabhängig von der Nachfrage.[67] Die Menge regenerativ erzeugten Stroms bestimmt deshalb die genaue Lastenverteilung und den Einsatz konventioneller Kraftwerke.

---

[61] Siehe *Schiffer*, Energiemarkt Deutschland (2010), S. 255.

[62] *Ströbele/Pfaffenberger/Heuterkes*, Energiewirtschaft, S. 232 ff.

[63] Der Ausgleich von Schwankungen durch Regel- und Ausgleichsenergie wird an dieser Stelle nicht vertieft, siehe dazu *Ströbele/Pfaffenberger/Heuterkes*, Energiewirtschaft, S. 232 ff.

[64] *Schiffer*, Energiemarkt Deutschland (2010), S. 255 f.

[65] *Ströbele/Pfaffenberger/Heuterkes*, Energiewirtschaft, S. 217.

[66] Schneider/Theobald/*Schneider*, Recht der Energiewirtschaft, § 21 Rn. 8.

[67] Siehe § 8 Gesetz für den Vorrang erneuerbarer Energien (Erneuerbare-Energien-Gesetz – EEG) vom 25. Oktober 2008, BGBl. I Nummer 49 vom 31. Oktober 2008, S. 2074, zuletzt geändert durch Art. 1 des Gesetzes vom 11. August 2010, BGBl. I Nummer 43 vom 17. August 2010, S. 1170; dazu BKartA, Sektoruntersuchung Stromgroßhandel, S. 17; weitere Details zur Einspeisung von EEG-Strom, siehe unten Teil 1 § 1 II 1; zum abweichenden vertraglichen und gesetzlichen Einspeisemanagement, siehe Schneider/Theobald/*Schneider*, Recht der Energiewirtschaft, § 21 Rn. 70 ff.

II. Marktabgrenzung

Die Wertschöpfungsprozesse bei der Stromlieferung beginnen nur technisch, nicht aber wettbewerbsrechtlich mit der Erzeugung von Elektrizität. Das Kartellrecht betrachtet die technischen Wertschöpfungsprozesse als Wirtschaftsprozesse. Unter Handelsaspekten beginnt die Wertschöpfung im Stromsektor deshalb mit dem erstmaligen Absatz von Strom. Nach Bedarfsmarktkonzept kommt es für den kartellrechtlich relevanten Markt auf der Erzeugerstufe entscheidend auf die Sicht der Stromabnehmer an.[68] Für seine Konsumenten ist Strom ein homogenes Gut, weil Elektrizität keine Qualitätsunterschiede aufweist. Der sachlich relevante Markt auf der Erzeugerstufe schließt deshalb auch Strom ein, den die Unternehmen nach Deutschland importieren und nicht selbst erzeugen. Dieser Strom tritt ebenfalls im Zeitpunkt des erstmaligen Absatzes in den Handelskreislauf ein. Als Lieferanten auf dem Erstabsatzmarkt stehen den abnehmenden Unternehmen deshalb erzeugende und importierende Unternehmen in Deutschland als gegeneinander austauschbar gegenüber.[69] Die Marktabgrenzung auf Grundlage des Bedarfsmarktkonzepts bedarf jedoch der nachfolgenden wertungsmäßigen Korrekturen, damit der wirtschaftliche Einfluss einzelner Konzerne auf die Stromlieferung und die Preisbildung darauf aufbauend zutreffend bestimmt werden kann.

1. Beschränkung auf wettbewerblich vermarkteten Strom

Die Marktabgrenzung auf der Erzeugerstufe berücksichtigt nicht alle elektrizitätserzeugenden Unternehmen als Anbieter. Die Kartellbehörden versuchen im Rahmen ihrer Marktabgrenzung, das freie und wettbewerbliche Marktgeschehen der Stromversorgung darzustellen. Deshalb berücksichtigt die Marktabgrenzung nur solche Unternehmen, die sich an der Stromlieferung der Endkunden tatsächlich beteiligen. Die Produktion der Industrie für den eigenen Bedarf mit 7 % bleibt deshalb bei der Marktabgrenzung außen vor.[70] Zudem zählen Betreiber von Anlagen auf Basis erneuerbarer Energien nicht zu den Anbietern auf dem Erstabsatzmarkt. Dies liegt daran, dass regenerativ erzeugter Strom nicht nach wettbewerblichen Gesichtspunkten in das Netz eingespeist wird, son-

[68] Zum Bedarfsmarktkonzept, siehe oben Teil 1 § 1 A III.

[69] Allerdings plant das BKartA bald auch die Erzeuger in Österreich mit einzubeziehen, siehe BKartA, Sektoruntersuchung Stromgroßhandel, S. 17, 69 ff.

[70] Überschussstrom wird aber teilweise in das Netz eingespeist, siehe *Schiffer*, Energiemarkt Deutschland (2010), S. 216; BKartA, Sektoruntersuchung Stromgroßhandel, S. 17.

dern entkoppelt von Angebot und Nachfrage.[71] Nach §§ 5, 8, 9 EEG sind die Anlagenbetreiber verpflichtet, EEG-Anlagen an ihr Netz anzuschließen und den gesamten angebotenen EEG-Strom vorrangig abzunehmen und nach gesetzlich festgelegten Vergütungssätzen einzuspeisen.[72] Die Betreiber von EEG-Anlagen erhalten als Ausgleich vom Netzbetreiber die nach § 16 EEG vorgeschriebene Vergütung. Diese Maßnahmen haben das Ziel, die Stromproduktion aus erneuerbaren Energien nachhaltig zu fördern und entsprechende Erzeugungstechnologien langfristig wettbewerbsfähig zu machen.[73] Nachdem EEG-Strom folglich unabhängig von der Nachfrage und den Preisen im Stromhandel eingespeist wird, unterliegen die Anlagenbetreiber auch nicht dem Wettbewerb mit den übrigen Stromerzeugern.[74] An dieser Bewertung ändert sich auch nichts durch die freiwillige Möglichkeit der Anlagenbetreiber, ihren EEG-Strom gem. § 33a ff. EEG direkt zu vermarkten.[75] Wenn die Anlagenbetreiber von der Möglichkeit „Direktvermarktung" Gebrauch machen, können sie etwa eine „Marktprämie" nach § 33g EEG erhalten,[76] die die Differenz zwischen ihren höheren Kosten und dem durchschnittlichen Marktpreis deckt.[77] Die Netzbetreiber rechnen allerdings damit, dass nur rund 15 % des gesamten EEG-Stroms über das Marktprämienmodell verkauft wird.[78] Aus diesem Grund ist es sachgerecht, den gesamte EEG-Strom bei der Marktabgrenzung des Erstabsatzmarktes außer Acht zu lassen.[79]

[71] Siehe BKartA, Sektoruntersuchung Stromgroßhandel, S. 73 f., 103; zur Pflicht der bestmöglichen Vermarktung durch die Netzbetreiber, siehe Schneider/Theobald/*Schneider*, Recht der Energiewirtschaft, § 21 Rn. 122 ff.

[72] Für Details zu diesem generellen Pflichtenkanon, siehe stellvertretend Schneider/Theobald/*Schneider*, Recht der Energiewirtschaft, § 21 Rn. 43, 50 ff.

[73] Zu diesen Förderaspekten, siehe *Schneider*, Technologieförderung durch eingerichtete Märkte, S. 262 ff.

[74] BKartA, Sektoruntersuchung Stromgroßhandel, S. 74, 294 f.; BKartA, Beschluss vom 08. Dezember 2011, B8-94/11, S. 11 f. (Rn. 30) – *RWE/Stadtwerke Unna*.

[75] Zu den verschiedenen Möglichkeiten der Direktvermarktung und zum Grünstromprivileg, siehe Danner/Theobald/*Danner/Theobald*, Energierecht, I B 1, § 33b EEG; *Lehnert*, ZUR 2012, 4, 5 ff.; *Salje*, EEG, § 33b Rn. 3 ff.

[76] Andere Modell werden vorliegend nicht dargestellt, weil die Direktvermarktung mit Marktprämie das zentrale Förderinstrument zur Markt- und Systemintegration erneuerbarer Energien ist, siehe Reg.Begr. zur EEG-Novelle 2012, BT-Drs. 17/6071, S. 45; *Gawel/Purkus*, ZUR 2012, 587, 587; *Lehnert*, ZUR 2012, 4, 16; *Salje*, EEG, § 33g Rn. 1.

[77] EU-Kommission, Durchführungsbeschluss vom 24. April 2012, BAnz. vom 22. Mai 2012, S. 2, 7; *Lehnert*, ZUR 2012, 4, 10 ff.

[78] EU-Kommission, Durchführungsbeschluss vom 24. April 2012, BAnz. vom 22. Mai 2012, S. 2, 6 f.

[79] So auch EU-Kommission, Durchführungsbeschluss vom 24. April 2012, BAnz. vom 22. Mai 2012, S. 2, 6 ff.; BKartA, Stellungnahme zum Antrag des BDEW auf Feststellung der Anwendbarkeit des Art. 30 Abs. 1 RL 2004/17/EG auf den deutschen

Die rechtliche Bewertung ändert sich weiterhin nicht dadurch, dass die Übertragungsnetzbetreiber ihrem gesetzlichen Auftrag nach verpflichtet sind, sämtliche abgenommenen Strommengen bestmöglich zu vermarkten.[80] Denn die Netzbetreiber stehen dabei ebenfalls nicht im Wettbewerb mit anderen Anbietern und reichen lediglich die von ihnen zwangsweise abgenommenen Strommengen an die Börse durch.[81] Das Verhalten der Netzbetreiber bei der Einspeisung von EEG-Strom bestimmt sich deshalb nicht nach wettbewerblichen, sondern allein nach rechtlichen Gesichtspunkten.[82] Deshalb scheiden auch die Übertragungsnetzbetreiber insoweit als Anbieter auf dem Erstabsatzmarkt aus. Insgesamt bleiben deshalb der gesamte EEG-Strom und weitere 26 % des insgesamt erzeugten Stroms auf dem Erstabsatzmarkt unberücksichtigt. Der sachlich relevante Erstabsatzmarkt berücksichtigt somit nur die Produktion der kommerziellen Energieversorger, die zusammen rund 67 % des gesamten in das deutsche Netz erstmalig eingespeisten Stroms produzieren oder importieren.

2. Beschränkung auf den Erstabsatz von Strom

Nach der Liberalisierung im Jahr 1998 veränderte das Bundeskartellamt seine Marktabgrenzung zunächst nicht und grenzte wie zuvor die erste Wertschöpfungsstufe als einen einheitlichen Markt ab.[83] Allerdings begannen sich mit der Marktöffnung die Abnehmer auf dem Erstabsatzmarkt stark zu verändern. Früher fragten allein große überregionale Weiterverteiler, etwa Regionalversorgungsunternehmen, auf dem Erstabsatzmarkt Strom nach und verteilten diesen dann weiter an lokale Vertriebsunternehmen wie Stadtwerke.[84] Erst die lokalen Vertriebsun-

---

Markt für Stromerzeugung und -großhandel, S. 22 f., abzurufen unter: http://www.bundeskartellamt.de/wDeutsch/download/pdf/Stellungnahmen/Stellungnahme_Freistellung_VergabeR-neu.pdf (letzter Abruf: 30. Oktober 2012); Sektoruntersuchung Stromgroßhandel, S. 74, 294 f.; Beschluss vom 08. Dezember 2011, B8-94/11, S. 11 f. (Rn. 30) – *RWE/Stadtwerke Unna.*

[80] Siehe dazu mit Details zu § 2 AusglMechV Schneider/Theobald/*Schneider,* Recht der Energiewirtschaft, § 21 Rn. 122 ff.; BKartA, Sektoruntersuchung Stromgroßhandel, S. 73; Beschluss vom 08. Dezember 2011, B8-94/11, S. 11 f. (Rn. 30) – *RWE/Stadtwerke Unna.*

[81] BKartA, Sektoruntersuchung Stromgroßhandel, S. 73; Beschluss vom 08. Dezember 2011, B8-94/11, S. 11 f. (Rn. 30) – *RWE/Stadtwerke Unna.*

[82] BKartA, Sektoruntersuchung Stromgroßhandel, S. 73 f.; Beschluss vom 08. Dezember 2011, B8-94/11, S. 11 f. (Rn. 11) – *RWE/Stadtwerke Unna.*

[83] Siehe BKartA WuW/E DE-V 511, 521 f. – *E.ON/Ruhrgas*; Wiedemann/*Scholz*, Hdb. KartellR, § 34 Rn. 138.

[84] BGH WuW/DE-R 24, 27 – *Stromversorgung Aggertal*; BKartA WuW/E DE-V 511, 521 – *E.ON/Ruhrgas* Langen/Bunte/*Braun*, GWB, Sonderbereich Energiewirtschaft Rn. 54 f.; zu dieser Praxis, siehe OLG Düsseldorf WuW/E DE-R 2094, 2096 – *E.ON/Stadtwerke Eschwege.*

ternehmen verkauften den erworbenen Strom direkt an die Endkunden. Immer stärker findet jedoch seit der Liberalisierung ein Zweithandel mit Strom statt. Einzelne Strommengen werden zum Teil mehrfach gehandelt, bevor sie an Vertriebsunternehmen verkauft werden. Stromhändler und Spekulanten haben den reinen Handel als eigenes Geschäftsfeld erkannt und sich als Stromabnehmer und Zwischenhändler etabliert.[85]

Gleichzeitig sind die ehemals klaren Unterscheidungen zwischen Anbietern und Nachfragern beim Stromabsatz verschwommen. Weiterverteiler, aber auch Stromhändler treten nicht nur als Nachfrager gegenüber Erzeugern auf, sondern agieren zugleich als Anbieter gegenüber anderen Handelsunternehmen und Weiterverteilern.[86] Stromabnehmende Vertriebsunternehmen haben dadurch neue Anbieter gewonnen, von denen sie Elektrizität beziehen können.[87] Damit stehen Händler, Importeure, Erzeuger und teilweise auch Vertriebsunternehmen für die jeweils abnehmenden Unternehmen gleichberechtigt, austauschbar nebeneinander. Die Folge ist kein Erstabsatzmarkt, sondern ein Großhandelsmarkt auf der ersten Stufe der Lieferkette.[88]

a) Auswirkung der Marktabgrenzung auf die Marktanteile der Anbieter

Die Annahme eines einheitlichen Absatzmarktes für Erzeuger, Importeure und reine Händler von Strom wirkt sich jedoch gravierend auf ihre Marktanteile als Stromanbieter aus. Der Einfluss, den ein Unternehmen auf die Stromerzeugung oder den Stromimport hat, wird nicht mit technischen Kennzahlen gemessen. Mit der reinen Erzeugungskapazität lässt sich die Konzentration nicht zutreffend darstellen.[89] Die Kartellbehörden müsste dafür die Kraftwerksparks der einzelnen Unternehmen vergleichen, um daraus ihre Marktmacht zu berechnen. Die Kraftwerksparks sind jedoch so unterschiedlich zusammengesetzt, dass sich die Bedeutung einzelner Erzeuger nicht durch einen Vergleich ihrer Kraftwerke bestimmen lässt.[90] Deshalb wird der Anteil eines Unternehmens an der gesamten gehandelten Strommenge herangezogen, um seinen Marktan-

[85] Zu den unterschiedlichen Marktteilnehmern beim Stromhandel, siehe unten Teil 1 § 1 C II.

[86] OLG Düsseldorf WuW/E DE-R 2094, 2096 f. – *E.ON/Stadtwerke Eschwege.*

[87] OLG Düsseldorf WuW/E DE-R 2094, 2096 f. – *E.ON/Stadtwerke Eschwege.*

[88] Siehe die Argumentation der Rechtsbeschwerde in BGH WuW/E DE-R 2451, 2453 (Rn. 16) – *E.ON/Stadtwerke Eschwege*; zur insoweit uneinheitlichen Kommissionspraxis der Marktabgrenzung, siehe Langen/Bunte/*Braun*, GWB, Sonderbereich Energiewirtschaft Rn. 63 f.

[89] MK, SonderGA 49 (2007), Tz. 160, 133; BKartA, Sektoruntersuchung Stromgroßhandel, S. 69.

[90] MK, SonderGA 49 (2007), Tz. 160, 133; BKartA, Sektoruntersuchung Stromgroßhandel, S. 69.

teil zu bestimmen.[91] Die Marktmacht einzelner Unternehmen ließ sich auf diese Weise relativ einfach bestimmen, bis der reine Stromhandel durch die Liberalisierung immer stärker an Bedeutung gewonnen hat. Wenngleich die physisch gehandelten und an den Endverbraucher gelangten Strommengen gleichbleiben, wurden sie aufgrund der dazwischenliegenden reinen Handelsgeschäfte mehrfach gezählt.[92] Dadurch stieg das Gesamtvolumen des gehandelten Stroms und gleichzeitig sanken die Marktanteile der Erzeuger und Importeure am Stromhandel. Die Wettbewerbsbehörden standen deshalb vor dem Problem, den großen Stromkonzernen immer schwerer eine marktbeherrschende Stellung nachzuweisen. Das Kartellrecht lief deshalb Gefahr, den wirtschaftlichen Einfluss einzelner Konzerne auf die Stromlieferung und die Preisbildung nicht mehr richtig darstellen und damit kontrollieren zu können.

c) Abhängigkeit der Stromhändler von den Erzeugern und Importeuren

Auf diese Entwicklungen reagierte das Bundeskartellamt. Die Behörde hatte erkannt, dass sich auf Grundlage des Bedarfsmarktkonzepts die Wettbewerbskräfte nicht mehr zutreffend bestimmen lassen, denen die Unternehmen beim Stromabsatz ausgesetzt sind.[93] Deshalb richtete die Wettbewerbsbehörde im Jahr 2003 seine Marktabgrenzung im Stromsektor neu aus.[94] Das Problem liegt in der Mehrfachzählung der realen Strommengen auf einem einheitlichen Markt. Der reine Handel auf der zweiten Marktstufe steuert weder zusätzliche Strommengen bei, noch verändert der reine Handel den Stromverbrauch der Endkunden. Stromhändler und Weiterverteiler, die weder selbst Elektrizität erzeugen noch Strom abgesichert durch langfristige Lieferverträge beziehen, haben im Wettbewerb folglich immer eine abgeleitete bzw. abhängige Position von den sie beliefernden Stromerzeugern.[95] Die Handelsunternehmen sind zwangsläufig auf die Belieferung durch diejenigen Unternehmen angewiesen, die Strom erzeugen oder importieren und damit Strom erstmalig absetzen.[96] Die tatsächlichen Einflussmöglichkeiten der Erzeuger auf Prozesse der Stromlieferung beruhen folglich nicht vollständig aus ihrem Anteil am Stromhandel, sondern aus folgendem Gesichts-

[91] Ausführlich OLG Düsseldorf WuW/E DE-R 2094, 2097 – *E.ON/Stadtwerke Eschwege.*
[92] Ausführlich OLG Düsseldorf WuW/E DE-R 2094, 2097 – *E.ON/Stadtwerke Eschwege.*
[93] BKartA WuW/E DE-V 823, 824 – *E.ON/Stadtwerke Eschwege.*
[94] BKartA WuW/E DE-V 823, 824 – *E.ON/Stadtwerke Eschwege.*
[95] Ausdrücklich OLG Düsseldorf WuW/E DE-R 2094, 2098 – *E.ON/Stadtwerke Eschwege.*
[96] OLG Düsseldorf WuW/E DE-R 2094, 2098 – *E.ON/Stadtwerke Eschwege.*

punkt:[97] Die Erzeuger und Importeure bringen die gesamte gehandelte Ware auf den Markt. Damit begrenzen reine Handelsgeschäfte aber gerade nicht die Verhaltensspielräume der Erzeuger und Importeure. Darauf kommt es für die Marktbeherrschung aber an,[98] wenn sich die Macht der Unternehmen maßgeblich im Anteil an der Gesamthandelsmenge spiegeln soll. Die entscheidende Bezugsgröße der Marktmacht ist insoweit allein der Anteil an der tatsächlich erzeugten Strommenge. Das Bundeskartellamt entschied deshalb, den Stromhandel aus dem Erstabsatzmarkt auszuklammern.[99]

3. Gerichtliche Überprüfung der Marktabgrenzung

Das OLG Düsseldorf und anschließend der BGH überprüften die Marktabgrenzung und bestätigten, dass das Zweitgeschäft mit Strom aus rechtlichen Gründen aus der Betrachtung der ersten Marktstufe auszuscheiden habe.[100] Der BGH bestätigte, dass es für das Vorliegen einer marktbeherrschenden Stellung entscheidend auf die Verhaltensspielräume eines Unternehmens ankommt.[101] Deshalb muss das Bedarfsmarktkonzept unter Wertungsgesichtspunkten korrigiert werden, wenn es keine hinreichende Feststellung des Verhaltensspielraums im Einzelfall erlaubt.[102] Eine Marktabgrenzung ist insbesondere dann fehlerhaft, wenn auf ihrer Grundlage der Hersteller eines Produktes und der von diesem beziehende Händler auf eine Handelsstufe gestellt werden, obwohl der Hersteller die gesamte gehandelte Ware in den Umlauf bringt.[103] Aus diesem Grund ist der erstmalige Absatz von Strom von Handelsgeschäften zur Distribution, also zur reinen Weiterverteilung, zu trennen.[104]

4. Zwischenergebnis

Der sachlich relevante Markt auf der ersten Wertschöpfungsstufe ist der Erstabsatzmarkt. Auf diesem Markt werden nur Handelsgeschäfte berücksichtigt, bei dem Unternehmen selbst erzeugten oder importierten

[97] BGH WuW/E DE-R 2451, 2453 – *E.ON/Stadtwerke Eschwege*; OLG Düsseldorf WuW/E DE-R 2094, 2098 – *E.ON/Stadtwerke Eschwege.*

[98] BGH WuW/E DE-R 2451, 2453 (Rn. 17) – *E.ON/Stadtwerke Eschwege*; WuW/E DE-R 1925, 1928 – *National Geographic II.*

[99] BKartA WuW/E DE-V 823, 824 – *E.ON/Stadtwerke Eschwege.*

[100] OLG Düsseldorf WuW/E DE-R 2094, 2098 – *E.ON/Stadtwerke Eschwege*; BGH WuW/E DE-R 2451, 2453 f. – *E.ON/Stadtwerke Eschwege.*

[101] BGH WuW/E DE-R 2451, 2453 – *E.ON/Stadtwerke Eschwege* mit ausdrücklichem Verweis auf WuW/E DE-R 1925, 1928 – *National Geographic II.*

[102] BGH WuW/E DE-R 2451, 2453 f. – *E.ON/Stadtwerke Eschwege.*

[103] BGH WuW/E DE-R 2451, 2453 f. – *E.ON/Stadtwerke Eschwege*; WuW/E DE-R 1355, 1357 – *Staubsaugerbeutelmarkt.*

[104] Zur Abgrenzung der Erzeuger-, Distributions- und Letztverbraucherstufe, siehe *Gleave*, ZfE 2010, 101, 103.

Strom erstmalig absetzen. Die überkommene Marktabgrenzung bildete den Warenstrom falsch ab, weil sie die Erzeuger und Weiterverkäufer auf eine Handelsstufe stellte.[105] Die Handelsgeschäfte der zweiten Wertschöpfungsstufe verzerren die Marktanteile auf dem Erstabsatzmarkt.[106] Strom ist nicht in großen Mengen speicherbar. Insofern können reine Stromhändler Elektrizität nicht speichern und je nach Bedarfslage am Markt anbieten. Vielmehr müssen sich das Stromangebot und die Stromnachfrage ausgeglichen gegenüberstehen. Deshalb entscheidet sich der Einfluss eines Unternehmens daran, ob und wie viel Strom es erzeugt oder importiert. Wenn von reinen Handelsgeschäften keine entscheidenden wettbewerblichen Impulse ausgehen, dann dürfen sie konsequenterweise auch nicht bei der Marktabgrenzung berücksichtigt werden.[107] Die Rechtsbeschwerde beim BGH hatte das mit Verweis auf das Bedarfsmarktkonzept abgelehnt.[108] Damit verkennt diese Ansicht aber die Funktion und Reichweite des Bedarfsmarktkonzepts.[109] Das benannte Konzept ist ein reines Hilfsmittel, ein Zwischenschritt, um die Wettbewerbskräfte zutreffend ermitteln zu können, denen ein Unternehmen ausgesetzt ist.[110] Die Einflussmöglichkeiten eines Unternehmens auf Prozesse der Stromlieferung bestimmen sich danach, inwieweit es selbst Strom erzeugt oder importiert.[111] Deshalb hat der BGH die Anwendung des Bedarfsmarktkonzepts im Stromsektor zu Recht korrigiert.[112]

III. Zwischenergebnis

Die erste Wertschöpfungsstufe betrachten die Wettbewerbsbehörden anhand des Erstabsatzmarktes, für den auch die Bezeichnung als „Markt für die Erzeugung und den Großhandel" geläufig ist.[113] Für den Beginn der Wertschöpfung stellt das Kartellrecht sachlich zutreffend auf

[105] Siehe dazu Wiedemann/*Scholz*, Hdb. KartellR, § 34 Rn. 158; Langen/Bunte/*Braun*, GWB, Sonderbereich Energiewirtschaft Rn. 58.

[106] OLG Düsseldorf WuW/E DE-R 2094, 2097 – *E.ON/Stadtwerke Eschwege.*

[107] In diesem Sinne auch *Säcker*, Marktabgrenzung, Marktbeherrschung, Markttransparenz und Marktmachtmissbrauch auf den Großhandelsmärkten für Elektrizität, S. 33.

[108] Siehe dazu Langen/Bunte/*Braun*, GWB, Sonderbereich Energiewirtschaft Rn. 59.

[109] Dazu auch BGH WuW/E DE-R 2451, 2453 f. – *E.ON/Stadtwerke Eschwege.*

[110] BGH WuW/E DE-R 2451, 2453 f. – *E.ON/Stadtwerke Eschwege*; zur Funktion der Marktabgrenzung allgemein, siehe oben Teil 1 § 1 A I, II.

[111] Zum Einfluss der Erzeuger, mit ihrem Angebotsverhalten den Marktpreis zu bestimmen, siehe unten Teil 1 § 3 A II.

[112] So etwa auch MK, SonderGA 59 (2011), Tz. 153; *Säcker*, Marktabgrenzung, Marktbeherrschung, Markttransparenz und Marktmachtmissbrauch auf den Großhandelsmärkten für Elektrizität, S. 33.

[113] Dies lehnt sich an die englischen Begriffe „generation" und „wholesale" an, siehe Langen/Bunte/*Braun*, GWB, Sonderbereich Energiewirtschaft Rn. 53.

den Erstabsatz ab, um letztlich Erzeugungs- bzw. Importstrukturen darzustellen. Die Marktabgrenzung beruht grundsätzlich auf dem Bedarfsmarktkonzept, das allerdings wertungsmäßig korrigiert wird. Als Anbieter werden nicht die Betreiber von Anlagen auf Basis erneuerbarer Energien berücksichtigt, weil sie ihren Strom nicht nach wettbewerblichen Gesichtspunkten auf dem Markt anbieten. Nachdem darüber hinaus auch die Eigenproduktion der Industrie nicht am Markt angeboten wird, umfasst der kartellrechtlich relevante Markt letztlich nur 67 % des Stroms, der insgesamt für den deutschen Markt produziert oder importiert wird. Die Bezeichnung als „Markt für die Erzeugung und den Großhandel" führt leicht zu Missverständnissen. In der Realität besitzt die Unterscheidung zwischen einem Handels- und Erstabsatzgeschäft für den Stromabnehmer keine Bedeutung. Im Rahmen der wertungsabhängigen Marktabgrenzung sind die Begriffe „Stromhandel" und „Stromgroßhandel" im Sinne des Erstabsatzes allerdings zu trennen.

C. Stromhandel auf der Distributionsstufe

Mit der Kehrtwende der Kartellbehörden entstand eine neue, eigenständige Verteilungs- und Distributionsstufe zwischen dem Ersatzabsatzmarkt und den Endkundenmärkten.[114] Die wirtschaftliche Chance des Handels liegt in den Unternehmensstrukturen der Stromwirtschaft begründet. Wenige Unternehmen produzieren denjenigen Strom, den viele Unternehmen an die Endkunden vertreiben. Die Stadtwerke als bedeutsamstes Beispiel für Energie-Einzelhändler beziehen ihren Strom zu über 80 % von Vorlieferanten.[115] Durch die Liberalisierung dürfen Vertriebsunternehmen ihre Bezugsquelle von Strom frei wählen.[116] Die ehemaligen Versorgungs- und Verbundgebiete wurden aufgehoben und deshalb sind regionale und kommunale Stromversorger nicht mehr verpflichtet, den Strom von einem jeweils für ihren Netzabschnitt zuständigen Lieferanten zu beziehen.[117] Die verschiedenen Erzeuger konkurrieren seit dem Jahr 1998 verstärkt darum, Unternehmen im Endkundenvertrieb den von ihnen benötigten Strom bereitzustellen. An diesem Geschäft versuchen seit der Liberalisierung neue Unternehmen teilzuhaben, indem sie sich in die direkte Handelskette der Stromlieferung einschalten. Bevor der Strom tatsächlich an die Vertriebsunternehmen zur Kundenbelieferung fließt, verdienen verschiedene Unternehmen ihr Geld am Zweit-

[114] OLG Düsseldorf WuW/E DE-R 2094, 2097 – *E.ON/Stadtwerke Eschwege.*

[115] Schwintowski/*Spicker*, Hdb. Energiehandel, Rn. 9.

[116] Zu den Gebietsmonopolen vor der Liberalisierung, siehe unten Teil 1 § 2 C I.

[117] *Evers*, Recht der Energieversorgung, S. 145 ff., 151 ff.; *Möllinger*, Eigentumsrechtliche Entflechtung, S. 11 ff.; Immenga/Mestmäcker/*Möschel/Markert*, GWB, Anhang 2 Rn. 1; Schwintowski/*Spicker*, Hdb. Energiehandel, Rn. 21.

handel mit Strom. Das beeinflusst sowohl die Verbraucherpreise als auch die wirtschaftliche Macht der Stromkonzerne.

Die EG-Kommission (nunmehr EU-Kommission) definiert Stromhandel als „Kauf und Verkauf von Strom auf eigenes Risiko und eigene Rechnung".[118] Diese Definition beschreibt damit aber faktisch gleichzeitig sowohl die wirtschaftlichen Vorgänge auf dem Erstabsatzmarkt als auch auf der Stufe des Endkundenvertriebs. Der Stromhandel auf der Distributionsstufe lässt sich folglich nicht begrifflich vom Stromhandel auf den übrigen Marktstufen abgrenzen.[119] Auf der Distributionsstufe sind vielmehr sämtliche Unternehmen tätig, die mit Elektrizität handeln, Elektrizität verkaufen oder Strom nicht zum eigenen Verbrauch kaufen.[120] Nachstehend wird dargestellt, anhand welcher Charakteristika sich Handelsgeschäfte auf der zweiten Marktstufe von den übrigen Handelsgeschäften unterscheiden. Ausschlaggebend dafür sind der Ablauf, die Beweggründe und die Teilnehmer des Handelsgeschäfts auf der Distributionsstufe. Die Darstellung soll verdeutlichen, weshalb die genaue Marktabgrenzung auf der zweiten Marktstufe Schwierigkeiten bereitet und deshalb vom Bundeskartellamt bislang unterbleibt.[121] Dabei wird der Begriff „Stromhandel" synonym zu dem insoweit präziseren Ausdruck von „Handelsgeschäften auf der zweiten Marktstufe" verwendet.

I. Abgrenzung anhand der Handelsfrequenz

Reine Handelsgeschäfte auf der zweiten Marktstufe kennzeichnen sich zunächst durch die standardisierten Bedingungen und die Häufigkeit. Für die beteiligten Unternehmen wäre es ineffizient, jeden Liefervertrag einzeln auszuhandeln. Den Stromhandel auf der zweiten Marktstufe kennzeichnen deshalb wiederholt oder mehrfach geschlossene Stromlieferungsgeschäfte zwischen den gleichen Parteien, zu weitgehend standarisierten und transparenten Bedingungen.[122] In der Praxis schließen die Parteien zumeist Rahmenverträge, die schnelle Einzeltransaktionen zu

[118] Siehe dazu EG-Kommission, Entscheidung vom 11. Juni 2003, COMP/M.2947, Rn. 46 – *Verbund/EnergieAllianz*; Langen/Bunte/*Braun*, GWB, Sonderbereich Energiewirtschaft Rn. 57.

[119] Langen/Bunte/*Braun*, GWB, Sonderbereich Energiewirtschaft Rn. 57.

[120] Dazu bereits *Gleave*, ZfE 2010, 101, 102.

[121] OLG Düsseldorf WuW/E DE-R 2094, 2097 – *E.ON/Stadtwerke Eschwege*; BKartA, Beschluss vom 06. Juli 2009, B8-96/08, S. 21 ff. (Rn. 46 ff.) – *EnBW/EWE*; Beschluss vom 30. April 2010, B8-109/09, S. 31 f. (Rn. 51) – *RWE/Energieversorgung Plauen, Stadtwerke Lingen und Stadtwerke Radevormwald*; Beschluss vom 08. Dezember 2011, B8-94/11, S. 12 (Rn. 31) – *RWE/Stadtwerke Unna*; Sektoruntersuchung Stromgroßhandel, S. 71; *Gleave*, ZfE 2010, 101, 103; *Säcker*, Marktabgrenzung, Marktbeherrschung, Markttransparenz und Marktmachtmissbrauch auf den Großhandelsmärkten für Elektrizität, S. 34 f.; zum Ganzen Langen/Bunte/*Braun*, GWB, Sonderbereich Energiewirtschaft Rn. 62 ff.

[122] Schwintowski/*Fried*, Hdb. Energiehandel, Rn. 263.

geringeren Kosten ermöglichen. Der Stromhandel ist damit ein Großhandelsgeschäft. Dadurch unterscheidet sich der Stromhandel auf der Distributionsstufe vom Stromvertrieb auf den Endkundenmärkten. Der Stromverkauf auf der Letztverbraucherstufe dient ausschließlich dazu, die tatsächlichen Stromverbraucher zu beliefern. Reine, einmalig und individuell zwischen den Parteien ausgehandelte Energielieferungsverträge gehören deshalb nicht zum Stromgroßhandel.[123] Die Verträge im Endkundenvertrieb sind weniger transparent ausgestaltet als im Bereich des Großhandels und häufig nur eingeschränkt auf andere Parteien übertragbar. Die Möglichkeit des Abnehmers, Strommengen zu handeln, ist häufig begrenzt oder ausgeschlossen. Die klassischen Vollversorgungsverträge der Versorger mit Endverbrauchern sind somit dem Stromvertrieb zuzuordnen. Der Stromgroßhandel auf der zweiten Wertschöpfungsstufe ist ein Massengeschäft, mit weitgehend standardisierten Bedingungen. Dadurch unterscheidet sich der Großhandel von den Handelsgeschäften im Stromvertrieb, die maßgeblich der Versorgung der Endverbraucher dienen.

II. Abgrenzung durch den rein spekulativen Handel

Reine Handelsgeschäfte auf der zweiten Marktstufe unterscheiden sich von Absatzgeschäften auf der ersten Marktstufe weiterhin durch die verschiedenen Handelsarten. Sowohl auf dem Erstabsatz- als auch auf dem Großhandelsmarkt beschafft sich ein Teil der Unternehmen Strom oder setzt ihn ab. Der sog. „physische“ Handel verpflichtet die Parteien, den Strom tatsächlich zu liefern.[124] Die Geschäfte der ersten und zweiten Stufe unterscheiden sich deshalb wirtschaftlich nicht, wenn der Stromanbieter ein Erzeuger oder Importeur ist. Die Kartellbehörden trennen die Geschäfte der ersten beiden Stufen aber rechtlich. Soweit der Erzeuger die physische Strommenge das erste Mal verkauft, so unterfällt das Geschäft dem Erstabsatzmarkt. Alle weiteren Handelsgeschäfte erzeugender Unternehmen bzw. die gesamten Absatzgeschäfte anderer Unternehmen sind hingegen dem Handelsmarkt zuzuordnen.

Durch Handelsgeschäfte decken sich vor allem regionale und kommunale Versorgungsunternehmen am Markt mit Strom ein und haben sich dafür teilweise zu Einkaufsgemeinschaften zusammengeschlossen. Reine Stromhändler sind zudem neu hinzugetreten, die sich ausschließlich auf den Handel mit Strom beschränken.[125] Die großen Energiekon-

[123] Schwintowski/*Fried*, Hdb. Energiehandel, Rn. 263.
[124] Schwintowski/*Fried*, Hdb. Energiehandel, Rn. 267.
[125] EU-Kommission, Entscheidung vom 11. Juni 2003, COMP/M.2947, Rn. 46 – *Verbund/EnergieAllianz*.

zerne haben neben der Stromlieferung ebenfalls ein neues strategisches Geschäftsfeld entdeckt und sind mit eigenen Handelsgesellschaften am Markt vertreten.

Einige Teilnehmer auf dem Handelsmarkt interessieren sich jedoch überhaupt nicht für eine physische Stromlieferung oder die Stromversorgung insgesamt. Diese Akteure wollen Handelsgewinne erzielen, indem sie auf der Grundlage von verfügbaren Informationen versuchen, Preisbewegungen abzuschätzen. Strom als Standardprodukt unterscheidet sich dabei nicht von Getreide, Öl und Gas. Bei diesem rein finanziellen Handel geht es nur um spekulative Gewinne, deshalb kommt es nur zu einer Geldzahlung, nicht aber zu einer Lieferung von Strom. Vertreter aus der Finanzbranche reizt diese Möglichkeit, spekulative Gewinne zu erzielen. Deshalb verändern Finanzinstitute und Hedge-Fonds die Handelsgeschäfte auf der Distributionsstufe mit Unterstützung von Portfoliomanagern und Brokern als Dienstleistern.[126] Die verschiedenen Handelsarten zeigen die Dynamik, die sich auf der Distributionsstufe entwickelt hat. Der durch die Liberalisierung ermöglichte Stromhandel hat sich von der klassischen Wertschöpfung im Energiesektor insoweit gelöst, als die Handelsgeschäfte nur noch teilweise im Dienste der Stromlieferung stehen. Das Bundeskartellamt hat deshalb davon abgesehen, die Distributionsstufe weiterhin als Wertschöpfungsstufe für den Absatz von Elektrizität an nachfragende regionale Stromversorgungsunternehmen und lokale Weiterverteiler (insbesondere Stadtwerke) zu definieren.[127]

III. Handelsplätze

Ein sachlich einheitlicher Markt auf der Distributionsstufe lässt sich auch aufgrund der vielfältigen Vertriebswege und der unterschiedlich gehandelten Stromprodukte nicht abgrenzen.[128] Handelsgeschäfte wickeln die unterschiedlichen Parteien auf verschiedenen Plattformen ab. Dabei unterscheidet sich der Handel an der Börse und außerhalb davon durch die Art des Geschäftsabschlusses.[129] Wenn die Vertragsparteien bilateral Strom handeln und die Verträge frei festlegen, dann spricht man von „Over-the-Counter-Handel" oder „OTC-Handel".[130] Von den

[126] Siehe dazu die Übersicht bei *Schiffer*, Energiemarkt Deutschland (2010), S. 289 f.; Schwintowski/*Fried*, Hdb. Energiehandel, Rn. 273.

[127] So bereits OLG Düsseldorf WuW/E DE-R 2094, 2097 – *E.ON/Stadtwerke Eschwege*; *Gleave*, ZfE 2010, 101, 103.

[128] Siehe dazu *Gleave*, ZfE 2010, 101, 103.

[129] Siehe Schwintowski/*Fried*, Hdb. Energiehandel, Rn. 273 Fn. 26 ff. m.w.N.; *Konstantin*, Praxisbuch Energiewirtschaft, S. 67.

[130] BKartA, Sektoruntersuchung Stromgroßhandel, S. 48 ff.

in Deutschland erzeugten Strommengen wird der Großteil über diese Handelsart veräußert.[131] Viele Stromproduzenten verkaufen große Teile der Kapazitäten häufig weit im voraus, um sich von kurzfristigen Preisschwankungen unabhängig zu machen.[132] An den Börsen folgt der Handel hingegen festen hoheitlichen Regeln. Die Verträge werden direkt mit der Börse abgeschlossen. Bedeutsam sind die Börsenplätze der European Energy Exchange AG (EEX) in Leipzig und der European Power Exchange S.E. (EPEX) in Paris. An den Börsen kann sowohl kurzfristig Strom am Spotmarkt gehandelt werden, als auch langfristig auf dem Terminmarkt.[133]

IV. Zwischenergebnis

Die klassische Marktabgrenzung als einheitliche Distributionsstufe berücksichtigt nicht hinreichend,[134] dass sich die Wertschöpfung im Stromsektor ausdifferenziert hat. Der Stromhandel auf der zweiten Marktstufe dient nicht ausschließlich oder vornehmlich dazu, Strom an regionale und lokale Vertriebsunternehmen weiterzu-verteilen. Vielmehr sind die mit dem Stromhandel verfolgten Ziele, die vielfältigen Vertriebswege und Handelsarten wie auch die beteiligten Unternehmen zu unterschiedlich, um sie einem einheitlichen Markt eindeutig zuordnen zu können. Für die kartellrechtliche Aufsicht ist die genaue sachliche und räumliche Marktabgrenzung bislang aber auch nicht erforderlich.[135] Auch für die Anwendung der geplanten Entflechtungsregelung § 41a GWB-RefE im Stromsektor kann die genaue Marktabgrenzung auf der Distributionsstufe dahinstehen. Grundlegend wichtig ist allein die Erkenntnis, dass

[131] BKartA, Sektoruntersuchung Stromgroßhandel, S. 48; BNetzA, Monitoringbericht 2010, S. 32, abzurufen unter: http://www.bundesnetzagentur.de/cae/servlet/contentblob/191676/publicationFile/9837/Monitoringbericht2010Energiepdf.pdf (letzter Abruf: 30. Oktober 2012).

[132] BKartA, Sektoruntersuchung Stromgroßhandel, S. 50.

[133] BKartA, Sektoruntersuchung Stromgroßhandel, S. 14 f.

[134] Siehe BGH WuW/DE-R 24, 27 – *Stromversorgung Aggertal*; WuW/DE-R 32, 33 – *Stadtwerke Garbsen;* zur dieser Abgrenzung vor der Liberalisierung auch OLG Düsseldorf WuW/E DE-R 2094, 2096 f. – *E.ON/Stadtwerke Eschwege*; Wiedemann/*Scholz*, Hdb. KartellR, § 34 Rn. 138.

[135] Siehe dazu OLG Düsseldorf WuW/E DE-R 2094, 2097 – *E.ON/Stadtwerke Eschwege*; BKartA, Beschluss vom 06. Juli 2009, B8-96/08, S. 21 ff. (Rn. 46 ff.) – *EnBW/EWE*; Beschluss vom 30. April 2010, B8-109/09, S. 31 f. (Rn. 51) – *RWE/Energieversorgung Plauen, Stadtwerke Lingen und Stadtwerke Radevormwald*; Beschluss vom 08. Dezember 2011, B8-94/11, S. 12 (Rn. 31) – *RWE/Stadtwerke Unna*; Sektoruntersuchung Stromgroßhandel, S. 71; *Gleave*, ZfE 2010, 101, 103; *Säcker*, Marktabgrenzung, Marktbeherrschung, Markttransparenz und Marktmachtmissbrauch auf den Großhandelsmärkten für Elektrizität, S. 34 f.; zum Ganzen Langen/Bunte/*Braun*, GWB, Sonderbereich Energiewirtschaft Rn. 62 ff.

die Erzeuger-, die Distributions- und Endkundenstufe in ihrer Gesamtheit das Geschehen im Rahmen von Stromlieferungen abbilden.[136] Nachdem sich Strom nicht in großen Mengen speichern lässt, müssen die Menge des auf Erzeugerebene produzierten Stroms und die auf der Endkundenstufe nachgefragte Strommenge stets deckungsgleich sein.[137] Das Verhalten der Stromkonzerne auf der Erzeugerstufe determiniert deshalb die Liquidität des Stromhandels und weitgehend das Marktergebnis auf der Endkundenstufe.[138] Im weiteren Verlauf wird diese Marktstufe deshalb in Kenntnis „gewisser Unschärfen“, als „mehrschichtige“ Verteilungs- oder Distributionsstufe verstanden.[139] Der Stromhandel umfasst dabei alle Handelsstufen vor der Endkundenbelieferung.[140]

D. Transport von Strom: Grundlagen des Netzbetriebs

Die eigentliche Versorgung der Endkunden mit Strom übernehmen die Transport- und Verteilnetze, denn Strom ist netzgebunden.[141] Die Netze transportieren deshalb den Strom von den Kraftwerke zu den Verbrauchern. In Deutschland betreiben verschiedene Unternehmen jeweils Teilnetze in unterschiedlichen Spannungsebenen. Je nach Spannung teilt das deutsche und europäische Recht diese Netze in Übertragungs- und Verteilnetze ein.[142] Die Übertragungsnetze transportieren den Strom über weite Strecken zu den Verbrauchsschwerpunkten. Sie haben eine hohe Spannung und minimieren damit reibungsbedingte Stromverluste. Die Verbraucher sind hingegen an das Verteilnetz angeschlossen und werden von diesem mit Strom versorgt. Insgesamt stellen die einzelnen Netzabschnitte sog. „natürliche Monopole“ dar.[143] Natürliche Monopole ent-

[136] Siehe dazu BKartA, Beschluss vom 06. Juli 2009, B8-96/08, S. 22 (Rn. 50) – *EnBW/EWE*; Beschluss vom 08. Dezember 2011, B8-94/11, S. 9 (Rn. 25) – *RWE/Stadtwerke Unna*.

[137] Zu den fehlenden Speichermöglichkeiten und dem Gleichlauf von Stromangebot und Stromnachfrage, siehe oben Teil 1 § 1 B I 1 a), b).

[138] BKartA, Beschluss vom 06. Juli 2009, B8-96/08, S. 22 (Rn. 50) – *EnBW/EWE*; Beschluss vom 08. Dezember 2011, B8-94/11, S. 9 (Rn. 25) – *RWE/Stadtwerke Unna*; zum Einfluss des Erstabsatzmarktes auf den Strompreis, siehe unten Teil 1 § 3 A II.

[139] So bereits OLG Düsseldorf WuW/E DE-R 2094, 2097 – *E.ON/Stadtwerke Eschwege*.

[140] MK, SonderGA 59 (2011), Tz. 81.

[141] Zu den technischen Grundlagen des Stromtransports und der Netzspannung, siehe *Konstantin*, Praxisbuch Energiewirtschaft, S. 393 ff.

[142] *Büdenbender*, Entflechtung von Stromnetzen in Deutschland, S. 9.

[143] BKartA, Sektoruntersuchung Stromgroßhandel, S. 37; *Haslinger*, Netzmonopole in der Elektrizitätswirtschaft und Wettbewerb, S. 28 ff.; *Ströbele/Pfaffenberger/Heuterkes*, Energiewirtschaft, S. 228; Schneider/Theobald/*Theobald*, Recht der Energie-

stehen, wenn ein einzelner Anbieter die gesamte Nachfrage besser befriedigen kann als mehrere Unternehmen zusammen.[144] Ein einzelnes Netz lässt sich zum einen technisch kostengünstiger betreiben als mehrere konkurrierende Netze. Andererseits sind für den Aufbau einer parallelen Netzinfrastruktur erhebliche Fixkosten (sog. „versunkene Kosten")[145] zu tragen, die ein entsprechendes Unternehmen auch nicht wiedererlangen könnte, indem es den Netzbetrieb aufgibt.[146] Die Betreiber der bestehenden Netzabschnitte wären einem Konkurrenten in ihrer Kostenstruktur deshalb deutlich überlegen, weil sie die versunkenen Kosten bereits ausgegeben haben.[147] Betreiber neuer Netzabschnitte müssten für die Netznutzung hingegen deutlich höhere Kosten zugrunde legen. Dies liegt daran, dass – abhängig von der Auslastung – ca. 60–80 % der Kosten, die erforderlich sind, um ein Stromnetz zu bewirtschaften, Abschreibungen auf die Netzinfrastruktur darstellen.[148]

Über die Bundesrepublik zieht sich deshalb nur ein einziges Übertragungs- und Verteilnetz. Jeder Netzbereich hat dabei nur einen Betreiber, der die bestimmungsgemäße Netznutzung organisiert. Das verschafft dem jeweiligen Unternehmen eine Monopolstellung im entsprechenden Netzabschnitt. Die einzelnen Netze sind jedoch nicht vollständig getrennt. Vielmehr haben die Betreiber gerade die Übertragungsnetze häufig miteinander verknüpft (sog. Verbundnetz).[149] Die Betreiber handelten damit nicht zuletzt auch im Interesse der Stromkunden, denn je größer der Netzverbund ist, desto besser lassen sich Schwankungen im Netzbetrieb ausgleichen. Lastspitzen, die etwa die Kapazität der Kraftwerke im Netzbereich überschreiten, können im Verbund einfacher und kostengünstiger ausgeglichen werden.[150] Damit sinkt der Einfluss des einzelnen Kraftwerks auf die Last des Gesamtsystems, was den Netzbetrieb stabilisiert.[151]

---

wirtschaft, § 1 Rn. 33; siehe zu Skalen-, Verbunds-, Dichte- und Umweltvorteilen *Möllinger*, Eigentumsrechtliche Entflechtung, S. 7 ff.

[144] *Möllinger*, Eigentumsrechtliche Entflechtung, S. 7; *Ströbele/Pfaffenberger/Heuterkes*, Energiewirtschaft, S. 228.

[145] Dazu *Haslinger*, Netzmonopole in der Elektrizitätswirtschaft und Wettbewerb, S. 29.

[146] *Haslinger*, Netzmonopole in der Elektrizitätswirtschaft und Wettbewerb, S. 29; *Möllinger*, Eigentumsrechtliche Entflechtung, S. 7.

[147] *Haslinger*, Netzmonopole in der Elektrizitätswirtschaft und Wettbewerb, S. 29.

[148] Ausführlich *Haslinger*, Netzmonopole in der Elektrizitätswirtschaft und Wettbewerb, S. 29.

[149] *Büdenbender*, Entflechtung von Stromnetzen in Deutschland, S. 9.

[150] Zur Regelenergie, siehe *Ströbele/Pfaffenberger/Heuterkes*, Energiewirtschaft, S. 257 ff.

[151] Zu diesem Prinzip *Ströbele/Pfaffenberger/Heuterkes*, Energiewirtschaft, S. 234.

E. Stromvertrieb auf der Endkundenstufe

Bevor die Elektrizitätskunden tatsächlich Strom verbrauchen können, müssen sie ein Vertriebsunternehmen als Vertragspartner auswählen.[152] Die Endkundenmärkte schließen damit die Wertschöpfung der Stromversorgung ab. Seit der Liberalisierung können die Verbraucher zwischen verschiedenen Anbietern und Stromtarifen wählen.[153] Als Kundengruppe unterscheiden sich die Verbraucher allerdings sehr stark. Aus den nachstehenden Gründen sind deshalb zunächst Groß- und Haushaltskunden separaten Märkten zuzuordnen.[154] Zu den Großkunden zählen hauptsächlich Industrie- und größere Gewerbekunden.[155] Strom ist für diese Verbraucher ein Produktions- und Kostenfaktor. Deshalb sind Großkunden tendenziell preisbewusst und haben eine hohe Wechselbereitschaft.[156] Viele Großkunden ermitteln ihren genauen Verbrauch anhand von Zählern selbst und holen auf Basis ihres Nutzungsverhaltens individuelle Stromangebote ein.[157] Dadurch unterscheidet sich diese Verbrauchergruppe von den Haushaltskunden. Als Kleinverbraucher hinterfragen Haushaltskunden ihr Abnahmeverhalten in der Regel nicht. Für private Haushalte bringt Strom aber auch nur indirekte Kostenvorteile, wenn sie elektrische Geräte betreiben, deren Verbrauch ihre Nachfrage bestimmt. Auf Preisschwankungen reagieren Haushalte deshalb nur selten mit einer veränderten Stromabnahme oder einem Lieferantenwechsel.[158] Das unterscheidet sie von den Großkunden. Der Sammelbegriff „Haushaltskunden" verdeckt aber, dass hinter ihm ganz unterschiedliche Verbraucher stehen, also Menschen, die ganz unterschiedlich mit dem Produkt Strom umgehen. Deshalb ist das Segment der Haus-

[152] Auch im Rahmen der Grundversorgung ist ein Vertragsschluss notwendig, der mit Beginn der Stromentnahme durch den Verbraucher zustande kommt, siehe *Gleave*, ZfE 2010, 101, 104.

[153] Siehe v. Westphalen/Thüsing/*Schöne*, AGB-Klauselwerke, Stromlieferverträge Rn. 2 ff. mit Beispielen, Rn. 9 ff.; *Schiffer*, Energiemarkt Deutschland (2010), S. 298 ff.

[154] Genau genommen unterscheidet man Großkunden mit registrierter Leistungsmessung (RLM-Kunden) und Haushaltskunden, die nach einem Standardlastprofil abgerechnet werden (SLP-Kunden), siehe BKartA, Beschluss vom 30. November 2009, B8-107/09, S. 10 – *Integra/Thüga*; *Gleave*, ZfE 2010, 101, 103.

[155] BKartA, Beschluss vom 30. November 2009, B8-107/09, S. 10 Rn. 32 f. – *Integra/Thüga*.

[156] BKartA, Beschluss vom 30. November 2009, B8-107/09, S. 10 Rn. 33. – *Integra/Thüga*.

[157] Ausführlich *Gleave*, ZfE 2010, 101, 103.

[158] BKartA, Beschluss vom 30. November 2009, B8-107/09, S. 10 Rn. 34. – *Integra/Thüga*.

haltskunden kartellrechtlich in zwei verschiedene Märkte abzugrenzen.[159]

Ein Teil der Haushaltskunden setzt sich nicht mit der Stromlieferung auseinander. Bereits in der Zeit vor der Liberalisierung hat der Staat gleichwohl sichergestellt, dass die Haushalte Strom verbrauchen können.[160] Der Gesetzgeber hat deshalb den jeweils lokalen Grundversorger gem. § 36 Abs. 1 S. 1 EnWG dazu verpflichtet, Haushalte zu allgemeinen Preisen mit Strom zu beliefern. Ein solcher Grundversorgungsvertrag entsteht bereits, wenn der Kunde beginnt, Strom aus dem Netz zu entnehmen. Ein expliziter Vertragsschluss ist entbehrlich.[161] Andere Haushalte nutzen die Freiheit durch die Liberalisierung und entscheiden sich bei den unterschiedlichen Anbietern für ein bestimmtes Stromprodukt. Im Jahr 2010 wählten dieses Vorgehen etwas mehr als die Hälfte aller Haushalte, ca. 57 %.[162] Vertragspartner kann, muss aber nicht der lokale Grundversorger sein. Schließen die Haushalte also mit dem lokalen Versorger außerhalb der Grundversorgung oder einem anderen Anbieter einen Liefervertrag ab, dann sind sie Sondervertragskunden.[163] Im Jahr 2010 schlossen insgesamt nur knapp 16 % aller Haushalte einen Stromvertrag mit einem anderen Anbieter als dem lokalen Grundversorger ab.[164]

Haushalte nehmen das Produkt also unterschiedlich wahr und setzten sich grundsätzlich verschieden damit auseinander. Sondervertragskunden haben Suchkosten, die Grundversorgungskunden nicht haben. Beide Vertrags- bzw. Kundenarten bilden daher jeweils einen eigenständigen Markt.[165] Diese Einteilung berücksichtigt zudem die Preisunterschiede, die unterschiedlichen Bonitäten der Kunden und die Segmentierung der

[159] Darüber hinaus grenzt das BKartA noch einen Heizstrommarkt ab, siehe BKartA, Beschluss vom 30. November 2009, B8-107/09, S. 10 Rn. 32 – *Integra/Thüga*; dazu ausführlich *Gleave*, ZfE 2010, 101, 104.

[160] Zur umstrittenen Frage, ob die Stromversorgung Teil der Daseinsversorgung ist, siehe v. Westphalen/Thüsing/*Schöne*, AGB-Klauselwerke, Stromlieferverträge Rn. 23 ff.

[161] *Gleave*, ZfE 2010, 101, 104.

[162] BNetzA, Monitoringbericht 2011, S. 143; im Jahr 2009 wurden erstmals weniger als die Hälfte der Haushalte über die Grundversorgung beliefert, siehe BNetzA, Monitoringbericht 2010, S. 49.

[163] *Gleave*, ZfE 2010, 101, 104; *Specht*, Stromlieferverträge im liberalisierten Energiemarkt, S. 43 f.

[164] Von den Haushalten, die per Sondervertrag beliefert werden, wurden nur 41 % nicht vom lokalen Grundversorger mit Strom beliefert, siehe dazu BNetzA, Monitoringbericht 2011, S. 143.

[165] BKartA, Beschluss vom 30. November 2009, B8-107/09, S. 10 Rn. 34 ff. – *Integra/Thüga*.

Kunden durch die Energieversorger selbst.[166] Der Großkundenmarkt und der Sondervertragsmarkt der Haushaltskunden sind räumlich als bundesweiter Markt anzusehen.[167] Auch für die Sondervertragskunden steht mittlerweile eine große Menge an Anbietern zur Auswahl, teilweise sogar über 50.[168] Der Markt für die Grundversorgung ist zwangsläufig lokal, anhand der einzelnen Netzgebiete abzugrenzen.[169] § 36 Abs. 2 EnWG sieht vor, dass nur das Energieversorgungsunternehmen mit den meisten Haushaltskunden im jeweiligen Netzgebiet „Grundversorger" ist.

F. Zusammenfassung

Während die Stromversorgung vor der Liberalisierung eine Leistung aus nahezu einer Hand war, so beteiligen sich heute viele verschiedene Unternehmen daran. Diesen Wandel hat der Gesetzgeber angestoßen, indem er die rechtliche Monopolstellung der großen Stromkonzerne in der Kundenversorgung beseitigte.[170] Die veränderte Wertschöpfungskette verdeutlicht den wirtschaftlichen Erfolg der Liberalisierungsmaßnahmen. Handel und Transport haben sich zu eigenständigen Dienstleistungen in der Stromversorgung entwickelt. Deshalb hebt das Kartellrecht diese Dienstleistungen aus der überkommenen dreiteiligen Wertschöpfungskette und der bis zur Liberalisierung geltenden Marktabgrenzung heraus. Diese Wertschöpfungsprozesse sind separaten Märkten zuzuordnen. Auf der Erzeugerstufe bildet der erstmalige Absatz von erzeugtem oder nach Deutschland importiertem Strom, der sog. Erstabsatzmarkt, den sachlich relevanten Markt. Auf der Endkundenstufe sind die Märkte für Großkunden sowie der Grundversorgungs- und Sondervertragsmarkt für Haushaltskunden zu unterscheiden. Im Bereich des Stromtransports stellt der jeweilige Netzabschnitt als natürliches Monopol den sachlich relevanten Markt dar. Für den Stromhandel auf der Distributionsstufe hat sich bislang noch keine genauere Marktabgren-

[166] BKartA, Beschluss vom 30. November 2009, B8-107/09, S. 10 Rn. 37 – *Integra/Thüga*.

[167] Siehe BKartA, Beschluss vom 30. November 2009, B8-107/09, S. 16 (Rn. 39 f.) – *Integra/Thüga* bzgl. des Sonderkundenmarktes in Abkehr bisheriger Entscheidungen; dazu *Gleave*, ZfE 2010, 101, 105 f.

[168] Siehe BKartA, Beschluss vom 30. November 2009, B8-107/09, S. 17 (Rn. 40) – *Integra/Thüga*.

[169] Stellvertretend zu Grundversorgung, siehe Schneider/Theobald/*Theobald*, Recht der Energiewirtschaft, § 1 Rn. 77 ff.; zum Begriff „Netzgebiet" und zur Abgrenzung der Netzgebiete anhand der Konzessionsgebiete der Gemeinden, siehe ebenfalls Schneider/Theobald/*de Wyl*, Recht der Energiewirtschaft, § 14 Rn. 31 ff.

[170] Siehe Art. 2 des Gesetzes zur Neuregelung des Energiewirtschaftsgesetzes vom 24. April 1998, BGBl. I Nummer 24 vom 28. April 1998, 730.

zung herausgebildet. Eine genaue Differenzierung der vielfältigen Handelsgeschäfte ist bislang nicht erforderlich. Die dargestellten technischen Grundlagen verdeutlichen vielmehr, dass die Einzelstufen nicht getrennt voneinander zu beurteilen sind, sondern in ihrer Gesamtheit. Gerade weil Elektrizität bislang nicht hinreichend speicherbar ist, muss die Menge des auf der Erzeugungsstufe produzierten Stroms stets mit der Strommenge identisch sein, die die Verbraucher auf der Endkundenstufe insgesamt nachfragen. Zwangsläufig nimmt die Interdependenz der Einzelstufen deshalb eine zentrale Bedeutung ein in der wettbewerblichen Beurteilung des Stromsektors.[171]

§ 2. Marktmacht der Energieversorger und ihre Ursachen

Seit die Europäische Union im Jahr 1996 einen „wettbewerbsorientierten Elektrizitätsmarkt" als wichtiges Ziel ausrief, begannen Macht und Einfluss der Stromkonzerne das Kartellrecht zu beschäftigen.[172] Vor dieser Zeit hatten Monopolunternehmen die Stromversorgung in Deutschland unter sich aufgeteilt.[173] Die Liberalisierung beseitigte die ehemaligen Monopole, veränderte die Wertschöpfung, aber die Unternehmen selbst verschwanden nicht. Diese Unternehmen beteiligen sich vielmehr auch heute noch an der Stromversorgung und heißen:[174] E.ON, RWE, Vattenfall und EnBW. Dieses Kapitel beschäftigt sich deshalb mit dem Einfluss von E.ON, RWE, Vattenfall und EnBW auf die Stromversorgung bis zur Energiewende im Jahr 2011.[175] Dafür muss zunächst geklärt werden, mit welchen Maßstäben das Kartellrecht die wirtschaftliche Macht von Unternehmen überhaupt bestimmt. Erst anschließend kann sich die Prüfung dann den einzelnen Märkten und Wertschöpfungsprozessen zuwenden. Welche Ursachen zu diesen Marktverhältnisse beigetragen haben, wird abschließend untersucht. Die Gründe der bestehenden Marktverhältnisse sollen zeigen, ob weniger das GWB lückenhaft als vielmehr die Kontrolle der Wettbewerbsbehörden unvollständig war.

---

[171] So auch BKartA, Beschluss vom 06. Juli 2009, B8-96/08, S. 22 (Rn. 50) – *EnBW/EWE*; Beschluss vom 08. Dezember 2011, B8-94/11, S. 9 (Rn. 25) – *RWE/Stadtwerke Unna*; zum Einfluss des Erstabsatzmarktes auf den Strompreis, siehe unten Teil 1 § 3 A II.

[172] Siehe Erwägungsgrund 2 RL 96/92/EG des europäischen Parlaments und des Rates vom 19. Dezember 1996 betreffend gemeinsame Vorschriften für den Elektrizitätsbinnenmarkt, ABl. L 27 vom 30. Januar 1997, S. 20.

[173] Ausführlich dazu *Möllinger*, Eigentumsrechtliche Entflechtung, S. 7.

[174] Zu ihrer Entstehung, siehe MK, HauptGA XV (2004), Tz. 1144.

[175] Zu den Veränderungen durch die Energiewende, siehe unten Teil 3 § 2 C.

A. Grundlagen zum Konzept der Marktbeherrschung

Welches Ausmaß an „Marktmacht“ das GWB akzeptiert, ohne Konsequenzen zu ziehen, ist eine normative Entscheidung des Gesetzgebers, die sich nach seinem Verständnis von Wettbewerb bestimmt.[176]

I. Begriff der Marktbeherrschung

Das GWB definiert den Begriff der „marktbeherrschenden Stellung“ nicht. Vielmehr beschränkt sich das Gesetz darauf, in § 18 GWB verschiedene Alternativen zu benennen, bei deren Vorliegen eine marktbeherrschende Stellung eines oder mehrerer Unternehmen anzunehmen ist.[177] Die EG-Kommission (nunmehr EU-Kommission) definiert den Begriff der „marktbeherrschenden Stellung“ mit der Möglichkeit eines Unternehmens „sein Verhalten unabhängig von seinen Wettbewerbern, Kunden, Lieferanten und letztlich den Endverbrauchern zu bestimmen“.[178] Ein Unternehmen mit „derartiger Marktmacht“ könnte nach der EG-Kommission etwa „die Preise über dem Wettbewerbsniveau festlegen, Produkte von minderwertiger Qualität verkaufen“.[179] Der Zusammenhang zwischen den Begriffen „Marktbeherrschung“ und „Marktmacht“ ist heute allgemein anerkannt.[180] Die deutsche und europäische Rechtsprechung versteht unter einer „marktbeherrschenden Stellung“ ebenso wie die Kartellrechtslehre einen nicht hinreichend vom Wettbewerb kontrollierten Verhaltensspielraum.[181] Damit ist aber noch

[176] Zu diesem Aspekt, siehe oben Teil 1 § 1 A; zum Problem einer allgemeingültigen Wettbewerbsdefinition und der Bewertung von „Marktmacht“ in verschiedenen wettbewerbspolitischen Konzepten, siehe unten Teil 2 § 2 A; allgemein dazu *Schwalbe/Zimmer*, Kartellrecht und Ökonomie, S. 72.

[177] *C. Müller*, Abschied vom Bedarfsmarktkonzept bei der Marktabgrenzung, S. 25; für Details zu § 19 Abs. 2 GWB, siehe unten Teil 1 § 2 A II.

[178] EG-Kommission, Glossar der Wettbewerbspolitik der EU, 2002, S. 10, abzurufen unter: http://ec.europa.eu/competition/publications/glossary_de.pdf (letzter Abruf: 30. Oktober 2012); dazu *Schwalbe/Zimmer*, Kartellrecht und Ökonomie, S. 66 f.; Immenga/Mestmäcker/*Körber*, EU-WettbR II, Art. 2 FKVO Rn. 411.

[179] EU-Kommission, Glossar der Wettbewerbspolitik der EU, 2002, S. 10.

[180] Stellvertretend *Schwalbe/Zimmer*, Kartellrecht und Ökonomie, S. 66 f.; siehe auch Immenga/Mestmäcker/*Körber*, EU-WettbR II, Art. 3 FKVO Rn. 411 ff.

[181] Siehe BGH WuW/E BGH 1533, 1535– *Erdgas-Schwaben*; WuW/E BGH 1749, 1754 – *Klöckner/Becorit*; WuW/E BGH 2150, 2156 – *Edelstahlbestecke;* KG WuW/E DE-R 94, 96 – *Hochtief; Emmerich*, AG 1986, 345, 349; Loewenheim/Meessen/Riesenkampff/*Götting*, § 19 Rn. 26 ff.; Bechtold/*Bechtold,* GWB, § 19 Rn. 28; *C. Müller*, Abschied vom Bedarfsmarktkonzept bei der Marktabgrenzung, S. 25; im europäischen Recht grundlegend EuGH Urteil vom 13. Februar 1979, Slg. 1979, 461 (Rn. 4) – *Hoffmann-La Roche*; in jüngster Zeit EuGH, Urteil vom 01. Juli 2008, Slg. 2008, 4863 (Rn. 37) – *MOTOE/Ellinko Dimosio*; Urteil vom 19. April 2012,

keine Aussage über die Auslegung des Begriffs der „marktbeherrschenden Stellung" getroffen. Das Gesetz verwendet den Begriff der „Marktbeherrschung" an verschiedenen Stellen, sowohl in der Verhaltenskontrolle nach § 19 ff. GWB als auch in der Strukturkontrolle nach § 35 ff. GWB.[182] Zwar ist im GWB grundsätzlich vom Marktbeherrschungsbegriff in § 18 GWB auszugehen, allerdings gilt es, die Feststellung der Marktbeherrschung im Kontext von Verhaltens- und Strukturkontrolle jeweils zu variieren.[183] Bei einem Zusammenschluss bestimmt sich die Feststellung einer marktbeherrschenden Stellung deshalb noch stärker an Strukturmerkmalen als bei Verhaltensverboten.[184] Dies gilt deshalb auch im Kontext der Entflechtung nach § 41a GWB-RefE. Folgerichtig verweist die Begründung zum Referentenentwurf insoweit auf die Marktbeherrschung im Sinne des § 19 Abs. 2 GWB (nunmehr § 18 GWB).[185] Nachfolgend werden lediglich Grundzüge der kartellbehördlichen und gerichtlichen Feststellung von „marktbeherrschenden" Stellungen dargestellt. Differenzierungen zur Feststellung entsprechender Stellungen im Rahmen der einzelnen Vorschriften können insoweit unterbleiben.[186]

II. Verschiedene Formen der Marktbeherrschung im GWB

Aus § 18 Abs. 1, 5 GWB ergibt sich, dass das Gesetz mehrere Formen der Marktbeherrschung kennt.[187] Ein Unternehmen kann den Markt ein-

WuW/E Eu-R 2323, 2330 – *Tomra Systems*; Langen/Bunte/*Bulst/Bunte*, EG, Art. 82 Rn. 43; Immenga/Mestmäcker/*Körber*, EU-WettbR II, Art. 2 FKVO Rn. 410.

[182] Zur systematischen Trennung von Verhaltens- und Strukturkontrolle und der Bedeutung für die Kartellrechtspraxis, siehe unten Teil 2 § 2 C I.

[183] Vgl. *Immenga*, NJW 1980, 1417, 1418; Langen/Bunte/*Nothdurft*, GWB, § 19 Rn. 15 ff.; *K. Schmidt*, ZRP 1979, 38, 40; zum Ganzen auch *C. Müller*, Abschied vom Bedarfsmarktkonzept bei der Marktabgrenzung, S. 29 f.

[184] Vgl. BGH WuW/E BGH 1685, 1691 – *Springer/Elbe Wochenblatt*; WuW/E BGH 1749, 1754 f. – *Klöckner/Becorit*; *Emmerich*, Kartellrecht, § 34 Rn. 15; Langen/Bunte/*Ruppelt*, GWB, § 36 Rn. 20.

[185] BMWT, Begründung zum Referentenentwurf vom 08. Januar 2010 (im Folgenden abgekürzt als: Begr. zum GWB-RefE), S. 11, abzurufen unter: http://www.jura.uni-duesseldorf.de/Dozen ten/noack/Texte/Normen/referentenentwurf %20GWB.pdf (letzter Abruf: 24. November 2011).

[186] Für diese Unterscheidungen, siehe insoweit in der weiterführenden Literatur *Emmerich*, Kartellrecht, § 27 Rn. 33 ff., § 29 Rn. 7 ff., § 34 Rn. 11 ff.; Wiedemann/*Lübbert*, Hdb. KartellR, § 25 Rn. 1 ff.; Wiedemann/*Richter*, Hdb. KartellR, § 20 Rn. 41 ff.; Wiedemann/*Wiedemann*, Hdb. KartellR, § 23 Rn. 16 ff.; *Schwalbe/Zimmer*, Kartellrecht und Ökonomie, S. 207 ff.

[187] Ausführlich zum Verhältnis der verschiedenen Erscheinungsformen von Marktmacht und Marktstärke *Emmerich*, Kartellrecht, § 27 Rn. 33; *Paal*, Medienvielfalt und Wettbewerbsrecht, S. 228 ff.; umfassend zur Neuordnung der Marktbeherr-

zeln beherrschen, entweder durch ein Monopol nach § 18 Abs. 1 Nr. 1 GWB oder weil es gem. § 18 Abs. 1 Nr. 2 GWB keinem wesentlichen Wettbewerb ausgesetzt ist. Darüber hinaus ist eine Einzelmarktbeherrschung anzunehmen, wenn ein Unternehmen gem. § 18 Abs. 1 Nr. 3 GWB im Vergleich zu seinen Mitbewerbern eine überragende Marktstellung hat. Weiterhin können gem. § 18 Abs. 5 GWB auch zwei oder mehrere Unternehmen den Markt gemeinsam beherrschen.

Darüber hinaus kennt das Gesetz auch verschiedene Formen bloßer Marktstärke,[188] etwa in § 20 Abs. 1, 3 GWB. Die Regelungen der Missbrauchskontrolle in §§ 19 f. GWB unterwerfen vornehmlich marktbeherrschende, aber teilweise auch marktstarke Unternehmen einer strengeren Verhaltenskontrolle.

Umgekehrt sind Unternehmenszusammenschlüsse nach § 36 Abs. 1 S. 1 GWB seit der 8. GWB-Novelle „insbesondere" dann zu untersagen, wenn durch eine Fusion zu erwarten ist, dass ein marktbeherrschendes Unternehmen entsteht oder die beherrschende Stellung verstärkt wird.[189] Grundsätzlich lässt sich aus der Fusionskontrolle deshalb auch weiterhin der Schluss ziehen, dass vor allem marktbeherrschende Unternehmen nicht uneingeschränkt durch Fusion wachsen dürfen.

III. Bestimmung der Marktbeherrschung

Die Kartellbehörden untersuchen in allen Fällen stets zunächst das Marktgeschehen als Ganzes. Erst dann wägen die Kartellbehörden den Einfluss aller Marktteilnehmer gegeneinander ab und bestimmen so die Marktmacht des einzelnen Unternehmens. Eine marktbeherrschenden Stellung ist sowohl im Rahmen der § 19 f. GWB, aber auch in der Fusionskontrolle gem. § 35 ff. GWB anhand einer „Gesamtbetrachtung aller relevanten Umstände" festzustellen.[190] Nachfolgend wird untersucht, welche Kriterien die Kartellbehörden zur Feststellung einer marktbeherrschenden Stellung heranziehen. Zu diesem Zweck werden die Ein-

schung und der Missbrauchstatbestände im Rahmen der 8. GWB-Novelle *Alexander*, WuW 2012, 1025, 1026 ff.

[188] Ausführlich dazu *Emmerich*, Kartellrecht, § 29 Rn. 12 ff., 89 ff.

[189] Siehe zu den Veränderungen durch die Einführung des SIEC-Tests unten Teil 2 § 2 B II 2.

[190] Im Rahmen der Fusionskontrolle, siehe BGH WuW/E BGH 1685, 1691 – *Springer/Elbe Wochenblatt*; WuW/E BGH 1749, 1754 – *Klöckner/Becorit*; *Emmerich*, Kartellrecht, § 34 Rn. 12; im Rahmen der Missbrauchskontrolle BGH WuW/E BGH 1435, 1439 – *Vitamin B 12*; WuW/E BGH 1445, 1449 – *Valium;* WuW/E BGH 3037, 3039 – *Raiffeisen*; *Emmerich*, Kartellrecht, § 27 Rn. 39, 43; Loewenheim/Meessen/Riesenkampff/*Götting*, § 19 Rn. 26; *C. Müller*, Abschied vom Bedarfsmarktkonzept bei der Marktabgrenzung, S. 29.

zelmarktbeherrschung nach § 18 Abs. 1 GWB bzw. das marktbeherrschende Oligopol nach § 18 Abs. 5 GWB dargestellt und erläutert.[191]

1. Kriterien im Rahmen einer überragenden Marktstellung

Im Falle der Marktbeherrschung nach § 18 Abs. 1 Nr. 3 GWB nennt das Gesetz in § 18 Abs. 3 Nr. 1 bis 8 GWB ausdrücklich die nachfolgenden Kriterien, anhand derer zu bestimmen ist, ob das Unternehmen im Vergleich zu seinen Wettbewerbern eine überragende Marktstellung hat: „sein Marktanteil, sein Finanzkraft, sein Zugang zu den Beschaffungs- oder Absatzmärkten, Verflechtungen mit anderen Unternehmen, rechtliche oder tatsächliche Schranken für den Marktzutritt anderer Unternehmen, der tatsächliche oder potentielle Wettbewerb durch innerhalb oder außerhalb des Geltungsbereichs dieses Gesetzes ansässige Unternehmen, die Fähigkeit, sein Angebot oder seine Nachfrage auf andere Waren oder gewerbliche Leistungen umzustellen, sowie die Möglichkeit der Marktgegenseite, auf andere Unternehmen auszuweichen“. Als maßgebliches Kriterium im Rahmen der Bewertung gilt allerdings der Marktanteil, weil sich besonders in einem hohen Marktanteil der bleibende unternehmerische Erfolg ausdrückt, der seine Handlungsspielräume prägt.[192] Entscheidend für eine marktbeherrschende Stellung ist dabei nicht nur der absolute Marktanteil eines Unternehmens, sondern auch der relative Marktanteil, der den Vorsprung des Unternehmens auf seine Konkurrenten kennzeichnet.[193] Je größer der Abstand zu den Konkurrenten und je höher sowie gleichzeitig dauerhafter der absolute Marktanteil ist, desto mehr ist ein Rückschluss auf die Marktbeherrschung berechtigt.[194]

---

[191] Die Einzelmarktbeherrschung durch Monopol ist auf den Wettbewerbsmärkten im Strommarkt nicht evident und wird ebenso wenig dargestellt wie die Einzelmarktbeherrschung durch das Fehlen wesentlichen Wettbewerbs, siehe dazu *Emmerich*, Kartellrecht, § 27 Rn. 34 f.

[192] Siehe dazu *Emmerich*, Kartellrecht, § 27 Rn. 43; zur wettbewerbspolitischen Diskussion zur Bedeutung der Unternehmens- und Marktstruktur, siehe unten Teil 2 § 2 A II 1, 3.

[193] Siehe dazu BGH WuW/E DE-R 1681, 1689 f. – *DB Regio/üstra*; WuW/E BGH 1749, 1754 – *Klöckner/Becorit*; WuW/E DE-R 1925, 1929 f. – *National Geographic II*; *Emmerich*, Kartellrecht, § 27 Rn. 43; Loewenheim/Meessen/Riesenkampff/*Götting*, § 19 Rn. 32.

[194] BGH WuW/E DE-R 1301, 1303 – *Sanacorp/Anzag*; Loewenheim/Meessen/Riesenkampff/*Götting*, § 19 Rn. 32; Langen/Bunte/*Ruppelt*, GWB, § 19 Rn. 62.

2. Oligopolfeststellung

Nach § 18 Abs. 5 GWB bilden zwei Unternehmen ein Duopol bzw. drei und mehr Unternehmen ein Oligopol,[195] wenn sowohl zwischen ihnen untereinander als auch im Verhältnis zu den übrigen Konkurrenten kein wesentlicher Wettbewerb für eine bestimmte Art von Waren mehr stattfindet. Die Gefahren des Oligopols liegen darin, dass es zumindest stillschweigend zu einer Verhaltensabstimmung kommen kann, die eine „Politik der Gewinnmaximierung" zum Nachteil der Abnehmer ermöglicht.[196] Ein einheitliches unternehmerisches Vorgehen ist vor allem auf hochkonzentrierten Märkten zu erwarten, die durch eine hohe Transparenz und die Homogenität der angebotenen Produkte gekennzeichnet sind.[197] Wettbewerbliche Vorstöße durch abweichendes Verhalten führender Unternehmen, insbesondere bei der Preissetzung, sind tendenziell unwahrscheinlich. Aufgrund der transparenten Marktbedingungen können die übrigen Unternehmen häufig schnell reagieren und aufgrund der Produkthomogenität preislich nachziehen.[198] Durch wirksame Bestrafungsmechanismen sinkt in der Folge die Wahrscheinlichkeit, dass die Unternehmen durch Wettbewerbsvorstöße Gewinn- oder Marktanteilssteigerungen erreichen können.[199] Die Voraussetzungen für ein marktbeherrschendes Oligopol sind grundsätzlich im Rahmen einer zweistufigen Prüfung des Innen- und Außenverhältnisses zu bestimmen.[200] Das Anbieteroligopol charakterisiert im Innenverhältnis, dass sich die beteiligten Unternehmen bewusst gleichförmig verhalten und zwischen ihnen kein wesentlicher Wettbewerb stattfindet.[201] Die Nachfrager können auf-

[195] Die nachstehenden Ausführungen behandeln zwar das Oligopol, gelten jedoch entsprechend für das Duopol.

[196] *Emmerich*, Kartellrecht, § 27 Rn. 48; zur Aspekt der Gewinnmaximierung unter Beeinflussung der Wettbewerbsfaktoren, siehe BGH WuW/E DE-R 3067, 3069 (Rn. 20) – *Springer/ProSieben II*; WuW/E DE-R 2451, 2455 – *E.ON/Stadtwerke Eschwege*; dazu *Paal*, ZWeR 2012, 380, 394 f.

[197] EuGH, Urteil vom 31. März 1998, Slg. 1998, I-1453, (Rn. 221 ff., 240 ff.) – *K+S/MdK;* EuG, Urteil vom 06. Juni 2002, Slg. 2002, II-2585 (Rn. 60 ff.) – *Airtours*; dazu *Säcker*, Marktabgrenzung, Marktbeherrschung, Markttransparenz und Marktmachtmissbrauch auf den Großhandelsmärkten für Elektrizität, S. 70 ff.

[198] EuG, Urteil vom 06. Juni 2002, Slg. 2002, II-2585, (Rn. 60 ff.) – *Airtours.*

[199] *Emmerich*, Kartellrecht, § 16 Rn. 52 ff.; *Säcker*, Marktabgrenzung, Marktbeherrschung, Markttransparenz und Marktmachtmissbrauch auf den Großhandelsmärkten für Elektrizität, S. 71.

[200] Ausführlich Loewenheim/Meessen/Riesenkampff/*Götting*, § 19 Rn. 41; zum Verständnis der Kategorien Innen- und Außenverhältnis BKartA, Sektoruntersuchung Stromgroßhandel, S. 88; Immenga/Mestmäcker/*Möschel*, GWB, § 19 GWB Rn. 80 ff.

[201] Die Ausführungen gelten entsprechend für das Nachfragermonopol; grundsätzlich zur Feststellung eines Oligopols *Emmerich*, Kartellrecht, § 27 Rn. 48 ff.; Loewenheim/Meessen/Riesenkampff/*Götting*, § 19 Rn. 42; Immenga/Mestmäcker/*Mö-*

grund des Parallelverhaltens der Unternehmen dann nicht mehr oder zumindest kaum noch auf andere Anbieter ausweichen.[202] Im Rahmen einer Gesamtbetrachtung müssen dabei wettbewerbliches und gleichförmiges Verhalten abgegrenzt werden sowie die Wahrscheinlichkeit von aktivem Wettbewerb zwischen den Unternehmen.[203] Ein solches System funktioniert allerdings nur, wenn die beteiligten Unternehmen keine Rücksicht auf ihre Konkurrenten außerhalb des Oligopols nehmen müssen.[204] Deshalb gilt es zu untersuchen, inwieweit sie im Außenverhältnis marktbeherrschend sind. Entscheidend kommt es bei der Bewertung des marktbeherrschenden Oligopols auf strukturelle Merkmale an, allen voran die Anzahl und Marktanteile der beteiligten Unternehmen, weil diese die Anreize zu einem gleichförmigen Verhalten bedingen.[205]

IV. Zwischenergebnis

Das GWB definiert den Begriff der „marktbeherrschenden" Stellung nicht. Bei der Prüfung, ob ein oder mehrere Unternehmen eine marktbeherrschende Stellung innehaben, nehmen die Kartellbehörden eine Gesamtbetrachtung aller relevanten Umstände vor. In diesem Zusammenhang nehmen die Marktanteile als strukturelles Indiz dabei eine hervorgehobene, häufig sogar zentrale Rolle ein.[206] Die besondere Bedeutung der Marktanteile lässt sich im Kontext der wettbewerbspolitischen Diskussion über das Wesen von Wettbewerb und seinen Schutz erklären.[207] Nach einer Meinungsgruppe erlauben bestimmte Marktstrukturen Rückschlüsse, inwieweit das Wettbewerbsgeschehen auf dem Markt

schel, GWB, § 19 GWB Rn. 157; mit Bezug zum Medienrecht *Paal*, ZWeR 2012, 380, 394 ff.

[202] *Emmerich*, Kartellrecht, § 27 Rn. 48 ff.; Loewenheim/Meessen/Riesenkampff/*Götting*, § 19 Rn. 42; Immenga/Mestmäcker/*Möschel*, GWB, § 19 GWB Rn. 157.

[203] BGH WuW/E DE-R 2451, 2457 – *E.ON/Stadtwerke Eschwege*; Langen/Bunte/*Ruppelt*, GWB, § 19 Rn. 73.

[204] Stellvertretend *Emmerich*, Kartellrecht, § 27 Rn. 50.

[205] BGH WuW/E DE-R 3067, 3069 (Rn. 20) – *Springer/ProSieben II*; KG WuW/E OLG 3051, 3075 ff. – *Morris/Rothmans*; MK, SonderGA 54 (2009), Tz. 80; Schulte/Just/*Deister*, Kartellrecht, § 19 GWB Rn. 70; Loewenheim/Meessen/Riesenkampff/*Götting*, § 19 Rn. 42; *Paal*, ZWeR 2012, 380, 395; Langen/Bunte/*Ruppelt*, GWB, § 19 Rn. 73.

[206] Siehe dazu BGH WuW/E DE-R 1302, 1303 – *Sanacorp/ANZAG*; WuW/E BGH 2771, 2774 – *Kaufhof/Saturn*; BKartA, Beschluss vom 23. März 2005, B10-109/04, S. 47 f. – *Röhn-Klinikum/Krankenhaus Eisenhüttenstadt*; das Gewicht anderer Faktoren ist umso geringer, je höher der Marktanteil liegt, vgl. EuGH, Slg. 1984, 3461, 3503 – *Michelin*; zum Ganzen *Schwalbe/Zimmer*, Kartellrecht und Ökonomie, S. 208 ff.; *Herdzina*, Wettbewerbspolitik, S. 68, 182 ff., 188 ff.

[207] Zum Schutzgegenstand des Kartellrechts und tauglichen Wettbewerbsinstrumenten, siehe unten Teil 2 § 2 A I, II.

als funktionsfähig zu erachten ist.[208] Dabei korreliert die Marktkonzentration mit der Marktmacht von Unternehmen. Wichtige Marktstrukturmerkmale sind deshalb die verschiedenen Konzentrationsgrade, die etwa die Anzahl der Marktteilnehmer (absoluter Konzentrationsgrad) und ihre Marktanteile (relativer Konzentrationsgrad) bestimmen.[209] Allen voran die Größe eines Unternehmens kennzeichnet dabei das Ausmaß seiner wirtschaftlichen Macht und seine Einflussmöglichkeiten auf den Wettbewerbsprozess.[210] Eine marktbeherrschende Stellung spiegelt deshalb sowohl die Macht eines bestimmten Unternehmens als auch die Wettbewerbssituation insgesamt wider.[211] Das GWB unterstreicht die Bedeutung von Marktanteilen bei der Feststellung einer marktbeherrschenden Stellung, indem das Gesetz in § 18 Abs. 4, 6 GWB Marktanteilsgrenzen festlegt, bei deren Erreichen eine marktbeherrschende Stellung vermutet wird, wobei diese Vermutung auch widerlegt werden kann.[212]

B. Konzentration der einzelnen Märkte

Die Konzentration der einzelnen Märkte wird nachstehend anhand der Wertschöpfungskette untersucht. Dabei werden die kartellbehördlichen und gerichtlichen Bewertungen der Marktverhältnisse zugrunde gelegt.[213] Im Mittelpunkt steht die Marktmacht der vier großen Stromerzeuger: RWE, E.ON, Vattenfall und EnBW.

---

[208] Zum Struktur-Verhalten-Ergebnis-Paradigma, seiner Bedeutung für die praktische Wettbewerbspolitik und der Kritik an Marktstrukturkriterien, siehe ausführlich Teil 2 § 2 A II.

[209] Zu weiteren Konzentrationsmaßen und Marktstrukturmerkmalen allgemein, siehe unten Teil 2 § 2 A I 2 b).

[210] Ausführlich insoweit zum Zusammenhang von Marktmacht und Wettbewerb Teil 2 § 2 A II 3.

[211] Zur Kritik durch die „Chicago School", siehe unten Teil 2 § 2 A II 4 c).

[212] Zur Umkehr der formellen und materiellen Beweislast im Rahmen der Oligopolvermutung OLG Düsseldorf WuW/E DE-R 2477, 2488 – *Phonak/GN Re Sound*; WuW DE-R 2593, 2596 – *Springer/ProSiebenSat1*; zur Beschränkung der Monopolvermutung auf „non-licet"-Situationen BGH WuW/E BGH 2231, 2237 – *Metro/Kaufhof*; WuW/E BGH 1749, 1754 – *Klöckner/Becorit*; zum Ganzen *Schwalbe/Zimmer*, Kartellrecht und Ökonomie, S. 207 f., 303 f.; siehe dazu Loewenheim/Meessen/Riesenkampff/*Götting*, § 19 Rn. 45.

[213] Zur Bewertung der kartellbehördlichen Marktbeherrschungsfeststellung auf dem Erstabsatzmarkt, siehe unten Teil 3 § 2 II.

I. Erstabsatzmarkt für Strom

Im Jahr 2010 speisten die vier großen Energiekonzerne zusammen rund 84 % des gesamten Stroms in die Netze ein.[214] Gemeinsam erreichten die Unternehmen damit einen hohen Marktanteil, zu dem die einzelnen Stromkonzerne allerdings unterschiedlich beitrugen. Den geringsten Anteil steuerte EnBW mit 13 % bei, während sich E.ON mit 18 %, RWE mit 36 % und Vattenfall mit 16 % an der gesamten Einspeisung beteiligten.[215] Aus einer Betrachtung der Marktanteile seit dem Jahr 2004 ergibt sich, dass sich der Erstabsatzmarkt in den letzten Jahren verändert hat. Bis auf das Jahr 2010 ist die Gesamtmenge an Strom, die RWE, E.ON, Vattenfall und EnBW in das Netz einspeisen, deutlich gesunken. Im Jahr 2004 haben die vier Energiekonzerne gemessen an der Gesamteinspeisung zusammen rund 89 % des Stroms produziert.[216] Im Jahr 2007 lag der Gesamtanteil der vier Unternehmen noch bei 86 %, im Jahr 2008 nur noch bei 84 % und im Jahr 2009 ist der Anteil auf 82 % gesunken.[217] Nur im Jahr 2010 hat sich der Anteil der vier Unternehmen an der Gesamteinspeisung auf 84 % leicht erhöht.[218] RWE produzierte in den Jahren 2007 bis 2010 jeweils deutlich über 30 % der Gesamteinspeisung.[219] E.ON trug in diesen Jahren zwischen 17 und 23 % bei.[220] Vattenfall erzeugte im fraglichen Zeitraum rund 16 % der Gesamtmenge, während EnBW mit Anteilen zwischen 11 und 14 % am wenigsten beitrug.[221]

[214] BKartA, Beschluss vom 08. Dezember 2011, B8-94/11, S. 15 (Rn. 42) – *RWE/Stadtwerke Unna.*

[215] BKartA, Beschluss vom 08. Dezember 2011, B8-94/11, S. 15 (Rn. 42) – *RWE/Stadtwerke Unna.*

[216] Von dieser Gesamtmenge speisten RWE und E.ON ca. 59 % in das Netz ein, während Vattenfall und EnBW zusammen ca. weiter 30 % einspeisten, siehe OLG Düsseldorf WuW/E DE-R 2094, 2103 – *E.ON/Stadtwerke Eschwege.*

[217] Zu den Marktanteilen für 2007, 2008 und 2009 siehe BKartA, Sektoruntersuchung Stromgroßhandel, S. 18, 90; zu den Marktanteilen im Jahr 2010 siehe BKartA, Beschluss vom 08. Dezember 2011, B8-94/11, S. 15 (Rn. 42) – *RWE/Stadtwerke Unna.*

[218] Zu den Marktanteilen für das Jahr 2010 siehe BKartA, Beschluss vom 08. Dezember 2011, B8-94/11, S. 15 (Rn. 42) – *RWE/Stadtwerke Unna.*

[219] RWE produzierte 35 % (2007), ca. 36 % (2008), ca. 31 % (2009) und ca. 36 % (2010), siehe BKartA, Sektoruntersuchung Stromgroßhandel, S. 18, 90; zu BKartA, Beschluss vom 08. Dezember 2011, B8-94/11, S. 15 (Rn. 42) – *RWE/Stadtwerke Unna.*

[220] E.ON produzierte ca. 17 % (2007), ca. 23 % (2008), ca. 21 % (2009) und ca. 18 % (2010).

[221] Vattenfall erzeugte ca. 17 % (2007) sowie ca. 16 % (jeweils 2008, 2009 und 2010); EnBW produzierte ca. 12 % (2007), ca. 11 % (2008), ca. 14 % (2009) und fast 13 % (2010).

1. Duopolthese

Auf Grundlage der Marktdaten der Jahre 2003 und 2004 nahmen das OLG Düsseldorf und der BGH an, dass RWE und E.ON den Markt als Duopol gemeinsam beherrschen.[222] In ihren Beschlüssen untersagten die Gerichte deshalb E.ON, sich an den Stadtwerken Eschwege zu beteiligen.[223] Nach § 18 Abs. 5 GWB bzw. § 19 Abs. 2 GWB a.F. bilden zwei Unternehmen ein Duopol, wenn sowohl zwischen ihnen untereinander als auch im Verhältnis zu den übrigen Konkurrenten kein wesentlicher Wettbewerb stattfindet.[224] Ein Duopol setzt im Innenverhältnis ein gleichförmiges Verhalten der beteiligten Unternehmen voraus. Grundsätzlich ist das Marktverhalten unter diesem Aspekt zu untersuchen.[225] Bei einem homogenen Gut wie Strom ist dieses Vorgehen aber nicht sinnvoll. Wettbewerb zeigt sich im Stromsektor nur selten durch Qualitäts-, Preis- oder Produktwettbewerb.[226] Wenn Unternehmen deshalb übereinstimmende Preise fordern oder diese gleichförmig erhöhen, dann beweist das noch keinen fehlenden Wettbewerb.[227] Allerdings schaffen auch ähnliche Unternehmensstrukturen gleichgerichtete Interessen und begünstigen ein wettbewerbliches Parallelverhalten.[228] Deshalb prüfen die Kartellbehörden zusätzlich, ob die Unternehmen übereinstimmende strukturelle Merkmale aufweisen.[229] Dazu zählen ihre Marktanteile, kapitalmäßige Verflechtungen und Gemeinschaftsunternehmen auf Drittmärkten.[230] Das gleichförmige Verhalten gefährdet die Stromabnehmer allerdings erst dann nachhaltig, wenn andere Wettbewerber fehlen, auf die die Abnehmer ausweichen können. Die fehlende Ausweichmöglichkeit setzt eine gewisse Schwäche der anderen Anbieter voraus, in der die Konkurrenten nicht mehr in der Lage sind, das Duopol wettbewerblich unter Druck zu setzen. Als Kriterium dient hier vor allem die überra-

[222] Damals hatten die Unternehmen zusammen einen Marktanteil von 57 % statt 52 %, siehe OLG Düsseldorf WuW/E DE-R 2094, 2099 ff. (Rn. 42 ff., 66 ff.) – *E.ON/Stadtwerke Eschwege*; BGH WuW/E DE-R 2451, 2460 (Rn. 56) – *E.ON/Stadtwerke Eschwege*.

[223] BKartA WuW/E DE-V 823, 824 – *E.ON/Stadtwerke Eschwege*.

[224] Zu den Voraussetzung der Gleichförmigkeit sowie der Reaktionsverbundenheit und dem Fehlen wesentlichen Wettbewerbs, siehe Teil 1 § 2 A III 2.

[225] Siehe Langen/Bunte/*Ruppelt*, GWB, § 19 Rn. 73.

[226] Langen/Bunte/*Ruppelt*, GWB, § 19 Rn. 74.

[227] Siehe zum Mineralölbereich KG WuW/E OLG 1467, 1469 – *BP*.

[228] BGH WuW/E DE-R 3067, 3069 f. (Rn. 21 f.) – *Springer/ProSieben II*; Loewenheim/Meessen/Riesenkampff/*Götting*, § 19 Rn. 42; Langen/Bunte/*Ruppelt*, GWB, § 19 Rn. 73.

[229] BGH WuW/E DE-R 3067, 3069 (Rn. 20) – *Springer/ProSieben II*; KG WuW/E OLG 3051, 3075 ff. – *Morris/Rothmans*; MK, SonderGA 54 (2009), Tz. 80.

[230] Loewenheim/Meessen/Riesenkampff/*Götting*, § 19 Rn. 42 m.w.N.

gende Marktstellung der Duopolunternehmen.[231] Im Stromsektor bestanden in den Jahren 2003 und 2004 vornehmlich zwischen RWE und E.ON strukturellen Parallelen.[232] Beide Unternehmen waren zum damaligen Zeitpunkt auf allen Wertschöpfungsstufen tätig und boten sowohl Strom als auch Gas an.[233] Beide Unternehmen waren zudem über ihre Beteiligungen an dem größten deutschen Kohlestromerzeuger und dreizehn Stromvertriebsunternehmen miteinander verflochten.[234] Darüber hinaus hatten RWE und E.ON mit 57 % zusammen den größten Anteil an der Nettostromeinspeisung im Jahr 2003 bzw. 59 % im Jahr 2004.[235] Vattenfall und EnBW als Konkurrenzunternehmen steuerten hingegen zusammen nur 29 % bei. RWE und E.ON beteiligten sich zudem wesentlich stärker an Unternehmen des Energievertriebs. Damit konnten die beiden Unternehmen ihren Stromabsatz zusätzlich gegen wettbewerbliche Vorstöße von Vattenfall und EnBW absichern. Das verbesserte die starke Stellung von RWE und E.ON bei der Belieferung von Großkunden zusätzlich.[236]

2. Oligopolthese

In den Jahren seit 2003 veränderten sich die Marktdaten im Stromsektor substantiell.[237] Im Jahr 2009 speisten die vier großen Energiekonzerne nur noch rund 82 % des gesamten Stroms in die Netze ein.[238] Den geringsten Anteil steuerte die EnBW mit 14 % bei, während sich E.ON mit 21 %, RWE mit 31 % und Vattenfall mit 16 % beteiligten.[239] Unter dem Druck der Wettbewerbsbehörden gaben vor allem RWE und E.ON Kapazitäten und Beteiligungen ab.[240] Beide Unternehmen trugen deshalb im Jahr 2009 nur noch 52 % der insgesamt eingespeisten Strommenge

[231] Loewenheim/Meessen/Riesenkampff/*Götting*, § 19 Rn. 41; BKartA, Sektoruntersuchung Stromgroßhandel, S. 88.

[232] OLG Düsseldorf WuW/E DE-R 2094, 2103 – *E.ON/Stadtwerke Eschwege*; BGH WuW/E DE-R 2451, 2456 f. (Rn. 36) – *E.ON/Stadtwerke Eschwege*.

[233] OLG Düsseldorf WuW/E DE-R 2094, 2099 – *E.ON/Stadtwerke Eschwege*; BGH WuW/E DE-R 2451, 2456 f. – *E.ON/Stadtwerke Eschwege*; zum Verkauf ihrer Stromnetze, siehe Teil 1 § 2 B II.

[234] OLG Düsseldorf WuW/E DE-R 2094, 2099 – *E.ON/Stadtwerke Eschwege;* BGH WuW/E DE-R 2451, 2456 f. (Rn. 36) – *E.ON/Stadtwerke Eschwege*.

[235] OLG Düsseldorf WuW/E DE-R 2094, 2103 – *E.ON/Stadtwerke Eschwege;* BGH WuW/E DE-R 2451, 2456 f. (Rn. 36) – *E.ON/Stadtwerke Eschwege*.

[236] MK, SonderGA 54 (2009), Tz. 80.

[237] Siehe zu den einzelnen Marktanteilen der Unternehmen und den Veränderungen Teil 2 § 2 B I.

[238] BKartA, Sektoruntersuchung Stromgroßhandel, S. 18.

[239] BKartA, Sektoruntersuchung Stromgroßhandel, S. 18; Beschluss vom 24. August 2009, B8-67/09, S. 29 (Rn. 73 ff.) – *EnBW/VNG*; Beschluss vom 06. Juli 2009, B8-96/08, S. 24 ff., 28 f. – *EnBW/EWE*.

[240] Ausführlich BKartA, Sektoruntersuchung Stromgroßhandel, S. 91 ff.

bei,[241] also 5 Prozentpunkte weniger als im Jahr 2003.[242] Damit stieg die Bedeutung von Vattenfall als drittgrößten und EnBW als viertgrößten Stromproduzenten, so dass beide Unternehmen nunmehr über ebenfalls „hohe" Marktanteile verfügten.[243] Dies machte es erforderlich, das Markgeschehen neu zu bewerten. Das Bundeskartellamt erkannte, dass „auch Vattenfall und gegebenenfalls auch EnBW" als „mögliche" Oligopolunternehmen anzusehen sind.[244] Allerdings erfüllten die Unternehmen zusammen nicht die Voraussetzungen, die das Kartellrecht an ein Oligopol stellt. Nach der geltenden Auslegung des § 19 Abs. 2 GWB a.F. (nunmehr 18 Abs. 5 GWB) hätte die Behörde nachweisen müssen, dass sich die vier Unternehmen gegenseitig keine Konkurrenz machten. Dafür reichten die strukturellen Übereinstimmungen zwischen den Stromkonzernen aber nicht aus.[245] Die Marktanteile von EnBW und Vattenfall an der Stromerzeugung lagen mit 14 % bzw. 16 % zu stark entfernt von E.ON und RWE mit 21 % bzw. 31 %.[246] Darüber hinaus hielten Vattenfall und EnBW in deutlich geringerem Umfang als E.ON und RWE Beteiligungen an Vertriebsunternehmen.[247] Das Bundeskartellamt stand deshalb vor einem Problem. Die Behörde hat zwar wie bereits zuvor die EG-Kommission (nunmehr EU-Kommission) einen großen wirtschaftlichen Einfluss der vier Stromkonzerne beim erstmaligen Stromabsatz festgestellt.[248] Allerdings zeigte sich der Einfluss nicht hinreichend in parallelen Unternehmensstrukturen und vergleichbaren Marktanteilen. Gem. § 19 Abs. 2 S. 2 GWB konnte das Bundeskartellamt deshalb für das Jahr 2009 nur ein Duopol aus RWE und E.ON, aber kein marktbe-

[241] BKartA, Sektoruntersuchung Stromgroßhandel, S. 94.

[242] OLG Düsseldorf WuW/E DE-R 2094, 2103 – *E.ON/Stadtwerke Eschwege;* BGH WuW/E DE-R 2451, 2456 f. (Rn. 36) – *E.ON/Stadtwerke Eschwege.*

[243] BKartA, Sektoruntersuchung Stromgroßhandel, S. 95.

[244] BKartA, Sektoruntersuchung Stromgroßhandel, S. 95.

[245] BKartA, Beschluss vom 08. Dezember 2011, B8-94/11, S. 15 (Rn. 42) – *RWE/Stadtwerke Unna.;* ähnlich, wenngleich in anderem Zusammenhang, MK, SonderGA 59 (2011), Tz. 631; im Bezug auf EnBW für die Jahre 2007 und 2008 auch BKartA, Beschluss vom 24. August 2009, B8-67/09, S. 29 (Rn. 73 ff.) – *EnBW/VNG;* Beschluss vom 06. Juli 2009, B8-96/08, S. 24 ff., 28 f. – *EnBW/EWE.*

[246] Siehe BKartA, Beschluss vom 24. August 2009, B8-67/09, S. 29 (Rn. 73 ff.) – *EnBW/VNG;* Beschluss vom 06. Juli 2009, B8-96/08, S. 24 ff., 28 f. – *EnBW/EWE.*

[247] BKartA, Beschluss vom 06. Juli 2009, B8-96/08, S. 24 ff., 28 f. – *EnBW/EWE.*

[248] Siehe dazu die Untersuchung im Auftrag der EG-Kommission von London Economics, Structure and Performance of Six European Wholesale Electricity Markets in 2003, 2004 and 2005, Executive Summary (2007), S. 2 ff., abzurufen unter: http://www.ec.europa.eu/competition/sectors/energy/inquiry/electricity_final_execsum.pdf (letzter Abruf: 30. März 2012); BKartA, Sektoruntersuchung Stromgroßhandel, S. 1 ff.; ausführlich zum wirtschaftlichen Einfluss der Stromerzeuger auf die Preisbildung unten Teil 1 § 3 A 3.

herrschendes Oligopol zusammen mit EnBW und Vattenfall feststellen.[249]

3. Einzelmarktbeherrschung mehrerer Unternehmen

Die Schwierigkeiten, den vier Stromkonzernen eine oligopole Marktbeherrschung nachzuweisen, bildeten den Ausgangspunkt für neue Überlegungen des Bundeskartellamtes, wie marktbeherrschende Stellungen im Stromsektor nachzuweisen sind.[250]

Dabei ist die Vorgehensweise in die Kritik geraten, eine marktbeherrschende Stellung im Stromsektor vornehmlich anhand der Marktanteile festzustellen.[251] Die Marktanteile lassen lediglich auf die Konzentration der Anbieterseite schließen, ohne die Abhängigkeit der Kunden einzubeziehen.[252] Neuere Analysen im Stromsektor setzen an dieser Stelle an und berücksichtigen, in welchem Umfang die Abnehmer auf einzelne Unternehmen angewiesen sind.[253] In den Marktanteilen spiegelt sich zunächst die überragende Bedeutung nicht wider, die „Strom" als Gut für Wirtschaft und Gesellschaft hat. Ohne Strom können Unternehmen viele Güter nicht produzieren und viele Dienstleistungen nicht erbringen. Elektrizität ist deshalb im modernen Leben nicht zu ersetzen. Das Stromnetz bräche aber zusammen, wenn die Kunden mehr Strom verbrauchten, als die Erzeuger bereitstellen.[254] Deshalb sind die Verbraucher in Zeiten hoher Nachfrage stärker auf die Erzeugungsleistung der einzelnen Unternehmen angewiesen. Der reine Anteil eines Unternehmens an der Stromabgabe berücksichtigt folglich den Aspekt der Abhängigkeit aber nicht hinreichend. Die Monopolkommission kritisierte deshalb die gängige Praxis bereits ab dem Jahr 2007 als „unbefriedigend".[255] Das Gremium setzte sich dafür ein, dass die Kartellbehörden den jeweiligen Residual-

[249] BKartA, Beschluss vom 08. Dezember 2011, B8-94/11, S. 15 (Rn. 42) – *RWE/Stadtwerke Unna*; ähnlich, wenngleich in anderem Zusammenhang, MK, SonderGA 59 (2011), Tz. 631; im Bezug auf EnBW für die Jahre 2007 und 2008 auch BKartA, Beschluss vom 24. August 2009, B8-67/09, S. 29 (Rn. 73 ff.) – *EnBW/VNG*; Beschluss vom 06. Juli 2009, B8-96/08, S. 24 ff., 28 f. – *EnBW/EWE*.

[250] Siehe BKartA, Sektoruntersuchung Stromgroßhandel, S. 96.

[251] MK, SonderGA 49 (2007), Tz. 187; 54 (2009), Tz. 80; 59 (2011), Tz. 480; BKartA, Sektoruntersuchung Stromgroßhandel, S. 99 ff.

[252] BKartA, Sektoruntersuchung Stromgroßhandel, S. 96 ff.; mit einer Forderung nach verhaltensbasierten Analysen, siehe MK, SonderGA 59 (2011), Tz. 483.

[253] BKartA, Sektoruntersuchung Stromgroßhandel, S. 96 ff.; mit einer Forderung nach verhaltensbasierten Analysen, siehe MK, SonderGA 59 (2011), Tz. 483; unter Verweis auf einen „modernen" Marktbeherrschungstest, siehe Schneider/Theobald/*Becker/Blau*, Recht der Energiewirtschaft, § 12 Rn. 30.

[254] Das Gleiche gilt, wenn die Unternehmen über den Strombedarf der Verbraucher hinaus zu viel Strom in das Netz einspeisen, siehe dazu oben Teil 1 § 1 B I 1.

[255] MK, SonderGA 49 (2007), Tz. 187; 54 (2009), Tz. 80.

Supply-Index (RSI) der Konzerne in ihre Bewertung mit einbeziehen.[256] Der RSI beschreibt, welche Bedeutung die Kapazität eines Stromerzeugers hat, um die Nachfrage der Kunden in einem festgelegten Betrachtungszeitraum zu befriedigen.

Das Bundeskartellamt hat diese Kritik im Jahr 2009 aufgegriffen und den RSI in einer großen Untersuchung des Erstabsatzmarktes berücksichtigt.[257] Die Analyse des erstmaligen Stromabsatzes der Jahre 2007 und 2008 ist zu dem Schluss gekommen, dass der Markt in einer „erheblichen" Anzahl von Stunden auf keines der vier Unternehmen verzichten kann, um die Nachfrage zu decken.[258] In dieser Untersuchung hat sich dabei ebenfalls gezeigt, dass gerade auch EnBW und Vattenfall als Erzeuger mit geringen Marktanteilen über Marktmacht verfügten, wenn man von der Abhängigkeit der Kunden ausging.[259] In den Jahren 2007 und 2008 haben sich dabei die RSI-Werte von RWE als am „problematischsten" erwiesen, gefolgt von E.ON, Vattenfall und EnBW.[260] In einer „erheblichen" Anzahl von Stunden konnte der Markt auf keines dieser Unternehmen verzichten, um die jeweilige Nachfrage zu decken.[261] EnBW wurde vom Bundeskartellamt ambivalent beurteilt. Die Bedeutung des Unternehmens hat geschwankt, ist aber zuletzt wieder gestiegen, weil E.ON seine Kapazitäten verringert hat.[262] In seinem Abschlussbericht Anfang 2011 hat das Bundeskartellamt deshalb festgestellt, dass RWE, E.ON, Vattenfall und „wahrscheinlich sogar" EnBW den Markt beherrschen.[263] Die Voraussetzungen eines möglichen Oligopols hat das Bundeskartellamt aber offen gelassen.[264] Aufgrund der starken wirtschaftlichen Bedeutung der einzelnen Unternehmen ist die Behörde vielmehr davon ausgegangen, dass die Unternehmen den Markt unabhängig voneinander oder zumindest nebeneinander und damit individuell beherrschen.[265]

[256] Siehe MK, SonderGA 49 (2007), Tz. 187; 54 (2009), Tz. 80.

[257] BKartA, Sektoruntersuchung Stromgroßhandel, S. 1 ff.

[258] BKartA, Sektoruntersuchung Stromgroßhandel, S. 105, ausgenommen EnBW für das Jahr 2008; für die Jahre 2010 und 2011 fehlt es bislang an den erforderlichen umfassenden quantitativen Erhebungen und Auswertungen, siehe BKartA, Beschluss vom 08. Dezember 2011, B8-94/11, S. 15 (Rn. 42) – *RWE/Stadtwerke Unna.*

[259] BKartA, Sektoruntersuchung Stromgroßhandel, S. 97.

[260] BKartA, Sektoruntersuchung Stromgroßhandel, S. 104 f.

[261] BKartA, Sektoruntersuchung Stromgroßhandel, S. 105, ausgenommen EnBW für das Jahr 2008.

[262] BKartA, Sektoruntersuchung Stromgroßhandel, S. 112.

[263] BKartA, Sektoruntersuchung Stromgroßhandel, S. 19 mit Einschränkungen zu EnBW.

[264] BKartA, Sektoruntersuchung Stromgroßhandel, S. 113 f.

[265] BKartA, Sektoruntersuchung Stromgroßhandel, S. 19, 88, 114; kritisch MK, SonderGA 54 (2009), Tz. 483.

4. Zwischenergebnis

Die neueren Untersuchungen bestätigen den Einfluss der großen Stromerzeuger und die hieraus erwachsende Abhängigkeit der Kunden. Wegen der physischen Besonderheiten von Elektrizität schlägt sich unternehmerische Macht im Stromsektor nicht zwangsläufig in einem hohen Marktanteil nieder. Das Bundeskartellamt ist deshalb einen neuen Weg gegangen und hat festgestellt, dass mehrere Unternehmen den Erstabsatzmarkt individuell beherrschen. Eine gerichtliche Prüfung, ob dieser Weg die Wettbewerbssituation zutreffend widerspiegelt, fehlt bislang. Allerdings hat auch die Monopolkommission bestätigt, dass die Strukturen auf dem Erstabsatzmarkt nach wie vor vermachtet sind.[266] Im Rahmen dieser Arbeit wird an anderer Stelle untersucht, inwieweit die Feststellung einer marktbeherrschenden Stellung durch das Bundeskartellamt kartellrechtlich sinnvoll ist.[267] Davon zu trennen ist jedoch die Frage, inwieweit das GWB die Missbrauchspotentiale wirksam begrenzt, die aus dem großen wirtschaftlichen Einfluss der Stromkonzerne erwachsen. Im weiteren Verlauf der Untersuchung wird diese Fragestellung zuerst untersucht.

II. Stromtransportnetze

Derzeit gibt es 855 Verteilnetzbetreiber und vier Übertragungsnetzbetreiber.[268] Noch bis vor wenigen Jahren standen die Übertragungsnetze ausschließlich im Eigentum von E.ON, RWE, Vattenfall und EnBW.[269] Diese Situation missfiel der EU-Kommission und sie setzte immer strengere unionsrechtliche Vorgaben zum Netzbetrieb durch.[270] Damit initiierte die Europäische Union zugleich einen grundlegenden Strukturwandel. Als erstes Unternehmen gab E.ON diesem Druck nach, um einer wettbewerbsbehördlichen Missbrauchsverfügung zu entgehen.[271] Im Jahr 2010 verkaufte das Unternehmen sein Übertragungsnetz an die niederländische Tennet.[272] Vattenfall zog nach und gab den Netzbetrieb im

---

[266] Dabei erachtet die MK weiterhin RWE und E.ON für marktbeherrschend, siehe MK, SonderGA 54 (2009), Tz. 80.

[267] Siehe unten Teil 3 § 2 B II.

[268] *Büdenbender*, Entflechtung von Stromnetzen in Deutschland, S. 9.

[269] Siehe *Schiffer*, Energiemarkt Deutschland (2008), S. 264; *Büdenbender*, Entflechtung von Stromnetzen in Deutschland, S. 9 f.

[270] Statt vieler Schneider/Theobald/*Schneider*, Recht der Energiewirtschaft, § 2 Rn. 33 ff.; *Nill-Theobald/Theobald*, Grundzüge des Energiewirtschaftsrechts, S. 46 ff.

[271] EU-Kommission, Entscheidung vom 26. November 2008, COMP/39.388 – *Deutscher Stromgroßhandelsmarkt* und COMP/39.389 – *Deutscher Regelenergiemarkt.*

[272] Siehe *Schiffer*, Energiemarkt Deutschland (2010), S. 285.

gleichen Jahr auf. Diesen Netzabschnitt halten nun der belgische Betreiber Elia und der australische Investor Industry Funds Management.[273]

Seinen vorläufigen Schlusspunkt fand der Strukturwandel im Jahr 2011. RWE übertrug 74,9 % seiner Netztochter Amprion GmbH an ein Konsortium aus Finanzinvestoren und Versorgungswerken.[274] Damit hält nur noch die EnBW vollständig am Netzbetrieb durch sein Tochterunternehmen EnBW Transportnetze AG fest.

III. Stromgroßhandel

Wie stark RWE, E.ON, Vattenfall und EnBW den Stromhandel auf der Distributionsstufe direkt beeinflussen können und welche Marktmacht den Unternehmen insoweit zukommt, lässt sich aufgrund der fehlenden Marktabgrenzung nicht hinreichend bestimmen.[275] Auf der zweiten Marktstufe ist mit einer gewissen Unschärfe von einer „mehrschichtigen Verteilungs- oder Distributionsstufe" auszugehen.[276] Eine genaue Marktanteilsberechnung ist ohnehin nicht möglich, aufgrund der vielfältigen Akteure und dem mehrfachen Handel identischer Strommengen.[277] Eine differenzierte Marktabgrenzung und Marktmachtbestimmung ist jedoch aus folgendem Grund entbehrlich. Die fehlende Möglichkeit, Strom in großen Mengen zu speichern, führt zwangsläufig dazu, dass die Produzenten genau so viel Strom erzeugen müssen, wie die Endkunden verbrauchen.[278] Folglich leitet sich das Stromangebot der Zwischenhandelsstufen faktisch von der Erzeugerstufe ab, während die Nachfrageseite umgekehrt von der Endkundennachfrage abhängig ist.[279] Aufgrund dieser Interdependenz ist es ausreichend, den wirtschaftlichen Einfluss von RWE, E.ON, Vattenfall und EnBW auf die Stromlieferung anhand der Wettbewerbsverhältnisse auf dem Erstabsatzmarkt und den Endkundenmärkten zu bestimmen.[280]

---

[273] Siehe *Schiffer*, Energiemarkt Deutschland (2010), S. 285.

[274] Dazu EU-Kommission, Beschluss vom 23. August 2011, COMP/M.6225, ABl. C 365 vom 15. Dezember 2011, S. 2.

[275] Vgl. MK, SonderGA 59 (2011), Tz. 81; OLG Düsseldorf WuW/E DE-R 2094, 2097 – *E.ON/Stadtwerke Eschwege;* zur fehlenden Marktabgrenzung im Stromhandel, siehe oben Teil 1 § 1 C.

[276] So bereits OLG Düsseldorf WuW/E DE-R 2094, 2097 – *E.ON/Stadtwerke Eschwege.*

[277] Siehe MK, SonderGA 49 (2007), Tz. 158, 164 ff.

[278] Zu den fehlenden Stromspeichern, siehe oben Teil 1 § 1 B I 1 a), b); zu den verschiedenen Speichertechnologien *Dorste-Franke/Paal/Rehtanz/Sauer/Schneider/Schreurs/Ziesemer*, Balancing Renewable Electricity, S. 86 ff.

[279] MK, SonderGA 59 (2011), Tz. 154.

[280] Vgl. MK, SonderGA 59 (2011), Tz. 154 ff.; unter Betonung des Erstabsatzmarktes BKartA, Beschluss vom 06. Juli 2009, B8-96/08, S. 22 (Rn. 50) – *EnBW/EWE;*

IV. Endkundenmärkte

Es ist jede Verbrauchergruppe einzeln zu untersuchen, um das Gewicht von RWE, E.ON, Vattenfall und EnBW auf der Vertriebsstufe zu bestimmen. Dabei gilt es zu berücksichtigen, dass die vorgelagerten Wertschöpfungsprozesse das Wettbewerbsgeschehen auf den Endkundenmärkten in unterschiedlichem Umfang bestimmen.

1. Versorgung von Großkunden

Dem Großkundenmarkt kommt keine eigenständige Bedeutung zu. Die Wettbewerbsverhältnisse auf dem Erstabsatzmarkt bestimmen hier das Stromangebot.[281] Zu welchen Konditionen die Strommengen in den Handel und an Endabnehmer gelangen, bestimmen die Stromerzeuger.[282] Deshalb darf das angebotsseitige Marktgeschehen bei der Belieferung von Großkunden nicht isoliert bewertet werden, sondern muss im Kontext mit der Wettbewerbssituation auf dem Erstabsatzmarkt gesehen werden.[283] Unternehmen dominieren deshalb die Stromverteilung an Großkunden, wenn sie den Erstabsatz beherrschen.[284] Damit haben analog zum Erstabsatzmarkt E.ON, RWE und Vattenfall eine marktbeherrschende Stellung, vielleicht sogar EnBW.[285]

2. Grundversorgung von Haushaltskunden

Die Stromverteilung an die Grundversorgungskunden beherrscht der jeweilige Grundversorger.[286] Für jedes Gebiet bestimmen die Netzbetreiber nur einen Grundversorger, der als Monopolist insoweit auch keinem potentiellen Wettbewerb ausgesetzt ist. § 36 Abs. 2 EnWG sieht vor, dass der jeweilige Grundversorger der Anbieter mit den meisten Kunden in diesem Gebiet ist. Den vier großen Stromkonzernen kommt in diesem Zusammenhang zugute, dass die Unternehmen viele Kunden bereits vor der Liberalisierung als Monopolisten beliefert haben. Bis zum Jahr 2009 wurden die Mehrzahl der deutschen Haushaltskunden im Rahmen der

Beschluss vom 08. Dezember 2011, B8-94/11, S. 9 (Rn. 25) – *RWE/Stadtwerke Unna*; zum Einfluss des Erstabsatzmarktes auf den Strompreis, siehe unten Teil 1 § 3 A II.

[281] OLG Düsseldorf WuW/E DE-R 2094, 2098 ff. (Rn. 42 ff., 66) – *E.ON/Stadtwerke Eschwege*; *Gleave*, ZfE 2010, 101, 106.

[282] OLG Düsseldorf WuW/E DE-R 2094, 2102 (Rn. 66) – *E.ON/Stadtwerke Eschwege*; *Gleave*, ZfE 2010, 101, 106; zum Einfluss des Erstabsatzmarktes auf den Strompreis, siehe unten Teil 1 § 3 A II.

[283] OLG Düsseldorf WuW/E DE-R 2094, 210 (Rn. 66) – *E.ON/Stadtwerke Eschwege*; *Gleave*, ZfE 2010, 101, 106.

[284] OLG Düsseldorf WuW/E DE-R 2094, 2102 (Rn. 66) – *E.ON/Stadtwerke Eschwege*.

[285] Zur Wettbewerbssituation auf dem Erstabsatzmarkt, siehe oben Teil 1 § 2 B I 3.

[286] BKartA, Beschluss vom 30. April 2010, B8-109/09, S. 21 f. (Rn. 74) – RWE/*Energieversorgung Plauen, Stadtwerke Lingen und Stadtwerke Radevormwald*.

Grundversorgung mit Strom beliefert.[287] RWE, E.ON, Vattenfall und EnBW haben aufgrund ihrer etablierten Versorgungsgebiete deshalb häufig die Position des lokalen Grundversorgers.[288] In einer empirischen Erhebung hat die Monopolkommission errechnet, dass in 64 % der Fälle einer der vier Stromkonzerne RWE, E.ON, Vattenfall oder EnBW den Grundversorger kontrolliert.[289] Die vier Unternehmen beeinflussen deshalb nicht nur den erstmaligen Stromabsatz und den Vertrieb an Großkunden, sondern haben zudem in vielen Versorgungsgebieten eine Monopolstellung für die Grundversorgung.

3. Belieferung von Haushalten nach Sonderverträgen

Die seit der Liberalisierung steigende Anzahl an Stromprodukten und Stromanbietern legt auf den ersten Blick intakte Wettbewerbsverhältnisse nahe. Viele verschiedene, private und kommunale Unternehmen vertreiben Strom an Sondervertragskunden.[290] Pro Postleitzahlengebiet waren es Anfang 2011 im Durchschnitt 85 Anbieter.[291] Darunter Stadtwerke, konzernunabhängige Vertriebsunternehmen, aber auch Tochtergesellschaften von E.ON, RWE, Vattenfall und EnBW.[292] Die Branchenvertreter erkennen deshalb wettbewerbliche Marktstrukturen.[293] Bei näherer Untersuchung ist dieser uneingeschränkt positiven Bewertung allerdings nicht zuzustimmen.[294]

a) Einfluss der Stellung als Grundversorger auf den Markt für Sondervertragskunden

Eine kritischere Beurteilung der Wettbewerbssituation beruht zunächst darauf, dass sich E.ON, RWE, Vattenfall und EnBW weiterhin stark im Vertrieb engagieren, Haushalte aber gleichzeitig nur selten bereit sind, ihren Anbieter zu wechseln.[295] Zusätzlich zu den 44 % als Grundversorgungskunden belieferten die Grundversorger 41 % der Haushaltskun-

[287] BNetzA, Monitoringbericht 2010, S. 49; MK, SonderGA 59 (2011), Tz. 653.

[288] BKartA, Beschluss vom 30. November 2009, B8-107/09, S. 17 (Rn. 41) – *Integra/Thüga*.

[289] MK, SonderGA 59 (2011), Tz. 25, 703.

[290] MK, SonderGA 59 (2011), Tz. 648 ff.

[291] MK, SonderGA 59 (2011), Tz. 648.

[292] MK, SonderGA 59 (2011), Tz. 674.

[293] Optimistisch sind zumindest die Branchenvertreter, siehe die Nachweise bei *Köpke*, E&M 8/2008, 1, 1; ähnlich auch v. Westphalen/Thüsing/*Schöne*, AGB-Klauselwerke, Stromlieferverträge Rn. 2 Fn. 2.

[294] Siehe dazu MK, SonderGA 59 (2011), Tz. 709; BNetzA, Monitoringbericht 2010, S. 10, 47, 50 ff.; *Faustmann/Raapke*, WRP 2008, 67, 68.

[295] MK, SonderGA 59 (2011), Tz. 709; BNetzA, Monitoringbericht 2010, S. 54; Monitoringbericht 2011, S. 142 ff.

den als Sondervertragskunden.[296] Damit hatten nur 14 % der Haushalte einen anderen Lieferanten als den lokalen Grundversorger. Es gibt nur einzelne Netzgebiete, in denen der Grundversorger einen Marktanteil an allen Haushaltskunden von unter 70 % hat.[297] Die regionale Dominanz des Grundversorgers an der Belieferung von Haushaltskunden liegt im Durchschnitt jedoch mit knapp 85 % deutlich höher.[298]

d) Marktanteile der Stromkonzerne außerhalb der Grundversorgungsgebiete

Die Macht von RWE, E.ON, Vattenfall und EnBW hängt damit maßgeblich von ihrer Stellung als Grundversorger und ihren Beteiligungen an anderen Vertriebsunternehmen ab. Die Bundesnetzagentur stellt für das Jahr 2009 fest, dass die großen vier Energieversorgungsunternehmen außerhalb ihrer Grundversorgungsgebiete einen Marktanteil zwischen 40 und 50 % haben.[299] Es ist jedoch zu bezweifeln, dass der reine Marktanteil der Stromkonzerne ihren realen Einfluss zutreffend darstellt.[300] Es gilt zu bedenken, dass der Markt für Sondervertragskunden zwar bundesweit abzugrenzen ist, er aber nach wie vor stark zersplittert und regional ausgerichtet ist. Dies liegt daran, dass etwa 75 % aller Lieferanten nur in 10 oder weniger Netzgebieten tätig sind.[301] Lediglich einige wenige regionale Grundversorger engagieren sich in mehr als 300 Netzgebieten.[302] RWE, E.ON, Vattenfall und EnBW werden damit nur von kleineren Konkurrenzunternehmen jeweils innerhalb von einzelnen oder wenigen Netzgebieten angegriffen. Es fehlt folglich an Unternehmen, die die vier großen Stromkonzerne auf dem gesamten Marktgebiet angreifen und unter Druck setzen. Trotz des gemeinsamen Marktanteils von „nur" 40 bis 50 % stehen RWE, E.ON, Vattenfall und EnBW auf dem gemeinsamen Markt lediglich einer Vielzahl kleiner Unternehmen gegenüber.

e) Vorteile der Stromkonzerne bei der Kundengewinnung

Die Dominanz von RWE, E.ON, Vattenfall und EnBW unterstreicht die Tatsache, dass die Unternehmen im Jahr 2009 ca. 50 % und im Jahr

---

[296] BNetzA, Monitoringbericht 2011, S. 44.
[297] BNetzA, Monitoringbericht 2011, S. 43.
[298] BNetzA, Monitoringbericht 2011, S. 43.
[299] BNetzA, Monitoringbericht 2010, S. 49; BNetzA, Monitoringbericht 2011, S. 46; *Schiffer*, Energiemarkt Deutschland (2010), S. 227.
[300] In diese Richtung auch MK, SonderGA 59 (2011), Tz. 686.
[301] BNetzA, Monitoringbericht 2010, S. 54.
[302] BNetzA, Monitoringbericht 2010, S. 47.

2010 ca. 45 % aller gewechselten Haushaltskunden gewonnen haben.[303] Insgesamt haben im Jahr 2010 deshalb nur 25 % der Anbieterwechsel überhaupt zu einer Dekonzentration der ehemaligen, regionalen Monopolgebiete beigetragen.[304] Die vier Stromkonzerne können damit ihre eigenen Kunden- und Marktanteilsverluste durch wechselnde Kunden über andere Vertriebskanäle, also neue Marken und Tochterunternehmen, weitgehend ausgleichen.[305] Der Einfluss der Konzerne dürfte mittelfristig sogar noch steigen. Die Monopolkommission befürchtet, dass sich der Markt konsolidiert.[306] Viele Anbieter werden wahrscheinlich nicht die kritische Größe erreichen, die sie brauchen, um langfristig wirtschaftlich erfolgreich zu sein, und deshalb aus dem Markt ausscheiden. Damit dürfte die Bedeutung von RWE, E.ON, Vattenfall und EnBW zukünftig sogar weiter steigen. Anteil an dieser Entwicklung trägt zudem die Tatsache, dass die Zahl der wechselwilligen Kunden stagniert, im Jahr 2009 sogar leicht rückläufig ist.[307] Wenngleich sich im Jahr 2010 die Zahl der Anbieterwechsel wieder leicht erhöht hat,[308] droht eine langsame Sättigung auf dem Markt. Zunehmend fällt es den Unternehmen schwer, Kunden zu gewinnen, die nicht bereits zum Segment der wechselwilligen Kunden zählen.[309] Darunter leiden Marktneulinge stärker als bereits etablierte Versorger.

f) Zwischenergebnis

Die Wettbewerbssituation im Sondervertragskundenmarkt ist deshalb kritisch zu beurteilen, wenngleich eine beherrschende Stellung von RWE, E.ON, Vattenfall und EnBW jedenfalls anhand ihre Marktanteile nicht evident ist. Dies lässt auch den Rückschluss zu, dass kein Unternehmen den Markt bislang beherrscht.[310] Hier wird insoweit zunächst die weitere Entwicklung abzuwarten und die Marktmacht der vier Konzerne sodann erneut zu untersuchen sein.[311]

[303] BNetzA, Monitoringbericht 2010, S. 48. BNetzA, Monitoringbericht 2011, S. 45.
[304] BNetzA, Monitoringbericht 2011, S. 48.
[305] BNetzA, Monitoringbericht 2010, S. 48.
[306] Ausführlich MK, SonderGA 59 (2011), Tz. 673 m.w.N.
[307] Vgl. BNetzA, Monitoringbericht 2010, S. 50 ff.
[308] Siehe dazu BNetzA, Monitoringbericht 2011, S. 48.
[309] BNetzA, Monitoringbericht 2010, S. 50 Fn. 32, S. 54.
[310] Siehe *Gleave*, ZfE 2010, 101, 106.
[311] MK, SonderGA 59 (2011), Tz. 709; BNetzA, Monitoringbericht 2010, S. 10, 47, 50 ff.; Monitoringbericht 2011, S. 142 ff.; *Faustmann/Raapke*, WRP 2008, 67, 68.

V. Zusammenfassung

RWE, E.ON, Vattenfall und EnBW übernehmen auch weiterhin nahezu alle Aufgaben in der Stromversorgung. Von der Stromübertragung abgesehen haben diese Unternehmen an allen Wertschöpfungsprozessen teil. Ein marktbeherrschender Einfluss von RWE, E.ON, Vattenfall und EnBW lässt sich entlang der Wertschöpfungskette jedoch nur auf wenigen Märkten nachweisen und nicht für jedes der vier Unternehmen. Dies liegt vor allem daran, dass das Kartellrecht Marktmacht und Einfluss bislang hauptsächlich nach strukturellen Konzentrationsmaßen bemisst. Danach sind auf dem Erstabsatzmarkt sowie auf dem Großhandelsmarkt der Endverbraucherstufe zumindest RWE und E.ON als beherrschend anzusehen. Die unternehmerische Macht der vier Stromkonzerne schlägt sich insoweit hinreichend in hohen Marktanteilen nieder. Neuere Analysen zeigen aber deutlich, dass auch Vattenfall und EnBW den Erstabsatz in Zeiten hoher Stromnachfrage faktisch kontrollieren. Indem die neuen Ansätze die Abhängigkeit der Kunden einbeziehen, können sie die wirtschaftliche Macht der Unternehmen differenzierter darstellen. Auf dieser Grundlage sind Vattenfall und EnBW in die Marktbeherrschung des Erstabsatzmarktes einzubeziehen.[312]

Der Einfluss der Stromkonzerne auf den Stromhandel ergibt sich aus der Interdependenz der Marktstufen, die dazu führt, dass das Verhalten auf dem Erstabsatzmarkt die Liquidität des Stromhandels auf der Distributionsstufe bestimmt. Im Rahmen des Elektrizitätsvertriebs an Haushalte sind alle vier Unternehmen in vielen Versorgungsgebieten zudem der Stromanbieter, der dort die meisten Kunden mit Strom beliefert. Aufgrund von § 36 Abs. 1 EnWG sind sie in diesen Gebieten dann zugleich der gesetzliche und somit jeweils einzige Grundversorger. Folglich beherrschen RWE, E.ON, Vattenfall und EnBW damit ca. 64 % Grundversorgungsgebiete als Monopolisten.[313] Durch ihre Präsenz entlang der Wertschöpfungskette nehmen alle vier Konzerne häufig eine wirtschaftliche Doppelrolle ein. Als Erzeuger beliefern RWE, E.ON, Vattenfall und EnBW Vertriebsunternehmen, denen sie auf den Endkundenmärkten als Wettbewerber gegenüberstehen. Die vier Stromkonzerne haben so die einzelnen Märkte unternehmerisch verflochten. Damit haben die Unternehmen die wirtschaftliche Macht im gesamten Sektor verdichtet, also vertikal und nicht nur horizontal auf einzelnen Märkten

[312] Zur kartellrechtlichen Kritik an dieser Feststellung einer marktbeherrschenden Stellung, siehe Teil 3 § 2 II.

[313] MK, SonderGA 59 (2011), Tz. 25, 703.

C. Ursachen

Die Wertschöpfungskette der Stromlieferung war bereits verflochten, als Unternehmen die Elektrizität als Wirtschaftsgut entdeckten. Die ersten Elektrizitätswerke waren private Unternehmen, die den erzeugten Strom über eigene Leitungen zu den Abnehmern transportierten.[314] Die technische Entwicklung erlaubte mit der Zeit immer größere Erzeugungsanlagen. Die Versorger erkannten darin ihre Chance, günstigeren Strom zu produzieren, indem sie die Nachfrage in großen Kraftwerken bündelten.[315]

I. Gesetzliche Legitimation der Monopole

Der Staat hat die Entwicklung von großen Stromkonzernen zusätzlich begünstigt, indem der Gesetzgeber Monopole in der Stromversorgung gesetzlich legitimierte.[316] Damit begegnete der Staat einer Entwicklung beim Aufbau des Stromnetzes, die eine flächendeckende Stromversorgung zu gefährden drohte: Die Versorger schlossen nur solche Gebiete an, in denen eine hohe Nachfrage die Investitionskosten in die Netze rechtfertigte. Der Gesetzgeber beschloss deshalb, das wirtschaftliche Risiko zu senken, indem er geschlossene Versorgungsgebiete festlegte.[317] In ihren Grenzen durfte nur ein Unternehmen die Kunden beliefern, musste im Gegenzug aber auch Gegenden mit geringer Nachfrage an das Netz anschließen. Damit wandelte der Gesetzgeber das Leitungs- in ein Versorgungsmonopol.[318]

An diesem Geschäft nahm der Staat zudem selbst teil, weil Politik und Gesellschaft die Stromversorgung als Teil der „Daseinsfürsorge" betrachteten.[319] Der gesamte Sektor galt wie Bildung, Fernsehen und Rundfunk als staatsnah. Der Gesetzgeber sah durch unternehmerischen Wettbewerb die sichere und günstige Versorgung der Bürger mit Strom

---

[314] *Nill-Theobald/Theobald*, Grundzüge des Energiewirtschaftsrechts, S. 22.

[315] *Ströbele/Pfaffenberger/Heuterkes*, Energiewirtschaft, S. 229.

[316] *Möllinger*, Eigentumsrechtliche Entflechtung, S. 7.

[317] Vgl. den Anschluss- und Versorgungszwang in § 6 EnWG 1935; zum System der geschlossenen Versorgungsgebiete, siehe Hoffmann-Riem/Schneider, Wettbewerbs- und umweltorientierte Re-Regulierung im Großhandels-Strommarkt, S. 18 ff.

[318] Zu den begrenzten Ausweichmöglichkeiten, siehe *Salje*, EnWG, Einführung Rn. 5.

[319] Siehe BVerfGE 38, 258, 270; BVerwG NVwZ 1991, 987, 991; dazu auch OLG Düsseldorf WuW/E DE-R 880, 881 f. – *Strom&Fon*; *Monstadt/Naumann*, Netzgebundene Infrastrukturen unter Veränderungsdruck, S. 9; zu den technologischen, ökonomischen und politischen Liberalisierungsimpulsen seit den 1990er Jahren, siehe *Schneider*, Stand und Perspektiven der Energiemarktregulierung, S. 102; *ders.*, Liberalisierung der Stromwirtschaft durch regulative Marktorganisation, S. 127 ff.

gefährdet.[320] In Form der Gemeinden betrieb der Staat deshalb kommunale Energieversorger oder genehmigte öffentliche Monopole von Unternehmen.[321] Zusätzlich sicherten sich die Unternehmen vertraglich zu, die geschützten Gebiete gegenseitig zu respektieren.[322] Tatsächlich wären diese Kartelle eigentlich bereits ab 1958 nichtig gewesen, als das GWB in Kraft trat.[323] Der Gesetzgeber war deshalb gezwungen, Sonderregelungen für den Energiesektor in § 103 GWB a.F. zu erlassen.[324] Der gesamte Sektor wurde der Anwendung des Kartellrechts entzogen und einer gesonderten Staatsaufsicht im EnWG unterstellt.[325] Die Präambel des EnWG verdeutlicht, dass wettbewerbliche Strukturen kein Ziel des Gesetzgebers waren. Darin wird der gesamte Strommarkt als natürliches Monopol beschrieben, in dem wettbewerbliche Strukturen als schädlich gelten.[326] Die Energieversorgungsunternehmen unterlagen in § 103 GWB a.F. im Gegenzug einer gesonderten Missbrauchsaufsicht, die als Ausgleich für ihre besondere Marktstellung verstanden wurde.[327]

II. Netzbetrieb als Machtinstrument

Diese Missbrauchsaufsicht konnte jedoch keinen Wettbewerb im Stromsektor schaffen. Zwar enthielt § 103 Abs. 5 S. 2 Nr. 4 GWB einen begrenzten Netzzugangstatbestand, der es Versorgungsunternehmen er-

[320] Siehe Reg.Begr. zu einem Fünften Gesetz zur Änderung des Gesetzes gegen Wettbewerbsbeschränkungen vom 30. Mai 1989, BT-Drs. 11/4610, S. 30 f.; BGH WuW/E BGH 2953, 2962 f. – *Gasdurchleitung.*

[321] Das ausschließliche Recht, die öffentlichen Wege und Plätze zu nutzen, um ein Verteilnetz aufzubauen, traten die Gemeinden in den Konzessionsverträgen an ein Unternehmen ab, siehe *Evers*, Das Recht der Energieversorgung, S. 145 ff., 151; *Monstadt/Naumann*, Netzgebundene Infrastrukturen unter Veränderungsdruck, S. 9 f.

[322] Sog. Demarkationsverträge, dazu *Evers*, Das Recht der Energieversorgung, S. 145 ff.

[323] Zur gesonderten Missbrauchsaufsicht als Ausgleich, vgl. Reg.Begr. zu einem Vierten Gesetz zur Änderung des Gesetzes gegen Wettbewerbsbeschränkungen vom 27. September 1978, BT-Drucks. 8/2136 S. 17, 33.

[324] Siehe dazu *Massumi,* Die Energieversorgungsunternehmen zwischen Kartellrecht und Energiewirtschaftsrecht, S. 125 mit weiteren Details; Wiedemann/*Scholz*, Hdb. KartellR, § 34 Rn. 59 f.

[325] Siehe Gesetz zur Förderung der Energiewirtschaft vom 13. Dezember 1935, RGBl. 1935 Bd. I S. 1451; *Schiffer*, Energiemarkt Deutschland (2010), S. 232 ff. mit weiteren Details.

[326] Gesetzespräambel des EnWG vom 13. Dezember 1935, RGBl. 1935 Bd. I S. 1451 nach der das EnWG „(...) volkswirtschaftlich schädliche Auswirkungen des Wettbewerbs zu verhindern (...)“ sucht.

[327] Vgl. Reg.Begr. zu einem Vierten Gesetz zur Änderung des Gesetzes gegen Wettbewerbsbeschränkungen vom 27. September 1978, BT-Drs. 8/2136 S. 17, 33; BGH WuW/E BGH 2953, 2959 f. – *Gasdurchleitung*; dazu Wiedemann/*Scholz*, Hdb. KartellR, § 34 Rn. 59 f.

laubte, fremde Netze zu nutzen. Erforderlich war eine Interessensabwägung, die auch die Auswirkungen der Durchleitungen auf die Marktverhältnisse berücksichtigte. Die geschlossenen Versorgungsgebiete sollten keiner strukturellen Änderung ausgesetzt werden.[328] Deshalb durften Wettbewerber die Übertragungsnetze der großen Stromkonzerne nur in absoluten Ausnahmefällen nutzen, während die Verweigerung der Netznutzung als Regel galt.[329] Die Netze stellten sich als effektives Machtmittel heraus, weil alle Unternehmen, die sich an der Stromlieferung beteiligten, auf das Netz als „essential facility" angewiesen waren.[330] In diesem Zusammenhang erwies es sich als besonderes Problem, dass die Stromkonzerne nicht nur Netze betrieben, sondern auch auf vor- und nachgelagerten Produktions- bzw. Handelsstufen tätig waren.[331] Die Unternehmen waren „vertikal integriert", weil sie mehrere Wertschöpfungsstufen in einer Einheit zusammenfassten.[332] Das erlaubte den Stromkonzernen, Wettbewerbsvorteile auf Kosten der Konkurrenten zu erzielen, wenn sie die Entgelthöhe anpassten. Für die Unternehmen bestanden Anreize, den Strom eigener Vertriebsunternehmen für geringere Entgelte durch die Netze zu leiten als den der Wettbewerber.[333] Die Konkurrenten hätten den Strom dann für höhere Preisen an die Endkunden verkaufen müssen.

Das Ziel, Konkurrenten ohne eigene Erzeugungskapazität zu benachteiligen, ließ sich sogar noch besser erreichen, indem die Konzerne ihre Gewinnsituation im Konzern insgesamt veränderten. Dafür mussten die Unternehmen den Strom aller Vertriebsunternehmen zu höheren Entgelten als wirtschaftlich notwendig durch die Netze leiten. Die Zusatzgewinne der Netzsparte erlaubten es den Unternehmen dann, Verluste durch geringere Vertriebspreise im Konzern auszugleichen. RWE, E.ON, Vattenfall und EnBW konnten so Strom auf Kosten der Wettbewerber günstiger an Endkunden verkaufen. Damit hatten Konkurrenten auf längere Sicht

[328] Vgl. Reg.Begr. zu einem Fünften Gesetz zur Änderung des Gesetzes gegen Wettbewerbsbeschränkungen vom 30. Mai 1989, BT-Drs. 11/4610, S. 30 f.; zum vorherigen Regelungsstand, siehe auch BGH WuW/E BGH 2953, 2962 f. – *Gasdurchleitung*; *Schneider*, Stand und Perspektiven der Energiemarktregulierung, S. 102.

[329] *Massumi*, Die Energieversorgungsunternehmen zwischen Kartellrecht und Energiewirtschaftsrecht, S. 125.

[330] Vgl. BGH WuW/E DE-V 1520, 1523 – *Arealnetz; Büdenbender/Rosin*, Energierechtsreform 2005, 39; Wiedemann/*Scholz*, Hdb. KartellR, § 34 Rn. 75 ff.; zur Bedeutung der sog. Essential-Facility-Doktrin im Rahmen des kartellrechtlichen Missbrauchsverbots, siehe Schulte/Just/*Deister*, Kartellrecht, § 19 GWB Rn. 151 ff.; *Paal*, Suchmaschinen, Marktmacht und Meinungsbildung, S. 55 f., 70.

[331] Vgl. *Bausch*, ZNER 2004, 332, 332; *Theobald*, WuW 2000, 231, 233; *Picot/Franck*, in: FS Witte, S. 182 ff.

[332] *Bausch*, ZNER 2004, 332, 332.

[333] Zum Problem der Gleichbehandlung, siehe *Koenig/Kühling/Rasbach*, Energierecht, S. 140.

Probleme, am Markt zu bestehen. Die Wettbewerber konnten den gleichen Preis nur auf Kosten ihrer Gewinnmarge anbieten, was langfristig unwirtschaftlich ist.[334] Diese Probleme erkannte auch der Gesetzgeber und hat im EnWG umfassende Regelungen zum Netzbetrieb, seiner Nutzung und den Entgelten erlassen.[335] Mittlerweile betreibt nur noch die EnBW ihr Übertragungsnetz. Zwangsläufig haben damit die Probleme um den Betrieb der Übertragungsnetze durch die vier mächtigen Stromkonzerne an Bedeutung verloren.[336] Als mögliche Ursache für die Wettbewerbsverhältnisse müssen sie jedoch weiter berücksichtigt werden.

III. Fusionspolitik der Kartellbehörden

Die Wettbewerbsbehörden unterstützten die fortschreitende Konzentration noch zusätzlich, indem sie Unternehmenszusammenschlüsse großzügig beurteilten.[337] Die Liberalisierung zeichnete sich bereits ab, als im Jahr 1997 eine große Fusionswelle den Stromsektor erfasste. Die acht größten stromerzeugenden Unternehmen schlossen sich zu vier zusammen:[338] RWE, E.ON, Vattenfall und EnBW. Gleichzeitig engagierten sich die vier Konzerne immer stärker abseits der Stromproduktion. RWE, E.ON, Vattenfall und EnBW fusionierten ihre Tochtergesellschaften und bauten ihre Anteile an Regionalunternehmen zu Mehrheitsbeteiligungen aus.[339] Dadurch verloren ehemalige Konkurrenten ihre Unabhängigkeit an die vier großen Unternehmen und gleichzeitig fiel die Zahl der Regionalunternehmen von 80 auf etwa 40.[340] Damit verpassten die Kartellbehörden gleich am Anfang der Liberalisierung ihre Chance, die horizontale und vertikale Konzentration zu dämpfen.

D. Zusammenfassung

Die vier größten Stromkonzerne haben die Grundlage ihres wirtschaftlichen Erfolgs schon vor der Liberalisierung geschaffen. Trotz ihrer Monopolstellung beschränkten die starren Strukturen aber auch die Wett-

[334] Zum Problem der Preis-Kosten-Schere, siehe *Koenig/Kühling/Rasbach*, Energierecht, S. 110.

[335] Dazu *Steger/Büdenbender/Feess/Nelles*, Die Regulierung elektrischer Netze, S. 40 ff.

[336] Ausführlich zur generellen Notwendigkeit einer Regulierung des Netzbetriebs, siehe *Koenig/Kühling/Rasbach*, Energierecht, S. 40 ff.; Schneider/Theobald/*Schneider*, Recht der Energiewirtschaft, § 2 Rn. 58 ff.

[337] Siehe EU-Kommission WuW/E EU-V 509 – *VEBA/VIAG*; BKartA WuW/E DE-V 301 – *RWE/VEW*.

[338] Ausführlich dazu MK, HauptGA XV (2004), Tz. 1144.

[339] MK, HauptGA XV (2004), Tz. 1145.

[340] MK, HauptGA XV (2004), Tz. 1145.

bewerbsmöglichkeiten von RWE, E.ON, Vattenfall und EnBW. Die Unternehmen konnten ihren Einfluss nicht über die zugeteilten Versorgungsgebiete hinaus ausdehnen. Als sich dann die Liberalisierung abzeichnete, haben die Stromkonzerne die neuen rechtlichen Rahmenbedingungen zu ihren Gunsten ausgenutzt. In der liberalisierten Stromwirtschaft sollen viele unabhängige Unternehmen zur Wertschöpfung beitragen. Die vier Unternehmen haben das erkannt und strategisch reagiert. Indem RWE, E.ON, Vattenfall und EnBW viele Wettbewerber kontrollieren bzw. diese wirtschaftlich von sich abhängig gemacht haben, stehen hinter vielen Wertschöpfungsabläufen nach wie vor die ehemaligen Monopolisten. Dabei steigerten RWE, E.ON, Vattenfall und EnBW vor allem durch zwei Maßnahmen ihren Einfluss auf die Stromversorgung. Erstens konzentrierten die Konzerne die Stromerzeugungskapazitäten durch Fusionen auf noch weniger Unternehmen. Damit wurde jedes der vier Unternehmen beim Erstabsatz von Strom mächtiger und die horizontale Konzentration stieg.[341] Zweitens brachten RWE, E.ON, Vattenfall und EnBW viele Vertriebsunternehmen unter ihre Kontrolle. Die vier Unternehmen sicherten so ihren Stromabsatz ab und konnten immer mehr Haushalte direkt mit Strom versorgen. Damit bleibt der Stromsektor auch vertikal konzentriert,[342] weil RWE, E.ON, Vattenfall und EnBW weiterhin zugleich auf vor- und nachgelagerten Wertschöpfungsstufen tätig sind. Das GWB konnte diese Entwicklung zwar nicht verhindern, hat sich dabei aber nicht als lückenhaft erwiesen. Vielmehr hat der Gesetzgeber bis zum Jahr 1998 den Stromsektor bewusst einer kartellrechtliche Kontrolle entzogen. Im weiteren Verlauf konzentrierten sich die legislativen Veränderungen dann auf das EnWG und die Wettbewerbsprobleme durch den Netzbetrieb. Seit der Liberalisierungen haben allerdings die Kartellbehörden ihre Autorität nicht genutzt und damit begünstigt, dass die Marktstrukturen vermachten.

§ 3. Missbrauchsanreize und ihre Kontrolle durch das GWB

Wirtschaftliche Macht bedeutet wirtschaftliche Überlegenheit, wenn sie Unternehmen erlaubt, Konkurrenten oder Abnehmer in ihrem Handlungsspielraum einzuschränken.[343] Welche Gefahren durch wirtschaftli-

[341] Zum Begriff „Konzentration" siehe *Herdzina*, Wettbewerbspolitik, S. 68; *Paal*, Medienvielfalt und Wettbewerbsrecht, 156 m.w.N.; zur wettbewerbspolitischen Beurteilung von Konzentrationsprozessen, siehe Teil 2 § 2 A II 3.

[342] Zum Begriff *Herdzina*, Wettbewerbspolitik, S. 68, 79 ff.; *I. Schmidt*, Wettbewerbspolitik und Kartellrecht (2005), S. 57; *Paal*, Medienvielfalt und Wettbewerbsrecht, S. 157 m.w.N.

[343] *Herdzina*, Wettbewerbspolitik, S. 82 f.; *Arndt*, Macht und Wettbewerb, S. 51.

che Macht für den Wettbewerb im Stromsektor entstehen und damit letztendlich für den Verbraucher, gilt es genauer zu untersuchen. Die Öffentlichkeit und die Politik scheinen anhand der Höhe der Strompreise zu beurteilen, ob und inwieweit sich die Stromkonzerne missbräuchlich verhalten.[344] Die Höhe der Strompreise mag zwar ein Indiz dafür sein, dass RWE, E.ON, Vattenfall und EnBW die Preise missbräuchlich beeinflussen. Gleichwohl steht ein Missbrauch durch diese Unternehmen auch bei hohen Strompreisen keineswegs fest. Die Kartellbehörden nehmen die Strompreise deshalb vor allem zum Anlass, um die marktwirtschaftliche Preisbildung näher zu untersuchen. Neben dem erstmaligen Stromabsatz durch die Erzeuger beeinflussen noch viele weitere Wertschöpfungsprozesse und Aufschläge die tatsächlichen Stromkosten der Verbraucher.

Zunächst wird die Preisbildung im Stromsektor dargestellt. Genauer untersucht werden dabei allein Kostenbestandteile, deren Kontrolle der kartellbehördlichen Kontrolle nach dem GWB obliegt. Nicht berücksichtigt werden deshalb neben staatlich bedingten Preisanteilen vor allem die Kosten für Netzdienstleistungen, die dem EnWG unterfallen und der regulierungsbehördlichen Genehmigung durch die Bundesnetzagentur bedürfen.[345] Für die vorliegende Untersuchung sind die Missbrauchsmöglichkeiten der Netzbetreiber weniger bedeutsam. § 41a Abs. 2 S. 2 GWB-RefE bestimmt ausdrücklich, dass Vermögensgegenstände die dem Netzbetrieb zuzuordnen sind, von der Entflechtung ausgenommen sind.[346] Zentrale Bedeutung hat die Frage, wie stark die Abläufe auf dem Erstabsatzmarkt die Preise der Kunden tatsächlich festlegen. Im Anschluss rücken die daraus entstehenden Missbrauchspotentiale von RWE, E.ON, Vattenfall und EnBW in den Vordergrund. Abschließend wird dann untersucht, wie das bestehende Kartellrecht den möglichen Manipulationen begegnet.

A. Strompreise: Bestandteile und Einflussfaktoren

Es gibt im Stromsektor keinen einheitlichen Preis, sondern viele verschiedene Preise. Die Preise beim erstmaligen Absatz unterscheiden sich von denen im Stromhandel und im Kundenvertrieb. Die Preise differieren weiter zwischen den Wertschöpfungsstufen und weichen auch auf den einzelnen Märkten voneinander ab. Je nach Verbraucher bieten die

[344] *Steger/Büdenbender/Feess/Nelles*, Die Regulierung elektrischer Netze, S. 20.

[345] Ausführlich zu den Regulierungsfrage, siehe Schneider/Theobald/*Theobald/Zenke/Dessau*, Recht der Energiewirtschaft, § 15 Rn. 26 ff.

[346] Keinesfalls sollen Entflechtungen nach § 41a GWB-RefE jedoch im Regulierungsrecht getroffene Entscheidungen und dortige Entflechtungsauflagen überlagern, siehe dazu unten Teil 2 § 1 C II 4.

Versorgungsunternehmen zudem mehrere Stromtarife an. Die einzelnen Tarife orientieren sich an den divergierenden Bedürfnissen und den Strukturen des jeweiligen Kundensegments, der Bezugsart sowie der Menge des abgenommenen Stroms. Die Strompreise setzen sich nicht nur unterschiedlich zusammen, sondern unterliegen gleichzeitig auch den Schwankungen am Markt. Die Darstellung der Preisbildung soll zeigen, wie stark die Stromkonzerne die Verbraucherpreise dadurch bestimmen, dass sie den Strom erzeugen und erstmalig absetzen.

I. Preisbestandteile von Großhandels- und Endkundenpreisen

Der jeweilige Strompreis beinhaltet Kosten und Aufschläge für verschiedene Leistungen.[347] Die Handelspreise auf der Distributionsstufe bestimmen sich etwa durch die angebotenen Kraftwerkskapazitäten und die Nachfrage der Vertriebsunternehmen sowie der Stromhändler. Als Nettopreise berücksichtigen die Handelspreise deshalb neben den Kosten für die Stromerzeugung nur Handelsaufschläge, nicht aber Entgelte für die Stromlieferung. In die Preise der Endkunden gehen hingegen unternehmerische Kosten aus allen drei Bereichen ein: Erzeugung, Vertrieb und Netznutzung.[348] Den Versorgern entstehen Kosten für die Strombeschaffung, die beim Handel je nach Marktlage schwanken. Diese Kosten reichen die Versorger ebenso an die Kunden weiter wie Handels- und eigene Vertriebsaufschläge. Die unternehmerischen Bestandteile bestimmen die Preise für Haushalte zu etwa 33 %.[349] Hinzu kommen noch einmal ca. 23 % für Netznutzungsentgelte und Messentgelte beim Stromtransport, die die Versorger an die Netzbetreiber weiterreichen.[350]

Strom-, Umsatz-, aber auch Mehrwertsteuer gibt der Staat als Preisbestandteile vor. Gemeinden verlangen weiter eine Abgabe von den Stromversorgern für die Verlegung und den Betrieb von Leitungen, die der unmittelbaren Versorgung der Verbraucher dienen (Konzessionsabgabe).[351] Gesetzlich bedingt tragen Endkunden weiter Umlagen zur Förderung von erneuerbaren Energien und dem Schutz von Kraft-Wärme-Kopplungsanlagen (EEG- und KWKG-Umlage).[352] Zusammen verant-

[347] BNetzA, Monitoringbericht 2011, S. 33.

[348] *Konstantin*, Praxishandbuch Energiewirtschaft, S. 55; BNetzA, Monitoringbericht 2010, S. 39.

[349] BKartA, Sektoruntersuchung Stromgroßhandel, S. 37.

[350] BKartA, Sektoruntersuchung Stromgroßhandel, S. 37.

[351] Zu diesen Preisbestandteilen, siehe *Konstantin*, Praxishandbuch Energiewirtschaft, S. 95 ff.

[352] Dazu *Konstantin*, Praxishandbuch Energiewirtschaft, S. 95 ff.

worten Steuern und staatliche Abgaben den Endkundenpreis zu etwa 44 %.[353]

II. Preise als Koordinationsleistung der Wertschöpfungsstufen

Der Börsenpreis für eine Stromlieferung am nächsten Tag, der sog. Day-Ahead-Spotmarktpreis ist leicht wahrnehmbar und transparent. Dieser Preis hat sich deshalb im gesamten Sektor als Referenzpreis durchgesetzt.[354] An seinem Beispiel wird deshalb dargestellt, wie die Wertschöpfungsprozesse die Preisbildung beeinflussen.

1. Einfluss der Stromnachfrage auf den Großhandel

Die Stromproduzenten wandeln verschiedene Energieträger in Strom um.[355] Je nach Energieträger unterscheiden sich die Anschaffungskosten und Betriebskosten der Kraftwerke.[356] Die Brennstoffkosten sind aufgrund der globalen Angebots- und Nachfrageschwankungen bei den Rohstoffpreisen volatil.[357] Daneben verändern sich ebenfalls die Preise für CO_2-Emissionsberechtigungen und Entsorgungsprodukte. Deshalb variieren die Grenzkosten zwischen den Kraftwerken, weil unterschiedlich hohe Kosten anfallen, um eine Stromeinheit zu erzeugen.[358] Zwangsläufig offerieren die Erzeuger an den Handelsmärkten deshalb Strom zu unterschiedlichen Preisen.

Gleichzeitig verändert sich auch die Nachfrage nach Strom. Nachdem die erzeugte und die verbrauchte Menge Strom stets identisch sein müssen, beeinflussen die Nachfrageschwankungen auch den Strompreis. Die Verbraucher beziehen einen Strommix aus unterschiedlichen Kraftwerken. In Zeiten hoher Nachfrage müssen deshalb teure Spitzenlastkraftwerke produzieren, dadurch steigt der Strompreis im Großhandel. In Zeiten geringer Nachfrage besteht hingegen ein Überangebot an Kapazitäten. Billigere Grundkraftwerke decken dann den Elektrizitätsbedarf, wodurch der Strompreispreis wieder sinkt.[359]

---

[353] BKartA, Sektoruntersuchung Stromgroßhandel, S. 37.

[354] BKartA, Sektoruntersuchung Stromgroßhandel, S. 21.

[355] Die sog. Stromgestehungskosten schwanken zwischen den Kraftwerksarten, dazu *Konstantin*, Praxishandbuch Energiewirtschaft, S. 272 ff.

[356] Es schwanken die Brennstoffkosten, der Stromeigenbedarf der Anlagen, die Kosten für etwaige CO_2-Emissionsberechtigungen und Entsorgungsprodukte, siehe *Konstantin*, Praxishandbuch Energiewirtschaft, S. 272 ff.

[357] Zur Herkunft und Preisentwicklung der Primärenergieträger, siehe *Konstantin*, Praxishandbuch Energiewirtschaft, S. 10 ff.

[358] BKartA, Sektoruntersuchung Stromgroßhandel, S. 20.

[359] Zu den Missbrauchspotentialen, die sich daraus ergeben, siehe unten Teil 1 § 3 B III.

2. Einfluss des Großhandelspreises auf den Kraftwerkseinsatz

Der Day-Ahead-Spotmarktpreis bestimmt faktisch diejenigen Kraftwerke, die am kommenden Tag tatsächlich Strom produzieren. Die Betreiber geben die Grenzkosten aller einsatzbereiten Kraftwerke an. Anhand der Nachfrage werden sodann die Kraftwerke identifiziert und zur Produktion am Folgetag eingesetzt, die den benötigten Strom am günstigsten produzieren können. Die Betreiber erhalten jedoch den gleichen Preis pro erzeugter Strommenge. Den einheitlichen Markträumungspreis an der Börse bestimmt das teuerste Kraftwerk, das erforderlich ist, um die Nachfrage zu decken.[360] Der Börsenpreis prägt auch darüber hinaus die Handels-und Erzeugungsabläufe. Kein Marktteilnehmer wird im bilateralen OTC-Handel einen Preis akzeptieren, der negativ vom Börsenpreis abweicht.[361] Umgekehrt erfüllt kein Erzeuger mit einer eigenen Anlage eine Lieferverpflichtung, wenn er die benötigte Strommenge durch ein Handelsgeschäft an der Börse günstiger beschaffen kann.[362] Bei optimalem Wettbewerb produzieren folglich alle technisch verfügbaren Kraftwerke Strom, deren Grenzkosten kleiner sind als der jeweilige Day-Ahead-Spotmarktpreis.[363]

3. Einfluss des Kraftwerksangebots auf die Großhandelspreise

Die stromerzeugenden Unternehmen steuern den Handelspreis ganz automatisch mit den Kraftwerkskapazitäten, die sie zur Produktion anbieten. Grundsätzlich ist zu erwarten, dass die Unternehmen alle Anlagen zur Produktion anbieten, deren Grenzkosten unterhalb des Börsenpreises liegen. Die verschiedenen Kraftwerke haben jedoch Mindeststand- und Mindestlaufzeiten.[364] Die Erzeuger bieten bestimmte Produktionskapazitäten deshalb auch für eine längere oder kürzere Zeit an, als es ein Vergleich mit den Grenzkosten zunächst nahelegen würde. Unternehmen mit einem differenzierten Kraftwerkpark optimieren so dessen Einsatz nach anderen Grundprinzipien.[365] Der Börsenpreis liegt deshalb höher als die durchschnittlichen Grenzkosten aller deutschen Kraftwer-

---

[360] BKartA, Sektoruntersuchung Stromgroßhandel, S. 51 f., 59; *Schiffer*, Energiemarkt Deutschland (2010), S. 291.

[361] BKartA, Sektoruntersuchung Stromgroßhandel, S. 60.

[362] Insoweit ist es eine klassische Make-or-Buy-Verpflichtung, siehe BKartA, Sektoruntersuchung Stromgroßhandel, S. 60.

[363] Zu Abweichungen aufgrund von Mindestlauf- oder Mindeststandzeiten, Kraftwerksausfällen, Portfolioeffekten oder anderen Vertriebsformen, siehe BKartA, Sektoruntersuchung Stromgroßhandel, S. 62 ff.

[364] Dazu BKartA, Sektoruntersuchung Stromgroßhandel, S. 61.

[365] Zu diesen Portfolioeffekten, siehe BKartA, Sektoruntersuchung Stromgroßhandel, S. 62.

ke, weil er sich allein nach den tatsächlich angebotenen Kraftwerken richtet.

4. Zwischenergebnis

Wertschöpfungsprozesse bei der Stromversorgung stehen nicht zusammenhanglos nebeneinander, sondern beeinflussen sich vielmehr gegenseitig. Diese wechselseitigen Abhängigkeiten bilden sich deshalb auch im Strompreis ab. Der Kraftwerkspark der Erzeuger orientiert sich an der Nachfrage der Kunden. Wenn dabei Investitionen in neue Kraftwerke notwendig werden, schlagen diese Investitionen sich in den Grenzkosten und deshalb in den Großhandelspreisen nieder. Wenn die Börsenpreise eine gewisse Zeit steigen oder fallen, dann passen die Versorger ihre Angebote an die Haushaltskunden an. Die Strompreise der Verbraucher sind deshalb eine Koordinationsleistung der verschiedenen Wertschöpfungsstufen.[366]

III. Schlussfolgerungen zur Bedeutung des Erstabsatzmarktes

Grundsätzlich bestimmen die Einflüsse aller Märkte die Strompreise der Endkunden, allerdings in unterschiedlichem Umfang. Besonders deutlich ist dies daran zu erkennen, wie sich die Preise im Börsenhandel bilden. Grundsätzlich bestimmen Angebot und Nachfrage den Strompreis. Allerdings steuern die angebotenen Erzeugungskapazitäten den tatsächlichen Preis aus folgendem Grund deutlich stärker als die Nachfrage. Die Verbraucher geben mit ihrem Abnahmeverhalten lediglich die zu erzeugende oder importierende Strommenge vor, weil sonst die Netze zusammenbrechen würden. Die Abnehmer beeinflussen damit zugleich den Börsenpreis, weil ihr Verbrauch darüber entscheidet, ob die Erzeuger neben günstigen Grundlast- auch teure Spitzenlastkraftwerke einsetzen müssen. Die Verbraucher haben aber keinen Einfluss darauf, ob tatsächlich die günstigsten Kraftwerke den von ihnen benötigten Strom produzieren und ob dies zu den tatsächlichen Grenzkosten geschieht. Diese Entscheidungen treffen allein die erzeugenden Unternehmen. Wenn die Unternehmen folglich günstige Kraftwerke nicht zur Produktion bereitstellen, dann steigt zwangsläufig der Börsenpreis. Die Stromkunden reagieren auf hohe Börsenpreise allerdings nicht mit einem veränderten Abnahmeverhalten.[367] Häufig können die Abnehmer auch nicht weniger

[366] Ausführlich zu diesem Aspekt, siehe Schwintowski/*Spicker*, Hdb. Stromhandel, Rn. 107.

[367] Zu den Unterschieden zwischen gewerblichen und privaten Stromverbrauchern, siehe oben Teil 1 § 1 E; ebenfalls BKartA, Sektoruntersuchung Stromgroßhandel, S. 39; MK, HauptGA XV (2004), Tz. 1148.

Strom verbrauchen, weil viele Güter und Dienstleistungen zwingend darauf aufbauen, dass Strom dauerhaft verfügbar ist.

Dies zeigt, dass die Verbraucher die Preissetzung der erzeugenden Unternehmen mit ihrem Nachfrageverhalten kaum unter Druck setzen können. Nur durch einen sinkenden Verbrauch stünden dem Strombedarf mehr produktionsbereite Kraftwerke gegenüber. Allein dann sänken in der Folge die Preise. Die Kontrolle der Preise durch die Verbraucher ist deshalb eingeschränkt; ihnen fehlt somit ein Mittel, um überhöhte Preise zu sanktionieren. Die Strompreise bestimmen sich maßgeblich angebotsseitig, durch das Angebotsverhalten der Stromkonzerne.[368]

Die Tatsache, dass die erzeugenden Unternehmen die Preise stärker beeinflussen können, zeigt auch eine Entwicklung, die sich bereits kurz nach der Liberalisierung auf dem Erstabsatzmarkt bemerkbar machte. Nach den ersten deutlichen Preissenkungen reduzierten die Anbieter ihre Kraftwerkskapazitäten.[369] Damit verschoben die Produzenten das Verhältnis von Angebot und Nachfrage. In der Folge konnten die Unternehmen die Grenzkosten des inneffizientesten Anbieters durchsetzen und verursachten so steigendende Handelspreise.[370] Neben den Stromverbrauchern sind auch die Handels- und Vertriebsunternehmen vom Erstabsatzmarkt abhängig. Produktion und Import bestimmen das physische Handelsvolumen. Von der Liquidität des Großhandels hängen wiederum die Vertriebsunternehmen ab, wenn sie ihren Stromlieferanten auswählen. Die Strompreise bestimmen sich maßgeblich nach dem Verhalten der Unternehmen auf dem Erstabsatzmarkt. Die Preise spiegeln damit die Abhängigkeiten der Wertschöpfungsprozesse wider. Das eröffnet allen Unternehmen auf dem Erstabsatzmarkt Missbrauchsmöglichkeiten, besonders aber RWE, E.ON, Vattenfall und EnBW. Die vier Konzerne gewinnen zusätzlich an Macht, weil die übrigen Unternehmen ihre Produktion nicht ersetzen können, um die Stromnachfrage zu decken. Dies rechtfertigt und legt nahe, das Verhalten der vier großen Stromkonzerne genauer zu untersuchen.

[368] Siehe dazu im Bereich der Marktabgrenzung bereits Teil 1 § 1 II 2 b) bzw. 3; ebenso BGH WuW/E DE-R 2451, 2453 – *E.ON/Stadtwerke Eschwege*; OLG Düsseldorf WuW/E DE-R 2094, 2098 – *E.ON/Stadtwerke Eschwege*; BKartA, Beschluss vom 06. Juli 2009, B8-96/08, S. 22 (Rn. 50) – *EnBW/EWE*; Beschluss vom 08. Dezember 2011, B8-94/11, S. 9 (Rn. 25) – *RWE/Stadtwerke Unna*.

[369] *Steger/Büdenbender/Feess/Nelles*, Die Regulierung elektrischer Netze, S. 20 f.

[370] *Steger/Büdenbender/Feess/Nelles*, Die Regulierung elektrischer Netze, S. 21.

B. Ansatzpunkte für missbräuchliches Verhalten

Bis zur Liberalisierung war die Stromversorgung nahezu eine Leistung aus einer Hand. Die Stromkonzerne konnten deshalb an allen Prozessen der Wertschöpfung ansetzen, um diese zu ihren Gunsten und zulasten der Wettbewerber und Verbraucher auszunutzen. Diese Situation hat sich insoweit verändert, als RWE, E.ON und Vattenfall ihre Übertragungsnetze zwischenzeitlich abgegeben haben.[371] Uneingeschränkt engagieren sich diese Unternehmen aber weiter im Stromvertrieb und im Großhandel. Dabei ist ihnen ein entscheidender Vorteil verblieben; RWE, E.ON und Vattenfall setzen einen Großteil des Stroms erstmalig ab, den die Endkunden verbrauchen. Welche Missbrauchsmöglichkeiten sich daraus ergeben, wird im Folgenden untersucht.

I. Bindung der Vertriebsunternehmen zulasten der Händler

Zu Anfang der Liberalisierung bezogen viele Vertriebsunternehmen den Strom noch direkt von den produzierenden oder importierenden Unternehmen. Die Anbieter setzten häufig lange Laufzeiten durch und verlangten, dass sie selbst den gesamten Bedarf der Kunden jeweils exklusiv deckten.[372] Damit profitierten die unabhängigen Vertriebsunternehmen aber nicht von den langsam sinkenden Preisen auf dem Erstabsatzmarkt bis zum Jahr 2003. Diese Vertriebsunternehmen konnten deshalb auch keine Preisvorteile an ihre Endkunden weitergeben. Mit der Begründung, ihre Import- und Investitionsrisiken abzusichern, froren die Anbieter faktisch die Lieferbeziehungen ein.[373] Deshalb griffen die Kartellbehörden bei langfristigen Verträgen ein und förderten damit den Wettbewerb um frei gewordene Liefermengen.[374]

Die kartellbehördlichen Interventionen konnten die Möglichkeiten der großen Stromkonzerne, die Stromlieferung zu beeinflussen, aber nicht vollständig unterbinden. Die Unternehmen entscheiden selbst, wie sie ihren Strom erstmalig absetzen. Dabei legen etwa die Marktdaten des Jahres 2001 nahe, dass die Erzeuger und Importeure ihre Preise teilweise zwischen den Abnehmern differenzierten.[375] Vertriebskunden scheinen

[371] Siehe dazu oben Teil 1 § 2 B II.

[372] Sog. Alleinbezugs-, Ausschließlichkeitsbindungen oder Gesamtbedarfsdeckung, siehe *Kühne*, BB Beilage 19/1997, 1, 4.

[373] FrankfKomm/*Meyer-Lindemann*, Bd. IV, Sonderbereich Energiewirtschaft Rn. 107 ff.; *Kirchhoff*, WuW 1995, 361, 362; *Markert*, ZNER 1998, 3, 5 ff.

[374] Zur Abwägung mit den Interessen der Lieferanten, vgl. OLG Düsseldorf NJOZ 2008, 891, 906 – *E. ON Ruhrgas (langfristige Gaslieferverträge)*.

[375] Ausführlich *Nill-Theobald/Theobald*, Grundzüge des Energiewirtschaftsrechts, S. 182, nach denen im Oktober 2001 der Vollversorgungspreis auf Großhandels-

die Anbieter günstigere Lieferangebote vorgelegt zu haben als reinen Handelsunternehmen. Bei einem solchen Vorgehen wird es für Vertriebsunternehmen in der Folge wirtschaftlich unattraktiv, sich im Großhandel mit Strom einzudecken. Eine differenzierte Angebotspolitik an Händler und Vertriebsunternehmen ermöglichte den Stromkonzernen, den Wettbewerb um die Belieferung der Vertriebsunternehmen zu steuern. Durch solche Kosten-Preis-Scheren bzw. das sog. „price Squeezing" waren die Stromkonzerne in der Lage, reine Handelsunternehmen in wirtschaftliche Schwierigkeiten zu bringen und sie so als Konkurrenten ausschalten.[376] Ein Beweis für eine solche Praxis der Stromkonzerne, durch ein kartellbehördliches Verfahren, ist jedoch nie geführt worden.[377] Mittlerweile ist nicht mehr davon auszugehen, dass die großen Stromkonzerne ihre Preise zwischen reinen Stromhändlern und unabhängigen Vertriebsunternehmen differenzieren. Dies liegt vor allem daran, dass sich die Preise an den Strombörsen als Referenzpreis durchgesetzt haben.[378] Ein Stromhändler könnte so einen überhöhten Preis einer langfristigen Stromlieferung leichter erkennen und sich im Handel günstiger mit Strom eindecken.

II. Überhöhte Preise im Endkundenvertrieb

Die Vertriebsunternehmen legen den Endkunden verschiedene Stromangebote vor. Die nachfolgenden Marktdaten lassen den Schluss zu, dass die Stromversorger in ihrer Preissetzung berücksichtigen, wie stark die einzelnen Kundengruppen von ihnen abhängig sind.

1. Unterschiedliche Preissteigerungen bei Haushalts- und Gewerbekunden

Haushalte mussten im Jahr 2010 mehr als 24 % mehr für Strom bezahlen als 2006.[379] Dabei stieg der Kostenanteil für die Strombeschaffung um über 80 %.[380] Bei den Gewerbekunden verteuerte sich Elektrizität im gleichen Zeitraum hingegen nur um ca. 11 %.[381] Die Preissteigerung be-

marktbasis bei 6,6 Pf/kWh lag, Stadtwerken und Endkunden zu diesem Zeitpunkt jedoch Preise von unter 4,0 bis 4,5 Pf/kWh angeboten wurden.

[376] *Nill-Theobald/Theobald*, Grundzüge des Energiewirtschaftsrechts, S. 180; *Henk-Merten*, Die Kosten-Preis-Schere im Kartellrecht, S. 15; BKartA WuW/E DE-V 289, 293 – *Freie Tankstellen*; Beschluss vom 14. Februar 2003, B11-45/01, S. 31 ff. – TEAG; *Lommler*, WuW 2011, 244, 245 ff.

[377] Vgl. BKartA, Tätigkeitsbericht 2001/2002, BT-Drs. 15/226; Tätigkeitsbericht 2003/04, BT-Drs. 15/5790; Tätigkeitsbericht 2005/06, BT-Drs. 16/5710.

[378] BKartA, Sektoruntersuchung Stromgroßhandel, S. 21.

[379] MK, SonderGA 59 (2011), Tz. 665.

[380] MK, SonderGA 59 (2011), Tz. 665.

[381] MK, SonderGA 59 (2011), Tz. 666.

ruhte dabei nur zu 50 % auf den höheren Strombeschaffungskosten und ansonsten auf angehobenen Abgaben. Im Gegensatz dazu unterlagen die Preise der großen Industriekunden keinen gleichförmigen Erhöhungen.[382] Anders als die übrigen Verbrauchergruppen decken sie sich selbst an den Großmärkten ein. Mit ihrem hohen Strombedarf können sie Händler, Erzeuger und Importeure stärker unter Druck setzen. Die Stromlieferanten sind auf die Industrie angewiesen, sonst drohen ihnen Verluste, weil sie ihre Strommengen nicht absetzen können.[383] In gewissem Umfang sind Preisunterschiede wünschenswert, weil sie die Wettbewerbskräfte von Angebot und Nachfrage widerspiegeln. Die Grenze ist jedoch überschritten, wenn Versorger attraktive Konditionen für mächtige Verbraucher durch höhere Preise bei abhängigen Kunden kompensieren.[384]

2. Preisdifferenzierung zwischen Grundversorgungs- und Sondervertragskunden

Besonders bei E.ON, RWE, Vattenfall und EnBW liegt dieser Verdacht nahe. Die Konzerne beliefern in rund 64 % aller Versorgungsgebiete zusammen etwa 45 % der Haushalte als Grundversorger. Durch Sondervertrag verkaufen diese Unternehmen dort an weitere 41 % der Haushalte Strom. Die Konzerne beliefern folglich alle Kundensegmente. Dies ermöglicht es ihnen, eine differenzierte Preispolitik im Konzern aufzufangen. Die Bundesnetzagentur hat errechnet, dass Stromkunden für die Grundversorgungstarife am meisten bezahlen müssen.[385] Neue Lieferanten bieten Strom per Sondervertrag hingen deutlich günstiger an. Die Stromkonzerne scheinen nicht zu fürchten, dass sie Grundversorgungskunden an neue, preislich attraktivere Anbieter verlieren. Ansonsten würden sich die Unternehmen dem Preiswettbewerb stellen und ihre Grundversorgungstarife preislich anpassen. Damit berücksichtigen die Stromversorger zum Nachteil der Haushaltskunden, dass diese Verbrauchergruppe eine geringere Bereitschaft hat, den Stromanbieter zu wechseln. Die Monopolkommission hat eine eigene empirische Erhebung zu den Tarifstrukturen im Endkundenmarkt durchgeführt.[386] Die Ergebnisse der Untersuchung lassen den Schluss zu, dass RWE, E.ON, Vattenfall und EnBW auch bei den Tarifen für Sondervertragskunden die geringe Wechselbereitschaft der Haushalte ausnutzen, indem sie höhere Preise als unabhängige Wettbewerber fordern. So stellte die Monopolkommis-

[382] Die Preissteigerung von 10 % beruhte dort vor allem auf höheren Abgaben, siehe MK, SonderGA 59 (2011), Tz. 666.
[383] *Hübschle*, WuW 1998, 146, 149.
[384] *Hübschle*, WuW 1998, 146, 149 bzgl. Sondervertragskunden; *Nill-Theobald/Theobald*, Grundzüge des Energiewirtschaftsrechts, S. 181.
[385] BNetzA, Monitoringbericht 2011, S. 146 f.
[386] MK, SonderGA 59 (2011), Tz. 673 ff.

sion fest, dass die günstigsten Stromangebote für 4.000 kWh zwischen 700 und 900 Euro in den untersuchten Gebieten pro Jahr kosten.[387] Im Durchschnitt lag der günstigste Tarif bei 795 Euro.[388] Die Anbieter von RWE, E.ON, Vattenfall und EnBW boten diesen Tarif aber nur in weniger als 1 % der Fälle an, den zweitgünstigsten wiederum nur in 10 % der Fälle.[389] In 75 % der Fälle ist der günstigste Tarif der großen vier Stromversorger um mehr als 5 % teurer als der günstigste im jeweiligen Gebiet angebotene Tarif.[390] Deshalb kommt auch die Monopolkommission zum gleichen Schluss: RWE, E.ON, Vattenfall und EnBW treiben weder den Preiswettbewerb nachhaltig an, noch stellen sie sich ihm.[391] Es könnte mit einem Marktmachtmissbrauch erklärbar sein, dass die vier Unternehmen selten sehr günstige Tarife anbieten.[392]

3. Zwischenergebnis

Einen kartellbehördliche Missbrauchsnachweis trägt die empirische Datengrundlage, der soeben dargestellten Untersuchung, jedoch nicht hinreichend.[393] Die Daten lassen einerseits keinen kausal zwingenden Schluss zu, dass die Preissetzung der Vertriebsunternehmen von ihrer Eigentümerstruktur abhängt. Andererseits geben die Daten nicht detailliert genug zu erkennen, inwieweit die Stromversorger ihre Preise zwischen einzelnen Verbrauchergruppen genau differenzieren und wie sie dabei vorgehen.[394] Dafür müssten in einer entsprechenden Untersuchung die einzelnen Versorgungsgebiete jeweils isoliert betrachtet werden, anhand von ergänzenden Informationen auf Marktebene. Dabei sind vor allem die Einwohnerstruktur, die Kaufkraft oder die Wechselverhalten der Kunden zu analysieren und dann zum Preissetzungsverhalten der Stromkonzerne und ihrer Eigentümerstruktur in Bezug zu setzen. Eine solche weiterführende Analyse erfordert „ausgeklügelte ökonometrische Methoden“,[395] die die Möglichkeiten und den Umfang dieser Arbeit übersteigen. Für diese Untersuchung ist etwas anderes entscheidend. Die Marktmacht von RWE, E.ON, Vattenfall und EnBW ist problematisch, weil sie Preisdifferenzierungen zum Nachteil der Verbraucher ermöglicht. Inwiefern die Wettbewerbsbehörden den vier Unternehmen kartellrechtswidrige Preisdifferenzierungen tastsächlich nachweisen können,

[387] MK, SonderGA 59 (2011), Tz. 694.
[388] MK, SonderGA 59 (2011), Tz. 694.
[389] MK, SonderGA 59 (2011), Tz. 695.
[390] MK, SonderGA 59 (2011), Tz. 699.
[391] MK, SonderGA 59 (2011), Tz. 699.
[392] So auch MK, SonderGA 59 (2011), Tz. 701.
[393] In diese Richtung auch MK, SonderGA 59 (2011), Tz. 701.
[394] So bereits MK, SonderGA 59 (2011), Tz. 677.
[395] So ausdrücklich MK, SonderGA 59 (2011), Tz. 677.

ist dabei nachrangig. Die Entflechtung nach § 41a GWB-RefE setzt gerade kein nachweisbares missbräuchliches Verhalten der betroffenen Unternehmen voraus, um ihre Marktmacht abzubauen.[396]

III. Manipulation des Stromgroßhandels

Mit dem Stromgroßhandel ist auch für die erzeugenden und importierenden Unternehmen ein völlig neues Geschäftsfeld entstanden. In den letzten Jahren äußerten die Kartellbehörden immer wieder den Verdacht, dass große Stromkonzerne hier die Preise manipulierten.[397] Im Mittelpunkt der Betrachtung stehen die Preise auf dem Day-Ahead-Spotmarkt. RWE, E.ON, Vattenfall und EnBW können ihre Macht hier auf zwei Arten missbrauchen. Entweder bieten die Unternehmen weniger Kapazitäten an als möglich oder sie bieten ihren Strom zu überhöhten Kosten an.[398]

1. Physische Angebotsverknappung

Bei der physischen Angebotsverknappung setzen die Konzerne verfügbare und nachgefragte Kraftwerkskapazitäten nicht zur Produktion ein. Zunächst erscheint das wirtschaftlich abwegig: Wenn die Erzeuger weniger Anlagen anbieten als möglich, dann sinken automatisch ihre Unternehmenserträge. Die stillliegenden Kapazitäten erwirtschaften dann gerade keine Einnahmen mehr. Diese Strategie lohnt sich für die Unternehmen erst dann, wenn sie mit ihren übrigen Kraftwerken höhere Gewinne erwirtschaften können. Dabei hilft den Stromkonzernen die Tatsache, dass Verbraucher auf ein geringeres Stromangebot nicht mit einer sinkenden Nachfrage reagieren. Das verminderte Angebot steht deshalb einem gleichbleibend hohen Strombedarf gegenüber. Dadurch steigt der Preis im Börsenhandel. Davon profitieren vor allem RWE, E.ON, Vattenfall und EnBW mit ihrem heterogenen Kraftwerkspark.[399] Die Konzerne betreiben viele Grundlastkraftwerke mit niedrigen Grenzkosten. Durch einen höheren Markträumungspreis generieren ihre verbliebenen, produzierenden Kraftwerke höhere Erlöse und damit Zusatzgewinne.

[396] Siehe unten Teil 2 § 1 C II.

[397] Siehe BKartA, Sektoruntersuchung Stromgroßhandel, S. 13 ff.; bzgl. E.ON ebenfalls EU-Kommission, Entscheidung vom 26. November 2008, COMP/39.388 (Rn. 28, 37 ff.) – *Deutscher Stromgroßhandelsmarkt* und COMP/39.389 – *Deutscher Regelenergiemarkt*.

[398] Ausführlich zur sog. „physischen" und „finanziellen" Angebotszurückhaltung im Stromsektor MK, SonderGA 59 (2011), Tz. 455 ff.; *Ockenfels*, Strombörse und Marktmacht, S. 10 ff.; *Säcker*, Marktabgrenzung, Marktbeherrschung, Markttransparenz und Marktmachtmissbrauch auf den Großhandelsmärkten für Elektrizität, S. 90 ff.

[399] MK, SonderGA 54 (2009), Tz. 175.

Für diese Unternehmen kommt es bei Angebotszurückhaltungen deshalb zu einem gegenläufigen Effekt. Ihre Einnahmen sinken gerade nicht, sondern steigen sogar.[400] Der Markt kann eine solche Manipulationsstrategie aus drei Gründen nicht wirksam sanktionieren: Erstens hängen die Verbraucher vollständig von der Produktion und dem Import des Erstabsatzmarktes ab.[401] Deshalb können sie Strom bei hohen Preisen nicht durch andere Güter ersetzen.[402] Zweitens fehlen Technologien, um Strom in großen Mengen zu speichern.[403] Angebotslücken in Nachfragespitzen lassen sich deshalb nicht durch vorab produzierten Strom preisdämpfend ausgleichen. Drittens haben die unabhängigen Erzeuger zu wenig Kapazitäten. Die konzernunabhängigen Stromproduzenten können geringere Angebote von RWE, E.ON, Vattenfall und EnBW nicht durch eine höhere Produktion ihrerseits ausgleichen.[404]

2. Finanzielle Angebotsverknappung

Vor diesem Hintergrund eröffnet sich für die Konzerne eine weitere Missbrauchsmöglichkeit. Es lohnt sich für sie, die Grenzkosten ihrer Kraftwerke zu hoch anzugeben.[405] Auf einem wettbewerbsintensiven Markt mit großen Überkapazitäten könnten die Konzerne den Marktpreis damit nicht beeinflussen. Bei der Markträumung werden alle Kraftwerke zur Produktion ausgewählt, deren Grenzkosten dem Börsenpreis entsprechen oder darunter liegen. Wenn der Börsenpreis unter den Angebotspreis einer Anlage fällt, aber sich oberhalb ihrer Grenzkosten einpendelt, dann entgeht dem Betreiber ein möglicher Gewinn (positiver Deckungsbeitrag). Strategisch werden die Stromproduzenten deshalb zu den Grenzkosten anbieten. Bei der gegenwärtigen Kapazitätsverteilung liegt allerdings ein anderes Verhalten nahe. In Zeiten großer Nachfrage steigen die Chancen, dass auch Kraftwerke mit überhöhten Grenzkosten zur Bedarfsdeckung benötigt werden. Der Börsenpreis schließt dann zu den überteuerten Produktionsangeboten auf.

3. Zwischenergebnis

Die EG-Kommission (nunmehr EU-Kommission) verdächtigte E.ON, für die Jahre 2002 bis 2007 Angebotskapazitäten zurückgehalten zu ha-

---

400 Dazu BKartA, Sektoruntersuchung Stromgroßhandel, S. 21.

401 Siehe dazu Teil 1 § 2 B IV 3.

402 Zur geringen Preiselastizität von Strom, siehe oben Teil 1 § 1 E.

403 Zu den fehlenden Stromspeichern, siehe oben Teil 1 § 1 B I 1 a), b); zu den verschiedenen Speichertechnologien, siehe *Dorste-Franke/Paal/Rehtanz/Sauer/Schneider/Schreurs/Ziesemer*, Balancing Renewable Electricity, S. 86 ff.

404 Siehe MK, SonderGA 59 (2011), Tz. 459.

405 Zur Praxis BKartA, Sektoruntersuchung Stromgroßhandel, S. 22; aus volkswirtschaftlicher Sicht *Ströbele/Pfaffenberger/Heuterkes*, Energiewirtschaft, S. 261 ff.

ben.[406] Die Wettbewerbsbehörde stellte das Verfahren gegen Auflagen ein und ließ deshalb offen, ob ein Missbrauch tatsächlich vorlag. Volkswirtschaftliche Analysen beurteilen unterschiedlich, ob die Börsenpreise einen Missbrauch von RWE, E.ON, Vattenfall und EnBW nahelegen.[407] Das Bundeskartellamt untersuchte für die Jahre 2007 und 2008 das Angebotsverhalten umfassend und konnte keine systematische Kapazitätszurückhaltung nachweisen.[408] Dies bedeutet jedoch nicht, dass es tatsächlich nicht zu missbräuchlichen Manipulationen durch die vier großen Stromkonzerne kommt. Vielmehr liegt nahe, dass sich der Missbrauch auf wenige Stunden konzentriert, weil bereits geringe Mengen zurückgehaltenen Stroms den Börsenpreis signifikant steigen lassen.[409]

IV. Zwischenergebnis

Den Konzernen RWE, E.ON, Vattenfall und EnBW bieten sich viele Gelegenheiten, um ihre wirtschaftliche Marktmacht zu missbrauchen. Aufgrund ihrer Doppelstellung in Absatz und Vertrieb haben die Unternehmen das Interesse, für beide Aufgaben möglichst hohe Preise durchzusetzen. Aus Monopolzeiten kommt den vier Konzernen dabei zugute, dass sie über einen großen Kundenstamm verfügen. Allerdings hat mit der Marktöffnung der reine Stromhandel die Lieferkette von Strom jedenfalls aufgebrochen. Großkunden haben damit alternative Bezugsquellen gefunden. Als Kundengruppe mussten diese Verbraucher keine gleichförmigen Preissteigerungen hinnehmen. Es scheint, als haben die Konzerne die Zugeständnisse an stärkere Kunden bei abhängigen Verbrauchern kompensiert. Gleichzeitig stehen RWE, E.ON, Vattenfall und EnBW einigen Kunden auf der Großhandelsebene als Konkurrenten gegenüber, wenn die Unternehmen Strom an die Endverbraucher verkaufen. Preisdifferenzierungen beim erstmaligen Stromabsatz dürften sich jedoch mittlerweile weniger lohnen als noch zu Anfang der Liberalisierung. Mit dem Börsenhandel als Referenz könnten die Kartellbehörden etwaige Diskriminierungen jedoch relativ leicht nachweisen. Mittlerweile rückt deshalb vor allem eine Manipulation des Börsenhandels in

[406] Siehe EU-Kommission, Entscheidung vom 26. November 2008, COMP/39.388 (Rn. 28, 37 ff.) – *Deutscher Stromgroßhandelsmarkt* und COMP/39.389 – *Deutscher Regelenergiemarkt*.

[407] MK, SonderGA 49 (2007), Tz. 210 m.w.N. verweist auf diverse Indizien für die Marktmachtausübung; a.A. *Ellersdorfer/Hundt/Sun/Voß*, Preisbildungsanalyse des deutschen Elektrizitätsmarktes, Mai 2008, S. 61, abzurufen unter: http://www.ier.uni-stuttgart.de/publikationen/pb_pdf/Ellers dorfer_Preisbildungsanalyse.pdf (letzter Abruf: 30. März 2012).

[408] BKartA, Sektoruntersuchung Stromgroßhandel, S. 13 ff.

[409] Siehe dazu bereits BKartA, Sektoruntersuchung Stromgroßhandel, S. 24, 159 ff.

den Fokus der Wettbewerbshüter. Die Liquidität der Handelsplätze hängt vollständig von den Strommengen des Erstabsatzmarktes ab. Marktmacht kann im Börsenhandel besonders in Zeiten hoher Nachfrage und knapper Kapazitäten „zu einem bedeutsamen Faktor der Preisbildung“[410] werden. Dies rechtfertigt die Verdachtsmomente gegen alle vier Unternehmen: RWE, E.ON, Vattenfall und EnBW. Inwieweit es in diesem Zusammenhang neuer Kartellrechtsinstrumente bedarf, hängt davon ab, inwieweit die geltenden Vorschriften eine effektive Kontrolle der Missbrauchsmöglichkeiten erlauben.

C. Probleme der kartellrechtlichen Kontrolle

Die vielen Beschwerden über die Strompreisentwicklung sind den Wettbewerbsbehörden ebenso bekannt wie die konzentrierten Marktstrukturen. Präventiv erlaubt das Kartellgesetz den Behörden gem. § 35 ff. GWB aber lediglich, die weitere Vermachtung der Märkte durch Fusionen, also durch externes Wachstum, zu verhindern. Zwar erfasst die Missbrauchsaufsicht grundsätzlich auch Konzentrationsvorgänge mittels internen Unternehmenswachstums. Allerdings eröffnen § 19 f. GWB eine kartellrechtliche Kontrolle nur insoweit, als mit dem Wachstumsprozess der Missbrauch einer marktbeherrschenden Stellung einhergehen muss.[411] Folglich ermöglicht auch die Missbrauchsaufsicht den Wettbewerbsbehörden keine vorbeugende Kontrolle intern gewachsener Unternehmensstrukturen aus ex ante-Perspektive. Im geltenden Kartellgesetz ist insoweit ausschließlich ein reaktives Einschreiten der Wettbewerbsbehörden im Nachgang etwaiger Marktmachtmissbräuche vorgesehen.[412] Deshalb setzt die kartellbehördliche Kontrolle im Stromsektor vor allem an der Preisbildung an und richtet sich nach den §§ 19, 20 GWB als allgemeine Vorschriften sowie § 29 GWB als Sonderregelung für die Energiewirtschaft.[413] Bislang reichten die Verdachtsmomente auf Preismanipulationen der großen Stromkonzerne allerdings nicht aus, um ein

[410] Vgl. *Ockenfels*, Neun Beobachtungen zur Preisbildung im liberalisierten Strommarkt, S. 9.

[411] Siehe dazu *Paal*, JZ 2010, 647, 650; *ders.*, Medienvielfalt und Wettbewerbsrecht, S. 324.

[412] *Paal*, JZ 2010, 647, 650; *ders.*, Medienvielfalt und Wettbewerbsrecht, S. 324; zur Möglichkeit, intern gewachsene Unternehmensstrukturen ex post, im Rahmen einer Abstellungsverfügung nach § 32 Abs. 2 GWB zu entflechten, siehe unten Teil 2 § 1 B III.

[413] Zur hier nicht behandelten zivilrechtlichen Kontrolle der Strompreise nach § 315 BGB, siehe *Bechtold*, GWB, § 29 Rn. 39 ff.; Schneider/Theobald/*Becker/Blau*, Recht der Energiewirtschaft, § 12 Rn. 82 ff.; zur umstritten Verhältnis von § 29 GWB und § 315 Abs. 3 BGB, siehe Schulte/Just/*Just*, Kartellrecht, § 29 GWB Rn. 56 ff.

konkretes Wettbewerbsverfahren gegen einzelne Unternehmen einzuleiten.[414] Im Folgenden werden die Gründe dafür näher untersucht.

I. Begrenzte Analysierbarkeit der Preisbildung

In Stromlieferverträgen mit Vertriebsunternehmen und Endverbrauchern lassen sich überhöhte Preise nur durch einen Vergleichspreis erkennen. Das Bundeskartellamt muss im Rahmen von § 19 Abs. 2 Nr. 2 GWB nachweisen, dass die Preisgestaltungen anderer Versorger günstiger sind als die der großen Konzerne und gleichzeitig einen wettbewerblichen Preis abbilden.[415] Dabei trägt die Behörde die Beweislast, dass das vom Vergleichspreis abweichende Preissetzungsverhalten eines marktbeherrschenden Unternehmens sachlich nicht gerechtfertigt ist.[416] Ein Vorgehen nach § 19 Abs. 2 Nr. 2 GWB war deshalb in der Vergangenheit nicht erfolgreich, entsprechende Abstellungsverfügungen wurden gerichtlich aufgehoben.[417] Im Dezember 2007 hat der Gesetzgeber aus diesem Grund § 29 GWB erlassen. Die Begründung der Bundesregierung zu § 29 GWB stellt ausdrücklich fest, dass die Strompreise auf ein „volkswirtschaftlich bedenkliches Niveau gestiegen" sind, das „mit der Entwicklung der Primärenergiekosten nicht mehr begründbar erscheint".[418] Nach § 29 S. 1 Nr. 1 GWB ist deshalb bereits missbräuchlich, wenn Versorger ungünstigere Entgelte bzw. Geschäftsbedingungen fordern als Wettbewerber oder Unternehmen auf vergleichbaren Märkten. Ebenso missbräuchlich sind nach § 29 S. 1 Nr. 2 GWB solche Entgelte, die die Kosten der Versorger unangemessen überschreiten. Im Rahmen von § 29 GWB tragen nunmehr die Unternehmen die Beweislast, dass die abweichende Preissetzung gerechtfertigt ist.[419]

---

[414] BKartA, Sektoruntersuchung Stromgroßhandel, S. 13.

[415] *Bechtold*, GWB, § 29 Rn. 2; Loewenheim/Meessen/Riesenkampff/*Dorß*, § 29 Rn. 2; Wiedemann/*Scholz*, Hdb. KartellR, § 34 Rn. 146; *Lotze/Thomale*, WuW 2008, 257, 258.

[416] *Bechtold*, GWB, § 29 Rn. 2; Loewenheim/Meessen/Riesenkampff/*Dorß*, § 29 Rn. 2; *Lotze/Thomale*, WuW 2008, 257, 258; MüKo-GWB/*Markert*, § 29 Rn. 67; Wiedemann/*Scholz*, Hdb. KartellR, § 34 Rn. 146.

[417] Siehe zu § 19 Abs. 4 Nr. 2 GWB a.F. OLG Düsseldorf WuW/E DE-R 1239 – *TEAG*; WuW/E DE-R 1236 – *RWE Net*; *Bechtold*, GWB, § 29 Rn. 2; Loewenheim/Meessen/Riesenkampff/*Dorß*, § 29 Rn. 2; MüKo-GWB/*Markert*, § 29 Rn. 67; kritisch im Hinblick auf den Ermittlungsaufwand bereits *Hoffmann-Riem/Schneider*, Wettbewerbs- und umweltorientierte Re-Regulierung im Großhandels-Strommarkt, S. 31.

[418] Reg.Begr. zu § 29 GWB, BT-Drs. 16/5847, S. 9.

[419] *Bechtold*, GWB, § 29 Rn. 2; Loewenheim/Meessen/Riesenkampff/*Dorß*, § 29 Rn. 2; MüKo-GWB/*Markert*, § 29 Rn. 67; Wiedemann/*Scholz*, Hdb. KartellR, § 34 Rn. 146.

§ 29 S. 1 Nr. 1 GWB erspart den Kartellbehörden allerdings nur den Nachweis des Missbrauchs. Die Behörden müssen nach wie vor beweisen, dass genügend strukturelle Gemeinsamkeiten zwischen den Vergleichsunternehmen bestehen.[420] Wenn die Wettbewerbsbehörden allerdings nicht nachweisen können, dass die Unternehmen vergleichbar sind, dann dürfen sie aus den gegenübergestellten Entgelten auch nicht auf einen Missbrauch schließen. Die Vergleichbarkeit von Unternehmen können die Kartellbehörden wiederum nur durch umfangreiche Ermittlungen innerhalb der Stromkonzerne erbringen. Bislang hat das Bundeskartellamt § 29 S. 1 Nr. 1 GWB nur im Heizstrommarkt herangezogen und die Verfahren vornehmlich gegen Zusagen der betroffenen Unternehmen beendet.[421] Auf den übrigen Endverbrauchermärkten für Strom ist § 29 Abs. 1 S. 1 GWB hingegen nicht zum Einsatz gekommen und hat deshalb kaum eine praktische Bedeutung, um überhöhte End- oder Vertriebskundenpreise nachzuweisen.

Dem Bundeskartellamt stellt sich hingegen noch ein anderes Problem, wenn es auf eine unangemessene Kosten-Preis-Relation nach § 29 S. 1 Nr. 2 GWB abhebt. Dafür müssten die Behörde im Detail nachvollziehen, wie sich die Preise zusammensetzen, und alle Kostenbestandteile umfassend überprüfen. Beim erstmaligen Stromabsatz wäre festzustellen, ob die Anbieter alle Grenzkosten ihrer Kraftwerke zutreffend angeben. Dafür müssten die Kartellbehörden den Personalaufwand, die Erneuerungskosten und die variablen Brennstoffpreise einbeziehen und überprüfen. Unternehmen können die Grenzkosten jedoch durch produzierte Kosten leicht verschleiern. Es ist deshalb extrem schwierig und zeitaufwendig, versteckte Gewinne zu entdecken.[422] Der Erfolg dieser Vorgehensweise hängt zudem entscheidend davon ab, ob alle Daten im Nachhinein überhaupt noch verfügbar sind. Entsprechende Daten werden allerdings frühestens ab dem Jahr 2013 durch die geplante Markttransparenzstelle gesammelt.[423] Selbst wenn ein solcher Nachweis gelingt, stellt sich den Behörden ein neues Problem: Ein großer Abstand zwischen Preisen und Kosten bedeutet noch keinen Missbrauch. Vielmehr könnten Stromanbieter ihre Kosten durch Effizienzsteigerungen gesenkt haben. Das wäre aber

[420] Dazu und zur verfassungsrechtlichen Problematik, siehe Loewenheim/Meessen/Riesen-kampff/*Dorß*, § 29 Rn. 13; MK, SonderGA 47 (2007), Tz. 14.

[421] Gegen eine Zusage beendet wurden siebzehn Fälle in den Berichtsjahren 2009/2010, siehe BKartA, Tätigkeitsbericht 2009/2010, BT-Drs. 17/6640, Tz. 40; ein Fall im Jahr 2011, siehe BKartA, Verfügung vom 26. September 2011, B10-31/10 – *Städtische Werke Aktiengesellschaft*; ein Beschluss nach § 32 GWB erging hingegen erst in einem Fall, siehe BKartA, Beschluss vom 19. März 2012, B10-16/09, Rn. 107 – *Entega Vertrieb GmbH & Co. KG*; kritisch zur bisherigen Fallpraxis MK, HauptGA XIX (2012), Tz. 626 ff.

[422] So auch MK, SonderGA 47 (2007), Tz. 40.

[423] Siehe Entwurf eines Gesetzes zur Einrichtung einer Markttransparenzstelle für den Großhandel mit Strom und Gas vom 21. Juni 2012, BT-Drs. 17/10060; dazu MK, SonderGA 59 (2011), Tz. 490, 640 ff.; HauptGA XIX (2012), Tz. 122 ff.

wettbewerblich gerade erwünscht.[424] Es ist deshalb verfehlt, die Strompreise anhand eines Kostenvergleichs zu bewerten.[425]

II. Zweifel am Sinn und Zweck der Preiskontrolle

Das GWB verfolgt weitgehend einen strukturorientierten Ansatz.[426] Dieser Ansatz beruht auf der wettbewerbspolitischen Hypothese, dass zwischen dem Verkaufspreis als Marktergebniselement und der Unternehmenskonzentration als Marktstrukturmerkmal ein kausaler Zusammenhang besteht.[427] Danach wird das Marktergebnis maßgleich von der Marktstruktur determiniert.[428] Das Problem der kartellrechtlichen Preiskontrolle liegt folglich darin, dass sie nur an den Folgen des Wettbewerbsproblems ansetzt und nicht an dessen Ursache.[429] RWE, E.ON, Vattenfall und EnBW setzen nach wie vor knapp 84 % des Stroms erstmalig ab, den die deutschen Endabnehmer verbrauchen.[430] Zudem dominieren diese Unternehmen in vielen Gebieten die Stromabgabe an Endverbraucher.[431] Die Marktdaten legen insoweit die Vermutung nahe, dass die Machtkonzentration den überhöhten Preisen als primäres Wettbewerbsproblem zugrunde liegt.

Die Preishöhenkontrolle verbietet den Unternehmen weder bestimmte Verhaltensweisen noch schränkt sie die Konzentration der Stromkonzerne ein. Die kartellrechtliche Preiskontrolle knüpft vielmehr allein an mögliche Missbrauchsfolgen an und verändert mit den Strompreisen das Marktergebnis.[432] Dieses Vorgehen ist nicht bloß wirkungslos, sondern darüber hinaus sogar schädlich.[433] Die Kartellbehörden würden die

[424] So ausdrücklich die Reg.Begr. zu § 29, BT-Drucks. 16/5847, S. 11.

[425] Kritisch bereits *Bechtold*, GWB, § 29 Rn. 29 f.; *Henk-Merten*, Die Kosten-Preis-Schere im Kartellrecht, S. 45, 113; *M. Pohlmann*, in: FS Baur, S. 546 spricht von einem Zirkelschluss; *v. Weizsäcker*, Der vorgeschlagene § 29 GWB und der Großhandelsmarkt für Strom, S. 40, abzurufen unter: http://www.coll.mpg.de/download/Weizsaecker/CCvW%20Gutachten%20zum%20vorgeschlagenen%20 %C2 %A 7 %2029 %20GWB.pdf (letzter Abruf: 30. März 2012).

[426] Zur wettbewerbspolitischen Fundierung des GWB, siehe unten Teil 2 § 2 B.

[427] Vgl. zum wohlfahrtsökonomischen Idealtypus und seiner Kritik unten Teil 2 § 2 A II.

[428] Zum sog. „Struktur-Verhalten-Ergebnis-Paradigma" siehe unten Teil 2 § 2 A.

[429] Zum Meinungsstand Immenga/Mestmäcker/*Möschel*, GWB, § 19 Rn. 151 m.w.N.

[430] Zu den Marktanteilen der einzelnen Unternehmen an der Gesamteinspeisung im Jahr 2010 siehe oben Teil 1 § 2 B I.

[431] Ausführlich dazu oben Teil 1 § 2 B IV.

[432] MK, SonderGA 47 (2007), Tz. 40; Immenga/Mestmäcker/*Möschel*, GWB, § 19 Rn. 12, der darin einen Systembruch erkennt.

[433] *Koenig/Kühling/Rasbach*, Energierecht, S. 223; MK, SonderGA 59 (2011), Tz. 714; Wiedemann/*Wiedemann*, Hdb. KartellR, § 23 Rn. 63 f.; *v. Weizsäcker*, Der vorgeschlagene § 29 GWB und der Großhandelsmarkt für Strom, S. 6.

Wettbewerbssituation noch zusätzlich verschlechtern, wenn sie die Strompreise einfach nach unten korrigierten. Konzernunabhängige Erzeugungs- und Vertriebsunternehmen könnten dann keinen Wettbewerbsvorteil mehr erlangen, indem sie ihren Strom zu wettbewerblichen Preisen anbieten. Damit würde das Kartellrecht dann selbst eine zusätzliche Marktzutrittsschranke für neue Anbieter aufstellen.[434] Tatsächlich begünstigt die Preiskontrolle weniger statt mehr Wettbewerb zwischen den Stromkonzernen. Wenn der preisgünstigste Anbieter als Vergleichsmaßstab dient, dann fördert das nur ein gleichförmiges Preisverhalten der großen Versorgungsunternehmen bei ihren Stromangeboten.[435] Niedrigere Preise sind zudem selten eine interessensgerechte Lösung für die Wettbewerbsprobleme im Stromsektor. Es macht keinen Sinn, Konzerne nach einer Manipulation des Börsenpreises zu verpflichten, Strom unterhalb des Marktpreises abzugeben. Ein solches Vorgehen würde nicht die Stromkunden insgesamt begünstigen, sondern nur einige wenige Stromabnehmer, die den Strom zu einem künstlich reduzierten Preis kaufen.[436] Diese Abnehmer könnten den Strom dann zum Marktpreis weiterverkaufen und die Differenz als Zusatzgewinn realisieren.

III. Verhaltenskontrolle zwischen Kartell- und Börsenaufsicht

Im Rahmen des Stromhandels könnten die Kartellbehörden ein missbräuchliches Verhalten der Stromkonzerne zwar prinzipiell mit § 19 Abs. 1, 2 Nr. 2 GWB erfassen. Die Behörden vermuten, dass RWE, E.ON, Vattenfall und EnBW Erzeugungskapazitäten zurückhalten.[437] Wenn dies zutrifft, dann würden die Unternehmen ihre beherrschende Stellung beim erstmaligen Absatz ausnutzen.[438] Dies wäre als Ausbeutungsmissbrauch nach den vorstehend genannten Vorschriften verboten.[439]

[434] So auch *Koenig/Kühling/Rasbach*, Energierecht, S. 223; MK, SonderGA 59 (2011), Tz. 714; zum Begriff „Marktzutrittsschranke" allgemein, siehe *Paal*, Suchmaschinen, Marktmacht und Meinungsbildung, S. 31 f.

[435] *Koenig/Kühling/Rasbach*, Energierecht, S. 223.

[436] So auch Wiedemann/*Wiedemann*, Hdb. KartellR, § 23 Rn. 63 f.; *v. Weizsäcker*, Der vorgeschlagene § 29 GWB und der Großhandelsmarkt für Strom, S. 6.

[437] Siehe BKartA, Sektoruntersuchung Stromgroßhandel, S. 13 ff.; bzgl. E.ON, siehe EU-Kommission, Entscheidung vom 26. November 2008, COMP/39.388 (Rn. 28, 37 ff.) – *Deutscher Stromgroßhandelsmarkt* und COMP/39.389 – *Deutscher Regelenergiemarkt*; zu den Details, siehe oben Teil 1 § 3 B III.

[438] Zur Wettbewerbssituation auf dem Erstabsatzmarkt, siehe oben Teil 1 § 2 B I.

[439] Siehe zu dieser Fallgruppe Wiedemann/*Lübbert*, Hdb. KartellR, § 31 Rn. 2; mit Bezug auf den Strommarkt auch BKartA, Sektoruntersuchung Stromgroßhandel, S. 119.

1. Fehlende Ressourcen und mangelnde Datenqualität

Einen Missbrauch konnte das Bundeskartellamt den Stromkonzernen in seiner großen Sektorenuntersuchung aber nicht nachweisen.[440] Beachtlich erscheint in diesem Zusammenhang, dass im Untersuchungszeitraum 2007/2008 der Anteil an ausgefallenen Erzeugungskapazitäten rund 25 % betragen hat.[441] Dafür haben die Unternehmen technische Restriktionen angeführt, wie Revisionen oder ungeplante Kraftwerksausfälle, Netzrestriktionen sowie Regel- und Reserveleistungsvorhaltungen.[442] Das Bundeskartellamt hat in seiner Untersuchung indes nicht detailliert überprüft, inwieweit die unternehmensseitig gemachten Angaben sachlich zutreffen.[443] Die Behörde hätte dafür nachvollziehen müssen, ob tatsächlich stets technische Gründe ausschlaggebend waren, um bestimmte Kraftwerke ab- oder herunterzuschalten. Diese Aufgabe bedeutet einen immensen Aufwand. Darin zeigt sich das Kernproblem des Marktmachtmissbrauchs nach § 19 Abs. 1 GWB. Damit die Kartellbehörde einen solchen Missbrauch nachweisen kann, müsste sie jede Entscheidung der Kraftwerksbetreiber detailliert überprüfen. Für diese Aufgabe ist das Bundeskartellamt mit 14 Mitarbeitern im Energiebereich nicht angemessen ausgestattet.[444]

Zudem bestehen im Nachhinein erhebliche Schwierigkeiten, die Gründe nachzuvollziehen, aufgrund derer ein Betreiber ein bestimmtes Kraftwerk abgeschaltet oder in seiner Leistung angepasst hat.[445] Die Erschwernis beruht darauf, dass Entscheidungen über Leistungsanpassungen und Kraftwerksabschaltungen – jedenfalls teilweise – kurzfristig und aufgrund spezieller Erfahrungswerte der handelnden Personen erfolgen. Insoweit erscheint es fraglich, ob das Bundeskartellamt über das nötige Know-how verfügt, um nachzuweisen, dass diese Entscheidungen jeweils missbräuchlich waren.[446] Darüber hinaus dürfte eine Nachweis an der Qualität der erhobenen Daten scheitern. Das Bundeskartellamt weist selbst darauf hin, dass es „deutlich detaillierterer Vorgaben“ an die Unternehmen bezüglich der jeweiligen Datenkategorien bedürfe, um eine

[440] BKartA, Sektoruntersuchung Stromgroßhandel, S. 13 ff.

[441] BKartA, Sektoruntersuchung Stromgroßhandel, S. 239; MK, SonderGA 59 (2011), Tz. 487.

[442] BKartA, Sektoruntersuchung Stromgroßhandel, S. 134 mit weiteren Details.

[443] Zum Vorgehen, siehe BKartA, Sektoruntersuchung Stromgroßhandel, S. 134 f.; kritisch dazu MK, SonderGA 59 (2011), Tz. 484.

[444] BKartA, Sektoruntersuchung Stromgroßhandel, S. 210; BReg., BT-Drs. 17/8092, S. 4.

[445] So auch BKartA, Sektoruntersuchung Stromgroßhandel, S. 210; MK, SonderGA 59 (2011), Tz. 486.

[446] MK, SonderGA 59 (2011), Tz. 487, 489.

bessere Qualität und größere Konsistenz der Daten zu gewährleisten.[447] Eine effektive Kontrolle der Stromkonzerne können die geltenden Kartellrechtsinstrumente zukünftig nur dann gewährleisten, wenn der Staat dem Bundeskartellamt ausreichend Ressourcen zur Verfügung stellt, um technische Aspekte hinreichend zu überprüfen.[448]

2. Zersplitterte und lückenhafte Aufsicht über den Börsenhandel

Gleichzeitig sind die Wettbewerbsbehörden nicht allein dafür zuständig, die Manipulationen im Stromgroßhandel zu verfolgen. Die Aufsicht ist vielmehr zersplittert und inhaltlich lückenhaft.[449] Den Geschäftsverkehr an den Börsenplätzen überwachen verschiedene Behörden und Institutionen.[450] Die Kontrolle über den Handel an der EEX in Leipzig richtet sich nach dem WpHG.[451] Das Gesetz erweist sich aber als untauglich, um die Verhaltensspielräume der großen Stromkonzerne zu kontrollieren.[452] Das WpHG verbietet zwar Insidergeschäfte und Marktmanipulationen, es erfasst aber nicht den Spotmarkt.[453] Nachdem somit zentrale Vorschriften des WpHG nicht anwendbar sind, wird der Spotmarkt faktisch nicht überwacht.[454] Die Missbrauchsaufsicht der Kartellbehörden erschwert zudem, dass die Konzerne die Handelsabläufe besser kennen. Dies liegt daran, dass sie zusätzlich Strom vertreiben und teilweise auch als Netzbetreiber tätig sind. Die bestehenden Publikationspflichten beseitigen dieses Informationsgefälle bislang nicht ausreichend.[455] Die fehlende Überwachung des OTC-Handels beeinträchtigt die Aufklärungschancen zusätzlich.[456] Die Wettbewerbsbehörden können deshalb strukturbedingt bestimmte Missbrauchsvarianten nicht erkennen, bei denen Börsen- und OTC-Handel ineinandergreifen.[457]

---

[447] BKartA, Sektoruntersuchung Stromgroßhandel, S. 239.

[448] In diese Richtung ebenfalls MK, SonderGA 59 (2011), Tz. 489; zu den Aufgaben einer Markttransparenzstelle in diesem Zusammenhang, siehe BKartA, Sektoruntersuchung Stromgroßhandel, S. 224.

[449] MK, SonderGA 59 (2011), Tz. 617; BReg., BT-Drs. 17/4322, S. 3 f.

[450] Siehe BReg., BT-Drs. 17/4322, S. 3 f.

[451] MK, SonderGA 59 (2011), Tz. 626 ff.; *Zylka*, Marktaufsicht im Stromhandel, S. 201.

[452] So bereits MK, SonderGA 59 (2011), Tz. 626.

[453] *Brunke*, Die Strafbarkeit marktmissbräuchlichen Verhaltens am Spotmarkt der European Energy Exchange S. 115 ff.; *Zylka*, Marktaufsicht im Stromhandel, S. 134 f.

[454] *Brunke*, Die Strafbarkeit marktmissbräuchlichen Verhaltens am Spotmarkt der European Energy Exchange, S. 234.

[455] MK, SonderGA 59 (2011), Tz. 628.

[456] Siehe dazu MK, SonderGA 59 (2011), Tz. 617.

[457] Der Börsenpreis kann künstlich hochgehalten werden, indem dem Handel Strommengen entzogen werden, dabei wird am Spotmarkt Strom eingekauft und dann

3. Zwischenergebnis

Für eine umfassende Kontrolle des Börsenhandels ist das Bundeskartellamt weder zuständig noch ist die Behörde dazu in der Lage. Grundsätzlich ist es auch nicht notwendig, dass der gesamte Börsenhandel direkt durch das Bundeskartellamt überwacht wird. Die wettbewerbliche Aufsicht und die Kontrolle nach dem WpHG ergänzen sich. Eine effektive Kartellrechtskontrolle kann jedoch nur dann gewährleistet werden, wenn die Wettbewerbsbehörden über ausreichendes Datenmaterial und die notwendige Fachkompetenz verfügen, mit der sie Wettbewerbsverstöße im Nachhinein feststellen und nachweisen können. Gegenwärtig sind diese Voraussetzungen nicht erfüllt. Die lückenhafte Aufsicht haben mittlerweile allerdings auch die Europäische Union und der deutsche Gesetzgeber als Problem erkannt.[458] Die Bundesregierung will deshalb bis spätestens 2013 eine Markttransparenzstelle einrichten.[459] Anhand der dort hinterlegten Daten sollen Handelsabläufe auch im Nachhinein nachvollziehbar sein. Die Europäische Union plant darüber hinaus, den gesamten Stromhandel ab dem Jahr 2014 unionsweit zu überwachen und Missbräuche zu ahnden.[460] Nachdem die Wettbewerbsbehörden die Stromkonzerne bereits seit dem Jahr 2008 konkret verdächtigten, den Börsenhandel zu manipulieren,[461] ist dieser Schritt überfällig. Allerdings erscheint fraglich, inwieweit die Kartellbehörden den Börsenhandel in der Zukunft tatsächlich effektiv kontrollieren können. Für eine laufende Überprüfung des Anbieterverhaltens fehlt es den Kartellbehörden vor allem an einer hinreichenden Personaldecke. Deshalb darf bezweifelt werden, dass die geplanten Vorstöße des Gesetzgebers ausreichen, um

---

im OTC-Handel wieder verkauft, dazu ausführlich MK, SonderGA 59 (2011), Tz. 458.

[458] EU-Kommission, SEK (2010) 1511 endg., S. 2 ff.; BReg., BT-Drs. 17/4322, S. 2.

[459] Siehe Entwurf eines Gesetzes zur Einrichtung einer Markttransparenzstelle für den Großhandel mit Strom und Gas, BT-Drs. 17/10060; dazu MK, SonderGA 59 (2011), Tz. 490, 640 ff.; HauptGA XIX (2012), Tz. 122 ff.

[460] VO 1227/2011/EU des europäischen Parlaments und des Rates vom 25. Oktober 2011 über die Integrität und Transparenz des Energiegroßhandelsmarkts, ABl. L 326 vom 08. Dezember 2011, S. 1 ff.; zum Verbot des Insiderhandels und der Marktmanipulation nach Artt. 3, 5 VO 1127/2011 sowie deren Sanktion nach Art. 18 VO 1127/2011 siehe *Funke/Neubauer*, CCZ 2012, 6, 7 ff.; dazu und zum Sachstand der noch erforderlichen kommissionsseitigen Durchführungsrechtsakte sowie zur Umsetzungsplicht der nach Artt. 13, 18 VO 1127/2011 den Mitgliedstaaten zugewiesen Fälle bis zum 29. Juni 2012 siehe Dauses/*Lechler/Recknagel*, Hdb. EU-WirtschaftsR, M. Rn. 169a.

[461] Siehe BKartA, Sektoruntersuchung Stromgroßhandel, S. 13 ff.; bzgl. E.ON ebenfalls EU-Kommission, Entscheidung vom 26. November 2008, COMP/39.388 (Rn. 28, 37 ff.) – *Deutscher Stromgroßhandelsmarkt* und COMP/39.389 – *Deutscher Regelenergiemarkt.*

das Marktverhalten der Stromkonzerne zukünftig hinreichend zu kontrollieren und um etwaige Verstöße aufzudecken.

IV. Zwischenergebnis

Die Kartellbehörden haben große Mühe, die Verhaltensspielräume von RWE, E.ON, Vattenfall und EnBW auf Missbräuche zu untersuchen. Die Tätigkeit dieser Unternehmen auf mehreren Wertschöpfungsstufen (vertikale Integration) ermöglicht es ihnen, Vertriebsunternehmen zu behindern und Verbraucher zu benachteiligen. Das GWB versucht dieser Gefahr vor allem mit der Preiskontrolle zu begegnen. Dieses Vorgehen hat sich in der behördlichen Praxis allerdings nicht nur als ineffizient erwiesen, sondern stellt das Kartellrecht darüber hinaus auch vor einen Zielkonflikt. Selbst wenn die Kartellbehörden überhöhte Lieferangebote nachweisen, so schützen behördliche Preissenkungen die Verbraucher nur kurzfristig. Eingriffe der Kartellämter begünstigen in diesem Bereich letztlich gleichförmige Preise. Auf längere Sicht könnte deshalb selbst eine funktionierende Preiskontrolle die Dominanz von RWE, E.ON, Vattenfall und EnBW eher steigern.

Die starke horizontale Konzentration erlaubt den Konzernen Großhandelsmanipulationen, denen das GWB mit einer Kontrolle des Angebotsverhaltens nach § 19 GWB begegnet. Dabei bewegt sich das Kartellrecht aber im Überschneidungsbereich zum Börsenaufsichtsrecht. Die Zuständigkeiten sind zwischen verschiedenen Institutionen aufgeteilt. Für einen nachträglichen Missbrauchsnachweis müssten die Wettbewerbsbehörden große Datenmengen auswerten. Neben fehlendem Personal sind ex post vor allem wichtige Daten nicht mehr verfügbar. Eine effektive Verhaltenskontrolle ist auf dieser Grundlage derzeit nicht möglich.

D. Zusammenfassung

Die Missbrauchspotentiale der Stromkonzerne beruhen auf der horizontalen und vertikalen Konzentration der Wertschöpfungsstufen. Die besondere Macht der Stromerzeuger beruht maßgeblich auf dem technischen Gesichtspunkt, dass Strom in großen Mengen derzeit nicht hinreichend speicherbar ist. Zwangsläufig produzieren die Stromkonzerne diejenige Menge an Strom, die die Endverbraucher nachfragen. Der Strompreis bestimmt sich dabei maßgeblich danach, welche Kraftwerke die Erzeuger zu welchen Grenzkosten anbieten. Nachdem die Nachfrage nach Strom relativ preisunelastisch ist, bestrafen die Verbraucher zu hohe Strompreise kaum mit einem veränderten Nachfrageverhalten. Die wettbewerbliche Steuerung des Marktverhaltens von

RWE, E.ON, Vattenfall und EnBW ist deshalb eingeschränkt. Das Phlegma der Stromkunden verschärft das Problem. Allen voran die Haushaltskunden zeigen eine geringe Wechselbereitschaft und lassen damit ihr verbliebenes Potential ungenutzt, um die Stromanbieter wettbewerblich unter Druck zu setzen. Den Stromkonzernen bieten sich deshalb erhebliche Missbrauchsanreize. Neben einer differenzierten Preispolitik zulasten „abhängiger" Grundversorgungskunden steht dabei der Börsenhandel mit Strom im Mittelpunkt. Der Börsenhandel wird bislang nur unzureichend kontrolliert und wird auch in Zukunft nur mit erheblichem Aufwand zu überwachen sein. Diesen strukturellen Problemen versucht das GWB allein mit einer Verhaltens- und Preishöhenkontrolle der Unternehmen zu begegnen. Beide Kontrollansätze sind mit erheblichen Schwächen belastet. Während bei der Preiskontrolle bereits die Sinnhaftigkeit fraglich ist, steht einer effektiven Missbrauchskontrolle ihr praktischer Aufwand entgegen. Jedenfalls bislang ist es den Wettbewerbsbehörden mit dem geltenden Kartellrechtsinstrumentarium nicht gelungen, RWE, E.ON, Vattenfall und EnBW entsprechende Kartellrechtsverstöße nachzuweisen. Es bleibt damit letztlich offen, inwieweit die Unternehmen ihre Marktmacht tatsächlich missbrauchen. Mit Sicherheit lässt sich nur feststellen, dass die bislang geltenden Vorschriften die Stromkonzerne nicht vor missbräuchlichem Verhalten abschrecken. Die Missbrauchsanreize der vier Konzerne werden so lange fortbestehen, wie sie keine kartellbehördlichen Konsequenzen fürchten müssen.

§ 4. Zusammenfassung Teil 1

Die großen Stromkonzerne sind die Gewinner der Liberalisierung. Wenngleich sich die Wertschöpfung im Stromsektor nachhaltig verändert hat, sind doch RWE, E.ON, Vattenfall und EnBW weiter an nahezu allen Prozessen der Stromversorgung beteiligt. Inwieweit die Unternehmen die Strompreise allerdings missbräuchlich beeinflusst haben, lässt sich nicht abschließend feststellen. Das Kartellrecht überprüft nicht alle Bestandteile, aus denen sich der Endkundenpreis zusammensetzt. Die Wettbewerbsbehörden befassen sich weder mit den Netzentgelten noch mit den staatlich bedingten Preisanteilen. Die Behörden kontrollieren allein die Prozesse der Energiebeschaffung und des Energievertriebs, die rund 35 % des Gesamtpreises ausmachen. Dabei konnten bislang keine Wettbewerbsverzerrungen nachgewiesen werden, weder durch Verhaltensverstöße noch durch Preismissbräuche. Die verdächtigen Preissteigerungen beruhen damit nicht zwangsläufig auf illegalen Absprachen oder missbräuchlichem Verhalten. Nichtsdestotrotz legt eine strukturelle Betrachtung der Lieferprozesse erhebliche Wettbewerbsdefizite nahe. Die vier Konzerne setzen im Jahr 2010 zusammen rund 84 % der Strommenge erstmalig ab, die die kommerzielle Kraftwerkswirtschaft insgesamt produziert. Mit ihrem Angebotsverhalten als Anlagenbetreiber bestimmen die vier Unternehmen die Handelspreise und die anknüpfenden Dienstleistungen der Stromversorgung. RWE, E.ON, Vattenfall und EnBW können die Kapazitätsbildung daher strategisch gestalten. Das eröffnet den vier Unternehmen zugleich Handlungsspielräume im Vertrieb, die die Kartellbehörden ebenfalls nicht hinreichend überprüfen können. Erstens können die Behörden mit dem Marktmachtkonzept nur schwer eine marktbeherrschende Stellung aller Unternehmen nachweisen. Zweitens haben sich die Verhaltens- und Preiskontrolle insgesamt als ineffizient erwiesen. Drittens verändern diese Instrumente nichts an der missbrauchsanfälligen, oligopolen Marktstruktur.

Gegen die Machtkonzentration der Stromkonzerne bietet das geltende Kartellrecht folglich keine Handhabe. Unter dieser Prämisse ist sein Schutz lückenhaft. Um diesen Missstand zu beheben, hat der Gesetzgeber über neue Kartellrechtsinstrumente nachgedacht. Mit der vorgeschlagenen Entflechtungsregelung § 41a GWB-RefE hat der Gesetzgeber ein solches Instrument gefunden, das es nachstehend näher zu untersuchen gilt.

Zweiter Teil. Entflechtungsregelung im GWB – de lege ferenda

Die Forderung nach einer kartellrechtlichen Entflechtung ist insgesamt nicht neu. In der Vergangenheit gab es immer wieder Vorstöße, Entflechtungsinstrumente ins das GWB einzuführen.[462] Die Vorschläge knüpften hauptsächlich an ein missbräuchliches Verhalten marktbeherrschender Unternehmen an.[463] Die aktuelle Diskussion um § 41a GWB-RefE startete ebenfalls mit einem Gesetzesentwurf im Jahr 2007, der einen Marktmachtmissbrauch voraussetzte.[464] Relativ schnell veränderte sich die Ausrichtung der vorgeschlagenen Vorschrift, hin zu einem strukturbedingten Entflechtungstatbestand, der von einem missbräuchlichen Verhalten unabhängig ist.[465] Dieser Konzeption folgt auch der Referentenentwurf des Bundesministeriums für Wirtschaft und Technologie vom Januar 2010.[466] Mit diesem Entwurf hat die Diskussion um Entflechtung wieder an Brisanz gewonnen, weshalb er dieser Bearbeitung zugrunde liegt. Die strukturelle Ausrichtung von § 41a GWB-RefE erweitert den Anwendungsbereich der Entflechtung beträchtlich. Entscheidend kommt es darauf an, dass die Marktstruktur vermachtet ist. Dem von einer Entflechtungsmaßnahme nach § 41a GWB-RefE betroffenen Unternehmen muss vom Bundeskartellamt hingegen kein Missbrauch nachgewiesen werden.

Das erste Kapitel (§ 1) beschäftigt sich mit „strukturellen Maßnahmen" im GWB. Der Begriff „strukturelle Maßnahme" umschreibt verschiedene gesetzliche Eingriffsmöglichkeiten in die Marktstruktur. Eine klare Terminologie hat sich bislang nicht herausgebildet, deshalb sind die Begriffe zunächst näher zu bestimmen. Die Untersuchung bestehen-

---

[462] Siehe MK, HauptGA III (1980), Tz. 662 ff., 719 ff.; *Möschel*, Entflechtungen im Recht der Wettbewerbsbeschränkungen (1979), S. 87 ff.; *Schumacher*, Die Entflechtung von Großunternehmen, Wirtschaftsdienst 1977, 619, 624; Gesetzesantrag der Fraktion der SPD vom 06. Februar 1985, BT-Drs. 10/2843.

[463] Dazu *Satzky*, WuW 2010, 614, 615.

[464] Gesetzesentwurf des Hessischen Ministeriums für Wirtschaft, Verkehr und Landesentwicklung vom 02. November 2007; ähnlich bereits der Antrag der FDP-Fraktion vom 17. Januar 2007, BT-Drs. 16/4065, S. 2.

[465] *Satzky*, WuW 2010, 614, 615; Gesetzesantrag des Landes Hessen vom 29. Januar 2008, BR-Drs. 76/08; Gesetzesantrag der FDP-Fraktion vom 13. Februar 2008, BT-Drs. 16/8079; Gesetzesvorschlag der FDP-Fraktion vom 15. März 2008, BT-Drs. 16/8405.

[466] BMWT, GWB-RefE; vgl. dazu oben Einführung A. (Fn. 4).

der „struktureller Maßnahmen“ und ein Vergleich mit der vorgeschlagenen Regelung werden zeigen, dass bislang keine vergleichbaren Tatbestände im GWB bestehen. Damit würde § 41a GWB-RefE den Umgang des Gesetzes mit wirtschaftlicher Macht und der Überlegenheit von Unternehmen substantiell verändern. Unter verschiedenen Aspekten soll deshalb untersucht werden, ob der Erlass von § 41a GWB-RefE zu befürworten ist.

Entflechtungsmaßnahmen müssten zunächst sachlich dem Kartellrecht zuzuordnen sein und sich ins GWB einpassen. Dazu werden zunächst wettbewerbspolitische Erwägungen (§ 2) angestellt. Es ist zu untersuchen, inwieweit das Instrument der Entflechtung in der wettbewerbspolitischen Diskussion als geeignet angesehen wird, um die Wettbewerbsverhältnisse auf Märkten zu verbessern. Das Wesen von Wettbewerb beschreiben in der Wettbewerbstheorie verschiedene Ansätze jeweils unterschiedlich. Je nach Verständnis bestimmen diese Konzepte in der Folge unterschiedliche Kartellrechtsinstrumente, mit denen Wettbewerb zu schützen ist. Deshalb wird das GWB auf eine dogmatische Fundierung hin untersucht und anschließend herausgearbeitet, inwieweit sich die vorgeschlagene Regelung systematisch darin einfügt.

Weiterhin müssten praktische Gründe und Vorteile für eine Einführung der benannten Entflechtungsregelung sprechen. Mögliche wirtschaftliche Auswirkungen von § 41a GWB-RefE stellen deshalb ein weiteres Bewertungskriterium (§ 3) dar. Bereits die Einführung von § 41a GWB-RefE kann Unternehmen verschiedene Verhaltensanreize setzen. Zu begrüßen wäre ein sinkendes Interesse an Wettbewerbsverstößen, das jedoch nicht zulasten weiteren Wachstums oder weiterer Investitionen gehen sollte. Eine konkrete Entflechtungsmaßnahme könnte ebenfalls volkswirtschaftliche Auswirkungen haben. Die Gelegenheiten zu Marktmachtmissbräuchen könnte sinken. Ob damit allerdings Vorteile wie eine bessere Qualität oder sinkende Preise verbunden sind, hinge auch davon ab, in welchem Ausmaß Größen- und Verbundvorteile mit der Entflechtung verloren gehen.

Die Einführung von § 41a GWB-RefE müsste darüber hinaus vor allem auch verfassungsrechtlich zulässig sein (§ 4). Der Schutz des Eigentums stellt hohe Hürden für einen Eingriff auf. Wenn Entflechtung als Enteignung zu qualifizieren wäre, würden die Anforderungen an den Zweck des Eingriffs deshalb zusätzlich steigen. Gleichzeitig wäre der Staat verpflichtet, die betroffenen Unternehmen zu entschädigen. Abschließend werden europarechtliche Erwägungen angestellt. Dabei wird das Verhältnis der Entflechtungsregelung zum höherrangigen europäischen (Wettbewerbs-)Recht näher untersucht (§ 5). Entscheidend ist dabei, ob der nationale Gesetzgeber überhaupt noch die Kompetenz hat, um § 41a GWB-RefE zu erlassen. Die Grenzen der Entflechtung hängen davon ab, wie weit die europäische Fusionskontrolle reicht. Die Fusionskontrolle ist deshalb ebenfalls Gegenstand der Überprüfung.

§ 1. Strukturelle Maßnahmen im GWB

An verschiedenen Stellen, teils implizit, teils explizit, erlaubt das GWB den Kartellbehörden, in die Marktstruktur einzugreifen. Die Eingriffsmöglichkeiten unterscheiden sich in ihrer Konzeption. Die Voraussetzungen und die Reichweite bestimmen, ob § 41a GWB-RefE tatsächlich qualitativ über den geltenden Rechtsrahmen hinausgeht. Eine klare Terminologie hat sich dabei bislang nicht durchgesetzt. Der Gesetzgeber verwendet neben dem Begriff „Entflechtung" auch die Bezeichnung „strukturelle Maßnahme".[467] Deshalb wird vorab untersucht, was unter beiden Begriffen zu verstehen ist und wie die Begriffe voneinander abzugrenzen sind.[468]

A. Begriffsbestimmungen

Die Begriffe „Entflechtung" und „strukturelle Maßnahme" teilen die Marktstruktur als Eingriffsobjekt. Die Marktstruktur umfasst als übergeordneter Parameter auch unternehmensbezogene Merkmale.[469] Dazu zählen insbesondere die Größe, die Form, die rechtliche Verfassung und die Organisation von Unternehmen, ihre personellen oder finanziellen Verflechtungen, Beteiligungen, Größenvorteile und vertragliche Beziehungen zu Wettbewerbern.[470] Eingriffe in unternehmensbezogene Merkmale sind damit Eingriffe in die Marktstruktur.

[467] So die Reg.Begr. zur 7. GWB-Novelle, BT-Drs. 15/3640, S. 33 zu § 32 Abs. 2 GWB; im Bezug auf die Vorschrift sollen die „allgemeinen Befugnisse" für Abstellungsverfügungen nach § 32 GWB um das „Instrument Entflechtung ergänzt" werden, siehe BMWT, RefE für ein Achtes Gesetz zur Änderung des Gesetzes gegen Wettbewerbsbeschränkungen vom 10. November 2011, S. 4, 29, abzurufen unter: http://BMWi.de/BMWi/Redaktion/PDF/G/gwb-8-aenderung-referentenentwurf,property=pdf, bereich=BMWi,sprache=de,rwb=true.pdf (letzter Abruf: 30. März 2012).

[468] Dazu bereits *Klees/Hauser*, Entflechtungen von Unternehmen, S. 15 f.

[469] *P. Pohlmann*, Der Unternehmensverbund im Europäischen Kartellrecht, S. 79 ff.; *I. Schmidt*, Wettbewerbspolitik und Kartellrecht, S. 72; *Herdzina*, Wettbewerbspolitik, S. 67 ff.; *Ruffner*, Funktionale Konkretisierung der Schlüsselartikel des neuen schweizerischen Kartellgesetzes, S. 200; *Veelken*, WRP 2003, 692, 712; dazu auch unten Teil 2 § 2 A I 2 a).

[470] *Ruffner*, Funktionale Konkretisierung der Schlüsselartikel des neuen schweizerischen Kartellgesetzes, S. 200; *P. Pohlmann*, Der Unternehmensverbund im Europäischen Kartellrecht, S. 82; *I. Schmidt*, Wettbewerbspolitik und Kartellrecht, S. 72; *Herdzina*, Wettbewerbspolitik, S. 67 ff.; *Veelken*, WRP 2003, 692, 712; *Hauer*, Strukturelle Maßnahmen, S. 9.

I. Entflechtung

Der Begriff „Entflechtung“ findet sich de lege lata nur in der Überschrift zu § 41 GWB. Die Vorschrift ermöglicht es in den Absätzen 3 und 4, unter bestimmten Voraussetzungen einen Zusammenschluss wieder aufzulösen. Das EnWG als sektorspezifisches Regulierungsrecht sieht in den §§ 6 ff. EnWG explizit Entflechtungsregelungen vor.[471] Die unterschiedlichen Entflechtungsarten setzen an den verschiedenen unternehmensbezogenen Kriterien an. Im geltenden EnWG lassen sich vor allem die informationelle, buchhalterische, organisatorische und gesellschaftsrechtliche Entflechtung unterscheiden.[472] Entflechtung setzt folglich nicht zwangsläufig voraus, dass sich die Eigentumsverhältnisse verändern. Die Eigentumsentziehung ist vielmehr nur eine mögliche Form von Entflechtung. Man kann deshalb die „entziehende“, also eigentumsrechtliche Entflechtung und die „sonstige“, „umgestaltende“ Entflechtung unterscheiden.[473] Die Literatur versucht Entflechtungsinstrumente auch nach ihrer Anknüpfung zu unterscheiden. Setzt die Regelung einen Marktmachtmissbrauch voraus, so verweisen einige Autoren auf eine „zuwiderhandlungsabhängige“ oder „verhaltensbedingte“ Entflechtung.[474] Für eine Regelung, die allein an Strukturkriterien ansetzt, findet sich die Bezeichnung „sanktionsunabhängige“, „verschuldensunabhängige“, „abstrakte“, „objektive“, „strukturbedingte“ oder „zuwiderhandlungsunabhängige“ Entflechtung.[475] Die Begriffe „Verhalten“ und „Struktur“ können sich in ihren Merkmalen überschneiden.[476] Dennoch beschreibt das Kartellrecht mit ihnen die wettbewerblichen Marktverhältnisse.[477] Deshalb verwendet diese Arbeit die Begriffe „verhaltens-“ und „strukturbedingte“ Entflechtung in Kenntnis einer gewissen Unschärfe.[478]

[471] Ebenso § 24 Telekommunikationsgesetz und §§ 9, 9a Allgemeinen Eisenbahngesetz.

[472] Siehe dazu BerlKommEnR/*Säcker/Schönborn*, § 6 Rn. 1 ff.; Schneider/Theobald/*Schneider*, Recht der Energiewirtschaft, § 2 Rn. 48 ff.

[473] MK, SonderGA 58 (2010), Tz. 23.

[474] Vgl. *Satzky*, WuW 2010, 614, 614 ff.; *Klees/Hauser*, Entflechtungen von Unternehmen, S. 4 ff.

[475] Ausführlich dazu *Klees/Hauser*, Entflechtungen von Unternehmen, S. 4 f.

[476] *Veelken*, WRP 2003, 692, 712; *Leibenath*, Die Rechtsprobleme der Zusagenpraxis in der europäischen Fusionskontrolle, S. 69; siehe dazu unten Teil 2 § 2 A I 2.

[477] *P. Pohlmann*, Der Unternehmensverbund im Europäischen Kartellrecht, S. 76 ff.

[478] Kritisch dazu *Klees/Hauser*, Entflechtungen von Unternehmen, S. 5.

II. Strukturelle Maßnahmen

Beim Begriff der „strukturellen Maßnahme“ handelt es sich ebenfalls nicht um einen präzisen Rechtsbegriff.[479] Der Begriff kommt aus dem europäischen Recht und wird dort ebenfalls uneinheitlich verwendet.[480] In Art. 7 Abs. 1 S. 3 VO 1/2003 finden sich „Abhilfemaßnahmen struktureller Art“. Diese Maßnahmen stehen dort im Gegensatz zu den ebenfalls erwähnten verhaltensorientierten Maßnahmen. Satz 3 von Erwägungsgrund 12 der VO 1/2003 deutet darauf hin, dass sich „strukturelle Maßnahmen“ mit „Änderungen an der Unternehmensstruktur“ beschreiben lassen.[481] Eine Veränderung der Eigentumsverhältnisse ist wie bei Entflechtungen dagegen nicht zwingend notwendig.[482] Ein weiterer Aspekt wird aus der notwendigen, aber bisweilen schwierigen Abgrenzung zu verhaltensorientierten Maßnahmen deutlich.[483] Die Veränderung der Marktstruktur muss durch einen direkten Eingriff in die Unternehmensstruktur erfolgen. Dieser Eingriff muss Gegenstand der angeordneten Maßnahme sein und nicht deren Folge.[484] Verhaltensorientierte Maßnahmen können ebenfalls einen Bezug zur Marktstruktur haben. Diese Maßnahmen verändern die Marktstruktur indirekt durch die vorzunehmende Handlung.[485] Allein auf die Auswirkungen einer Maßnahme auf die Marktstruktur kommt es für die Einordnung als strukturelle Maßnahme jedoch nicht an.[486] Das Unternehmen hat nur auf die unternehmensbezogenen Merkmale direkten Einfluss.[487] Verändern sich diese Merkmale nur mittelbar, zum Beispiel durch eine Veränderung der Geschäftspolitik, so reicht das nicht aus, um von einer strukturellen Maßnahme zu sprechen.

[479] Siehe Reg.Begr. zur 7. GWB-Novelle, BT-Drs. 15/3640, S. 33; *Klees/Hauser*, WuW 2007, 596, 598; *Klees*, Europäisches Kartellverfahrensrecht, § 6 Rn. 78.

[480] Ausführlich dazu *Hauser*, Strukturelle Maßnahmen, S. 7 ff.; *A. Koch*, Eingriffe in die Struktur beherrschender Unternehmen, S. 28 f.

[481] So bereits *Hauser*, Strukturelle Maßnahmen, S. 8; *Klees/Hauser*, WuW 2007, 596, 598 f.

[482] *Hauser*, Strukturelle Maßnahmen, S. 10 m.w.N.; a.A. wohl Langen/Bunte/*Sura*, EG, Art. 7 VO 1/2003 Rn. 4.

[483] Siehe dazu Immenga/Mestmäcker/*Ritter*, EU-WettbR II, Art. 7 VO 1/2003 Rn. 38.

[484] *A. Koch*, Eingriffe in die Struktur beherrschender Unternehmen, S. 29; *Hauser*, Strukturelle Maßnahmen, S. 10.

[485] Z.B. die Anordnung einer Zwangslizenz oder die Verpflichtung, anderen Unternehmen den Marktzutritt zu gewähren oder eine wesentliche Einrichtung zu nutzen, siehe dazu *Hauser*, Strukturelle Maßnahmen, S. 9 f., 25.

[486] *A. Koch*, Eingriffe in die Struktur beherrschender Unternehmen, S. 29; *Hauser*, Strukturelle Maßnahmen, S. 10.

[487] *Hauser*, Strukturelle Maßnahmen, S. 10.

III. Zwischenergebnis

Der Gesetzgeber scheint „Entflechtungen“ im GWB als Unterfall der „strukturellen Maßnahmen“ zu sehen.[488] Dies leuchtet ein, wenn man allein auf die entziehende Entflechtung, also die eigentumsrechtliche Entflechtung abzielt. Insoweit ist der Begriff der „strukturellen Maßnahme“ weiter gefasst. Anders verhält es sich, wenn man den Begriff „Entflechtung“ nicht weiter ausdifferenziert. Dann ließe er sich ebenfalls synonym zum Begriff „strukturelle Maßnahme“ verwenden. Im allgemeinen Sprachgebrauch dürfte der Begriff „Entflechtung“ jedoch häufig mit „Zerschlagung“ oder „Eigentumsentziehung“ gleichgesetzt werden. Dies weckt Assoziationen mit einem einseitigen, staatlichen Zwangseingriff. Mit dem Begriff „strukturelle Maßnahme“ lassen sich hingegen auch die strukturorientierten Verpflichtungszusagen erfassen, die freiwillig erfolgen und unternehmensseitig angeboten werden.[489] Für den Begriff der „strukturellen Maßnahme“ spricht damit eine gewisse Neutralität. Insoweit wird im Rahmen der vorliegenden Untersuchung der Begriff der „strukturellen Maßnahme“ als Oberbegriff verwendet, ohne damit allerdings eine abschließende inhaltliche Bewertung zu verbinden.

B. Strukturelle Maßnahmen im GWB – de lege lata

Strukturelle Maßnahmen finden sich in der Zusammenschlusskontrolle und in der Missbrauchskontrolle, jeweils in unterschiedlichen Konstellationen. In einigen Fällen werden sie vom Bundeskartellamt angeordnet. Klassisch ist insoweit die Rückabwicklung eines vollzogenen Zusammenschlusses nach § 41 Abs. 3 S. 1, Abs. 4 Nr. 3 GWB. Teilweise können Unternehmen jedoch auch strukturelle Maßnahmen vorschlagen, um einer behördlichen Entscheidung zuvorzukommen oder diese positiv zu verändern. Im Missbrauchsverfahren erlaubt § 32b Abs. 1 GWB den Unternehmen etwa, strukturelle Verpflichtungszusagen vorzuschlagen, um so eine Abstellungsverfügung seitens des Bundeskartellamtes abzuwenden. Umgekehrt war jedoch bislang umstritten,[490] ob das Bundeskartellamt im Missbrauchsverfahren auch berechtigt ist, gem. § 32

[488] Reg.Begr. zur 7. GWB-Novelle, BT-Drs. 15/3640, S. 33: „Im europäischen Recht können strukturelle Maßnahmen Eingriffe in die Unternehmenssubstanz bis hin zu Entflechtungen von Unternehmen umfassen.“; *Klees/Hauser*, Entflechtungen von Unternehmen, S. 16 Fn. 68.

[489] Ansonsten müssten die Zusage und die Anordnung von Entflechtung unterschieden werden.

[490] Dagegen *Bechtold*, GWB, § 32 Rn. 17 m.w.N.; dafür *Karl/Reichelt*, DB 2005, 1436, 1441; *Fuchs*, WRP 2005, 1384, 1389; Langen/Bunte/*Bornkamm*, GWB, § 32 Rn. 31; MüKo-GWB/*Keßler*, § 32 Rn. 48; Loewenheim/Meessen/Riesenkampff/*Rehbinder*, § 32 Rn. 17; *Hauser*, Strukturelle Maßnahmen, S. 66.

Abs. 2 GWB strukturelle Maßnahmen anzuordnen. Im Gegensatz zu strukturorientierten Verpflichtungszusagen ergehen diese Maßnahmen einseitig von Seiten der Behörde. Seit der 8. GWB-Novelle ermöglicht § 32 Abs. 2 GWB den Wettbewerbsbehörden ausdrücklich, strukturelle Maßnahmen zu erlassen.[491] Die Reichweite dieser Regelung entscheidet nunmehr darüber, inwieweit sich das geltende Recht durch § 41a GWB-RefE tatsächlich qualitativ verändert.

I. Entflechtung von Zusammenschlüssen gem. § 41 Abs. 3, 4 GWB

Praktisch ist es nur in Ausnahmefällen notwendig, Zusammenschlüsse aufzulösen.[492] Die eigentliche Fusionskontrolle findet im Vorfeld statt. Der präventive Charakter der Fusionskontrolle ist durch das allgemeine Vollzugsverbot nach § 41 Abs. 1 GWB abgesichert. Unternehmen setzen sich jedoch gelegentlich über das Vollzugsverbot hinweg, indem sie den Zusammenschluss vollziehen, ohne ihn vorher anzumelden oder bevor die Untersagungsfrist abgelaufen ist. Den Unternehmen droht dann eine Entflechtung nach § 41 Abs. 3, 4 GWB. Die Vorschrift erfasst überdies auch die Entflechtung rechtmäßig vollzogener Zusammenschlüsse, wenn die Wettbewerbsbehörde die Freigabe widerruft oder ein Gericht sie aufhebt. Die Entflechtung soll dann Wettbewerbsstrukturen schaffen, die nicht mehr gegen § 36 Abs. 1 GWB verstoßen.[493] Am Zeitpunkt des Zusammenschlusses bemisst sich die angeordnete Entflechtungsmaßnahme. Durch die anzuordnende Entflechtung sollen nur diejenigen Wettbewerbsbeschränkungen beseitigt werden, die durch die Fusion entstanden sind.[494] Die Entflechtung entzieht dem Erwerber lediglich die Marktmacht und die Ressourcen, die dieser durch die Fusion hinzugewonnen hat.[495] Der gesetzliche Regelfall in § 41 Abs. 3 S. 3 GWB ist es, den früheren Zustand (Restitution) mit der alten Unternehmensstruktur

[491] BMWT, Begr. zum GWB-RefE, S. 4; mit Verweis auf die Entflechtung ebenfalls BMWT, Eckpunkte einer 8. GWB-Novelle vom 01. August 2011, S. 7, abzurufen unter: http://www.bmwi.de/BMWi/Redaktion/PDF/E/eckpunkte-8-gwb-novelle,property=pdf,bereich=bmwi,sprache=de,rwb=true.pdf (letzter Abruf: 30. Oktober 2012); MK, SonderGA 58 (2010), Tz. 120; zur Beschreibung von § 32 Abs. 2 GWB als Einführung einer verhaltensbedingten Entflechtung, siehe *Satzky*, WuW 2010, 614, 623.

[492] Langen/Bunte/*Ruppelt*, GWB, § 41 Rn. 7 f.

[493] *Bechtold*, GWB, § 41 Rn. 20; Immenga/Mestmäcker/*Mestmäcker/Veelken*, GWB, § 41 Rn. 45.

[494] KG WuW/E OLG 1989, 1993 – *Zementmahlanlage*.

[495] OLG Düsseldorf WuW/E DE-R 1370, 1371 – *Professor von S.*; Immenga/Mestmäcker/*Mestmäcker/Veelken*, GWB, § 41 Rn. 49.

(status quo ante) wiederherzustellen.[496] Die Kartellbehörde kann den Veräußerer dabei verpflichten, den Zusammenschlussgegenstand zurückzunehmen.[497] Wenn im Rahmen der Fusion neue Unternehmen entstanden sind, so sind sie zu liquidieren.[498]

Die Wettbewerbsbeschränkung ist hingegen nach § 41 Abs. 3 S. 3 GWB „auf andere Weise" zu beseitigen, wenn das Zusammenschlussobjekt untergegangen ist.[499] Die Kartellbehörde muss im Einzelfall entscheiden, ob und wie sich die hinzugewonnene Marktmacht neutralisieren lässt.[500] Gerichtlich bestätigt ist die Verpflichtung, das Zusammenschlussobjekt an unbedenkliche Dritte zu veräußern.[501] Die Entflechtung nach § 41 GWB kennzeichnet, dass die Wettbewerbsbeschränkung und die Abhilfemaßnahmen übereinstimmen und sich durch den Zusammenschluss bestimmen lassen.[502]

II. Strukturelle Auflagen und Bedingungen bei Zusammenschlüssen

Die Kartellbehörden können strukturelle Bedingungen und Auflagen in zwei Fällen erlassen: erstens, wenn die Behörden Unternehmen vom Vollzugsverbot nach § 41 Abs. 2 S. 2 GWB befreien, und zweitens, wenn sie einen Zusammenschluss nach § 40 Abs. 3 GWB freigeben. Maßnahmen nach § 41 Abs. 2 S. 2 GWB sind vorliegend weniger bedeutsam, weil ihr Zweck sehr eng begrenzt ist. Diese Maßnahmen sollen allein solche Nachteile gering halten, die durch die Aufhebung des Vollzugsverbots entstehen. Falls der Zusammenschluss am Ende doch nicht freigegeben wird, bleiben so die Entflechtungsmöglichkeiten erhalten.[503]

Wichtiger sind die Bedingungen und Auflagen im Falle einer Freigabeentscheidung.[504] Diese Maßnahmen sollen grundsätzliche Wettbewerbsbedenken ausräumen. Damit können die Kartellbehörden solche Fusionen doch noch freigeben, die sie ansonsten untersagen müssten.[505] Die

[496] Umstritten ist, ob die Restitution generell Vorrang vor anderen Maßnahmen hat, dazu Langen/Bunte/*Ruppelt*, GWB, § 41 Rn. 9; zur Unternehmensstruktur, siehe Immenga/Mestmäcker/*Mestmäcker/Veelken*, GWB, § 41 Rn. 45.

[497] KG WuW/E OLG 2753, 2763 – *Springer/Elbe Wochenblatt II*.

[498] Immenga/Mestmäcker/*Mestmäcker/Veelken*, GWB, § 41 Rn. 48.

[499] Z.B. weil es der Erwerber liquidiert hat, siehe Immenga/Mestmäcker/*Mestmäcker/Veelken*, GWB, § 41 Rn. 49 mit weiteren Beispielen.

[500] Immenga/Mestmäcker/*Mestmäcker/Veelken*, GWB, § 41 Rn. 51.

[501] OLG Düsseldorf WuW/E DE-R 1370, 1371 – *Professor von S.*

[502] So zur Kongruenz im europäischen Recht *Hauser*, Strukturelle Maßnahmen, S. 12.

[503] Langen/Bunte/*Ruppelt*, GWB, § 41 Rn. 5 f.

[504] Diese Vorschrift normiert im Wesentlichen die gängige Zusagenpraxis vor Einführung der Regelung bei Zusammenschlüssen, die nur in Teilen bedenklich waren.

[505] Loewenheim/Meessen/Riesenkampff/*Riesenkampff/Lehr*, § 40 Rn. 29 m.w.N.

materiellen Kriterien des § 36 Abs. 1 GWB bestimmen die Auflagenpraxis.[506] Im Rahmen der Prognose über die Marktverhältnisse sind die Unternehmens- und Marktstruktur bestimmend.[507] Deshalb zielen Auflagen auf Merkmale der Unternehmens- und Marktstruktur ab.[508] Als strukturelle Maßnahmen kommt vor allem die Veräußerung von Beteiligungen sowie Unternehmens- und Vermögensteilen in Betracht.[509] Das Ziel, unternehmerischen Einfluss zu begrenzen, Verflechtungen und Marktzutrittsschranken zu beseitigen, lässt sich auf verschiedene Arten erreichen. Soweit die angeordneten Handlungen aber zu einer Verhaltenskontrolle führen, müssen sie sich am Verbot einer laufenden Verhaltenskontrolle messen lassen, vgl. § 40 Abs. 3 S. 2 GWB.[510] Somit sind strukturelle Maßnahmen bei Zusammenschlüssen das Mittel der Wahl für die Wettbewerbsbehörden.

Häufig wird das Bundeskartellamt entsprechende Auflagen nicht einseitig und ohne unternehmerischen Einfluss anordnen. Die Unternehmen selbst haben den Zusammenschluss angemeldet und ein eigenes Interesse an einer Freigabe. Die Zwangswirkung ist begrenzt. Die Unternehmen müssen die Auflagen nicht erfüllen, wenn sie vom Zusammenschlussvorhaben absehen. Die strukturellen Auflagen ermöglichen dem Unternehmen lediglich, den Zusammenschluss und damit ein „Mehr" zu erlangen. Es ist sogar Aufgabe des Unternehmens, im Rahmen der Anhörungspflicht gem. § 56 Abs. 1 GWB Vorschläge zu machen, wie die vom Bundeskartellamt geltend gemachten Wettbewerbsbedenken ausgeräumt werden können.[511] Der Gesetzgeber normierte mit der Regelung letztlich eine gängige Zusagenpraxis, bei der die Unternehmen und das Bundeskartellamt entsprechende Zusatzvereinbarungen verhandelten.[512]

---

[506] Immenga/Mestmäcker/*Mestmäcker/Veelken*, GWB, § 40 Rn. 48.

[507] BGH WuW/E BGH 1749, 1754 f. – *Klöckner-Becorit*; *Bechtold*, GWB, § 36 Rn. 5.

[508] Langen/Bunte/*Ruppelt*, GWB, § 40 Rn. 29; Immenga/Mestmäcker/*Mestmäcker/Veelken*, GWB, § 40 Rn. 48.

[509] Langen/Bunte/*Ruppelt*, GWB, § 40 Rn. 29.

[510] Im Rahmen der 8. GWB-Novelle wurde von ministerieller Seite überlegt, dieses Verbot zu streichen, siehe BMWT, Eckpunkte einer 8. GWB-Novelle vom 01. August 2011, S. 4; im Reg.Entw. zur Novelle ist das Verbot allerdings enthalten, siehe BT-Drs. 17/9852, S. 30.

[511] Loewenheim/Meessen/Riesenkampff/*Riesenkampff/Lehr*, § 40 Rn. 30 m.w.N.; Immenga/Mestmäcker/*Mestmäcker/Veelken*, GWB, § 40 Rn. 48; eine Verpflichtung, die Freigabe mit Nebenbestimmungen zu prüfen, sieht Langen/Bunte/*Ruppelt*, GWB, § 40 Rn. 28.

[512] Siehe Reg.Begr. zur 6. GWB-Novelle, BT-Drs. 13/9720, S. 60; zu den Ausnahmen, siehe Langen/Bunte/*Ruppelt*, GWB, § 41 Rn. 26.

III. Strukturelle Maßnahmen im Kartellverfahrensrecht

Anders als im Zusammenschlussverfahren gibt es im Kartellverfahrensrecht bislang keine ausdrückliche Ermächtigung zu einseitigen strukturellen Eingriffen. Nach § 32b GWB kann das Bundeskartellamt im Rahmen eines Missbrauchsverfahrens nur vom Unternehmen angebotene strukturelle Verpflichtungszusagen für verbindlich erklären. Bei Verstößen gegen Artt. 101, 102 AEUV bzw. §§ 1, 19 ff. GWB, stellt sich die Frage nach der Möglichkeit und dem Umfang struktureller Maßnahmen im Rahmen der Abstellungsverfügung nach § 32 GWB.

1. Strukturelle Verpflichtungszusagen nach § 32b Abs. 1 GWB

Ermittelt die Kartellbehörde gegen ein Unternehmen aufgrund eines möglichen Verstoßes gegen Artt. 101, 102 AEUV bzw. §§ 1, 19 ff. GWB, so kann das Unternehmen Verpflichtungszusagen anbieten. Nach § 32b Abs. 1 GWB können diese Verpflichtungszusagen dann behördlich für verbindlich erklärt werden. Das Unternehmen und die Kartellbehörden handeln die Zusagen regelmäßig aus.[513] Das Gesetz ermöglicht damit eine gütliche Einigung, wenn die Kartellbehörde wettbewerbliche Bedenken gegenüber konkreten unternehmerischen Verhaltensweisen hat. Die Zusagen beeinflussen dann die rechtliche Bewertung. Die Behörde kann diese Fälle dadurch kartellrechtlich abgesichert beenden – rasch, effizient und ressourcenschonend.[514]

Entscheidend ist jedoch, dass die Initiative allein beim Unternehmen liegt. Das Unternehmen kann autonom darüber entscheiden, ob es Zusagen anbietet und wie es diese ausgestaltet.[515] Den Umfang und die Verhältnismäßigkeit seiner Zusagen muss das Unternehmen eigenverantwortlich beurteilen.[516] Als strukturelle Zusagen kommen auch Veräußerungen und Entflechtungszusagen in Betracht. Wenn das Unternehmen aber davon ausgeht, rechtmäßig gehandelt zu haben, kann es auch auf Zusagen verzichten und eine behördliche Abstellungsverfügung abwarten. Diese Verfügung kann das Unternehmen dann mit einer Beschwerde anfechten und auf ihre Rechtmäßigkeit überprüfen lassen.

---

[513] Langen/Bunte/*Bornkamm*, GWB, § 32b Rn. 7; Immenga/Mestmäcker/*Bach*, GWB, § 32b Rn. 3.

[514] Loewenheim/Meessen/Riesenkampff/*Rehbinder*, § 32b Rn. 1; Immenga/Mestmäcker/*Bach*, GWB, § 32b Rn. 3.

[515] MüKo-GWB/*Keßler*, § 32 Rn. 54; Immenga/Mestmäcker/*Bach*, GWB, § 32b Rn. 12; Loewenheim/Meessen/Riesenkampff/*Rehbinder*, § 32b Rn. 6.

[516] Loewenheim/Meessen/Riesenkampff/*Rehbinder*, § 32b Rn. 6; zur Frage der Verhältnismäßigkeit beim Angebot struktureller wie verhaltensbezogener Maßnahmen Immenga/Mestmäcker/*Bach*, GWB, § 32b Rn. 15.

2. Strukturelle Maßnahmen nach § 32 Abs. 2 GWB

Nach § 32 Abs. 1 GWB kann die Kartellbehörde ein Unternehmen verpflichten, bestimmte Verhaltensweisen abzustellen, wenn sie Verstöße gegen Artt. 101, 102 AEUV bzw. §§ 1, 19 ff. GWB feststellt oder ernstlich befürchtet.[517] Die Abstellungsverfügung ist damit auf die Zukunft gerichtet und soll (weitere) Verstöße verhindern.[518] Nach dem Wortlaut des § 32 Abs. 2 GWB kann die Behörde dem Unternehmen „alle" verhältnismäßigen Maßnahmen aufgeben, um die Zuwiderhandlung abzustellen. Die Behörde darf also nicht nur ein bestimmtes Verhalten verbieten, sondern kann den Adressaten auch verpflichten, bestimmte Handlungen vorzunehmen (positive Tenorierung).[519]

a) Zulässigkeit – nach alter Rechtslage

Grundsätzlich ist zu fragen, ob strukturelle Maßnahmen das richtige Mittel sind, um Verhaltensregelungen durchzusetzen. Mit § 32 Abs. 2 GWB a.F. traf der Gesetzgeber darüber jedoch keine konkrete Aussage – strukturelle Maßnahmen wurden in der Vorschrift jedenfalls nicht erwähnt. In der Parallelvorschrift des europäischen Rechts, ist das anders. Art. 7 Abs. 1 S. 2 VO 1/2003 erlaubt den Kartellbehörden ausdrücklich, die „erforderlichen Abhilfemaßnahmen verhaltensorientierter oder struktureller Art" vorzuschreiben, sofern sie verhältnismäßig und erforderlich sind. Strukturelle Maßnahmen nehmen dem Unternehmen objektiv die Möglichkeit, in Zukunft einen weiteren Kartellverstoß im Sinne der Abstellungsverfügung zu begehen.[520] Im Folgenden wird unter besonderer Berücksichtigung der gesetzlichen Systematik untersucht, inwieweit strukturelle Maßnahmen bereits vor der 8. GWB-Novelle im Jahr 2013 zulässig waren.

(1) Unklare Haltung des Gesetzgebers

Das Vorgehen des deutschen Gesetzgebers kennzeichnete eine gewisse Ambivalenz. Einerseits hatte er zum 1. Juli 2005 keine Art. 7 VO 1/2003 entsprechende Regelung erlassen. Andererseits stellte die Regierungsbegründung zur 7. GWB-Novelle fest, dass die „offene Formulierung des § 32 [GWB] Eingriffe in die Unternehmenssubstanz nicht

---

[517] Entgegen des Gesetzeswortlauts ist nicht erforderlich, dass es bereits zu einem Gesetzesverstoß gekommen ist, eine Erstbegehungsgefahr ist ausreichend, siehe OLG Düsseldorf WuW/E DE-R 2744, 2759 – *DFL-Vermarktungsrechte*; *Bechtold*, GWB, § 32 Rn. 10 m.w.N.; Wiedemann/*Klose*, Hdb. KartellR, § 51 Rn. 13; Immenga/Mestmäcker/*Emmerich*, GWB, § 32 Rn. 9.

[518] Loewenheim/Meessen/Riesenkampff/*Rehbinder*, § 32 Rn. 1; Grabitz/Hilf/Nettesheim/*Dalheimer*, Das Recht der europäischen Union, Art. 7 VO 1/2003 Rn. 9, 14.

[519] Reg.Begr. zur 7. GWB-Novelle, BT-Drs. 15/3640, S. 33.

[520] *Bechtold*, GWB, § 32 Rn. 16.

grundsätzlich" ausschließe.[521] Unter Verweis auf das Verbot kartellrechtswidriger Gemeinschaftsunternehmen, betonte die Regierungsbegründung, dass das deutsche Recht den Behörden bereits jetzt Befugnisse einräume, „die strukturelle Elemente einschließen".[522] Insgesamt war gleichwohl eine gewisse Skepsis des Gesetzgebers gegenüber strukturellen Maßnahmen erkennbar.[523] Wahrscheinlich deshalb ließ der Gesetzgeber offen, in welchem Ausmaß die Behörden nach § 32 GWB a.F. strukturelle Maßnahmen anordnen konnten. Nach dem Regierungsentwurf zu § 32 Abs. 2 GWB a.F. richtet sich die Reichweite im Einzelfall nach „allgemeinen Grundsätzen", vor allem nach der Verhältnismäßigkeit.[524] Der Umfang und der Anwendungsbereich einer Entflechtung nach § 32 Abs. 2 GWB a.F. ließ sich auf Grundlage des Gesetzeswortlautes und der Regierungsbegründung dennoch nicht hinreichend bestimmen. Der Verweis auf das Prinzip der Verhältnismäßigkeit deutete lediglich darauf hin, dass Entflechtungsmaßnahmen gegenüber verhaltensorientierten Maßnahmen wohl subsidiär gewesen sein dürften. Sofern das Bundeskartellamt nach § 32 Abs. 2 GWB a.F. ausreichende verhaltensorientierte Maßnahmen erlassen konnte, dürften Eingriffe in die Unternehmensstruktur eingriffsintensiver und deshalb unverhältnismäßig gewesen sein. Dieses Verständnis liegt insoweit auch Art. 7 VO 1/2003 zugrunde, da Absatz 1 Satz 3 der Vorschrift ausdrücklich anordnet, dass strukturelle Maßnahmen gegenüber verhaltensorientierten Maßnahmen subsidiär sind. Darüber hinaus ist davon auszugehen, dass sich die Reichweite von § 32 Abs. 2 GWB a.F. nach dem Umfang und den Grenzen von Art. 7 VO 1/2003 richtet. Die Begründung des Regierungsentwurfs von § 32 Abs. 2 GWB a.F. verweist explizit auf den Vorbildcharakter des Art. 7 VO 1/2003 und nennt die dortigen Kriterien als „Orientierungshilfe" für strukturelle Maßnahmen.[525]

(2) Divergierende Meinungen in der Literatur

Die Meinungen in der Literatur schwankten in ihrer Haltung zu strukturellen Maßnahmen und interpretierten den Gesetzgeber sowie § 32 Abs. 2 GWB a.F. ganz unterschiedlich.[526] Vereinzelt wurden strukturelle

[521] Reg.Begr. zur 7. GWB-Novelle, BT-Drs. 15/3640, S. 33.
[522] Reg.Begr. zur 7. GWB-Novelle, BT-Drs. 15/3640, S. 33.
[523] So auch Langen/Bunte/*Bornkamm*, GWB, § 32 Rn. 31.
[524] Reg.Begr. zur 7. GWB-Novelle, BT-Drs. 15/3640, S. 33.
[525] Reg.Begr. zur 7. GWB-Novelle, BT-Drs. 15/3640, S. 51.
[526] *Fuchs*, WRP 2005, 1384, 1389 sieht nur den Vorrang für verhaltensorientierte Maßnahmen betont; Gesetzesvorschlag der FDP-Fraktion, BT-Drs. 16/8405 vom 15. März 2008, S. 5 begründet die vorsichtige Formulierung mit dem Bestimmtheitsgebot und der Wesentlichkeitsrechtsprechung.

Maßnahmen für unzulässig erachtet.[527] Die Kritiker stellten vor allem darauf ab, dass es im Rahmen des § 32 Abs. 2 GWB systematisch um einen Verhaltensvorwurf gehe, dem die Kartellbehörde mit verhaltensorientierten Maßnahmen begegnen müsse.[528] Davon ausgenommen sei nur das Verbot eines kartellrechtswidrigen Gemeinschaftsunternehmens.[529] Hier sei gerade kennzeichnend, dass der Verstoß selbst struktureller Natur sei.[530] Die Mehrheit in der Literatur bewertete strukturelle Maßnahmen hingegen grundsätzlich als zulässig.[531] Für dieses Verständnis spricht, dass die Kartellbehörden bereits damals – im Bereich der Verhaltenskontrolle – Maßnahmen anordnen durften, die strukturellen Charakter hatten. So wurden etwa kartellrechtswidrige Gemeinschaftsunternehmen – je nach Einzelfall – teilweise unter dem Gesichtspunkt des § 1 GWB und nur hilfsweise nach Fusionskontrollvorschriften verboten.[532] Ebenfalls aufgrund von Verhaltensvorschriften wurde Unternehmen von den Kartellbehörden und Gerichten verboten, ihren Konkurrenten den Zugang zu Infrastruktureinrichtungen wie Häfen oder Netzen zu verweigern.[533]

Gleichwohl war und ist bei strukturellen Maßnahmen generell Zurückhaltung zu üben. Verhaltens- und Strukturkontrolle stellen wettbewerbspolitisch zwei unterschiedliche Bereiche der kartellrechtlichen Kontrolle dar.[534] Dabei haben Verhaltens- und Strukturregelungen zwar das gleiche Ziel: wirksamen Wettbewerb auf den Märkten aufrechtzuerhalten.[535] Anders als die Strukturkontrolle kontrolliert die Verhaltenskontrolle jedoch primär das Marktverhalten und gerade nicht die Marktstruktur. Verhaltensorientierte Maßnahmen in der Verhaltenskontrolle sind deshalb als die systemgerechtere Alternative zu beurtei-

---

[527] *Bechtold*, GWB, § 32 Rn. 17.

[528] *Bechtold*, GWB, § 32 Rn. 17; für eine Zulässigkeit, jedoch kritisch mit Bezug auf die Systematik *Karl/Reichelt*, DB 2005, 1436, 1441; Wiedemann/*Klose*, Hdb. KartellR, § 51 Rn. 18 ff.; im Bezug auf das europäische Recht ebenso Langen/Bunte/*Sura*, EG, Art. 7 VO 1/2003 Rn. 4.

[529] *Bechtold*, GWB, § 32 Rn. 17; etwas weiter Immenga/Mestmäcker/*Emmerich*, GWB, § 32 Rn. 40.

[530] *Bechtold*, GWB, § 32 Rn. 17.

[531] Siehe *Karl/Reichelt*, DB 2005, 1436, 1441; *Fuchs*, WRP 2005, 1384, 1389; Langen/Bunte/*Bornkamm*, GWB, § 32 Rn. 31; MüKo-GWB/*Keßler*, § 32 Rn. 48; Loewenheim/Meessen/Riesenkampff/*Rehbinder*, § 32 Rn. 17; *Hauser*, Strukturelle Maßnahmen, S. 66.

[532] So für kooperative Gemeinschaftsunternehmen BGH WuW/E BGH 2169, 2170 – *Mischwerke*; WuW/E DE-R 2361, 2362 – *Nord-KS/Xella;* WUW/E DE-R 711, 713 ff. – *Ostfleisch*.

[533] Grundlegend BGH WUW/E DE-R 977, 980 ff. – *Fährhafen Puttgarden*; WUW/E DE-R 703, 707 – *Puttgarden II*; WUW/E DE-R 1520, 1523 ff. – *Arealnetz*.

[534] Zu dieser Systematik, siehe unten Teil 2 § 2 C I.

[535] Siehe unten Teil 2 § 2 C I.

len.[536] Wenngleich strukturelle Maßnahmen im Rahmen des § 32 Abs. 2 GWB a.F. zwar grundsätzlich zulässig waren, so begrenzt das GWB und seine Systematik bis heute die Reichweite der behördlichen Eingriffsbefugnis.[537] Die Abstellungsverfügung nach § 32 Abs. 2 GWB bezieht sich auf die marktbezogene Verhaltenskontrolle.[538] Das GWB, allen voran § 19 GWB, missbilligt es nur, eine marktbeherrschende Stellung zu missbrauchen. Eine solche marktbeherrschende Stellung aus eigener Kraft zu erreichen, ist hingegen erlaubt.[539] Strukturelle Maßnahmen im Rahmen des § 32 GWB dürften daher nicht darauf abzielen, die Marktbeherrschung um ihrer selbst willen zu beseitigen.[540] In diesem Punkt unterscheiden sich deshalb die Entflechtungsmöglichkeiten nach § 32 Abs. 2 GWB und nach § 41a GWB-RefE.

b) Zulässigkeit – de lege lata

Die 8. GWB-Novelle hatte zum Ziel, die nationalen kartellbehördlichen Befugnisse vollständig an die europäischen Ermächtigungen anzugleichen.[541] Deshalb hat der Gesetzgeber den Wortlaut von § 32 Abs. 2 GWB an Art. 7 Abs. 1 VO 1/2003 angepasst.[542] Die Reichweite der europäischen Regelung entscheidet somit über § 32 Abs. 2 GWB n.F.

Im europäischen Recht wird ebenfalls darüber diskutiert, ob strukturelle Maßnahmen sinnvoll sind und wie weit sie reichen dürfen.[543] Die EU-Kommission ist ohne nähere Begründung der Auffassung, dass die Ermächtigung zu strukturellen Maßnahmen in Art. 7 Abs. 1 VO 1/2003 lediglich die bisherigen Kommissionskompetenzen klarstellt.[544] Den bis dato einzigen Fall der Entflechtung hat die EG-Kommission (nunmehr EU-Kommission) im Jahr 1992 auf Art. 86 EWGV (nunmehr Art. 102

[536] So bereits *Karl/Reichelt*, DB 2005, 1436, 1441; Wiedemann/*Klose*, Hdb. KartellR, § 51 Rn. 18 ff.; im Bezug auf das europäische Recht auch Langen/Bunte/*Sura*, EG, Art. 7 VO 1/2003 Rn. 4.

[537] Zur Systematik innerhalb des GWB, siehe unten Teil 2 § 2 C.

[538] MüKo-GWB/*Keßler*, § 32 Rn. 48.

[539] So bereits die Reg.Begr. zur 7. GWB-Novelle, BT-Drs. 15/3640, S. 33; Immenga/Mestmäcker/*Emmerich*, GWB, § 32 Rn. 40 m.w.N.; *Karl/Reichelt*, DB 2005, 1436, 1441.

[540] Wiedemann/*Klose*, Hdb. KartellR, § 51 Rn. 20; MüKo-GWB/*Keßler*, § 32 Rn. 48; *Fuchs*, WRP 2005, 1384, 1389.

[541] Zu diesem Ziel Reg.Begr. zur 8. GWB-Novelle, BT-Drs. 17/9852, S. 26.

[542] Reg.Begr. zur 8. GWB-Novelle, BT-Drs. 17/9852, S. 26; *Bechtold*, GWB, § 32 Rn. 18.

[543] *Klees*, Europäisches Kartellverfahrensrecht, § 6 Rn. 75 ff.; MüKo-EuWettbR/*Bauer*, Art. 7 VO 1/2003 Rn. 18 ff.

[544] EU-Kommission, Competition Policy Newsletter 2003, Number 1 (Spring), S. 4 f.

AEUV) gestützt.[545] Darin verpflichtete die EG-Kommission ein Unternehmen Geschäftsaktivitäten zurückzuübertragen und Kapitalbeteiligungen aufzugeben.[546] Materiell ist diese Entscheidung jedoch nicht als Entflechtungs-, sondern als Fusionskontrollentscheidung über Art. 86 EWGV einzuordnen.[547] Die Unternehmenstransaktion wurde bereits vor Erlass der FKVO vollzogen und konnte deshalb nicht nach ihrer Maßgabe beurteilt werden.[548] Darüber hinaus bestehen grundlegende Bedenken, Fusionskontrollentscheidungen – die der Kontrolle der Marktstruktur dienen – wiederum auf Artt. 85, 86 EWGV (nunmehr Artt. 101, 102 AEUV) zu stützen.[549] Beide Vorschriften sind nicht für eine umfassende Kontrolle von Zusammenschlüssen konzipiert, weshalb Artt. 101, 102 AEUV lediglich in ihrem Randbereich einige wenige Fusionssachverhalte erfassen.[550] Deshalb leuchtet es nicht ein, eine bestehende Kompetenz der EU-Kommission zum Erlass struktureller Maßnahmen mit den Fusionskontrollentscheidungen auf Basis von Artt. 85, 86 EWGV zu begründen.[551] Folglich hat der Verordnungsgeber im Rahmen der Marktverhaltenskontrolle durch Art. 7 Abs. 1 VO 1/2003 „Neuland" betreten.[552] Der praktische Anwendungsbereich und die genaue Reichweite der Regelung lassen sich insgesamt nur schwer bestimmen.

(1) Strenge Subsidiarität und fehlende Kommissionspraxis

Die Möglichkeiten, strukturelle Maßnahmen anzuordnen, sind jedenfalls auch im europäischen Recht stark begrenzt. Die Kartellbehörden dürfen strukturelle Maßnahmen nur dann anordnen, wenn verhaltensorientierte Maßnahmen von „gleicher" Wirksamkeit fehlen oder für das

[545] EG-Kommission, Entscheidung vom 10. November 1992 ABl. L 116 vom 12. Mai 1993, S. 21, 31 – *Gilette*; siehe dazu Loewenheim/Meessen/Riesenkampff/*Anweiler*, Art. 7 VO 1/2003 Rn. 57.

[546] EG-Kommission, Entscheidung vom 10. November 1992 ABl. L 116 vom 12. Mai 1993, S. 21, 31 (Rn. 43) – *Gilette*.

[547] So bereits *Haus*, WuW 2001, 659, 663 Fn. 34; *Klees*, Europäisches Kartellverfahrensrecht, § 6 Rn. 75 Fn. 215; ausführlich zur Fusionskontrolle über die Kategorie des Marktstrukturmissbrauchs im Rahmen des Art. 102 AEUV Grabitz/Hilf/Nettesheim/*Jung*, Das Recht der europäischen Union, Art. 102 AEUV Rn. 327 f.

[548] MüKo-EuWettbR/*Bauer*, Art. 7 VO 1/2003 Rn. 18; *Hauser*, Strukturelle Maßnahmen, S. 53.

[549] Siehe dazu unten Teil 2 § 5 I 2.

[550] Siehe dazu unten Teil 2 § 5 I 2.

[551] So aber *Maier-Rigaud*, WuW 2012, 487, 500 (Fn. 54); *Riley*, ECLR 2003, 604, 607.

[552] So auch Wirtschafts- und Sozialausschuss, Stellungnahme vom 29. März 2001, ABl. C 155 vom 29. Mai 2001, S. 73, 75; Wiedemann/*Dieckmann*, Hdb. KartellR, § 45 Rn. 17; *Klees*, Europäisches Kartellverfahrensrecht, § 6 Rn. 75 m.w.N.; *Haus*, WuW 2001, 659, 663 f.

Unternehmen belastender sind, vgl. Art. 7 Abs. 1 S. 3 VO 1/2003. Dabei ist entgegen dem Wortlaut auf „ausreichend wirksame“ und nicht „gleich wirksame“ Verhaltensmaßnahmen abzustellen.[553] Dies liegt daran, dass strukturelle Maßnahmen regelmäßig besser geeignet sind, Kartellrechtsverstöße abzustellen, weil sie dauerhafter, umfassender und wirkungsvoller sind.[554] Sofern es tatsächlich auf verhaltensorientierte Maßnahmen von „gleicher“ Wirksamkeit ankäme, so wäre es eher die Regel als die Ausnahme, strukturelle Maßnahmen anzuordnen. Um nicht die Subsidiarität ins Gegenteil zu verkehren, sind deshalb „ausreichende“ verhaltensorientierte Maßnahmen als Vergleichsmaßstab heranzuziehen.[555]

Die Hürde für strukturelle Maßnahmen ist folglich hoch, der praktische Einsatz von Art. 7 Abs. 1 VO 1/2003 deshalb unwahrscheinlich.[556] Die EU-Kommission müsste überprüfen und bei einer gerichtlichen Überprüfung ihrer Entscheidung beweisen, dass keine gleich wirksamen verhaltensorientierten Maßnahmen möglich sind oder diese gegenüber strukturellen Maßnahmen eingriffsintensiver gewesen wären.[557] Die bisherige Kommissionspraxis bestätigt diese Einschätzung. Bislang hat die EU-Kommission von ihrer Befugnis, strukturelle Maßnahmen nach Art. 7 Abs. 1 VO 1/2003 einseitig anzuordnen, keinen Gebrauch gemacht.[558] In Fällen, in denen die EU-Kommission strukturelle Maßnahmen nach Art. 7 Abs. 1 VO 1/2003 verhängen könnte, scheint sie es vorzuziehen, die Verfahren über strukturelle Zusagen nach Art. 9 VO 1/2003 einvernehmlich zu beenden.[559] Damit kommt es zwar faktisch zu

[553] *Klees*, Europäisches Kartellverfahrensrecht, § 6 Rn. 81; MüKo-GWB/*Keßler*, § 32 Rn. 48; Langen/Bunte/*Sura*, EG, Art. 7 VO 1/2003 Rn. 4; kritisch dazu *Maier-Rigaud*, WuW 2012, 487, 490.

[554] *Klees*, Europäisches Kartellverfahrensrecht, § 6 Rn. 81.

[555] So auch *K. Schmidt*, BB 2003, 1237, 1242; *Klees*, Europäisches Kartellverfahrensrecht, § 6 Rn. 81; Langen/Bunte/*Sura*, EG, Art. 7 VO 1/2003 Rn. 4; *de Bronnet*, Europäisches Kartellverfahrensrecht, Art. 7 Rn. 13.

[556] Loewenheim/Meessen/Riesenkampff/*Anweiler*, Art. 7 VO 1/2003 Rn. 60; MüKo-EuWettbR/*Bauer*, Art. 7 VO 1/2003 Rn. 20 f.; Langen/Bunte/*Sura*, EG, Art. 7 VO 1/2003 Rn. 4.

[557] *De Bronnet*, Europäisches Kartellverfahrensrecht, Art. 7 Rn. 13; *Bechtold/Bosch/Brinker/Hirsbrunner*, EG-Kartellrecht, Art. 7 VO 1/2003 Rn. 16.

[558] Vgl. *Maier-Rigaud*, WuW 2012, 487, 489; *Klees*, WuW 2009, 374, 381; *Gippini-Fournier*, Institutional Report, S. 391; auch in den Kommentierungen zu Art. 7 VO 1/2003 finden sich keine Nachweise, vielmehr verweisen die Autoren auf Beispiele der Zusagenentscheidung nach Art. 9 VO 1/2003, siehe Immenga/Mestmäcker/*Ritter*, EU-WettbR II, Art. 7 VO 1/2003 Rn. 48; Langen/Bunte/*Sura*, EG, Art. 7 VO 1/2003 Rn. 4; Loewenheim/Meessen/Riesenkampff/*Anweiler*, Art. 7 VO 1/2003 Rn. 57; MüKo-EuWettbR/*Bauer*, Art. 7 VO 1/2003 Rn. 19 f.

[559] Vgl. EU-Kommission, Entscheidung vom 26. November 2008, COMP/39.388 – *Deutscher Stromgroßhandelsmarkt* und COMP/39.389 – *Deutscher Regelenergie-*

strukturellen Veränderungen innerhalb des betroffenen Unternehmens. Allerdings vermeidet die EU-Kommission eine gerichtliche Überprüfung, ob die Voraussetzungen tatsächlich vorgelegen haben, um strukturelle Maßnahmen nach Art. 7 Abs. 1 VO 1/2003 überhaupt anordnen zu dürfen.[560]

(2) Begrenzte Anwendungsfälle

Die praktischen Anwendungsfälle bleiben auch im europäischen Recht unklar. Die EG-Kommission (nunmehr EU-Kommission) nennt in ihrem Verordnungsvorschlag lediglich allgemein „bestimmte Kooperationsvereinbarungen und Fälle von Missbrauch einer beherrschenden Stellung".[561] In diesen Fällen soll es nach dem Verordnungsvorschlag dann möglich sein, „festgelegte Gegenstände des Betriebsvermögens zu veräußern".[562] Beide Anwendungsbeispiele berühren die umstrittenen Entscheidungen des EuGH „*Continental-Can*"[563] und „*Philip-Morris*"[564] und das grundlegende Problem, ob und wie Verhaltens- und Strukturkontrolle voneinander abzugrenzen sind.[565]

Bei den Kooperationsvereinbarungen liegt es nahe, dass die EU-Kommission auf Joint Ventures abzielt, die nicht unter die FKVO fallen, vornehmlich weil sie keine Gemeinschaftsunternehmen mit „Vollfunktionscharakter"[566] darstellen.[567] Dies ist der Fall, wenn das Gemein-

markt; so auch die Interpretation von *Klees*, WuW 2009, 374, 381; *Hauser*, Strukturelle Maßnahmen, S. 3.

[560] Wie hier *Klees*, WuW 2009, 374, 381; *Hauser*, Strukturelle Maßnahmen, S. 3.

[561] Siehe Begründungserwägungen der EG-Kommission zu Art. 7 des Vorschlages für eine VO des Rates zur Durchführung der in den Artt. 81 und 82 EGV niedergelegten Wettbewerbsregeln vom 27. September 2000, KOM(2000) 582 endg., S. 20.

[562] Siehe Begründungserwägungen der EG-Kommission zu Art. 7 des Vorschlags für eine VO des Rates zur Durchführung der in den Artt. 81 und 82 EGV niedergelegten Wettbewerbsregeln vom 27. September 2000, KOM(2000) 582 endg., S. 20; Langen/Bunte/*Sura*, EG, Art. 7 VO 1/2003 Rn. 4 m.w.N.

[563] EG-Kommission, Entscheidung vom 09. Dezember 1971, ABl. L 7 vom 08. Januar 1972, S. 25 – *Continental Can.*

[564] EuGH, Urteil vom 17. November 1987, Slg. 1987, 4487 – *Philip-Morris.*

[565] Siehe dazu unten Teil 2 § 2 C II 2.

[566] Zu den dafür maßgeblichen Kriterien, siehe Konsolidierte Mitteilung der Kommission zu Zuständigkeitsfragen gem. der VO 139/2004/EG des Rates über die Kontrolle von Unternehmenszusammenschlüssen, ABl. C 95 vom 16. April 2008, S. 1, 23 ff.

[567] Siehe etwa EG-Kommission, Entscheidung vom 19. Dezember 1990, ABl. L 152 vom 15. Juni 1991, S. 54 – *ANSAC*; vgl. MüKo-EuWettbR/*Bauer*, Art. 7 VO 1/2003 Rn. 19 m.w.N.; Immenga/Mestmäcker/*Ritter*, EU-WettbR II, Art. 7 VO 1/2003 Rn. 38; zum Begriff des Gemeinschaftsunternehmens, siehe auch Mitteilung der EG-Kommission über den Begriff des Vollfunktionsgemeinschaftsunternehmens nach der VO 4064/89/EWG des Rates über die Kontrolle von Unternehmenszusammenschlüssen, ABl. C 66 vom 02. März 1998, S. 1 (Rn. 3); Berichtigung der Konsolidierten Mitteilung der EG-Kommission zu Zuständigkeitsfragen gemäß der VO 139/2004/EG des

schaftsunternehmen nicht nach Art. 3 Abs. 4 FKVO auf Dauer alle Funktionen einer selbstständigen wirtschaftlichen Einheit erfüllt.[568] Sofern die Kartellbehörden dann auf Basis von Art. 7 Abs. 1 VO 1/2003 entsprechende gesellschaftsrechtliche Verbindungen solcher Joint Ventures auflöst, wäre dies als strukturelle Maßnahme zu qualifizieren. Das gleiche gilt für die Auflösung von Verbänden, in deren Rahmen Kartellabsprachen getroffen wurden.[569] Diese Fälle betreffen den komplexen Überschneidungsbereich zwischen Kooperation und Konzentration von Unternehmen im Rahmen von Art. 101 AEUV und der FKVO.[570] Dabei ist schwierig zu bestimmen, ob eine Kartellrechtskontrolle jeweils nach Art. 101 AEUV bzw. der Fusionskontrolle stattzufinden hat. Im Kontext eines Beteiligungserwerbs eines Unternehmen an einem Konkurrenten hat der EuGH – vor dem Erlass der FKVO – im Fall *„Philip-Morris“* das Kartellverbot nach Art. 85 EWGV (nunmehr Art. 101 AEUV) für anwendbar erklärt.[571] Mittlerweile haben Rechtspraxis und Wissenschaft umfangreiche Kriterien und Abgrenzungsmerkmale für den Einzelfall entwickelt, nach denen sich entscheidet, ob bei Veränderungen der Unternehmensstruktur eine Kartellrechtskontrolle nach Art. 101 AEUV bzw. der FKVO stattfindet.[572]

Im Rahmen von Art. 102 AEUV nennt der genannte Verordnungsvorschlag der EG-Kommission ebenfalls keine konkreten Anwendungsbeispiele für eine Veräußerungsanordnung. Hier ist an Konstellationen analog der Kommissionsentscheidung *„Continental-Can“*[573] zu den-

Rates über die Kontrolle von Unternehmenszusammenschlüssen, ABl. C 43 vom 21. Februar 2009, S. 10 Rn. 63.

[568] Ausführlich dazu Wiedemann/*Wiedemann*, Hdb. KartellR, § 15 Rn. 60 ff. m.w.N.; Immenga/Mestmäcker/*Körber*, EU-WettbR II, Art. 3 FKVO Rn. 146 ff.; Grabitz/Hilf/Nettesheim/*Schroeder*, Das Recht der Europäischen Union, Art. 101 AEUV Rn. 475 m.w.N.

[569] Siehe MüKo-EuWettbR/*Bauer*, Art. 7 VO 1/2003 Rn. 19.

[570] MüKo-EuWettbR/*Bauer*, Art. 7 VO 1/2003 Rn. 19; Langen/Bunte/*Sura*, EG, Art. 7 VO 1/2003 Rn. 4; Grabitz/Hilf/Nettesheim/*Schroeder*, Das Recht der Europäischen Union, Art. 101 AEUV Rn. 469; grundsätzlich zum Problem der Abgrenzung, siehe *Dreher*, WuW 2002, 828, 830 ff.; MüKo-EuWettbR/*Pohlmann*, Art. 81 EG Rn. 315 ff., 318 ff.; Schröter/Jakob/Mederer/*Rating*, Kommentar zum Europäischen Wettbewerbsrecht, Art. 81 – Fallgruppen Änderung der Unternehmensstruktur Rn. 1 ff., 7 ff.

[571] EuGH, Urteil vom 17. November 1987, Slg. 1987, 4487 (Rn. 37 ff.) – *Philip-Morris*; Details zu dieser Entscheidung, siehe unten Teil 2 § 5 A I 2 b).

[572] Siehe dazu *Dreher*, WuW 2002, 828, 830 ff.; MüKo-EuWettbR/*Pohlmann*, Art. 81 EG Rn. 315 ff., 318 ff.; Schröter/Jakob/Mederer/*Rating*, Kommentar zum Europäischen Wettbewerbsrecht, Art. 81 – Fallgruppen Änderung der Unternehmensstruktur Rn. 1 ff., 7 ff.

[573] EG-Kommission, Entscheidung vom 09. Dezember 1971, ABl. L 7 vom 08. Januar 1972, S. 25 (Rn. 23) – *Continental Can*; für Details zu dieser Entscheidung, siehe unten Teil 2 § 5 A I 2 a).

ken.[574] Die EG-Kommission untersagte in diesem Fall einen Zusammenschluss zweier Unternehmen in einem Missbrauchsverfahren nach Art. 86 EWGV(nunmehr Art. 102 AEUV), weil die FKVO im Jahr 1971 noch nicht erlassen war.[575] Der Missbrauch des marktbeherrschenden Unternehmens bestand in dieser Konstellation darin, dass es seine marktbeherrschende Stellung verstärkt, indem es Ressourcen hinzugewinnt.[576] Dieser Fall des Marktstrukturmissbrauchs dürfte jedoch seit dem Bestehen der FKVO allein nach der Zusammenschlusskontrolle der FKVO zu behandeln sein.[577] Somit fehlt es an einem praktischen Bedürfnis, in diesen Fällen auf Basis von Art. 102 AEUV bzw. Art. 7 Abs. 1 VO 1/2003 vorzugehen. Nachdem bislang praktische Entscheidungen der EU-Kommission zu Art. 7 Abs. 1 VO 1/2003 fehlen, muss abgewartet werden, in welchen Fällen diese Vorschrift tatsächlich angewendet werden soll.

(3) Eingeschränkte Reichweite

Sofern man strukturelle Maßnahmen nach Art. 7 Abs. 1 VO 1/2003 bzw. § 32 Abs. 2 GWB zu Entflechtungsmaßnahmen nach § 41a GWB-RefE in Bezug setzt, fällt die begrenzte Reichweite struktureller Maßnahmen auf. Nach Satz 3 des Erwägungsgrundes 12 der VO sollen „Änderungen an der Unternehmensstruktur, wie sie vor der Zuwiderhandlung“ bestanden, möglich sein.[578] Für die Verhältnismäßigkeit schreibt Satz 3 weiter vor, dass „ein erhebliches, durch die Struktur eines Unternehmens als solches bedingtes Risiko anhaltender oder wiederholter Zuwiderhandlungen gegeben ist“. Der Wortlaut vermittelt den Eindruck, dass ein marktbeherrschendes Unternehmen allein aufgrund von Gefahren entflochten werden kann, die sich aus der Struktur des Unternehmens ergeben.[579]

Aus der Grundentscheidung des Art. 102 AEUV zeigt sich jedoch, dass dieser Eindruck täuscht. Verboten ist nach dieser Vorschrift allein der Missbrauch und nicht die marktbeherrschende Stellung als solche.[580] Umgekehrt ist diese Wertung jedoch auch nicht mit einem absoluten Be-

[574] So auch MüKo-EuWettbR/*Bauer*, Art. 7 VO 1/2003 Rn. 19.

[575] Für Details zum Erlass der FKVO im Jahr 1989, siehe unten Teil 2 § 5 A I 3.

[576] MüKo-EuWettbR/*Bauer*, Art. 7 VO 1/2003 Rn. 19.

[577] MüKo-EuWettbR/*Bauer*, Art. 7 VO 1/2003 Rn. 19; *Haus*, WuW 2001, 659, 663.

[578] Ablehnend GK/*Schütz*, 5. Auflage (2004), Art. 7 Rn. 23; *Klees*, Europäisches Kartellverfahrensrecht, § 6 Rn. 78; kritisch ebenfalls MüKo-EuWettbR/*Bauer*, Art. 7 VO 1/2003 Rn. 20.

[579] MüKo-EuWettbR/*Bauer*, Art. 7 VO 1/2003 Rn. 20.

[580] GK/*Schütz*, 5. Auflage (2004), Art. 7 Rn. 23; *Klees*, Europäisches Kartellverfahrensrecht, § 6 Rn. 78; Langen/Bunte/*Bulst*, EG, Art. 102 AEUV Rn. 85.

standsschutz marktbeherrschender Unternehmen gleichzusetzen.[581] Maßnahmen, die dazu dienen, Verstöße gegen Artt. 101, 102 AEUV abzustellen, dürfen auch die Marktstruktur betreffen.[582] Die angeordneten Maßnahmen müssen aber der „Natur der festgestellten Zuwiderhandlung angepasst sein“[583]. Folglich dürfen strukturelle Maßnahmen die Marktbeherrschung nur insoweit relativieren, wie es erforderlich ist, um den Verstoß zu beenden.[584]

Die Abstellverfügung des Missbrauchs soll die „Legalität im Bezug auf die verletzten Wettbewerbsregeln“ wiederherstellen.[585] Die angeordneten Verpflichtungen dürfen deshalb nicht über das Maß hinausgehen, das erforderlich und angemessen ist, um dieses Ziel zu erreichen.[586] Dieser Zweck determiniert damit die Abstellungsverfügung und begrenzt gleichzeitig ihre Reichweite. Der Verhaltensverstoß und die angeordnete Maßnahme müssen somit kongruent sein.[587] Folglich erlischt über den Verstoß hinaus im Rahmen von Art. 7 Abs. 1 VO 1/2003 und von § 32 GWB die behördliche Handlungskompetenz. Der Wortlaut von Erwägungsgrund 12 VO 1/2003 täuscht deshalb über die tatsächliche Reichweite der Entflechtung hinweg. Die Kartellbehörden sind lediglich ermächtigt, den festgestellten Verstoß abzustellen.

IV. Zwischenergebnis

Die Wettbewerbsbehörden hatten bereits aufgrund des bis zur 8. GWB-Novelle geltenden Kartellrechts die Möglichkeit, strukturelle Maßnahmen und Entflechtungen anzuordnen. Anders als in der Zusammenschlusskontrolle waren die entsprechenden Befugnisse der Behörden allerdings nicht eindeutig geregelt. Im Zuge der 8. GWB-Novelle hat der Gesetzgeber nunmehr die umstrittene Auslegungsfrage geklärt, ob § 32 Abs. 2 GWB auch zu strukturellen Maßnahmen berechtigt.[588] Die Wettbewerbsbehörden haben seither auch bei Verhaltensverstößen gegen §§ 1, 19 ff. GWB ausdrücklich die Möglichkeit, strukturelle Maßnahmen einseitig anzuordnen. Damit befinden sich die kartellbehördlichen

[581] Ausführlich dazu *Hauser*, Strukturelle Maßnahmen, S. 150 ff.

[582] Siehe mit Nachweisen *Hauser*, Strukturelle Maßnahmen, S. 150 ff.

[583] Im Bezug auf die Vorgängerregelung des Art. 3 VO 17/62 bereits EuGH, Urteil vom 21. Februar 1973, Slg. 1973, 215 (Rn. 45) – *Continental Can*; Urteil vom 01. Oktober 1998, Slg. 1998, I-5609 (Rn. 74) – *Langnese-Iglo*.

[584] *Schulte-Braucks*, Die Auflösung marktbeherrschender Stellungen, S. 295 f.; *Hauser*, Strukturelle Maßnahmen, S. 152.

[585] EuGH, Urteil vom 06. April 1995, Slg. 1995, I-743 (Rn. 47) – *Magill*; Langen/Bunte/*Sura*, EG, Art. 7 VO 1/2003 Rn. 5 m.w.N.

[586] EuGH, Urteil vom 06. April 1995, Slg. 1995, I-743 (Rn. 47) – *Magill*.

[587] So ausdrücklich *Hauser*, Strukturelle Maßnahmen, S. 149.

[588] Reg.Begr. zur 8. GWB-Novelle, BT-Drs. 17/9852, S. 26.

Befugnisse nach § 32 Abs. 2 n.F. GWB insoweit im Gleichklang mit dem europäischen Recht. In welchen Konstellationen strukturelle Maßnahmen nach § 32 Abs. 2 GWB allerdings tatsächlich zur Anwendung kommen sollen, bleibt indes unklar. Der praktische Nutzen der Vorschrift lässt sich auch unter Bezugnahme auf das europäische Recht nicht abschließend aufklären. Dies liegt einerseits daran, dass die EU-Kommission von strukturellen Maßnahmen nach Art. 7 Abs. 1 VO 1/2003 bislang keinen Gebrauch gemacht hat. Andererseits sind die im Verordnungsvorschlag zu Art. 7 VO 1/2003 genannten Anwendungsbeispiele im Überschneidungsbereich zwischen Verhaltens- und Strukturkontrolle anzusiedeln,[589] deren kartellrechtliche Behandlung sich einer Generalisierung weitgehend entzieht und sich vornehmlich nach dem Einzelfall richtet.

C. § 41a GWB-RefE als strukturbedingte Entflechtungsmaßnahme

Die aktuelle Diskussion um § 41a GWB-RefE beruht vor allem auf der Initiative des Landes Hessen.[590] Der hessische Wirtschaftsminister Alois Rhiel schlug im Jahr 2007 eine Entflechtungsregelung für Unternehmen vor, die ihre Marktmacht nachweislich missbraucht haben (sog. Rhiel-Entwurf).[591] In einer entsprechenden Bundesratsinitative im Jahr 2008 fehlte das Missbrauchserfordernis sodann bereits.[592] Das Bundesministerium für Wirtschaft und Technologie griff die Debatte im Januar 2010 mit einem Referentenentwurf wieder auf, der fast wortgleich dem hessischen Entwurf aus dem Jahr 2008 entsprach.[593] Die Monopolkommission veröffentlichte dazu ihrerseits ein Sondergutachten, an dessen Ende sie die vorgeschlagene Regelung abdruckte.[594] Zwischenzeitlich kursierte ein leicht überarbeiteter Gesetzesentwurf, den das Bundesministerium für Wirtschaft und Technologie der Öffentlichkeit allerdings nicht zu-

[589] Siehe Begründungserwägungen der EU-Kommission zu Art. 7 des Vorschlags für eine VO des Rates zur Durchführung der in den Artt. 81 und 82 EG-Vertrag niedergelegten Wettbewerbsregeln vom 27. September 2000, KOM(2000) 582 endg., S. 20.

[590] Ähnlich BKartA, Entflechtung als Instrument des Kartellrechts, Neue Instrumente im GWB? – Hintergrundpapier zur Tagung des Arbeitskreises Kartellrecht am 07. Oktober 2010, S. 22, abzurufen unter: http://www.bundeskartellamt.de/wDeutsch/download/pdf/Diskussionsbeitraege/Hintergrundpapier_Arbeitskreis_Kartellrecht_2010.pdf (letzter Abruf: 30. März 2012).

[591] Siehe Gesetzesentwurf des Hessischen Ministeriums für Wirtschaft, Verkehr und Landesentwicklung vom 02. November 2007, S. 2; ähnlich auch Gesetzesantrag der FDP-Fraktion vom 17. Januar 2007, BT-Drs. 16/4065; Gesetzesantrag der FDP-Fraktion vom 13. Februar 2008, BT-Drs. 16/8079.

[592] Gesetzesantrag des Landes Hessen vom 29. Januar 2008, BR-Drs. 76/08; ähnlich auch Gesetzesvorschlag der FDP-Fraktion vom 15. März 2008, BT-Drs. 16/8405.

[593] BMWT, GWB-RefE (08. Januar 2010).

[594] MK, SonderGA 58 (2010), Anhang, S. 46.

gänglich gemacht hat.[595] Diese Arbeit legt deshalb den ersten Entwurf von Januar 2010 zugrunde und macht etwaige Änderungen entsprechend kenntlich.

I. Zielsetzung

Der benannte Referentenentwurf sieht vor, in § 41a GWB-RefE eine Entflechtungsbefugnis außerhalb der Fusionskontrolle zu schaffen. Als „ultima ratio“ sollen die Kartellbehörden zusätzlich befugt sein, Entflechtungsmaßnahmen anzuordnen.[596] Die Regelung soll in der Praxis jedoch keine zentrale Rolle einnehmen, weil Entflechtungen einen „extrem intensiven Eingriff in die Unternehmensautonomie“ bedeuten.[597] Die Regelung soll vielmehr als Rückgriff dienen, wenn ein gleich geeignetes, aber milderes Mittel fehlt. Der Eingriff in die Unternehmensstruktur könnte dann die einzige Möglichkeit sein, um den Wettbewerb zu beleben.[598] Ein effektiver Schutz gegen Wettbewerbsbeschränkungen verlange gerade auch Eingriffsbefugnisse für „außergewöhnliche und seltene Einzelfälle“.[599] Die Behörden sollten alle verhältnismäßigen Mittel gegen Wettbewerbsbeschränkungen ausnutzen können.[600]

Die Regelung ist für die Fälle gedacht, in denen eine hohe bzw. verfestigte Unternehmenskonzentration oder die Unternehmensstruktur das Wettbewerbshindernis darstellen oder jedenfalls die Ursache für den eingeschränkten Wettbewerb sind.[601] Dafür soll die Behörde keinen Marktmachtmissbrauch nachweisen müssen. Veränderungen an der Marktstruktur sollen die strukturellen Voraussetzungen schaffen, die für einen nachhaltigen Wettbewerb erforderlich sind.[602] Der „scharfe Eingriff“ soll damit Vorteile für die Verbraucher und die Gesamtwirtschaft anstoßen oder ermöglichen.[603] Das Ziel des Entwurfs von § 41a GWB-RefE ist es, die Wirksamkeit des GWB durch ein zusätzliches Instrument zu verbessern.[604] Die Missbrauchs- und Zusammenschlusskontrolle stellen bislang das wesentliche kartellrechtliche Instrumentarium dar. Nach der Entwurfsbegründung fehlt jedoch ein Entflechtungsinstrument.[605] Die Missbrauchskontrolle kontrolliere nur das Marktverhalten, womit

[595] Dazu *Satzky*, WuW 2010, 614, 615 (Fn. 10).
[596] BMWT, Begr. zum GWB-RefE, S. 1.
[597] BMWT, Begr. zum GWB-RefE, S. 2.
[598] BMWT, Begr. zum GWB-RefE, S. 3 f.
[599] BMWT, Begr. zum GWB-RefE, S. 2.
[600] BMWT, Begr. zum GWB-RefE, S. 1.
[601] BMWT, Begr. zum GWB-RefE, S. 4.
[602] BMWT, Begr. zum GWB-RefE, S. 3.
[603] BMWT, Begr. zum GWB-RefE, S. 4.
[604] BMWT, Begr. zum GWB-RefE, S. 2.
[605] BMWT, Begr. zum GWB-RefE, S. 1.

sich aber nur die Folgen von fehlendem Wettbewerb dämpfen ließen.[606] Die strukturellen Voraussetzungen für Wettbewerb erreiche die Missbrauchskontrolle damit jedoch nicht. Dazu müsste die Kartellbehörde die Firmen veranlassen und notfalls zwingen, ihre ursächliche Unternehmensstruktur zu verändern.[607] Der Entwurf will deshalb die kartellbehördlichen Befugnisse „vervollständigen".[608] Dabei soll nach § 41a GWB-RefE sowohl eine vertikale Entflechtung, also die Trennung von Unternehmensteilen entlang der Wertschöpfungsstufe, möglich sein als auch eine horizontale Entflechtung innerhalb der Wertschöpfungsstufe.[609]

II. Eingriffsvoraussetzungen

Eine Entflechtung kommt in Betracht, wenn und soweit folgende Tatbestandsvoraussetzungen kumulativ erfüllt sind.

1. Marktbeherrschung und Erreichen von Umsatzschwellen

Die Wettbewerbsbehörden sollen nach dem benannten Entwurf nur auf solchen Märkten Entflechtungsmaßnahmen anordnen dürfen, auf denen eine „hohe und verfestigte Unternehmenskonzentration das Wettbewerbshindernis oder die Ursache für einen Missbrauch der Marktbeherrschung oder den beschränkten Wettbewerb" ist.[610]

Adressaten einer Entflechtungsanordnung können nach § 41a Abs. 1 S. 1 GWB-RefE deshalb nur „marktbeherrschende" Unternehmen sein. Dabei gilt die Definition der „Marktbeherrschung" aus § 19 Abs. 2 GWB a.F. (nunmehr § 18 Abs. 1, 3 GWB).[611] Eine vermachtete Marktstruktur liegt regelmäßig dann vor, wenn ein einzelnes oder mehrere Unternehmen (Oligopol) über eine „überragende" oder „beherrschende" Stellung verfügen.[612] Die Entflechtung soll aber nur „Fälle von besonderer Bedeutung" erfassen.[613] § 41a Abs. 1 S. 2 GWB-RefE enthält deshalb eine weitere Begrenzung, die die Anwendung auf Unternehmen beschränkt, deren Umsätze die Aufgreifschwelle der Fusionskontrolle erfüllen. Die Aufgreifschwelle setzt Umsatzerlöse im Vorjahr von mindestens 500 Millionen Euro im Ausland und mindestens 25 Millionen Euro im Inland voraus. Im Falle der kollektiven Marktbeherrschung können

[606] BMWT, Begr. zum GWB-RefE, S. 3.
[607] BMWT, Begr. zum GWB-RefE, S. 3.
[608] BMWT, Begr. zum GWB-RefE, S. 1.
[609] MK, SonderGA 58 (2010), S. 8.
[610] BMWT, Begr. zum GWB-RefE, S. 3.
[611] BMWT, Begr. zum GWB-RefE, S. 11.
[612] BMWT, Begr. zum GWB-RefE, S. 11.
[613] BMWT, Begr. zum GWB-RefE, S. 11.

mehrere Unternehmen diese Voraussetzungen erfüllen. Das Bundeskartellamt entscheidet im Einzelfall, wie sich die Marktbeherrschung am besten „beseitigen“ lässt.[614] Diese Entscheidung steht im pflichtgemäßen Ermessen der Behörde, die dabei an den Verhältnismäßigkeitsgrundsatz und vor allem an den Gleichheitsgrundsatz gebunden ist.[615] Das Bundeskartellamt muss deshalb vorrangig prüfen, ob eine gleichmäßige Belastung aller Unternehmen möglich ist.[616] Verspricht ein solches Vorgehen aber keinen Erfolg, dann kann die Behörde einzelne Mitglieder des Oligopols herausgreifen oder Maßnahmen mit unterschiedlicher Eingriffstiefe erlassen.[617] Die Begründung zum Referentenentwurf nennt verschiedene Kriterien, um den Entflechtungsadressaten auf Märkten mit mehreren marktbeherrschenden Unternehmen zu bestimmen.[618] Das Bundeskartellamt kann berücksichtigen, wie sich das Oligopol zusammensetzt, also die Symmetrie und die Marktanteile der einzelnen Unternehmen. Die Behörde darf aber auch darauf abstellen, wie das Oligopol zustande gekommen ist. Entscheidend ist das Ziel, eine nachhaltige Stimulierung des Wettbewerbs zu erreichen. Deshalb muss das Bundeskartellamt vor allem die Vermögensteile der Unternehmen näher untersuchen.[619]

2. Fortbestehen der Marktbeherrschung trotz Möglichkeit für Wettbewerb

Marktbeherrschende Stellungen entstehen und können wieder verfallen.[620] Dafür sorgen wettbewerbliche Prozesse, wenn der Markt das technisch und wirtschaftlich erlaubt. Ein staatlicher Eingriff ist nur verhältnismäßig, wenn die Marktumstände nahelegen, dass die Marktbeherrschung auch in Zukunft fortbesteht.[621] Dann bliebe der Wettbewerb eingeschränkt. Entflechtung soll „verkrustete“ Marktstrukturen aufbrechen und nicht „junge Marktbeherrscher“ auf innovativen Märkten treffen.[622] Der Entwurf sieht deshalb in § 41a Abs. 1 S. 1 GWB-RefE zwei weitere Voraussetzungen vor: Einerseits muss Wettbewerb auf dem Markt technisch und wirtschaftlich möglich sein. Anderseits muss „auf absehbare Zeit das Fortbestehen dieser Marktbeherrschung zu erwar-

[614] BMWT, Begr. zum GWB-RefE, S. 11.
[615] BMWT, Begr. zum GWB-RefE, S. 12.
[616] BMWT, Begr. zum GWB-RefE, S. 12.
[617] BMWT, Begr. zum GWB-RefE, S. 12.
[618] Siehe BMWT, Begr. zum GWB-RefE, S. 11.
[619] BMWT, Begr. zum GWB-RefE, S. 12.
[620] Vgl. in wettbewerbspolitischer Hinsicht unten Teil 2 § 2 B II 3.
[621] Darüber hinaus verlangt der Referentenentwurf, dass durch den Entflechtungseingriff auch eine konkrete Verbesserung der Wettbewerbsbedingungen zu erwarten ist, siehe unten Teil 2 § 1 C III.
[622] *Mundt*, Neue Instrumente zur Beschneidung wirtschaftlicher Macht, S. 30.

ten“ sein. Die Entflechtung nach § 41a GWB-RefE ist auf die Zukunft gerichtet und erfordert eine Prognose.[623] Diese Prognose hat das Bundeskartellamt zu treffen, wofür eine aktuelle Untersuchung des betroffenen Wirtschaftszweigs heranzuziehen ist.[624] Eine negative Prognose kann sich insbesondere aus hohen Marktzutrittsschranken ergeben, für die es verschiedene Ursachen geben kann. Der Gesetzentwurf nennt insoweit exemplarisch technische, wirtschaftliche und rechtliche Hindernisse.[625]

3. Markt mit gesamtwirtschaftlicher Bedeutung

Das Bundeskartellamt soll „effektiv“ arbeiten und sich auf „wesentliche Wettbewerbsbeschränkungen“ konzentrieren.[626] Nach § 41a Abs. 1 S. 1 GWB-RefE muss deshalb ein Markt mit „gesamtwirtschaftlicher Bedeutung“ betroffen sein. Die Entflechtung soll „gesamtwirtschaftliche Vorteile“ nach sich ziehen.[627] Damit ist das Entflechtungsinstrument für Märkte vorbehalten, bei denen die Allgemeinheit und die Marktteilnehmer ein gesteigertes Interesse an Wettbewerb haben.[628] Die Begründung zum Entwurf versteht darunter Märkte zur Versorgung mit „wichtigen oder unverzichtbaren Gütern“.[629]

4. Betroffener Markt unterliegt nicht sektorspezifischer Regulierung

Die Entflechtung nach § 41a GWB-RefE ist als allgemeine kartellrechtliche Maßnahme konzipiert. Keinesfalls sollen Entflechtungen nach § 41a GWB-RefE jedoch im Regulierungsrecht getroffene Entscheidungen und dortige Entflechtungsauflagen überlagern.[630] Deshalb darf sich die kartellrechtliche Entflechtung gem. § 41a Abs. 2 S. 2 GWB-RefE nur auf solche Vermögensteile beziehen, die nicht einem sektorspezifischen Regulierungsrecht unterstehen.[631] Von der Entflechtung ausgenommen sind deshalb die Netzwirtschaften und dort insbesondere die „Energieleitungen“, im Stromsektor also die Wertschöpfungsstufe des Energietransports.[632]

[623] Siehe auch BMWT, Begr. zum GWB-RefE, S. 12.
[624] Dies darf eine Sektoruntersuchung sein, ein vorangegangenes Missbrauchs- oder Fusions-kontrollverfahren, siehe BMWT, Begr. zum GWB-RefE, S. 12.
[625] BMWT, Begr. zum GWB-RefE, S. 12.
[626] BMWT, Begr. zum GWB-RefE, S. 12.
[627] BMWT, Begr. zum GWB-RefE, S. 12.
[628] BMWT, Begr. zum GWB-RefE, S. 12.
[629] BMWT, Begr. zum GWB-RefE, S. 13.
[630] BMWT, Begr. zum GWB-RefE, S. 15.
[631] Das Erfordernis ist eine ausdrücklich Abgrenzung vom Regulierungsrecht, siehe BMWT, Begr. zum GWB-RefE, S. 15.
[632] So ausdrücklich BMWT, Begr. zum GWB-RefE, S. 15.

5. Erwerb des Entflechtungsobjekt vor fünf Jahren oder länger

Nach § 41a Abs. 1 S. 1 GWB-RefE ordnet das Bundekartellamt an, dass das Unternehmen „Teile seines Unternehmens“ veräußern oder „auf andere Weise verselbstständigen muss“. Der Gesetzesentwurf lässt offen, welche Teile genau betroffen sein können. Das betroffene Unternehmen kann dem Bundeskartellamt selbst Vorschläge hinsichtlich des Entflechtungsobjekts machen, vgl. § 41a Abs. 3 S. 1 GWB-RefE. Letztendlich entscheidet aber das Bundeskartellamt. Die Behörde ist insofern jedoch durch einen Vertrauensschutztatbestand eingeschränkt.[633] Das Bundeskartellamt darf das Unternehmen nicht zwingen, Vermögensgegenstände abzugeben, die es innerhalb der letzten fünf Jahre selbst erworben hat. Dies erfasst nach § 41a Abs. 2 S. 1 GWB-RefE aber nur einen Erwerb durch Fusion auf Grundlage des GWB, der FKVO oder durch eine Ministererlaubnis nach § 42 GWB.

III. Ermessensentscheidung des Bundeskartellamtes als Rechtsfolge

Wenn die Voraussetzungen erfüllt sind, dann liegt es im Ermessen des Bundeskartellamtes, eine Entflechtungsverfügung zu erlassen.[634] Bei der Entscheidung hat die Behörde – allgemeinen Grundsätzen entsprechend – den Grundsatz der Verhältnismäßigkeit zu berücksichtigen.[635] Dabei muss die Kartellbehörde prüfen, ob eine Entflechtung tatsächlich geeignet und erforderlich ist, um die Marktstruktur zu verbessern.[636] Im Rahmen seiner Prognose muss das Bundeskartellamt deshalb ebenfalls Wohlfahrts- und Effizienzauswirkungen der geplanten Maßnahme untersuchen.[637] Neben einer konkreten Untersuchung im Einzelfall muss das Bundeskartellamt darüber hinausgehend auch Erfahrungen mit Entflechtung in vergleichbaren Märkten in anderen Ländern heranziehen.[638]

Weniger einschneidende Maßnahmen dürfen nicht ausreichend sein. Bereits eingeführte Maßnahmen müssen vielmehr hinreichend Zeit gehabt haben, um sich zu bewähren. Neue staatliche Maßnahmen sind zu

[633] Zu den Anforderungen des GG, siehe MK, SonderGA 58 (2010), Tz. 110 ff.; *Engel*, Die verfassungsrechtliche Zulässigkeit eines Entflechtungstatbestands im Kartellgesetz, S. 35.

[634] Nach § 41a Abs. 1 S. 3 GWB-RefE sind die MK und andere Behörden im Verfahren zu hören. Das Vorliegen der Voraussetzungen stellt das BKartA dann in einer aktuellen und umfassenden Analyse des betroffenen Wirtschaftszweigs fest, siehe BMWT, Begr. zum GWB-RefE, S. 5.

[635] Es ist die „geeignete und mildeste Form“ zu wählen, siehe BMWT, Begr. zum GWB-RefE, S. 13.

[636] BMWT, Begr. zum GWB-RefE, S. 13.

[637] Insoweit orientiert sich der RefE an der Prognose im Rahmen der Fusionskontrolle, siehe BMWT, Begr. zum GWB-RefE, S. 13.

[638] BMWT, Begr. zum GWB-RefE, S. 13.

erwägen und zu prüfen.[639] Gesetzlich ist ferner auch der konkrete Inhalt der Entflechtungsanordnung nicht näher bestimmt.[640] Das Bundeskartellamt kann deshalb entscheiden, ob der Vermögensteil „zu veräußern oder auf andere Weise zu verselbstständigen“ ist.[641] Es kommen ohne Einschränkungen alle verhältnismäßigen Maßnahmen in Betracht, solange sie die Marktbeherrschung abbauen. Dies können rein organisatorische bzw. rechtliche Verselbstständigungen sein.[642] Dabei muss die Kartellbehörde das betroffene Unternehmen einbinden, um Eingriffe in die „Verfügungs- und Verwertungsbefugnis“ so gering als möglich zu halten.[643] Wenn das Bundeskartellamt den Verkauf von Vermögensteilen anordnet, muss ein Wirtschaftsprüfer den Vermögensteil gem. § 41a Abs. 3 S. 2 GWB-RefE bewerten.[644] Den Erfolg einer Entflechtungsverfügung kann die Kartellbehörde zudem durch Nebenbestimmungen absichern. Insgesamt müssen die Maßnahmen eine „spürbare Verbesserung“ der Wettbewerbsbedingungen erwarten lassen.[645]

IV. Durchführung und Rechtsschutz

Dem Unternehmen ist „ausreichend Zeit“ zu gewähren, die Entflechtung durchzuführen, vgl. § 41a Abs. 4 S. 1 GWB-RefE. Im Falle einer „Veräußerung“ dürften hier meist zwei bis drei Jahre angemessen sein.[646] Das Bundeskartellamt muss den Kaufvertrag auch genehmigen.[647] Wenn das Unternehmen einen Erwerber vorschlägt, dann können ihn die Behörden nur ablehnen, wenn sie sich keine Wettbewerbsbelebung ver-

---

[639] BMWT, Begr. zum GWB-RefE, S. 13.

[640] BMWT, Begr. zum GWB-RefE, S. 13.

[641] Unter letzteres fallen „andere strukturelle Maßnahmen“, siehe BMWT, Begr. zum GWB-RefE, S. 13.

[642] Wohl auch der Zugang zu einer wichtigen Infrastruktur oder Vorleistung zu diskriminierungsfreien Bedingungen, siehe BMWT, Begr. zum GWB-RefE, S. 13; kritisch dazu *Klees/Hauser*, Entflechtungen von Unternehmen, S. 38.

[643] Die Unternehmen haben das Recht, selbst Vorschläge zu ihrer Umgestaltung abgeben, siehe § 41a Abs. 3 S. 1 GWB-RefE; das BKartA kann sie nach § 41a Abs. 6 GWB-RefE wie im Rahmen von § 32b GWB für bindend erklären, siehe BMWT, Begr. zum GWB-RefE, S. 15.

[644] Praktisch bedeutsam ist der festgestellte Wert nur, wenn es zu einer Zwangsveräußerung durch einen Treuhänder kommt. Diese Bewertung wird zum Geschäftsgeheimnis erklärt, damit kein „Käufermarkt“ entsteht, das Unternehmen also die Chance behält, einen marktgerechten Erlös zu realisieren.

[645] Bei der Prognose kann es auf Erkenntnisse und Erfahrungen der Fusionskontrolle zurückgreifen und muss Erfahrungen mit Entflechtungen auf vergleichbaren Märkten in anderen Ländern auswerten, siehe BMWT, Begr. zum GWB-RefE, S. 13.

[646] BMWT, Begr. zum GWB-RefE, S. 16.

[647] Siehe § 41a Abs. 4 S. 3 GWB-RefE; löst der Erwerb einen kontrollpflichtigen Zusammenschluss aus, so ist er nach § 39 GWB oder der FKVO anzumelden und zu prüfen, siehe BMWT, Begr. zum GWB-RefE, S. 17.

sprechen.[648] Wenn das Unternehmen die Vorgabe nicht erfüllt, kann das Bundeskartellamt nach § 41a Abs. 5 S. 1 GWB-RefE einen Treuhänder zur Veräußerung bestellen. Dieser darf den Vermögensteil gem. § 41a Abs. 5 S. 2 GWB-RefE veräußern, wenn der Erlös mindestens die Hälfte des geschätzten Wertes beträgt. Ein Rückerwerb ist dem Unternehmen für zehn Jahre untersagt, vgl. § 41a Abs. 4 S. 5 GWB-RefE. Dies soll die Nachhaltigkeit des Entflechtungsverfahrens absichern und neuen Marktteilnehmern ausreichend Zeit geben, sich am Markt zu etablieren.[649]

Gegen die Entscheidung des Bundeskartellamtes kann das Unternehmen gem. § 64 Abs. 1 GWB-RefE Beschwerde einlegen. Um die Verhältnismäßigkeit zu wahren, hat diese Beschwerde aufschiebende Wirkung.[650] Ordnet das Bundeskartellamt eine Veräußerung an, so kann das Unternehmen zudem versuchen, beim Bundesminister für Wirtschaft und Technologie einen Ministerdispens nach § 42a GWB-RefE zu erlangen.[651]

D. Zwischenergebnis

§ 41a GWB-RefE verändert die bestehenden Befugnisse des Bundeskartellamtes zur Marktmachtkontrolle im Anlass und in der Reichweite. Bislang können die Kartellbehörden die Marktstruktur nur abhängig von einem Verstoß oder Zusammenschluss einseitig verändern. Die Unternehmen konnten damit weitgehend beeinflussen, ob das Bundeskartellamt überhaupt eingreifen konnte. Die Entflechtung nach § 41a GWB-RefE erlaubt hingegen eine laufende Kontrolle der Marktstruktur ohne Steuerung durch die Unternehmen. Wenn das Bundeskartellamt in den einzelnen Sektoren strukturelle Defizite vermutet, so wird es die Wettbewerbssituation näher untersuchen. Am Ende dieser Entwicklung könnte dann ein Entflechtungsverfahren stehen. In seiner Reichweite geht § 41a GWB-RefE über das bestehende Instrumentarium und die Entflechtungsmöglichkeit in § 32 Abs. 2 GWB n.F. hinaus.[652] Die Entflechtungsmaßnahmen in der Fusionskontrolle sollen nur die Wettbewerbshindernisse beseitigen, die durch den Zusammenschluss entstanden sind. In der Missbrauchskontrolle reichen Entflechtungsmaßnahmen nur so weit als sie zur Abstellung des Missbrauchs erfor-

[648] Siehe § 41a Abs. 4 S. 4 GWB-RefE.
[649] BMWT, Begr. zum GWB-RefE, S. 17.
[650] BMWT, Begr. zum GWB-RefE, S. 20.
[651] Dieser dient zur Wahrung der „Proportionalität" wegen der entsprechenden Befugnis in der Fusionskontrolle, siehe BMWT, Begr. zum GWB-RefE, S. 18.
[652] Zur Reichweite von § 32 Abs. 2 GWB in systematischer Hinsicht unten Teil 2 § 2 C II 2.

derlich und angemessen sind.[653] Auch nach der 8. GWB-Novelle beseitigt § 32 Abs. 2 GWB-RefE die Marktbeherrschung damit nicht um ihrer selbst willen.[654] Genau hier liegt wiederum das Ziel von § 41a GWB-RefE: Eine Entflechtung unter rein strukturellen Gesichtspunkten ist möglich, begrenzt allein durch den Grundsatz der Verhältnismäßigkeit. Bislang ließ sich Marktbeherrschung nur bei Verpflichtungszusagen über einen Verhaltensverstoß hinaus abbauen. Entsprechende Maßnahmen boten die Unternehmen aber selbst an oder verhandelten sie mit der Wettbewerbsbehörde.

Dies ist qualitativ aber nicht mit der einseitig angeordneten Entflechtung nach § 41a GWB-RefE zu vergleichen. Das Verfahren nach § 41a GWB-RefE ist daher anders konzipiert. Das Gesetz stellt konkrete Anforderungen an das Verfahren und wie es durchzuführen ist. Bis zum Abschluss einer konkreten Entflechtungsmaßnahme können daher mehrere Jahre vergehen. Das zeigt, dass die Entflechtung längerfristig angelegt und auf eine nachhaltige Veränderung der Marktstruktur ausgerichtet ist.

§ 2. Wettbewerbspolitische Erwägungen

Das GWB verwendet den Begriff „Wettbewerb“, ohne ihn zu definieren.[655] Als vielschichtiges Phänomen lässt sich Wettbewerb gesetzestechnisch nur schwer erfassen.[656] Für eine Politik zum Schutz des Wettbewerbs ist der Gesetzgeber insoweit auf die Erkenntnisse der wirtschaftswissenschaftlichen Wettbewerbstheorie und Wettbewerbspolitik angewiesen. Die Wettbewerbstheorie hat jeweils Teilinhalte von Wettbewerb beschrieben,[657] die die Wettbewerbspolitik wiederum zu Leitbildern und Konzepten für die Gesetzgebung und den Vollzug wei-

[653] Reg.Begr. zur 8. GWB-Novelle, BT-Drs. 17/9852, S. 26.

[654] Vgl. dazu in systematischer Hinsicht unten Teil 2 § 2 C II.

[655] *Bunte*, Kartellrecht, S. 2; *Rittner/Kulka*, Wettbewerbs- und Kartellrecht, Einl. Rn. 5; Immenga/Mestmäcker/*Zimmer*, GWB, § 1 Rn. 110; *Everling*, WuW 1990, 995, 996; *Fischer*, Staatliche Wettbewerbseingriffe zur Förderung von Wettbewerb, S. 13.

[656] Immenga/Mestmäcker/*Zimmer*, GWB, § 1 Rn. 112; *Everling*, WuW 1990, 995, 996; Loewenheim/Meessen/Riesenkampff/*Meessen*, Einführung in das europäische und deutsche Kartellrecht Rn. 8; *Bunte*, Kartellrecht, S. 2; *Fischer*, Staatliche Wettbewerbseingriffe zur Förderung von Wettbewerb, S. 13.

[657] Loewenheim/Meessen/Riesenkampff/*Meessen*, Einführung in das europäische und deutsche Kartellrecht Rn. 6 m.w.N.; *Cox/Hübener*, Wettbewerb, S. 9.

terentwickelt hat.[658] Die verschiedenen Konzepte füllen die Umschreibungen der Theorie inhaltlich aus. Dabei konstruieren diese Leitbilder aus den Teilinhalten ein jeweils in sich geschlossenes System von Zielen, Mitteln und Trägern staatlicher Wettbewerbspolitik.[659] Der Begriff „Wettbewerbspolitik" fasst damit alle rechtlichen Regelungen und staatlichen Maßnahmen innerhalb eines Wettbewerbskonzepts zusammen, die dazu dienen, Wettbewerbsbeschränkungen zu bekämpfen und wirksamen Wettbewerb durchzusetzen und zu sichern.[660] Das GWB bewegt sich im Spannungsfeld von „Wettbewerbstheorie" und „Wettbewerbspolitik", die beide in engem Bezug zueinander stehen, ohne dass sich ihr genaues methodologisches Verhältnis zueinander jedoch abschließend klären ließe.[661] Dieses Problem beruht darauf, dass wettbewerbspolitische Konzeptionen häufig nicht nur Grundsätze und Normen einer staatlichen Wettbewerbspolitik beinhalten, sondern zugleich auch wettbewerbstheoretischen Aussagen über Wettbewerb als solchen treffen.[662] Festzustellen ist deshalb, dass sich jedenfalls die wettbewerbstheoretische Diskussion um das Wesen von Wettbewerb einerseits und die wettbewerbspolitische Diskussion um taugliche Mittel einer staatlichen Politik zum Schutz von Wettbewerb andererseits überschneiden und wechselseitig beeinflussen.[663] Eine umfassende Auseinandersetzung mit dem gesamten Meinungsspektrum, das zur Definition von Wettbewerb und zu möglichen Kartellrechtsinstrumenten vertreten wird, würden diese Arbeit überlasten.[664]

[658] Loewenheim/Meessen/Riesenkampff/*Meessen*, Einführung in das europäische und deutsche Kartellrecht Rn. 6; *I. Schmidt*, Wettbewerbspolitik und Kartellrecht, S. 4; *Cox/Hübener*, Wettbewerb, S. 9.

[659] *Bunte*, Kartellrecht, S. 1; *I. Schmidt*, Wettbewerbspolitik und Kartellrecht, S. 4; *Aberle*, Wettbewerbstheorie und Wettbewerbspolitik, S. 26; *Fischer*, Staatliche Wettbewerbseingriffe zur Förderung von Wettbewerb, S. 13.

[660] So die Definition von MüKo-EuWettbR/*Kerber/Schwalbe*, Einl. Rn. 968.

[661] Ausführlich *Cox/Hübener*, Wettbewerb, S. 20 ff.; *Bartling*, Leitbilder der Wettbewerbspolitik, S. 1; *Herdzina*, Wettbewerbspolitik, S. 2 f.; *Mantzavinos*, Wettbewerbstheorie, S. 69.

[662] *Willeke*, Wettbewerbspolitik, S. 14; *Mantzavinos*, Wettbewerbstheorie, S. 69.

[663] Vgl. *Herdzina*, Wettbewerbspolitik, S. 2 ff., 11; *Cox/Hübener*, Wettbewerb, S. 20 ff.

[664] Insoweit wird auf die weiterführende Literatur verwiesen. Zur Wettbewerbsdefinition, siehe *Bunte*, Kartellrecht, S. 4 ff.; *Baur*, ZHR 134 (1970), 97, 99 ff.; *Emmerich*, Kartellrecht, § 1 Rn. 2 ff.; *Fikentscher*, WuW 1961, 788, 798; *Knöpfle*, Der Rechtsbegriff „Wettbewerb" und die Realität des Wirtschaftslebens, S. 222, 106 f. mit Darstellung und Nachweis zu weiteren in der Literatur vorgeschlagenen Definitionen; *Lukes*, in: FS Böhm (1965), S. 220; *Plassmann*, JZ 1968, 81, 84, 90; *Sandrock*, Grundbegriffe des GWB, 1968, S. 123 ff.; *I. Schmidt*, Wettbewerbspolitik und Kartellrecht, S. 3 f.; Immenga/Mestmäcker/*Zimmer*, GWB, § 1 Rn. 110; zu der Wettbewerbstheorie und den wettbewerbspolitischen Konzepten, siehe *Bunte*, Kartellrecht, S. 9 ff.; *Cox/Hübener*, Wettbewerb, S. 9 ff.; *Emmerich*, Kartellrecht, § 1 Rn. 13 ff.;

Die folgende Untersuchung ist deshalb darauf beschränkt, Grundzüge der wettbewerbstheoretischen und wettbewerbspolitischen Diskussion darzustellen. Vorliegend gilt es allein zu untersuchen, ob und inwieweit die Entflechtung nach § 41a GWB-RefE mit dem Ansatz des GWB zum Schutz von Wettbewerb vereinbar ist. Dabei sind mehrere Ebenen zu trennen. Die verschiedenen wettbewerbspolititischen Ansätze bestimmen unterschiedliche, teils gegensätzliche Instrumente zum Schutz des Wettbewerbs. Das geltende Recht zeigt, ob der Gesetzgeber dabei bislang einem konkreten Ansatz folgt. Die kartellrechtliche Systematik wiederum lässt erkennen, inwieweit sich neue Instrumente in das bestehende System einfügen.

A. Wahrnehmung von Entflechtung in der Wettbewerbspolitik

Die Untersuchung setzt zunächst auf der wettbewerbspolitischen Ebene an. Ausgangspunkt der Untersuchung sind die Schwierigkeiten, das Phänomen „Wettbewerb" zu definieren. Im Anschluss werden deshalb die Begriffe „Marktstruktur" und „Marktverhalten" dargestellt, die den verschiedenen Konzepten und Leitbildern als Hilfsmittel dienen, um Wettbewerb näher zu beschreiben. Die unterschiedlichen theoretischen Konzepte bilden die wissenschaftliche Grundlage jeder staatlichen Wettbewerbspolitik. Hinter diesen Konzepten verbergen sich verschiedene Vorstellungen von Wettbewerb und divergierende Haltungen zu Marktmacht und Entflechtung. Anhand einer idealtypischen Unterscheidung wettbewerblicher Konzeptionen wird herausgearbeitet, dass sich die unterschiedlichen Konzepte bereits in den Ansatzpunkten für eine wettbewerbliche Kontrolle unterscheiden. Dabei wird untersucht, inwieweit Entflechtung ein mögliches Instrument staatlicher Wettbewerbspolitik ist. Die Dogmatik, die den einzelnen wettbewerbspolitischen Konzeptionen zugrunde liegt, beeinflusst wiederum die Vorstellungen des Gesetzgebers vom Schutzgegenstand des Kartellrechts und dessen Grenzen. Anhand der Entstehungsgeschichte des GWB wird deshalb abschließend untersucht, ob dem GWB ein spezifisches Wettbewerbsverständnis zugrunde liegt und inwieweit das Gesetz einer Entflechtungsregelung im Sinne des § 41a GWB-RefE entgegensteht.

Herdzina, Wettbewerbspolitik, S. 103 ff.; *Mantzavinos*, Wettbewerbstheorie, S. 15 ff. mit einer Differenzierung zwischen der Wettbewerbstheorie im angelsächsischen und im deutschsprachigen Raum.

I. Wesen von Wettbewerb als Grundlagenstreit

Im Kartellrecht ist mit dem Begriff „Wettbewerb" prinzipiell der ökonomische Wettbewerb als ein tragendes wirtschaftspolitisches Ordnungsprinzip angesprochen.[665] Allerdings fehlt in der wissenschaftlichen und realpolitischen Auseinandersetzung ein präzises, umfassendes und einheitliches Verständnis von Wettbewerb bzw. seinem Schutz.[666] Die Regierungsbegründung des GWB-Entwurfs aus dem Jahr 1955 verzichtet vor diesem Hintergrund ausdrücklich auf eine Definition des Begriffs und setzt ihn voraus.[667] Verschiedene Autoren definieren „Wettbewerb" jeweils unterschiedlich.[668] Die unterschiedlichen wettbewerbspolitischen Leitbilder sind ebenfalls von einer jeweils eigenen Vorstellung geprägt, ob und welche Regelmäßigkeiten die Erscheinung „Wettbewerb" prägen.[669] Dabei greifen die verschiedenen Konzeptionen jeweils auf die Begriffe „Marktverhalten", „Marktstruktur" und „Marktergebnis" zurück, um die Marktgegebenheiten zu beschreiben. Im wissenschaftlichen Diskurs hat sich in der Folge ein Grundlagenstreit über die zutreffende Beschreibung von Wettbewerb entwickelt, weil es unmöglich ist, die Wirkungsbeziehung zwischen einzelnen Marktelementen objektiv zu überprüfen.

1. Fehlende Definition als Ausgangspunkt

Im rechtswissenschaftlichen Kontext wird Wettbewerb teilweise als „das selbstständige Streben sich gegenseitig im Wirtschaftserfolg beeinflussender Mitbewerber nach Geschäftsverbindung mit Dritten" definiert, indem die Mitbewerber jeweils günstiger erscheinende Geschäftsbedin-

[665] *Paal*, AfP 2012, 1, 1.

[666] Gegen die Möglichkeit „Wettbewerb" zu definieren, siehe Schriftlicher Bericht des Ausschusses für Wirtschaftspolitik über den Entwurf des GWB, 2. Wahlperiode, BT-Drs. 3644, S. 14; *Bunte*, Kartellrecht, S. 4; *Kling/Thomas*, Kartellrecht, § 14 Rn. 34; Loewenheim/Meessen/Riesenkampff/*Meesen*, Einführung in das europäische und deutsche Kartellrecht Rn. 6; *Herdzina*, Wettbewerbspolitik, S. 7 ff.; Loewenheim/Meessen/Riesenkampff/*Nordemann*, § 1 GWB Rn. 79; *Mestmäcker/Schweitzer*, Europäisches Wettbewerbsrecht, § 2 Rn. 75; zweifelnd, eine Definition finden zu können *Baur*, ZHR 134 (1970), 97, 99 ff.; *Rittner/Kulka*, Wettbewerbs- und Kartellrecht, Einl. Rn. 5; zur Möglichkeit einer Begriffsbestimmung für den „jeweiligen" Sachverhalt *Willeke*, Wettbewerbspolitik, S. 26 f.

[667] Reg.Begr. zum Entwurf eines GWB, 2. Wahlperiode, BT-Drs. 1158, S. 31.

[668] *Fikentscher*, WuW 1961, 788, 798; *Sandrock*, Grundbegriffe des GWB, 1968, S. 123 ff.; *I. Schmidt*, Wettbewerbspolitik und Kartellrecht, S. 3 f.; *Knöpfle*, Der Rechtsbegriff „Wettbewerb" und die Realität des Wirtschaftslebens, S. 222, 106 f. mit Darstellung und Nachweisen zu weiteren in der Literatur vorgeschlagenen Definitionen; *Lukes*, in: FS Böhm (1965), S. 220; *Plassmann*, JZ 1968, 81, 84, 90; zum Ganzen auch *Baur*, ZHR 134 (1970), 97, 98 ff.; Immenga/Mestmäcker/*Zimmer*, GWB, § 1 Rn. 110.

[669] Siehe dazu Teil 2 § 2 A II.

gungen in Aussicht stellen.[670] In der wirtschaftswissenschaftlichen Literatur wird Wettbewerb etwa als „Streben" von mindestens zwei Anbietern oder Nachfragern beschrieben, die sich im Rahmen verschiedener „Aktionsparameter" antagonistisch verhalten, um dadurch ihren Grad der „Zielerreichung" zulasten anderer Wettbewerbsteilnehmer zu verbessern.[671] Nach anderen Beschreibungen charakterisiert Wettbewerb das unternehmerische Bemühen um die Marktgegenseite.[672] Insgesamt sind alle Versuche einer Definition des Wettbewerbsbegriffs von der Absicht gekennzeichnet, alle Erscheinungsformen und Wirkungen des Wettbewerbs zu erfassen.[673] Der wirtschaftswissenschaftlichen Wettbewerbstheorie ist jedoch keine „Wesenslehre" gelungen, welche die „Essenz" von Wettbewerb entdeckt und beschreibt.[674] Viele Autoren bezweifeln oder verneinen sogar, dass eine abschließende Definition als normatives Leitbild der staatlichen Wettbewerbspolitik überhaupt möglich ist.[675] In einem rechtlichen Kontext ist Wettbewerb daher offener, im Sinne eines in der Wirklichkeit vorgefundenen Regelungszusammenhangs, zu verstehen.[676] Es bedarf deshalb keiner Klärung, inwieweit die Wettbewerbsbegriffe übereinstimmen, die in der juristischen und wirtschaftswissenschaftlichen Literatur diskutiert werden.[677] Der Gesetzgeber hat sich bereits im Jahr 1955, in seiner Regierungsbegründung zum GWB, darauf beschränkt, ein Grundverständnis von Wettbewerb zu beschreiben: „Wettbewerb ist als das Streben zu betrachten, durch eigene Leistung, die nach Qualität oder Preis besser ist als die Leistung anderer Unter-

---

[670] *Fikentscher*, WuW 1961, 788, 798.

[671] *I. Schmidt*, Wettbewerbspolitik und Kartellrecht, S. 3 f.

[672] Dazu *Hellwig*, in: FS Mestmäcker 2006, S. 264 ff.

[673] So bereits Immenga/Mestmäcker/*Zimmer*, GWB, § 1 Rn. 110.

[674] Zur sog. „essentialistischen" Wettbewerbsdefinition *Schmidtchen*, Wettbewerb als Aufgabe, S. 35 f.

[675] Ablehnend Schriftlicher Bericht des Ausschusses für Wirtschaftspolitik über den Entwurf des GWB, 2. Wahlperiode, BT-Drs. 3644, S. 14; *Bunte*, Kartellrecht, S. 4; *Kling/Thomas*, Kartellrecht, § 14 Rn. 34; Loewenheim/Meessen/Riesenkampff/*Meessen*, Einführung in das europäische und deutsche Kartellrecht Rn. 6; Loewenheim/Meessen/Riesenkampff/*Nordemann*, § 1 GWB Rn. 79; *Mestmäcker/Schweitzer*, Europäisches Wettbewerbsrecht, § 2 Rn. 75; *Herdzina*, Wettbewerbspolitik, S. 7 ff.; zweifelnd *Emmerich*, Kartellrecht, § 1 Rn. 2, 5; *Rittner/Kulka*, Wettbewerbs- und Kartellrecht, Einl. Rn. 5; zur Möglichkeit einer Begriffsbestimmung für den „jeweiligen" Sachverhalt *Willeke*, Wettbewerbspolitik, S. 26 f.

[676] Dazu und zum Verhältnis von wirtschaftswissenschaftlichen und rechtlichen Kriterien, siehe *Mestmäcker/Schweitzer*, Europäisches Wettbewerbsrecht, § 2 Rn. 75 f.; ähnlich Schriftlicher Bericht des Ausschuss für Wirtschaftspolitik über den Entwurf des GWB, 2. Wahlperiode, BT-Drs. 3644, S. 13, der feststellt, dass der Inhalt des Begriffs „Wettbewerb" „aus einer der juristischen Auffassung vorgegebenen Disziplin empfangen" werden muss; ähnlich MüKo-GWB/*Säcker*, Einl. Rn. 5.

[677] Siehe dazu *Knöpfle*, DB 1991, 1433, 1440; *Baur*, ZHR 134 (1970), 97, 99 ff., 116 ff.

nehmen, den Verbraucher zum Abschluss eines Vertrages zu veranlassen“.[678] Mit einer stärkeren Betonung des Konkurrenzgedankens beschreibt der Begriff „Wettbewerb“ folglich „jede wirtschaftliche Handlung, die darauf gerichtet ist, sich im Wirtschaftskampf auf Kosten eines Mitbewerbers einen Vorteil zu schaffen“.[679] Die kartellrechtliche Auseinandersetzung mit Wettbewerb und seinem Schutz muss somit ohne einen allgemein anerkannten, subsumptionsfähigen Wettbewerbsbegriff auskommen.[680] Die Unbestimmtheit von Wettbewerb als Rechtsbegriff ist jedoch einer normativen Festlegung auf ein bestimmtes Wettbewerbsverständnis vorzuziehen.[681] Eine Definition würde insoweit nur einen Teilausschnitt von Wettbewerb, also bestimmte Erscheinungsformen des realen, nicht näher eingegrenzten Wettbewerbsgeschehens, erfassen.[682] Mit einem insofern eingeschränkten Wettbewerbsverständnis liefe das Kartellrecht folglich Gefahr, das Phänomen „Wettbewerb“ nur unvollständig zu erfassen und zu schützen. Gleichzeitig wären mit einer Verständigung auf ein bestimmtes Wettbewerbsverständnis rechtspraktisch ohnehin wenig Vorteile verbunden. Eine Definition von Wettbewerb könnte aufgrund der Vielfältigkeit der Wettbewerbsprozesse in der modernen Wirtschaft kaum ausreichend bestimmbare Kriterien für die Rechtsanwendung liefern.[683] Die Literatur arbeitet deshalb mit „nominalistischen“ Definitionen. Der Begriff „Wettbewerb“ tritt dabei an die Stelle eines Kataloges von Vorgängen und Sachverhalten.[684] Die Autoren beschreiben unter Angabe von etwaigen Regelmäßigkeiten, welche Marktgegebenheiten und welche ökonomischen oder außerökonomischen Sachverhalte man Wettbewerb nennt.[685]

---

[678] Reg.Begr. zum Entwurf eines GWB, 2. Wahlperiode, BT-Drs. 1158, S. 31.

[679] Schriftlicher Bericht des Ausschuss für Wirtschaftspolitik über den Entwurf des GWB, 2. Wahlperiode, BT-Drs. 3644, S. 15.

[680] Immenga/Mestmäcker/*Zimmer*, GWB, § 1 Rn. 110; *Fischer*, Staatliche Wettbewerbseingriffe zur Förderung von Wettbewerb, S. 13; *Emmerich*, Kartellrecht, § 1 Rn. 2.

[681] Vgl. *Fischer*, Staatliche Wettbewerbseingriffe zur Förderung von Wettbewerb, S. 13; *Baur*, ZHR 134 (1970), 97, 116; *Mestmäcker*, Europäisches Wettbewerbsrecht (1974), S. 169 ff.; Immenga/Mestmäcker/*Zimmer*, GWB, § 1 Rn. 112.

[682] Vgl. *Fischer*, Staatliche Wettbewerbseingriffe zur Förderung von Wettbewerb, S. 13; *Baur*, ZHR 134 (1970), 97, 116; *Mestmäcker*, Europäisches Wettbewerbsrecht (1974), S. 169 ff.; Immenga/Mestmäcker/*Zimmer*, GWB, § 1 Rn. 112.

[683] Vgl. *Fischer*, Staatliche Wettbewerbseingriffe zur Förderung von Wettbewerb, S. 13; *Baur*, ZHR 134 (1970), 97, 116; *Mestmäcker*, Europäisches Wettbewerbsrecht (1974), S. 169 ff.; Immenga/Mestmäcker/*Zimmer*, GWB, § 1 Rn. 112.

[684] Grundsätzlich zur „nominalistischen“ Wettbewerbsdefinition *Schmidtchen*, Wettbewerb als Aufgabe, S. 36 ff., 49 f.

[685] *Herdzina*, Wettbewerbspolitik, S. 9; *Schmidtchen*, Wettbewerb als Aufgabe, S. 35 ff.

2. Struktur und Verhalten als Hilfsmittel zur Umschreibung

Gemeinsam ist allen Konzepten und Definitionsansätzen von Wettbewerb, dass sie an Prozess-, Verhaltens- und Strukturelemente anknüpfen.[686] Deshalb haben sich die Begriffe „Marktverhalten" und „Marktstruktur" herausgebildet. Diese Begriffe beschreiben und systematisieren bestimmte tatsächliche Erscheinungen auf den Märkten, ohne wiederum selbst trennscharf abgrenzbar zu sein.[687] Das jeweilige Verständnis, was unter Wettbewerb zu verstehen ist, beeinflusst daher mittelbar zugleich die Definition der Begriffe „Marktverhalten" und „Marktstruktur".[688] In der wettbewerbstheoretischen und kartellrechtlichen Auseinandersetzung werden deshalb bestimmte Markterscheinungen uneinheitlich in die Kategorien „Marktverhalten" und „Marktstruktur" eingeordnet.[689] Die fehlende Abgrenzung von Marktverhalten und Marktstruktur stellt wiederum die Kartellrechtspraxis vor Probleme. Anhand der Begriffe „Marktverhalten" und „Marktstruktur" trennt man systematisch verschiedene Arten wettbewerblicher Kontrolle.[690] Wegen Überschneidungen ist der Anwendungsbereich von Vorschriften zur Kontrolle des Marktverhaltens einerseits von solchen zur Kontrolle der Marktstruktur andererseits nur schwer abzugrenzen. Beispielhaft zeigt sich das an der kartellrechtlichen Behandlung von Gemeinschaftsunternehmen.[691] Diese Unternehmen lassen sich grundsätzlich sowohl an fusionsrechtlichen Vorschriften, also Marktstrukturregelungen, als auch am Kartellverbot und damit einer Verhaltenskontrollregelung messen.[692] Im Rahmen der Entflechtung wirkt sich die fehlende Abgrenzung von Marktverhaltens- und Marktstrukturelementen vor allem an zwei Stellen aus: Zum einen stellt sich die Frage, in welchem Umfang gerade die Verhaltenskontrollregelungen Eingriffe in die Unternehmensstruktur erlauben.[693] Zum anderen ist systematisch zu untersuchen, wie weit die Rechtsetzungskomponenten der europäischen Union reichen, die maßgeblich auf Verhaltenskontrollregelungen beruhen. Dieser Abschnitt der Arbeit beschränkt sich auf eine Auseinandersetzung mit den Begriffen „Markt-

[686] *Herdzina*, Wettbewerbspolitik, S. 11.

[687] *P. Pohlmann*, Der Unternehmensverbund im Europäischen Kartellrecht, S. 76 ff.; *Herdzina*, Wettbewerbspolitik, S. 51 f.; *Veelken*, WRP 2003, 692, 712.

[688] *Herdzina*, Wettbewerbspolitik, S. 11; *P. Pohlmann*, Der Unternehmensverbund im Europäischen Kartellrecht, S. 76 f. mit Verweis auf vielfältige weitere Einflussfaktoren auf den Wettbewerb wie z.B. Steuern, Geldmarktpolitik und Konjunkturentwicklungen.

[689] Vgl. *Veelken*, WRP 2003, 692, 712 m.w.N.; *I. Schmidt*, Wettbewerbspolitik und Kartellrecht, S. 73; *Hauser*, Strukturelle Maßnahmen, S. 23.

[690] Zu dieser Systematik, siehe unten Teil 2 § 2 C 1.

[691] Zur Behandlung von Gemeinschaftsunternehmen, siehe unten Teil 2 § 2 C 2 a).

[692] Siehe unten Teil 2 § 2 C 2 a).

[693] Siehe unten Teil 2 § 5 A.

struktur“ und „Marktverhalten“ anhand einer reinen Darstellung ihrer verschiedenen Merkmale. Im Anschluss beschäftigt sich die Untersuchung mit dem Verhältnis von Verhaltens- und Strukturelementen. Diese Auseinandersetzung bildet die theoretische Grundlage, um im weiteren Verlauf der Untersuchung herausarbeiten zu können, dass es unmöglich ist, die Wirksamkeit und damit die Sinnhaftigkeit von Entflechtungsmaßnahmen empirisch zu belegen.[694]

a) Marktverhaltensmerkmale

Der Begriff „Marktverhalten“ beschreibt Eigenschaften, die sich aus den Tätigkeiten, Geschäftspraktiken, Interna[695] oder Taktiken des Unternehmens ergeben.[696] Die Elemente des Marktverhaltens unterliegen folglich dem unmittelbaren Einfluss und der Gestaltung durch die jeweils auf dem Markt tätigen Unternehmen. Das Marktverhalten kennzeichnet somit verschiedenste unternehmerische Verhaltensweisen, bei dem die Parameter Menge, Qualität, Service, Werbung, Preise, Konditionen und Rabatte eingesetzt werden.[697] Mit dem Begriff lassen sich zugleich auch bestimmte „Arten von Wettbewerb“ wie Austauschwettbewerb, Produktewettbewerb, Informations- und Werbewettbewerb bezeichnen.[698] Weiterhin beschreibt der Begriff „Marktverhalten“ ebenfalls „wettbewerbsbeschränkende“ bzw. „mutmaßlich wettbewerbsbeschränkende“[699] Verhaltensweisen.[700] Zusammengefasst lassen sich diese Verhaltensweisen in kollektives Marktverhalten, Bindungen, Behinderungen, Ausbeutung und Zusammenschlüsse (jedoch nur in Verbindung mit bestimmten

[694] Siehe dazu Teil 2 § 2 A I 3.

[695] Diese betreffen die Charaktereigenschaften eines Unternehmens, den sog. „Spirit of Competition“, also eine Art Wettbewerbsgesinnung bzw. Neigung zu Wettbewerbsbeschränkungen, aber auch die Zielsetzungen und Gewinnüberlegungen, siehe *I. Schmidt*, Wettbewerbspolitik und Kartellrecht, S. 72 f.

[696] Vgl. *Sosnick*, Eine Kritik der Konzeptionen vom funktionsfähigen Wettbewerb, S. 154; *Kantzenbach/Kallfass*, Das Konzept des funktionsfähigen Wettbewerbs, S. 113; *Bain*, Industrial Organization, S. 9 f.; *P. Pohlmann*, Der Unternehmensverbund im Europäischen Kartellrecht, S. 77 ff.

[697] *I. Schmidt*, Wettbewerbspolitik und Kartellrecht, S. 72 f.; *P. Pohlmann*, Der Unternehmensverbund im Europäischen Kartellrecht, S. 78 m.w.N.

[698] *Ruffner*, Funktionale Konkretisierung der Schlüsselartikel des neuen schweizerischen Kartellgesetzes, S. 200; *P. Pohlmann*, Der Unternehmensverbund im Europäischen Kartellrecht, S. 78.

[699] So *Herdzina*, Wettbewerbspolitik, S. 64 ff., der darauf verweist, dass sich die Wettbewerblichkeit von Verhaltensweisen abstrakt kaum bestimmen lässt, und insoweit genauer auf „mutmaßlich“ wettbewerbsbeschränkende Verhaltensweisen verweist.

[700] *P. Pohlmann*, Der Unternehmensverbund im Europäischen Kartellrecht, S. 78 f.; *Poeche*, Workable Competition als wettbewerbspolitisches Leitbild, S. 18.

Marktstrukturen) einteilen.[701] In diese Kategorien fallen Verhaltensweisen wie Parallelverhalten,[702] Formen der kooperativen und konzentrativen Zusammenarbeit,[703] Sperren, Boykott, Diskriminierungen, Preisführerschaft, Ausbeutungs- und sonstige Zwangsmaßnahmen[704] sowie Maßnahmen zur Kontrolle von Marktkräften.[705]

b) Marktstrukturmerkmale

Der Teilbegriff „Struktur" bezeichnet die Anordnung der Teile eines Ganzen zueinander.[706] Mit dem Begriff „Struktur" ist der innere Aufbau einer Einheit gemeint, in der die einzelnen Elemente eine eigene Aufgabe erfüllen. Formen, Zustand und Zusammensetzung eines Marktes kennzeichnen damit seine Struktur.[707] Die Marktstruktur erfasst all jene Eigenschaften von Märkten, die als konstant anzusehen sind, weil die Unternehmen sie jedenfalls nicht kurz- oder auch mittelfristig verändern können.[708] Im Rahmen der Marktstruktur lassen sich ebenfalls vielfältige Merkmale unterscheiden.[709] Deshalb empfiehlt sich eine Systematisierung der Merkmale, um sie überschaubar zu halten.[710] Eine verbreitete Einteilung unterscheidet deshalb zwischen markt-, produkt- und unternehmensbezogenen Merkmalen.[711]

---

[701] Vgl. *Herdzina*, Wettbewerbspolitik, S. 63, 88 ff.; *P. Pohlmann*, Der Unternehmensverbund im Europäischen Kartellrecht, S. 79.

[702] *Poeche*, Workable Competition als wettbewerbspolitisches Leitbild, S. 18.

[703] *Poeche*, Workable Competition als wettbewerbspolitisches Leitbild, S. 18; *Ruffner*, Funktionale Konkretisierung der Schlüsselartikel des neuen schweizerischen Kartellgesetzes, S. 198.

[704] *Poeche*, Workable Competition als wettbewerbspolitisches Leitbild, S. 18.

[705] *P. Pohlmann*, Der Unternehmensverbund im Europäischen Kartellrecht, S. 78 f.

[706] Duden, Deutsches Universalwörterbuch, S. 1636; *Brockhaus*, Die Enzyklopädie, Stichwort „Struktur".

[707] Vgl. *Sosnick*, Eine Kritik der Konzeptionen vom funktionsfähigen Wettbewerb, S. 154.

[708] Vgl. MüKo-EuWettbR/*Kerber/Schwalbe*, Einl. Rn. 1003; *Sosnick*, Eine Kritik der Konzeptionen vom funktionsfähigen Wettbewerb, S. 190.

[709] Für den Zweck dieser Arbeit reicht eine überblicksartige Darstellung der Merkmale, für weitere Details, siehe *P. Pohlmann*, Der Unternehmensverbund im Europäischen Kartellrecht, S. 81 ff.

[710] Die vorliegende Darstellung orientiert sich an der umfassenden Zusammenfassung bei *P. Pohlmann*, Der Unternehmensverbund im Europäischen Kartellrecht, S. 80 ff.

[711] Zur Unterscheidung von markt- und unternehmensbezogenen Merkmalen bereits BGH WuW/E BGH 1501, 1506 f. – *Kfz-Kupplungen*; zum Ganzen *P. Pohlmann*, Der Unternehmensverbund im Europäischen Kartellrecht, S. 80 ff.; *I. Schmidt*, Wettbewerbspolitik und Kartellrecht, S. 72; zu einer weitergehendem Differenzierung, siehe *Sosnick*, Eine Kritik der Konzeptionen vom funktionsfähigen Wettbewerb, S. 190 ff.

Marktbezogene Merkmale verkörpern zunächst die verschiedenen Konzentrationsgrade.[712] Der horizontale Konzentrationsgrad setzt sich aus der Anzahl der Marktteilnehmer (absoluter Konzentrationsgrad) und ihren Marktanteilen (relativer Konzentrationsgrad) zusammen.[713] Der vertikale Konzentrationsgrad gibt Auskunft über die Zahl und die Marktanteile von mehrstufigen Unternehmen auf dem entsprechenden Markt.[714] Der konglomerate Konzentrationsgrad bezeichnet wiederum die Zahl und Marktanteile von Mehrproduktunternehmen.[715] Daneben zählen zur Marktstruktur vornehmlich die Struktur der Marktgegenseite,[716] die Marktzutritts- bzw. Marktaustrittsschranken,[717] die Markttransparenz,[718] der potentielle Wettbewerb, die Ausweichmöglichkeiten von Anbietern und Nachfragern,[719] der Organisationgrad bei Kartellen[720] sowie speziell beim Oligopol,[721] neben dem Binnen- und Außenwettbewerb, das Stärkeverhältnis zwischen Oligopolisten.[722]

Unternehmensbezogene Kriterien der Marktstruktur sind insbesondere die Größe, Form, Verfassung und Organisation von Unternehmen,[723] ihre Finanzkraft,[724] ihre personellen oder finanziellen Verflech-

---

[712] Siehe dazu *Herdzina*, Wettbewerbspolitik, S. 68 f.; *Ruffner*, Funktionale Konkretisierung der Schlüsselartikel des neuen schweizerischen Kartellgesetzes, S. 200; *P. Pohlmann*, Der Unternehmensverbund im Europäischen Kartellrecht, S. 81.

[713] *Herdzina*, Wettbewerbspolitik, S. 68; *I. Schmidt*, Wettbewerbspolitik und Kartellrecht, S. 169.

[714] Siehe BGH WuW/E BGH 1501, 1507 – *Kfz-Kupplungen*; *I. Schmidt*, Wettbewerbspolitik und Kartellrecht (2005), S. 57.

[715] *Herdzina*, Wettbewerbspolitik, S. 68; *I. Schmidt*, Wettbewerbspolitik und Kartellrecht (2005), S. 57.

[716] *Ruffner*, Funktionale Konkretisierung der Schlüsselartikel des neuen schweizerischen Kartellgesetzes, S. 200; *I. Schmidt*, Wettbewerbspolitik und Kartellrecht, S. 72.

[717] *Bartling*, Leitbilder der Wettbewerbspolitik, S. 130 ff.; *Ruffner*, Funktionale Konkretisierung der Schlüsselartikel des neuen schweizerischen Kartellgesetzes, S. 200; *Mantzavinos*, Wettbewerbstheorie, S. 15; zum Begriff „Marktzutrittsschranke" allgemein *Paal*, Suchmaschinen, Marktmacht und Meinungsbildung, S. 31 f.

[718] BGH WuW/E BGH 1501, 1507 – *Kfz-Kupplungen*; *I. Schmidt*, Wettbewerbspolitik und Kartellrecht, S. 72; *Mantzavinos*, Wettbewerbstheorie, S. 15.

[719] *Ruffner*, Funktionale Konkretisierung der Schlüsselartikel des neuen schweizerischen Kartellgesetzes, S. 200; *I. Schmidt*, Wettbewerbspolitik und Kartellrecht (2005), S. 57.

[720] *Ruffner*, Funktionale Konkretisierung der Schlüsselartikel des neuen schweizerischen Kartellgesetzes, S. 198.

[721] Siehe dazu *Emmerich*, AG 1986, 345, 350, 356 f.

[722] *P. Pohlmann*, Der Unternehmensverbund im Europäischen Kartellrecht, S. 80 ff. mit weiteren Differenzierungen.

[723] *Bartling*, Leitbilder der Wettbewerbspolitik, S. 36; *Poeche*, Workable Competition als wettbewerbspolitisches Leitbild, S. 18; *I. Schmidt*, Wettbewerbspolitik und Kartellrecht, S. 72.

[724] BGH WuW/E BGH 1501, 1507 – *Kfz-Kupplungen*.

tungen,[725] Beteiligungen, Größenvorteile[726] und vertragliche Beziehungen zu Wettbewerbern.[727] Produktbezogene Merkmale sind die Beschaffenheit und die Differenzierung, der Innovationsgrad und das Potential zur Innovation.[728]

3. Empirischer Zusammenhang zwischen Marktverhalten, Marktstruktur und Marktergebnis

Als Elemente des Marktes haben sich die Kategorien „Marktverhalten" und „Marktstruktur" durchgesetzt. Die Kategorie des „Marktergebnisses" ergänzt die Beschreibungen des Marktes und trifft Aussagen über die Effizienz des Marktprozesses. Als Kriterien dienen unter anderem die Höhe der Preise und Gewinne, die verschiedenen Qualitäten, der Output oder Produktions- und Verkaufskosten sowie Wirkungen auf den wirtschaftlichen und technischen Wettbewerb.[729] In der Wettbewerbstheorie ist jedoch grundlegend umstritten, ob sich die drei Elemente gegenseitig bedingen, also ob Kausalbeziehungen zwischen ihnen bestehen.[730]

a) Struktur-Verhalten-Ergebnis-Paradigma

In den USA begann sich ab Ende der 1930er Jahre das sog. „Struktur-Verhalten-Ergebnis-Paradigma" zu entwickeln, das von einem Zusammenhang der drei Marktelemente ausgeht.[731] Es bestehen verschiedenste Hypothesen, wie die Marktstruktur das Marktverhalten und das Markt-

---

[725] BGH WuW/E BGH 1501, 1507 – *Kfz-Kupplungen*; *Sosnick*, Eine Kritik der Konzeptionen vom funktionsfähigen Wettbewerb, S. 190.

[726] BGH WuW/E BGH 1501, 1507 – *Kfz-Kupplungen.*

[727] Dazu und zu weiteren Merkmalen, siehe *Ruffner*, Funktionale Konkretisierung der Schlüsselartikel des neuen schweizerischen Kartellgesetzes, S. 200; *P. Pohlmann*, Der Unternehmensverbund im Europäischen Kartellrecht, S. 82.

[728] *Ruffner*, Funktionale Konkretisierung der Schlüsselartikel des neuen schweizerischen Kartellgesetzes, S. 200; *P. Pohlmann*, Der Unternehmensverbund im Europäischen Kartellrecht, S. 83.

[729] *I. Schmidt*, Wettbewerbspolitik und Kartellrecht, S. 72 f.; Loewenheim/Meessen/Riesenkampff/*Meesen*, Einführung in das europäische und deutsche Kartellrecht Rn. 10; Immenga/Mestmäcker/*Möschel*, GWB, § 19 Rn. 229; *Mestmäcker*, in: FS Raisch, S. 453; *Sosnick*, Eine Kritik der Konzeptionen vom funktionsfähigen Wettbewerb, S. 186 ff.

[730] Dazu *Herdzina*, Wettbewerbspolitik, S. 11; *P. Pohlmann*, Der Unternehmensverbund im Europäischen Kartellrecht, S. 76 Fn. 2; *Badtke/Vahrenholt*, WRP 2010, 852, 857 m.w.N.

[731] *Mason*, The American Economic Review 29 (1939), 61 ff.; *Bain*, Industrial Organization (1968); *Clark*, The American Economic Review 30 (1940), 241 ff.; zur Entwicklung der Industrieökonomik und der Bedeutung des Ansatzes der „Workable Competition" von Clark, siehe *Poeche*, Workable Competition als wettbewerbspolitisches Leitbild, S. 9 ff.; *Mantzavinos*, Wettbewerbstheorie, S. 23 ff.

ergebnis beeinflusst.[732] Eine in den 1950er Jahren entwickelte Hypothese geht etwa davon aus, dass die Höhe der Unternehmenskonzentration vornehmlich dann einen positiven Einfluss auf die Gewinne hat, wenn auf einem Markt mit wenigen Anbietern hohe Hürden für einen Markteintritt neuer Unternehmen bestehen.[733] Bis heute wird angenommen, dass jedenfalls der Marktanteil als Marktstrukturkriterium mit dem Marktergebnis korreliert.[734] Seit Mitte der 1970er Jahre begannen sich wiederum die Zweifel zu mehren, dass sich Wettbewerbsprozesse mit dem Struktur-Verhalten-Paradigma hinreichend erklären lassen.[735] So gelangen verschiedene Studien zum Ergebnis, dass zwischen der Konzentration von Unternehmen und den Gewinnen aufgrund von Marktmacht lediglich ein schwacher empirischer Zusammenhang besteht.[736] Wenngleich zwar eine Reihe empirischer Untersuchungen auf einen Zusammenhang der drei Marktelemente hindeuten, so lassen sich aus dieser Erkenntnis keine hinreichend verlässlichen Aussagen über bestimmte Marktstrukturen und deren konkrete Auswirkungen ableiten.[737] Dies liegt nicht zuletzt daran, dass sich nicht nur die Marktstruktur auf das Marktverhalten sowie das Marktergebnis auswirkt, sondern das Marktergebnis von heute auch die Struktur und das unternehmerische Verhalten von morgen bestimmt.[738] In der Folge besteht ein nicht zu überblickendes Geflecht von Kausalbeziehungen, das von der unübersehbaren Fülle an Kriterien innerhalb der Marktelemente „Verhalten", „Struktur" und „Ergebnis" noch weiter verkompliziert wird.[739]

b) Konsequenz aus dem Fehlen belastbarer Empirie

Mit Hilfe des Struktur-Verhalten-Ergebnis-Paradigmas lassen sich deshalb keine „Allaussagen" aufstellen, die für jeden Marktprozess zu jeder

[732] Vgl. *I. Schmidt*, Wettbewerbspolitik und Kartellrecht, S. 73 ff.; *Herdzina*, Wettbewerbspolitik, S. 183; MüKo-EuWettbR/*Kerber/Schwalbe*, Einl. Rn. 1004, 1006; *Mantzavinos*, Wettbewerbstheorie, S. 31 f.

[733] So etwa *Bain*, Funktionsfähiger Wettbewerb im Oligopol, S. 39 f.

[734] *Mantzavinos*, Wettbewerbstheorie, S. 37 f.; *I. Schmidt*, Wettbewerbspolitik und Kartellrecht (2005), S. 60, mit dem Hinweis, dass aber umstritten bleibe, ob Marktmacht oder die Effizienz von Unternehmen ursächlich für höhere Gewinne seien.

[735] Siehe dazu MüKo-EuWettbR/*Kerber/Schwalbe*, Einl. Rn. 1006.

[736] Vgl. *Schmalensee*, Inter-industry Studies of Structure and Performance, S. 976; MüKo-EuWettbR/*Kerber/Schwalbe*, Einl. Rn. 1006.

[737] So etwa *Emmerich*, Kartellrecht, § 1 Rn. 28; *Herdzina*, Wettbewerbspolitik, S. 183.

[738] *Emmerich*, Kartellrecht, § 1 Rn. 28; *Mantzavinos*, Wettbewerbstheorie, S. 39; *I. Schmidt*, Wettbewerbspolitik und Kartellrecht, S. 73 m.w.N.

[739] *Bartling*, Leitbilder der Wettbewerbspolitik, S. 26; *Emmerich*, Kartellrecht, § 1 Rn. 28; *Sosnick*, Eine Kritik der Konzeptionen vom funktionsfähigen Wettbewerb, S. 155; *Veelken*, WRP 2003, 692, 712; Beispiele zur Überschneidung bei *Veelken*, WRP 2003, 692, 712.

Zeit gelten.[740] Die Hypothesen zum Verhältnis der Marktelemente sind deshalb lediglich Wahrscheinlichkeitsaussagen.[741] Probabilistische Argumente sind aber keine Erklärungen.[742] Vielmehr kann der juristische Diskurs bei Wahrscheinlichkeitsaussagen nur noch auf Regeln des „vernünftigen Vermutens“ ausweichen.[743] Für das Instrument der Entflechtung hat dies eine entscheidende Konsequenz. Die Wirksamkeit einer Entflechtungsmaßnahme lässt sich ebenso wenig abschließend empirisch belegen, wie sich ihre konkreten Auswirkungen auf die Wettbewerbsverhältnisse vorhersagen lassen. Beide Frage ließen sich nur klären, wenn das tatsächliche Verhältnis der Marktelemente eindeutig bestimmbar wäre. Folglich ist nicht hinreichend empirisch zu belegen, dass missbräuchliche Verhaltensweisen von Unternehmen auf der Marktstruktur beruhen oder sogar von ihr erzwungen werden.[744] Ebenso lässt sich nicht sicher prognostizieren, wie sich die Preise verändern und ob sie sinken, wenn der Staat in die Marktstruktur eingreift und diese verändert. Damit kann nicht objektiv überprüft werden, inwieweit sich die Zielsetzung von § 41a GWB-RefE, den Wettbewerb auf vermachteten Märkten durch Entflechtung zu beleben,[745] praktisch tatsächlich erreicht werden kann.

4. Zwischenergebnis

Das Kartellrecht steht mit dem Phänomen „Wettbewerb“ vor einer schwierigen Situation. Wettbewerb lässt sich nicht abschließend und allgemeingültig definieren, sondern ist als unbestimmter Rechtsbegriff zu betrachten.[746] Die Beschreibung von Wettbewerb anhand der Elemente „Marktverhalten“, „Marktstruktur“ und „Marktergebnis“ bleibt ebenfalls unscharf. Die einzelnen Autoren ordnen die verschiedenen Markterscheinungen mit einer gewissen Beliebigkeit ein, vor allem nach

[740] *Kantzenbach/Kallfass*, Das Konzept des funktionsfähigen Wettbewerbs, S. 118; *Scheerer*, Antitrust Law Journal 46 (1977), 864, 864 f.; *Mantzavinos*, Wettbewerbstheorie, S. 39; MüKo-EuWettbR/*Kerber/Schwalbe*, Einl. Rn. 1051; *Zimmer*, WuW 2007, 1198, 1200.

[741] *Kantzenbach/Kallfass*, Das Konzept des funktionsfähigen Wettbewerbs, S. 118; *Scheerer*, Antitrust Law Journal 46 (1977), 864, 864 f.; *Mantzavinos*, Wettbewerbstheorie, S. 39.

[742] *Mantzavinos*, Wettbewerbstheorie, S. 39 m.w.N.; *Kantzenbach/Kallfass*, Das Konzept des funktionsfähigen Wettbewerbs, S. 118; zu diesem Problem im Bezug auf die Tauglichkeit wahrscheinlichkeitsbasierter Aussagen im Beweisrecht, siehe *Dammann*, Materielles Recht und Beweisrecht im System der Grundfreiheiten, S. 388.

[743] Zur Bedeutung des empirischen Diskurses, siehe *Alexy*, Theorie der juristischen Argumentation, S. 287.

[744] *Herdzina*, Wettbewerbspolitik, S. 77 f.

[745] BMWT, Begr. zum GWB-RefE, S. 3.

[746] Siehe oben Teil 2 § 2 A I 1.

Zweckmäßigkeit.[747] Insofern sind zwischen den Elementen „Verhalten" und „Struktur" bereits begrifflich wechselseitige Wirkungsbeziehungen festzustellen.[748] Inwiefern jedoch empirische Abhängigkeiten zwischen den Marktelementen bestehen, lässt sich nicht hinreichend aufklären.[749]

Von den verschiedenen Thesen über das Verhältnis der Marktelemente ausgehend, ist es nicht mehr möglich, bei der Entflechtung von einer „richtigen" oder „falschen", bzw. „zulässigen" oder „unzulässigen" Wettbewerbspolitik zu sprechen. Diese Beurteilung würde gerade einen allgemeingültigen Bewertungsmaßstab voraussetzen, der in der wettbewerbspolitischen Auseinandersetzung zwangsläufig fehlt, weil sich Wettbewerb nicht allgemeingültig definieren lässt.[750] Vom Standpunkt der Logik steht der Begriff „Wettbewerb" am Anfang der wirtschaftswissenschaftlichen bzw. juristischen Forschung und nicht am Ende.[751] Jede Definition von Wettbewerb ist folglich nicht das Resultat der Forschung, sondern im Gegenteil ein Postulat.[752] Das jeweilige Wettbewerbsverständnis setzt damit fest, was unter Wettbewerb verstanden werden soll, nicht jedoch, was Wettbewerb ist.[753] Dieses Vorverständnis entscheidet wiederum über die Zulässigkeit von Entflechtungen. Die Zulässigkeit und Sinnhaftigkeit von Entflechtungsmaßnahmen ist deshalb im Kontext der verschiedenen wettbewerbspolitischen Konzepte genauer zu überprüfen, die jeweils ein unterschiedliches Wettbewerbsverständnis zugrunde legen.

[747] So bereits *Veelken*, WRP 2003, 692, 712; ähnlich auch *Mantzavinos*, Wettbewerbstheorie, S. 30.

[748] *Bartling*, Leitbilder der Wettbewerbspolitik, S. 26; *Emmerich*, Kartellrecht, § 1 Rn. 28; *Sosnick*, Eine Kritik der Konzeptionen vom funktionsfähigen Wettbewerb, S. 155; *Veelken*, WRP 2003, 692, 712; Beispiele zur Überschneidung bei *Veelken*, WRP 2003, 692, 712.

[749] *Kantzenbach/Kallfass*, Das Konzept des funktionsfähigen Wettbewerbs, S. 118; *Scheerer*, Antitrust Law Journal 46 (1977), 864, 864 f.; *Mantzavinos*, Wettbewerbstheorie, S. 39; MüKo-EuWettbR/*Kerber/Schwalbe*, Einl. Rn. 1051; *Zimmer*, WuW 2007, 1198, 1200.

[750] Siehe oben Teil 2 § 2 A I 1.

[751] In grundsätzlicher Weise findet sich die Formulierung dieses Gedankens bei *W. Ott*, Der Rechtspositivismus, S. 151; im kartellrechtlichen Kontext bzgl. des Begriff „wirtschaftliche Wohlfahrt" bei *Künzler*, Effizienz oder Wettbewerbsfreiheit, S. 282.

[752] Vgl. allgemein hierzu *W. Ott*, Der Rechtspositivismus, S. 154, 158 ff.; im kartellrechtlichen Kontext *Künzler*, Effizienz oder Wettbewerbsfreiheit, S. 282.

[753] Siehe allgemein zu dieser axiomatischen Problemlage *W. Ott*, Der Rechtspositivismus, S. 159 f., 163 ff.; *Künzler*, Effizienz oder Wettbewerbsfreiheit, S. 284.

II. Wettbewerbskonzepte

Bislang hat sich kein allgemein anerkanntes, in sich geschlossenes Wettbewerbskonzept herausgebildet, dass aussagekräftige, empirisch belegte Hypothesen zugrunde legt.[754] Damit fehlt die Möglichkeit, ein bestimmtes Wettbewerbskonzept als das einzig richtige zu beweisen.[755] Die vielfältigen Wettbewerbskonzepte bestimmen den Zustand ungleich, der als funktionierender Wettbewerb zu bezeichnen ist.[756] Die unterschiedlichen Konzepte legen dafür divergierende Annahmen zu den Ursachen und den Auswirkungen von wettbewerblichen Marktprozessen zugrunde. Im Folgenden werden deshalb zwei Idealtypen herausgearbeitet, die Unternehmenskonzentrationen gegensätzlich bewerten: der wohlfahrtsökonomische Ansatz und der systemtheoretische Ansatz.[757] Beide Konzepte prägt ein unterschiedliches Verständnis vom Zusammenhang zwischen Marktverhalten, Marktstruktur und Marktergebnis. Vorliegend wird untersucht, wie sich diese Unterschiede auf die Rolle des Staates im Bereich des Kartellrechts auswirken. Im Zentrum der Untersuchung steht die Frage, wie beide Ansätze Marktmacht wahrnehmen und inwieweit sie Entflechtungsmaßnahmen für zulässig erachten.

[754] *Paal*, Medienvielfalt und Wettbewerbsrecht, S. 122.

[755] Ausdrücklich *Künzler*, Effizienz oder Wettbewerbsfreiheit, S. 284.

[756] Einen Überblick über die verschiedenen Wettbewerbskonzepte bieten *Bunte*, Kartellrecht, S. 10 ff.; *Cox/Hübener*, Wettbewerb, S. 9 ff.; *Emmerich*, Kartellrecht, § 1 Rn. 13 ff.; *Fischer*, Staatliche Wettbewerbseingriffe zur Förderung von Wettbewerb, S. 15 ff.; *Glöckner*, Kartellrecht, Rn. 64 ff.; *Herdzina*, Wettbewerbspolitik, S. 110 ff.; *Mantzavinos*, Wettbewerbstheorie, S. 15 ff.; *I. Schmidt*, Wettbewerbspolitik und Kartellrecht, S. 4 ff.; MüKo-EuWettbR/*Kerber/Schwalbe*, Einl. Rn. 991 ff.; *Schuhmacher*, Effizienz und Wettbewerb, S. 33 ff.

[757] Grundlegend *Herdzina*, Wettbewerbspolitik, S. 106; zu dieser Kategorisierung auch *Everling*, WuW 1990, 995, 997, 1008; *Haggeney*, Marktanteilsprognosen in der Europäischen Fusionskontrolle, S. 14 ff.; *Künzler*, Effizienz oder Wettbewerbsfreiheit, S. 36; Gloy/Loschelder/Erdmann/*Leistner*, Hdb. WettbewerbsR, § 4 Rn. 5; Grabitz/Hilf/Nettesheim/*Schuhmacher*, Art. 101 AEUV Rn. 10 ff.; Harte-Bavendamm/Henning-Bodewig/*Schünemann*, UWG, § 1 Rn. 28 ff.; mit der Einteilung in „ergebnisoffene" und „ergebnisorientierte" Wettbewerbskonzepte *Zimmer*, WuW 2007, 1198, 1198 ff.; *Möschel*, in: FS Pfeiffer, S. 714 f., mit einer Unterscheidung zwischen „laissez-faire-Konzeptionen" und „Instrumentalisierungslehren"; zum Gegensatz zwischen wohlfahrtsökonomischen und systemtheoretischen Ansätzen, siehe *Schuhmacher*, Effizienz und Wettbewerb, S. 17 f., 50 ff.; zum Gegensatz ökonomischer Wohlfahrt und wirtschaftlicher Freiheit als Ziele von Wettbewerbspolitik, siehe MüKo-EuWettbR/*Kerber/Schwalbe*, Einl. Rn. 1053 ff., 1061 ff.; zum Gegensatz von „workability-Konzepten" einerseits und dem Konzept der Wettbewerbsfreiheit andererseits, siehe *Fischer*, Staatliche Wettbewerbseingriffe zur Förderung von Wettbewerb, S. 15 ff.

1. Wettbewerbspolitik auf Grundlage eines wohlfahrtsökonomischen Ansatzes

Auf Grundlage der neoklassischen Wohlfahrtsökonomie analysiert der wohlfahrtsökonomische Ansatz anhand verschiedener Effizienzkriterien ausschließlich wirtschaftliche Zusammenhänge.[758] Das zentrale Ziel dieses Ansatzes besteht darin, die Wohlfahrt der Gesamtgesellschaft zu maximieren, indem die Bedürfnisse ihrer Mitglieder effizienter befriedigt werden.[759] Nach dieser Konzeption kommt es entscheidend darauf an, dass einerseits die vorhandenen Ressourcen möglichst effizient eingesetzt werden und andererseits neue Ressourcen durch den technischen Fortschritt geschaffen werden.[760] Dabei kommen im Wesentlichen die drei folgenden Effizienzkriterien zum Tragen.[761] Der wohlfahrtsökonomische Ansatz analysiert nicht nur, wie die bestehenden Ressourcen verteilt sind (Allokationseffizienz), sondern vergleicht auch den Input und Output bei der Herstellung von Gütern (Produkteffizienz). Zudem berücksichtigt dieser Ansatz bei seiner Bewertung wirtschaftlicher Vorgänge, in welchem Ausmaß neues Wissen bzw. neue Produktinnovationen geschaffen werden (dynamische Effizienz). Das Modell baut auf der Hypothese auf, dass auf dem Markt ein Zusammenhang zwischen den drei Kategorien Struktur, Verhalten und Ergebnis (Struktur-Verhalten-Ergebnis-Paradigma) besteht.[762] Bestimmte Marktstrukturen sind unter Wohlfahrtsaspekten negativ zu bewerten, weil sie zu Effizienzverlusten führen.[763] Im Falle eines Monopols fehlt häufig etwa die Allokationseffizienz, sofern der Monopolist seinen Ertrag maximiert, indem er Preise verlangt, die über den Grenzkosten liegen.[764] Gleichzeitig existieren keine Wettbewerber, die das Unternehmen dazu zwingen – zum Vorteil der

---

[758] *Künzler*, Effizienz oder Wettbewerbsfreiheit, S. 36; *Herdzina*, Wettbewerbspolitik, S. 106.

[759] In der Praxis wird jedoch auch diskutiert, ob im Kartellrecht nicht auf die Konsumentenwohlfahrt abzustellen ist, zum Ganzen MüKo-EuWettbR/*Kerber/Schwalbe*, Einl. Rn. 1053, 1058 ff.; *Schuhmacher*, Effizienz und Wettbewerb, S. 23 ff.; Grabitz/Hilf/Nettesheim/*Schuhmacher*, Art. 101 AEUV Rn. 13; *Herdzina*, Wettbewerbspolitik, S. 106.

[760] Zu dieser Unterscheidung zwischen statischer und dynamischer Effizienz, siehe MüKo-EuWettbR/*Kerber/Schwalbe*, Einl. Rn. 1053; Grabitz/Hilf/Nettesheim/*Schuhmacher*, Art. 101 AEUV Rn. 13; *Herdzina*, Wettbewerbspolitik, S. 106.

[761] Ausführlich zur Allokations- und Produktionseffizienz sowie der dynamischen Effizienz, siehe MüKo-EuWettbR/*Kerber/Schwalbe*, Einl. Rn. 1054 ff.

[762] *Herdzina*, Wettbewerbspolitik, S. 106; *Zimmer*, WuW 2007, 1198, 1999.

[763] Für Details zum Monopol und dem Oligopol in diesem Zusammenhang, siehe MüKo-EuWettbR/*Kerber/Schwalbe*, Einl. Rn. 1082 ff.

[764] Dazu *Church/Ware*, Industrial Organization, S. 33 ff.; *Schuhmacher*, Effizienz und Wettbewerb, S. 25; MüKo-EuWettbR/*Kerber/Schwalbe*, Einl. Rn. 1082 ff.

Gesamtwohlfahrt – möglichst ressourcenschonend zu produzieren.[765] Nach dem wohlfahrtsökonomischen Ansatz bestimmt folglich die Marktstruktur das Verhalten der Akteure und damit zugleich das Marktergebnis. Deshalb lassen sich anhand des gewünschten Ergebnisses das Marktverhalten bestimmen und die dafür notwendige Marktstruktur.[766] Die praktische Wettbewerbspolitik beginnt damit, die gegebenen Bedingungen zu analysieren. Dafür setzt der Staat das theoretische Ideal mit den bestehenden Marktverhältnissen in Bezug. Zu diesem Zweck muss man die Abweichungen in den Kategorien Ergebnis, Verhalten und Struktur untersuchen. Zeigt sich dann, dass der Wettbewerb nicht funktionsfähig ist, so kann der Staat an allen drei Kategorien ansetzen.[767] Möglich sind also Marktergebnis-, Marktverhaltens- und Marktstruktureingriffe.[768] Entflechtungen sind somit ein zulässiges kartellrechtliches Mittel.[769]

2. Wettbewerbspolitik auf Grundlage eines systemtheoretischen Ansatzes

Der systemtheoretische Ansatz beruft sich auf die klassische Wettbewerbstheorie und sieht die „Freiheit" im Zentrum der wettbewerbspolitischen Analyse.[770] Als Hypothese geht diese Konzeption davon aus, dass das Marktsystem als Ganzes von der Wettbewerbsfreiheit abhängt.[771] Der systemtheoretische Ansatz sieht freien Wettbewerb als einen sich selbststeuernden Prozess, der gute, aber nicht genau vorhersehbare Ergebnisse produziert.[772] Immer wieder finden sich in diesem Prozess Verhaltensweisen, Strukturen und ökonomische Ergebnisse neu zusam-

[765] Dazu *Church/Ware,* Industrial Organization, S. 33 ff.; *Schuhmacher*, Effizienz und Wettbewerb, S. 25; MüKo-EuWettbR/*Kerber/Schwalbe*, Einl. Rn. 1082 ff.

[766] *Herdzina*, Wettbewerbspolitik, S. 69 ff., 106, zu den verschiedenen Marktstrukturhypothesen; *Künzler*, Effizienz oder Wettbewerbsfreiheit, S. 23, 41; *Mantzavinos*, Wettbewerbstheorie, S. 25, 31; *Zimmer*, WuW 2007, 1198, 1998.

[767] *Herdzina*, Wettbewerbspolitik, S. 108; Harte-Bavendamm/Henning-Bodewig/*Schünemann*, UWG, § 1 Rn. 30.

[768] *Herdzina*, Wettbewerbspolitik, S. 108; Harte-Bavendamm/Henning-Bodewig/*Schünemann*, UWG, § 1 Rn. 30.

[769] *Herdzina*, Wettbewerbspolitik, S. 108.

[770] *Herdzina*, Wettbewerbspolitik, S. 108 und S. 16 ff.; *Künzler*, Effizienz oder Wettbewerbsfreiheit, S. 53; MüKo-EuWettbR/*Kerber/Schwalbe*, Einl. Rn. 1061; *Zimmer*, WuW 2007, 1198, 1998.

[771] *Herdzina*, Wettbewerbspolitik, S. 108 f.; *Künzler*, Effizienz oder Wettbewerbsfreiheit, S. 53.

[772] *Cox/Hübener*, Wettbewerb, S. 28; *Herdzina*, Wettbewerbspolitik, S. 108; *Zimmer*, WuW 2007, 1198, 1999.

men.[773] Zwischen den Marktelementen besteht folglich kein vorhersehbarer Zusammenhang. Das Konzept verzichtet deshalb auf normative Ansätze und versteht Marktstrukturen nicht als feststehende Ursache von wettbewerbsbeschränkenden Verhaltensweisen.[774] Nach diesem Konzept kommen wettbewerbliche Marktprozesse und in der Folge optimale Marktergebnisse allein dann zustande, wenn der Wettbewerb frei von Beschränkungen ist.[775] Gleichwohl kommt auch dieses Konzept nicht ohne Wettbewerbsregeln aus. In Form von Per-se-Verboten legt der systemtheoretische Ansatz alle beschränkenden Marktverhaltensweisen zuvor fest.[776] Die allgemeinen Verhaltensregeln sollen den Markt offenhalten, so dass die Machtpositionen von Unternehmen im Wettbewerb bedroht bleiben und so im zeitlichen Verlauf wieder abgebaut werden können.[777] Die praktische Wettbewerbspolitik ist folglich darauf beschränkt, das Marktverhalten zu untersuchen.[778] Beschränkende Verhaltensweisen hat der Staat zu verbieten und festgestellte Verbote zu ahnden. Eine Politik, die Wettbewerb aktiv fördern will, ist nach diesem Ansatz letztlich willkürlich. Der Staat müsste für erfolgreiche Markteingriffe einerseits über ein universelles Wissen bezüglich einer Fülle von Informationen verfügen, die in der Wirklichkeit „marktweit", bei den einzelnen Marktteilnehmer (Unternehmer, Verbraucher) verstreut liegen.[779] Andererseits fehlt dem Staat das notwendige Zusammenhangswissen, wie sich Veränderungen an einer bestimmten Stelle auf das komplexe wettbewerbliche System in seiner Gesamtheit auswirken.[780] Für Marktstrukturinterventionen und Entflechtungsmaßnahmen ist daher kein Raum.[781]

---

[773] *von Hayek*, Der Wettbewerb als Entdeckungsverfahren, S. 249 ff.; *Möschel*, Entflechtung im Recht der Wettbewerbsbeschränkungen, Rn. 69 f.; *Fischer*, Staatliche Wettbewerbseingriffe zur Förderung von Wettbewerb, S. 20.

[774] *Möschel*, Recht der Wettbewerbsbeschränkungen, Rn. 67; *Fischer*, Staatliche Wettbewerbseingriffe zur Förderung von Wettbewerb, S. 20.

[775] Ausführlich hierzu *von Hayek*, Der Wettbewerb als Entdeckungsverfahren, S. 249, 257 f.

[776] *Cox/Hübener*, Wettbewerb, S. 30; *Herdzina*, Wettbewerbspolitik, S. 109; *Zimmer*, WuW 2007, 1198, 1999, mit Verweis auf ein Kartellverbot oder Vorschriften über den Missbrauch einer Marktbeherrschenden Stellung.

[777] *Bartling*, Leitbilder der Wettbewerbspolitik, S. 130 ff.; *Fischer*, Staatliche Wettbewerbseingriffe zur Förderung von Wettbewerb, S. 20.

[778] *Herdzina*, Wettbewerbspolitik, S. 108.

[779] Harte-Bavendamm/Henning-Bodewig/*Schünemann*, UWG, § 1 Rn. 33.

[780] Ausführlich zum nomologischen Zusammenhangswissen *Hoppmann*, Prinzipien freiheitlicher Wirtschaftspolitik, S. 14 ff.

[781] *Herdzina*, Wettbewerbspolitik, S. 108; *P. Pohlmann*, Der Unternehmensverbund im Europäischen Kartellrecht, S. 90; *Tolksdorf*, WuW 1980, 785, 799.

3. Beurteilung von Konzentrationsprozessen und Marktmacht

Die Wettbewerbskonzepte legen gegensätzliche Annahmen zugrunde, wie sich die Marktelemente zueinander verhalten und beurteilen deshalb Konzentrationsprozesse und Marktmacht unterschiedlich.

a) Systemtheoretische Beurteilung

Nach dem systemtheoretischen Ansatz erlauben die Marktstrukturen keine Aussage zur Wettbewerbsintensität. Der Ansatz vertraut auf die Erodierungs- und Selbstheilungskräfte des Wettbewerbs selbst.[782] Entscheidende Prämisse ist die Langfristigkeit.[783] Konzentration, im Sinne eines Zustandes der Verdichtung, ist deshalb nicht mit Vermachtung gleichzusetzen. Marktanteile von Unternehmen spiegeln demnach weder ihren Verhaltensspielraum wider noch ihre Möglichkeiten, auf andere Einfluss zu nehmen.[784] Konzentrationsprozesse sind deshalb nicht negativ zu beurteilen. Folglich gefährden oder beschränken auch bestimmte Marktstrukturen nicht den Wettbewerb.

b) Wohlfahrtsökonomischer Ansatz

Anders verhält es sich hingegen beim wohlfahrtsökonomischen Ansatz, der von den Marktstrukturen auf die Neigung zu wettbewerblichem Marktverhalten zurückschließt. Das Konzept beurteilt Konzentrationsprozesse ambivalent, aber nicht per se negativ. Ein Unternehmen mit den besseren Produkten oder Preisen als die Konkurrenz hat am Markt wahrscheinlich größeren Erfolg. Das Ergebnis der Anstrengungen ist ein höherer Marktanteil. Dieser Marktanteil ist die verdiente Folge der unternehmerischen Bemühungen und zugleich ein Motivationsfaktor. Insoweit ist die Beurteilung von Marktmacht auch nach diesem Ansatz zunächst positiv. Mit einem höheren Marktanteil verknüpft diese Konzeption jedoch zugleich einen Zuwachs an Marktmacht im Sinne „wirtschaftlicher Macht“.[785] Das Unternehmen kann durch seine Macht das Marktgeschehen nach eigenen Zielsetzungen beeinflussen.[786] Von dieser Fähigkeit, eigene Zielsetzungen durchzusetzen, sind grundsätzlich alle Marktprozesse abhängig, auch erwünschte wettbewerbliche Aktivitäten. Zugleich kann wirtschaftliche Macht jedoch den Handlungsspielraum

---

[782] *von Hayek*, Der Wettbewerb als Entdeckungsverfahren, S. 249 ff.; allgemein dazu *Bartling*, Leitbilder der Wettbewerbspolitik, S. 130 ff.; *Fischer*, Staatliche Wettbewerbseingriffe zur Förderung von Wettbewerb, S. 20; *Möschel*, in: FS Pfeiffer, S. 714.

[783] *Möschel*, in: FS Pfeiffer, S. 714.

[784] *Knöpfle*, Die Problematik der Zusammenschlusskontrolle nach dem GWB, S. 16; *Kaufer*, Wettbewerb um den Wettbewerb, 1984, S. 7 ff.

[785] Zu den Begriffen, siehe *Herdzina*, Wettbewerbspolitik, S. 82 ff.; *Arndt*, Macht und Wettbewerb, S. 51.

[786] *Herdzina*, Wettbewerbspolitik, S. 83.

anderer Marktteilnehmer immer weiter einschränken.[787] Wirtschaftliche Macht wird dann zu wirtschaftlicher Überlegenheit.[788] Problematisch ist ein Konzentrationsprozess für den wohlfahrtsökonomischen Ansatz, sobald die mit der Konzentration verbundene Marktmacht ein Unternehmen befähigt, sich vom Verhalten seiner Mitbewerber oder der Verbraucher unabhängig zu machen.[789] Das Unternehmen kann dann auch zum Nachteil der Konkurrenten oder der Verbraucher agieren. Dabei muss das Unternehmen nicht mehr fürchten, von Kunden oder den Wettbewerbern diszipliniert zu werden, indem die Kunden den Anbieter wechseln oder die Konkurrenten wettbewerbliche Vorstöße wagen. Durch diesen Effekt steigen die Anreize zu nicht wettbewerblichem Verhalten. Insgesamt drohen Wohlfahrtsverluste, weil etwa die Gefahr besteht, dass die bestehenden Ressourcen nicht mehr optimal verteilt sind bzw. der wettbewerbliche Druck auf das marktmächtige Unternehmen fehlt, möglichst ressourcenschonend zu produzieren.[790] Mit steigender Unternehmenskonzentration sieht der wohlfahrtsökonomische Ansatz deshalb „vorübergehende“ in „permanente“ Macht umschlagen.[791] Marktmacht verliert dann ihre positiven Auswirkungen auf den Wettbewerb. Deshalb sind bestimmte Marktstrukturen im Rahmen einer Wertung als wettbewerbsgefährdend oder -beschränkend einzuordnen. Die Rechtspraxis steht im Rahmen der Auseinandersetzung mit Konzentration, Marktmacht und Wettbewerb allerdings vor erheblichen Schwierigkeiten. Wettbewerbsgefährdende Marktstrukturen lassen sich nicht abschließend abstrakt bestimmen, weil insoweit die Zusammenhänge von Marktstruktur, Marktverhalten und Marktergebnis empirisch nicht hinreichend zu klären sind.[792] In der Folge konnte sich bislang kein allgemein anerkannter Maßstab herausbilden, um Unternehmenskonzentrationen zu messen und zu bewerten.[793]

c) Zwischenergebnis

Der systemtheoretische Ansatz verzichtet darauf, die Marktstruktur zu bewerten. Deshalb beurteilt er Konzentrationsprozesse indifferent. Marktmacht versteht der Ansatz allenfalls als unscharfen Gegenbegriff

[787] *Arndt*, Macht und Wettbewerb, S. 51; *Herdzina*, Wettbewerbspolitik, S. 82 f.

[788] *Arndt*, Macht und Wettbewerb, S. 51.

[789] Siehe EuGH, Urteil vom 14. Februar 1978, Slg. 1978, 207, Tz. 63 und 66 – *United Brands*.

[790] Vgl. *Church/Ware*, Industrial Organization, S. 33 ff.; *Schuhmacher*, Effizienz und Wettbewerb, S. 25; MüKo-EuWettbR/*Kerber/Schwalbe*, Einl. Rn. 1082 ff.

[791] Dazu im allgemeinen Kontext von Macht und Wettbewerb *Arndt*, Macht und Wettbewerb, S 53 ff.

[792] Siehe oben Teil 2 § 2 A I 3.

[793] MK, HauptGA I (1977), Tz. 151 ff.; zur Marktmachtbestimmung in der Kartellrechtspraxis, siehe oben Teil 1 § 2 A III.

zu Wettbewerbsfreiheit, jedoch ohne weitere Festlegung.[794] Der prognostische Anspruch des wohlfahrtsökonomischen Ansatzes ist höher. Er bewertet Marktstrukturen und Konzentrationsprozesse zwiespältig. Der Begriff „Marktmacht" nimmt diese Ambivalenz auf. Zu einem gewissen Grad kennzeichnet Macht zwar jeden dynamischen Wettbewerbsprozess; damit dieser jedoch ungestört ablaufen kann, ist Marktmacht dennoch als „Gefährdungstatbestand" zu betrachten.[795] Das ambivalente Verhältnis des wohlfahrtsökonomischen Ansatzes zur Marktmacht wirkt sich zugleich auf die Zulässigkeit etwaiger Entflechtungsmaßnahmen aus. Zwar sind Marktstruktureingriffe nach wohlfahrtsökonomischen Gesichtspunkten grundsätzlich als legitimes Mittel zu bewerten, um den Wettbewerb zu schützen. Gleichwohl lassen sich abstrakt keine hinreichend präzisen Aussagen zum Umfang etwaiger Entflechtungsmaßnahmen im Konzept der Wohlfahrtsökonomie treffen. Der benannte Ansatz beurteilt allein nach Effizienzgesichtspunkten, ob eine Wettbewerbsbeschränkung zulässig oder unzulässig ist.[796] Deshalb ist jeweils eine Einzelfallbetrachtung der Wettbewerbsverhältnisse notwendig, um die Zulässigkeit einer Entflechtungsmaßnahme zu bestimmen. Von einer Entflechtung ist folglich abzusehen, wenn auf einem Markt von einem marktbeherrschenden Unternehmen ein größerer Beitrag zur Effizienzsteigerung ausgeht als vom prognostizierten Wettbewerb nach einer Entflechtungsmaßnahme.[797]

4. Beurteilung von Entflechtung in realtypischen Wettbewerbskonzepten

Realtypische Ansätze beschreiben und beurteilen die Wirkungen bestimmter Strukturen und Verhaltensweisen, indem sie alle Gegebenheiten des Marktes berücksichtigen.[798] Ansätze einzelner Autoren und diverse Schulen weisen dabei häufig Elemente der beiden, bereits dargestellten Grundtypen wettbewerblicher Konzepte auf.[799] Die verschiedenen, realtypisch vertretenen Wettbewerbskonzepte sind daher nicht trennscharf abgrenzbar und greifen unterschiedlich stark auf das

[794] Zu diesem Begriffsverständnis *Herdzina*, Wettbewerbspolitik, S. 82 ff.

[795] So *Satzky*, WuW 2010, 615, 618; *Engel*, Die verfassungsrechtliche Zulässigkeit eines Entflechtungstatbestands im Kartellgesetz, S. 46; zum Aspekt der „Gefährdung" als potentielle Wettbewerbsbeschränkung, siehe *Scholz*, Entflechtung und Verfassung, S. 123 f.; zur Fusionskontrolle als Gefährdungstatbestand, siehe *Möschel*, Entflechtung im Recht der Wettbewerbsbeschränkungen, S. 48.

[796] *Emmerich*, Kartellrecht, § 1 Rn. 33; *Schuhmacher*, Effizienz und Wettbewerb, S. 23 ff.

[797] Vgl. *Emmerich*, Kartellrecht, § 1 Rn. 33; zum Problem des relevanten Wohlfahrtsstandards, siehe unten Teil 2 § 3 A bzw. Teil 2 § 3 D I.

[798] In diesem Sinne *P. Pohlmann*, Der Unternehmensverbund im Europäischen Kartellrecht, S. 83.

[799] Siehe zu den beiden Idealtypen oben Teil 2 § 2 A II.

Instrument der Entflechtung zurück.[800] Im Folgenden werden in zeitlicher Einordnung ausgewählte Wettbewerbskonzeptionen und ihre Haltung zu Entflechtung als Kartellrechtsinstrument überblicksartig dargestellt.

a) Ordoliberalismus und Freiburger Schule

Die sog. „Freiburger Schule“, eine interdisziplinäre Forschungs- und Lehrgemeinschaft um *Walter Eucken* und *Franz Böhm* an der Universität Freiburg, entwickelte in den 1930er und 1940er Jahren das sog. „ordoliberale Wettbewerbskonzept“.[801]

(1) Vollkommene Konkurrenz als Ansatzpunkt

Der ordoliberale Ansatz von „vollständiger Konkurrenz“ baut auf dem Wettbewerbskonzept der „vollkommenen Konkurrenz“ auf,[802] das sich im ersten Drittel des 20. Jahrhunderts entwickelte.[803] Das Konzept der „vollkommenen Konkurrenz“ beruht auf den Annahmen der wirtschaftswissenschaftlichen „Preistheorie“.[804] Die Preistheorie hat in Modellen untersucht, wie sich die Preise oder Mengen von Produkten entwickeln, wenn sich die Anzahl der Anbieter und Nachfrager verändert.[805] Ein Monopolist weitet nach diesem Konzept seine Produktion nur bis zu dem Punkt aus, an dem die zusätzlich entstehenden Kosten (Grenzkosten) unter den zusätzlichen Erlösen (Grenzerlösen) liegen und sein Gewinnmaximum erreicht ist.[806] Insofern hat der Monopolist die

[800] Vgl. insoweit die Darstellung der einzelnen Konzepte bei *Bunte*, Kartellrecht, S. 10 ff.; *Cox/Hübener*, Wettbewerb, S. 9 ff.; *Emmerich*, Kartellrecht, § 1 Rn. 13 ff.; *Fischer*, Staatliche Wettbewerbseingriffe zur Förderung von Wettbewerb, S. 15 ff.; *Glöckner*, Kartellrecht, Rn. 64 ff.; *Herdzina*, Wettbewerbspolitik, S. 110 ff.; *Mantzavinos*, Wettbewerbstheorie, S. 15 ff.; *I. Schmidt*, Wettbewerbspolitik und Kartellrecht, S. 4 ff.; MüKo-EuWettbR/*Kerber/Schwalbe*, Einl. Rn. 991 ff.; *Schuhmacher*, Effizienz und Wettbewerb, S. 33 ff.

[801] Vgl. *Eucken*, Die Grundsätze der Wirtschaftspolitik, S. 120; *Böhm*, Wirtschaftsordnung und Staatsverfassung, S. 32 ff.; dazu *Kartte/Holtschneider*, Konzeptionelle Ansätze und Anwendungsprinzipien im GWB, S. 197 f.

[802] *Jöhr*, Das Modell der vollkommenen Konkurrenz, S. 19 ff., 43 ff.; dazu *Emmerich*, Kartellrecht, § 1 Rn. 14 ff.

[803] Dazu *Kartte/Holtschneider*, Konzeptionelle Ansätze und Anwendungsprinzipien im GWB, S. 195 ff.; MüKo-EuWettbR/*Kerber/Schwalbe*, Einl. Rn. 994 ff.

[804] *Cournot*, Untersuchungen über die mathematischen Grundlagen der Theorie des Reichtums, (1924); dazu *A. Ott*, Grundzüge der Preistheorie, S. 33 ff.; siehe dazu MüKo-EuWettbR/*Kerber/Schwalbe*, Einl. Rn. 994 mit entsprechenden Nachweisen.

[805] Siehe dazu *Emmerich*, Kartellrecht, § 1 Rn. 17; *Kartte/Holtschneider*, Konzeptionelle Ansätze und Anwendungsprinzipien im GWB, S. 195 f.; MüKo-EuWettbR/*Kerber/Schwalbe*, Einl. Rn. 994.

[806] Siehe *Emmerich*, Kartellrecht, § 1 Rn. 14; ausführlich *A. Ott*, Grundzüge der Preistheorie, S. 177 ff.

Möglichkeit, Differentialgewinne auf Kosten der Allgemeinheit zu erwirtschaften.[807] Darauf aufbauend ist „Marktmacht" in ökonomischer Hinsicht somit die Fähigkeit, das Warenangebot zu verringern und damit den Verkaufspreis über das Wettbewerbsniveau zu heben.[808] Im Polypol, mit vielen Anbietern, ist die Marktmacht hingegen anders verteilt. Auf Dauer entsprechen die Preise hier den Grenzkosten des Anbieters mit den günstigsten Produktionskosten (Grenzanbieter), weshalb das Polypol bei einer preistheoretischen Bewertung die Versorgung der Allgemeinheit am besten sicherstellt.[809] Auf dieser Grundlage hat das Wettbewerbskonzept der „vollkommenen Konkurrenz" das Polypol als ideale Marktform herausgearbeitet, das es auf allen Märkten anzustreben gelte.[810]

(2) Weiterentwicklung durch den Ordoliberalismus

Mit dem statischen Fokus auf die Preisentwicklung vernachlässigt das Konzept der „vollkommenen Konkurrenz" sämtliche gesamtwirtschaftliche und gesamtgesellschaftliche Entwicklungen.[811] Der Ordoliberalismus sieht Wirtschafts- und Sozialpolitik hingegen als Einheit, bei der die Wettbewerbspolitik eine Klammerwirkung im Sinne einer umfassenden, die Wirtschaft prägenden Strukturpolitik hat.[812] Der Ordoliberalismus versucht im zeitgeschichtlichen Kontext des „Hitler-Faschismus"[813] und des autoritären Sozialismus einen „dritten Weg" zwischen Laissez-faire-Liberalismus einerseits und Kollektivismus anderseits zu finden.[814] Das Konzept formuliert deshalb Anforderungen an einen geordneten, idealen Rahmen („Ordo"), dessen Grundlage auf der Freiheit der einzelnen Marktteilnehmer basiert, die ihrerseits aber durch den Staat begrenzt ist.[815] Eine Wettbewerbsordnung, die allein auf der Freiheit der Marktteilnehmer aufbaut lehnt der Ordoliberalismus ab.[816] „Freiheit" beinhal-

---

[807] *Emmerich*, Kartellrecht, § 1 Rn. 17.

[808] *Wurmnest*, Marktmacht und Verdrängungsmissbrauch, S. 133.

[809] *Emmerich*, Kartellrecht, § 1 Rn. 17.

[810] *Jöhr*, Das Modell der vollkommenen Konkurrenz, S. 19 ff., 43 ff.; dazu *Emmerich*, Kartellrecht, § 1 Rn. 17; *Kartte/Holtschneider*, Konzeptionelle Ansätze und Anwendungsprinzipien im GWB, S. 196.

[811] Ausführlich *Tolksdorf*, Entwicklung der Wettbewerbstheorie, S. 96 ff.

[812] *Kartte/Holtschneider*, Konzeptionelle Ansätze und Anwendungsprinzipien im GWB, S. 204; *Robert*, Konzentrationspolitik in der Bundesrepublik, S. 109.

[813] *H. Becker*, Die soziale Frage im Neoliberalismus, S. 44; *Günther*, in: FS Böhm, S. 202; *Kartte/Holtschneider*, Konzeptionelle Ansätze und Anwendungsprinzipien im GWB, S. 197; *Murach-Brand*, Antitrust auf deutsch, S. 102 ff.

[814] Siehe *Kartte/Holtschneider*, Konzeptionelle Ansätze und Anwendungsprinzipien im GWB, S. 197; *Günther*, in: FS Böhm, S. 202.

[815] *Eucken*, ORDO 2 (1949), 1, 22 f., 28 ff.; zum Ganzen *Glöckner*, Kartellrecht, Rn. 67.

[816] *Eucken*, ORDO 2 (1949), 1, 4 ff., 23.

tet nach ordoliberaler Vorstellung insoweit eine „Tendenz zur Selbstzerstörung“, weil sie erlaubt, dass Einzelne oder mächtige Unternehmen die eigene Freiheit und damit den Wettbewerb missbrauchen.[817] Als Idealbild greift der Ansatz auf den Leistungswettbewerb in der Marktform der „vollständigen Konkurrenz“ zurück. Der Marktpreis wird folglich zum zentralen Koordinierungsinstrument, den die Marktteilnehmer hinnehmen müssen.[818] Dem Staat kommt dabei die Aufgabe zu, diese „vollständige Konkurrenz“ herzustellen. Dafür muss er freiheitsbeschränkende oder „irreleitende“ Verhaltensweisen bzw. Strukturen mit Hilfe des Wettbewerbsrechts unterbinden.[819] Als Instrumente dienen dafür in erster Linie Preiskontrollen, staatliche Preisfestsetzungen und vor allem eine strenge Politik gegen Monopole.[820] Wenn dieses Vorgehen allerdings nicht ausreicht, dann muss in der ordoliberalen Vorstellung der Staat die Wirtschaftslenkung übernehmen.[821] Monopole und „Kollektivismus“[822] in Gestalt von Kartellen und Großunternehmen gilt es nach einem ordoliberalen Ansatz nicht zu tolerieren oder zu überwachen, sondern abzuschaffen.[823] Der Staat muss Transparenz und die freie Zugänglichkeit auf vermachteten Märkten deshalb mittels Entflechtung durchsetzen.[824]

b) Die Harvard School

Die statischen Annahmen von Wettbewerbskonzepten der „vollkommenen“ bzw. „vollständigen“ Konkurrenz sind unrealistisch und entsprechend vollkommene Märkte sind in der Wirklichkeit kaum anzutreffen.[825] In den 1940er Jahren begann deshalb ein Paradigmenwechsel hinzu Konzepten des „funktionsfähigen“ Wettbewerbs.[826] Diese Konzep-

[817] *Eucken,* ORDO 2 (1949), 1, 4 ff., 23.

[818] Siehe *Blum*, Soziale Marktwirtschaft, S. 64 ff., 83; *Kartte/Holtschneider*, Konzeptionelle Ansätze und Anwendungsprinzipien im GWB, S. 197 f.

[819] *Eucken,* ORDO 2 (1949), 1, 28 ff.

[820] Siehe dazu *Blum*, Soziale Marktwirtschaft, S. 74; *Kartte/Holtschneider*, Konzeptionelle Ansätze und Anwendungsprinzipien im GWB, S. 198.

[821] *Blum*, Soziale Marktwirtschaft, S. 74; *Kartte/Holtschneider*, Konzeptionelle Ansätze und Anwendungsprinzipien im GWB, S. 197.

[822] Dazu *Röpke*, Civitas Humana, S. 34 ff.; *Blum*, Soziale Marktwirtschaft, S. 40; etwas einschränkend *Eucken*, Die Grundsätze der Wirtschaftspolitik, S. 289; *ders.*, ORDO 2 (1949), 1, 70.

[823] Stellvertretend *Röpke*, Civitas Humana, S. 49, 74; dazu *Blum*, Soziale Marktwirtschaft, S. 40, 47; *Kartte/Holtschneider*, Konzeptionelle Ansätze und Anwendungsprinzipien im GWB, S. 197; etwas einschränkend *Eucken*, Die Grundsätze der Wirtschaftspolitik, S. 289; *ders.*, ORDO 2 (1949), 1, 70.

[824] *Eucken*, Die Grundsätze der Wirtschaftspolitik, S. 120; *Böhm*, Wirtschaftsordnung und Staatsverfassung, S. 32 ff.

[825] *Emmerich*, Kartellrecht, § 1 Rn. 17; *Kartte/Holtschneider*, Konzeptionelle Ansätze und Anwendungsprinzipien im GWB, S. 195 f.

[826] Grundlegend *Clark*, The American Economic Review 30 (1940), 241 ff.; dazu *Emmerich*, Kartellrecht, § 1 Rn. 17; *Poeche*, Workable Competition als wettbewerbs-

te begannen sich in den 1950er und 1960er Jahren in den USA unter der Bezeichnung „workability"-Konzepte durchzusetzen, für die ebenfalls der Name „Harvard School" oder „Structural Approach" geläufig ist.[827] In Deutschland ist diese Denkrichtung vor allem durch die Konzeption des „funktionsfähigen" Wettbewerbs von *Kantzenbach* bekannt geworden.[828] Die „workability"-Konzepte gehen von Marktunvollkommenheiten aus und unterscheiden zwischen Marktstrukturen, die wettbewerblich erwünscht oder umgekehrt unerwünscht sind.[829] Mit Hilfe der Wettbewerbspolitik sollen diejenigen wirtschaftlichen Zustände erreicht werden, die nach den verschiedenen Ansätzen jeweils als positiv zu erachten sind.[830] Dafür sind zunächst der jeweils der sachlich, räumlich und zeitlich relevante Markt zu ermitteln und das Marktverhalten, die Marktstruktur und das Marktergebnis zu bestimmen.[831] Die Bewertung der Marktstrukturen erfolgt anhand vorab definierter Leitbilder. Als normative Kriterien kommen dabei etwa der technische Fortschritt, die optimale Ressourcenverteilung und die Dezentralisierung wirtschaftlicher Macht in Betracht.[832] Grundsätzlich gehen die „workability"-Konzepte davon aus, dass Unternehmen primär ihre Marktmacht aufbauen bzw. absichern wollen.[833] Der Wettbewerbspolitik kommt deshalb vornehmlich die Aufgabe zu, Unternehmenskonzentrationen zu bekämpfen und kompetitive Marktstrukturen aufrechtzuerhalten.[834] Als wünschenswerte Marktstruktur steht insbesondere das weite Oligopol mit größeren Anbietern im Mittelpunkt.[835] In Übereinstimmung mit dem Struktur-Verhalten-Ergebnis-Paradigma wird vertreten, dass sich gerade das weite Oligopol durch günstige Größenvorteile auszeichne und einen

politisches Leitbild, S. 9 ff.; *Mantzavinos*, Wettbewerbstheorie, S. 23 ff.; *Kartte/Holtschneider*, Konzeptionelle Ansätze und Anwendungsprinzipien im GWB, S. 195 f.; MüKo-EuWettbR/*Kerber/Schwalbe*, Einl. Rn. 994 ff.

[827] Vgl. *Kaysen/Turner*, Antitrust Policy (1959); *Scheerer/Roos*, Industrial Market Structure and Economic Performance, S. 4 ff.; zu weiteren Vertretern, siehe die Darstellungen bei *Bartling*, Leitbilder der Wettbewerbspolitik, S. 20 ff.; *Fischer*, Staatliche Wettbewerbseingriffe zur Förderung von Wettbewerb, S. 16.

[828] *Kantzenbach*, Die Funktionsfähigkeit des Wettbewerbs (1967).

[829] Siehe dazu *Bunte*, Kartellrecht, S. 7 f.; *Emmerich*, Kartellrecht, § 1 Rn. 22 ff.; MüKo-EuWettbR/*Kerber/Schwalbe*, Einl. Rn. 1007 ff.

[830] *Fischer*, Staatliche Wettbewerbseingriffe zur Förderung von Wettbewerb, S. 16; *Emmerich*, Kartellrecht, § 1 Rn. 22 ff.

[831] *Kantzenbach/Kallfass*, Das Konzept des funktionsfähigen Wettbewerbs, S. 113; *Emmerich*, Kartellrecht, § 1 Rn. 24.

[832] *Kantzenbach*, Die Funktionsfähigkeit des Wettbewerbs, S. 16 ff.; *Bunte*, Kartellrecht, S. 7 f.

[833] MüKo-EuWettbR/*Kerber/Schwalbe*, Einl. Rn. 1009.

[834] MüKo-EuWettbR/*Kerber/Schwalbe*, Einl. Rn. 1009.

[835] *Kantzenbach*, Die Funktionsfähigkeit des Wettbewerbs, S. 133 ff.; *Bain*, Funktionsfähiger Wettbewerb im Oligopol, S. 39 f.

besonders intensiven Wettbewerb ermögliche.[836] Enge Oligopole sind hingegen aufgrund ihrer Kostenstruktur nicht vorteilhaft und nach diesem Ansatz durch eine Fusionskontrolle zu verhindern bzw. durch Entflechtung aufzulösen.[837]

c) Die Chicago School

Die sog. „Chicago School" begann ab Mitte der 1980er Jahren die US-amerikanische Antitrustpolitik zu bestimmen.[838] Die „Chicago School" verneinte als Gegenbewegung zur „Harvard School" deren normative Vorstellung und propagierte die Effizienzsteigerung als einziges Ziel der Wettbewerbspolitik.[839] Die Vertreter gehen davon aus, dass Unternehmen bei Fusionen und ihrem Marktverhalten primär das Ziel motiviert, ihre Effizienz zu steigern, und nicht die Aussicht auf Marktmacht.[840] Diese Effizienz ist von der sozialen Effizienz zu trennen.[841] Die effizienteste Betriebsgröße bleibt auch dann als gesamtwirtschaftlich vorteilhaft einzuordnen, wenn sie auf Monopolmacht des Unternehmens beruht oder dem Einsatz unerwünschter Praktiken.[842] Nach dieser Konzeption spiegelt die Organisation einer Industrie ohne staatliche Beschränkungen die zugrunde liegende Kostensituation wider,[843] weshalb die „Chicago School" Eingriffe in die Marktstruktur durch Entflechtung ablehnt.[844] Dieser Ansatz vertraut damit allein auf den Marktmechanismus und sieht langfristig konzentrierte Märkte durch Effizienzaspekte gerechtfertigt.[845] Allerdings sind Fusionen ebenso wie horizontale oder vertikale Vereinbarungen nach der „Chicago School" immer dann zu

[836] Zum Marktstruktur-Marktverhalten-Marktergebnis-Paradigma, siehe oben Teil § 2 A 3 b); *Kantzenbach*, Die Funktionsfähigkeit des Wettbewerbs, S. 133 ff.; *Bain*, Funktionsfähiger Wettbewerb im Oligopol, S. 39 f.

[837] *Kantzenbach*, Die Funktionsfähigkeit des Wettbewerbs, S. 138 f.; dazu bereits *Fischer*, Staatliche Wettbewerbseingriffe zur Förderung von Wettbewerb, S. 21 ff.

[838] *Bork*, The Antitrust Paradox (1978); *Brozen*, Concentration, Mergers, and Public Policy (1982); *Demsetz*, Journal of Law, Economics & Organization 19 (1976), 371 ff.; *Easterbrook*, University of Texas Law Review 63 (1984), 1 ff.; *Posner*, Antitrust Law (1976); *Stigler*, The Organization of Industry (1968).

[839] Siehe *Bork*, The Antitrust Paradox, S. 7, 81 ff.

[840] Siehe dazu MüKo-EuWettbR/*Kerber/Schwalbe*, Einl. Rn. 1015.

[841] Details zu diesem Aspekt bei *Mantzavinos*, Wettbewerbstheorie, S. 44 f.

[842] Stellvertretend *Stigler*, The Organization of Industry, S. 73; zum grundsätzlichen Streit über den relevanten Wohlfahrtsstandard, siehe unten Teil 2 § 3 D 1.

[843] Siehe *Aberle*, Wettbewerbspolitik, S. 40 f.; *Fischer*, Staatliche Wettbewerbseingriffe zur Förderung von Wettbewerb, S. 26.

[844] *Bork*, The Antitrust Paradox, S. 196; *Demsetz*, Journal of Law, Economics & Organization 19 (1976), 371, 375.

[845] Dazu *Fischer*, Staatliche Wettbewerbseingriffe zur Förderung von Wettbewerb, S. 26.

verbieten, wenn sie die gesamtwirtschaftliche Effizienz beeinträchtigen.[846]

d) Zusammenfassung

Die dargestellten Grundströmungen zeigen die Dynamik in der wettbewerbspolitischen Auseinandersetzungen und in der Folge die unterschiedlichen Bewertungen von Entflechtung als Kartellrechtsinstrument. Diese Entwicklung ist keineswegs abgeschlossen. Die Annahmen der „Chicago School" wurden dahingehend kritisiert, dass das Phänomen privater Macht nicht hinreichend Beachtung finde.[847] Dabei werde die Machtkontrolle als gesellschaftspolitisches Ziel vollständig außer Acht gelassen.[848] Unter dem Sammelbegriff „Post-Chicago Economics"[849] berücksichtigen neuere industrieökonomische Forschungen deshalb nicht allein das Effizienzkriterium in ihrer Analyse der Wettbewerbsverhältnisse.[850] Vielmehr beziehen die durchgeführten Untersuchungen weitere Faktoren wie Informationsasymmetrien, Netzwerkeffekte und strategisches Verhalten ein.[851] Bislang hat sich kein einheitliches Modell im Post-Chicago-Ansatz herausgebildet, sondern verschiedene Einzelfallmodelle und Analysemethoden kommen zur Anwendung, die sich teilweise widersprechen.[852] Damit grenzt sich die moderne Industrieökonomik von den klassischen „Denkschulen" mit ihrem jeweils in sich geschlossenen Wettbewerbsverständnis ab.[853] Vornehmlich auf Basis spieltheoretischer Ansätze[854] sind jedoch zumindest genauere Erkenntnisse über die Wir-

[846] Ausführlich hierzu MüKo-EuWettbR/*Kerber/Schwalbe*, Einl. Rn. 1014 ff.

[847] Siehe dazu *Künzler*, Effizienz oder Wettbewerbsfreiheit, S. 51; *Mantzavinos*, Wettbewerbstheorie, S. 69.

[848] *I. Schmidt/Rittaler*, Die Chicago School of Antitrust Analysis, S. 22 f.; *Fischer*, Staatliche Wettbewerbseingriffe zur Förderung von Wettbewerb, S. 25.

[849] Stellvertretend zu den neueren theoretischen Entwicklungen und Post-Chicago Economics, siehe *Christiansen*, WuW 2005, 285, 290; MüKo-EuWettbR/*Kerber/Schwalbe*, Einl. Rn. 1038 ff.; *Schmidtchen*, WuW 2006, 6, 10 ff.; *Sullivan*, Antitrust Law Journal 63 (1995), 669 ff.

[850] Die neuere theoretische Industrieökonomie befasst sich mit der empirischen Untersuchung des Marktgeschehens sowie mit monopolistischem Marktverhalten und der Ausübung von Marktmacht, vgl. *Künzler*, Effizienz oder Wettbewerbsfreiheit, S. 51 f.; *Tirole*, Industrieökonomik, S. 871 ff.

[851] *Tirole*, Industrieökonomik, S. 803 ff.; *Motta*, Competition Policy, S. 8 ff.; *Church/Ware*, Industrial Organization, S. 457 ff.; zum Ganzen *Schuhmacher*, Effizienz und Wettbewerb, S. 77 f.

[852] Zu diesem Aspekt, siehe *Hüther*, Wettbewerbspolitik vor einer Zeitenwende, S. 39, 43 f.; *Schuhmacher*, Effizienz und Wettbewerb, S. 79.

[853] Vgl. *Hüther*, Wettbewerbspolitik vor einer Zeitenwende, S. 39, 43 f.; *Schuhmacher*, Effizienz und Wettbewerb, S. 79.

[854] Die Spieltheorie betrachtet jede strategische Entscheidungssituation als ein Spiel und versucht, das rationale Entscheidungsverhalten in sozialen Konfliktsituationen herauszuarbeiten, wenn sich mehrere Beteiligte gegenseitig beeinflussen, siehe dazu

kungen von Marktverhalten und Marktstruktur entstanden.[855] Diese Erkenntnisse haben die skeptische Haltung gegenüber Marktmacht wieder gestärkt und legen eine differenziertere Bewertung wettbewerbsbeschränkender Sachverhalte nahe, als dies die Vertreter der „Chicago School" propagieren.[856] Die Arbeiten weisen insoweit darauf hin, dass gerade in Oligopolen die Möglichkeiten zu wettbewerbsbeschränkendem Verhalten größer sind als bislang angenommen.[857] Die praktische Wettbewerbspolitik entscheidet sich in diesem Zusammenhang jedoch stärker am konkreten Einzelfall. Die Wirkungen von Fusionen oder wettbewerbsbeschränkendem Verhalten etwa sind auf Basis einer spezifischen Fallanalyse unter Wohlfahrtsgesichtspunkten zu bewerten.[858] Bisher ist in diesem Zusammenhang die Forderung nach Entflechtung nicht erhoben worden. Sofern man die Erkenntnisse jedoch auf Entflechtung übertragen will, so wären Entflechtungsmaßnahmen jedenfalls grundsätzlich zulässig, sofern eine umfassende Analyse im Einzelfall eine entsprechende wohlfahrtssteigernde Wirkung belegt.[859] Es gilt deshalb, die weiteren Entwicklungen abzuwarten. Weiter ausdifferenzierte Analysen über die Wirkungen von Marktstruktur und Marktverhalten könnten gerade in der empirischen Diskussion um den Nutzen von Entflechtungsmaßnahmen an Bedeutung gewinnen.

III. Zwischenergebnis

Die Grundlagendiskussionen um Wettbewerb und seinen Schutz lassen sich nicht abschließend, abstrakt entscheiden. Die Auseinandersetzungen gehen in ihrer Dimension weit über den Streit um Entflechtung hinaus. Jede strukturorientierte Kartellrechtspolitik steht unter dem Vorbehalt, dass sich ihre Wirksamkeit empirisch nicht beweisen lässt.[860] Die Vor-

Tirole, Industrieökonomik, S. 4, 945 ff.; *Fudenberg/Tirole*, Game Theory (1991); *Holler/Illing*, Einführung in die Spieltheorie (2003); zur Definition, siehe *Schwalbe/Zimmer*, Kartellrecht und Ökonomie, S. 36 f.; MüKo-EuWettbR/*Kerber/Schwalbe*, Einl. Rn. 1038 ff.

[855] Siehe *Tirole*, Industrieökonomik, S. 945 ff.; zu Befunden, nach denen sich bei homogenen Produkten zunehmend auch ein Marktmachtproblem bei einem einzelnen Unternehmen mit hohen Marktanteilen feststellen lässt, siehe *I. Schmidt*, Wettbewerbspolitik und Kartellrecht, S. 101 f.

[856] MüKo-EuWettbR/*Kerber/Schwalbe*, Einl. Rn. 1038 ff., 1046; *Baker*, Journal of Economic Perspectives 13 (1999), 181, 182 ff.

[857] Ausführlich *Tirole*, Industrieökonomik, S. 447 ff.

[858] Vgl. dazu im Rahmen der Fusionskontrolle *Hofer/Williams/Wu*, WuW 2005, 155, 162.

[859] Ähnlich im Bezug auf die allgemeine Ausrichtung der Wettbewerbspolitik MüKo-EuWettbR/*Kerber/Schwalbe*, Einl. Rn. 1050.

[860] So bereits *Möschel*, Entflechtung im Recht der Wettbewerbsbeschränkungen, S. 49.

stellung von wettbewerblichen Marktformen setzt ein Wissen voraus, das letztlich niemand hat.[861] Die Entscheidung für Entflechtung trifft der Gesetzgeber deshalb unter Unsicherheit und mit begrenztem Wissen.[862] Die Annahme könnte theoretisch und praktisch falsch sein, dass sich die Wettbewerbssituation nach Entflechtungsmaßnahmen verbessert. Diese Unsicherheit gilt es zu akzeptieren, wenn die Diskussion über einen empirischen Grundlagenstreit hinausführen soll. Die Auswirkungen von Entflechtungen lassen sich daher nur mit Wahrscheinlichkeiten auf Grundlage verschiedener Modelle abschätzen. Dabei postulieren die unterschiedlichen Wettbewerbskonzepte lediglich, wie Wettbewerb verstanden und geschützt werden soll, nicht jedoch, was Wettbewerb ist.[863] Die Frage lautet daher nicht, ob Entflechtung ein taugliches Kartellrechtsmittel ist oder nicht, denn darauf kann es keine Antwort geben. Die grundlegende Frage lautet vielmehr, von welchem Wettbewerbsverständnis sinnvollerweise auszugehen ist, und danach richtet sich die Bewertung des Instruments der Entflechtung.

Für ein wohlfahrtsökonomisches Verständnis von Wettbewerb und für die Zulässigkeit von Entflechtung spricht, dass eine Strukturkontrolle im Allgemeinen und die Entflechtung im Besonderen in vielen Konzepten Bestandteile praktischer Wettbewerbspolitik sind. Die Fusionskontrolle basiert wie § 41a GWB-RefE auf dem Gedanken, dass sich Wettbewerb auch durch Marktstrukturen steuern lässt. In diesem Zusammenhang bedarf es jedoch keiner abschließenden Stellungnahme zu einzelnen Ansätzen innerhalb der Wettbewerbspolitik oder zum systemtheoretischen Wettbewerbskonzept als Idealtyp. Konzeptionen, die auf der Wettbewerbsfreiheit aufbauen, sind auch bei der Entscheidung für ein Entflechtungsinstrument nicht zwangsläufig ablehnend zu bewerten. Es mag sein, dass Wettbewerb ein selbstregulierender Prozess ist, in dem Marktmacht entsteht und wieder zerfällt.[864] Durch einen staatlichen Eingriff geschieht die Erosion von Marktmacht jedoch wesentlich schneller.[865] Deshalb kann es dahingestellt bleiben, ob sich die herbeigeführten Veränderungen der Marktstruktur nicht ohnehin auch langfristig eingestellt hätten. Im Rahmen der vorliegenden Arbeit wird unter dieser Vor-

[861] *Knöpfle*, Die Problematik der Zusammenschlusskontrolle nach dem GWB, S. 17; *Bach*, in: FS Möschel, S. 40.

[862] So bereits *Möschel*, Entflechtung im Recht der Wettbewerbsbeschränkungen, S. 50.

[863] Siehe dazu Teil 2 § 2 A I 4; allgemein dazu *W. Ott*, Der Rechtspositivismus, S. 158 ff.; *Künzler*, Effizienz oder Wettbewerbsfreiheit, S. 284.

[864] Dazu *Cox/Hübener*, Wettbewerb, S. 28; *Möschel*, in: FS Pfeiffer, S. 714; *Herdzina*, Wettbewerbspolitik, S. 108.

[865] Ausführlich *Möschel*, Entflechtung im Recht der Wettbewerbsbeschränkungen, S. 49 f.

aussetzung davon ausgegangen, dass das Instrument der Entflechtung grundsätzlich wettbewerbspolitisch zulässig ist. Inwieweit eine Entflechtungsregelung allerdings dem normativen Ansatz des GWB entspricht, beurteilt sich hingegen nach dem Wettbewerbsverständnis des Gesetzgebers. Im Folgenden gilt es deshalb, das deutsche Kartellrecht unter wettbewerbspolitischen Aspekten zu untersuchen.

B. Wettbewerbspolitische Untersuchung des GWB

Das GWB verzichtet bewusst auf eine Definition von Wettbewerb, sondern setzt den Begriff voraus.[866] Folglich konzipiert das Gesetz nicht selbst eine bestimmte Vorstellung von Wettbewerb. Deshalb ist im Folgenden zu überprüfen, inwieweit der Gesetzgeber seine Kartellrechtspolitik normativ an einem bestimmten wettbewerbspolitischen Konzept ausrichtet. Anschließend werden daraus Rückschlüsse gezogen, bis zu welchem Grad Entflechtungsmaßnahmen nach dem GWB zulässig sind. Die Einführung von § 41a GWB-RefE im GWB wäre jedenfalls dann ablehnend zu beurteilen, wenn das Gesetz eine wettbewerbspolitische Fundierung aufweist, die der vorgeschlagenen Regelung entgegensteht. Dabei gilt es zwischen dem GWB von 1958 und den novellierten Fassungen zu unterscheiden.

I. Vollkommene Konkurrenz als Leitbild des GWB

Der Regierungsentwurf zum GWB aus dem Jahr 1957 sah das Ziel des Gesetzes in der „Erhaltung der vollständigen Konkurrenz in einem möglichst großen Umfang".[867] Die Verfasser des Gesetzes orientierten sich folglich am ordoliberalen Bild der „vollkommenen Konkurrenz".[868] Im GWB von 1958 fehlen Entflechtungsregelungen jedoch ebenso wie fusionskontrollrechtliche Vorschriften.[869] Das Gesetz aus dem Jahr 1958 be-

[866] Reg.Begr. zum Entwurf eines GWB, 2. Wahlperiode, BT-Drs. 1158, S. 31.

[867] Reg.Begr. zum Entwurf eines GWB, 2. Wahlperiode, BT-Drs. 1158, S. 22; *Karte/Holtschneider*, Konzeptionelle Ansätze und Anwendungsprinzipien im GWB, S. 195 ff.

[868] Einhellig *Bunte,* Kartellrecht, S. 5; *Emmerich*, Kartellrecht, § 1 Rn. 18; *Karte/Holtschneider*, Konzeptionelle Ansätze und Anwendungsprinzipien im GWB, S. 210 ff.; *Bunte*, Kartellrecht, S. 5; Wiedemann/*Wiedemann*, Hdb. KartellR, § 1 Rn. 4 m.w.N.; *Rittner/Kulka*, KartellR, § 5 Rn. 26 f.; *Seiler*, Verbraucherschutz auf elektronischen Märkten, S. 268; *Thomas/Kling,* Kartellrecht, § 11 Rn. 1 ff.; *Tolksdorf*, WuW 1980, 785, 794 f.; zum Einfluss des Ordoliberalismus auf das GWB, siehe *Wurmnest,* Marktmacht und Verdrängungsmissbrauch, S. 61 ff.

[869] Vgl. Gesetz gegen Wettbewerbsbeschränkungen, vom 27. Juli 1957, BGBl. I Nummer 41 vom 09. August 1957, 1081 ff.; zu ordoliberalen Wettbewerbskonzept, siehe oben Teil 2 § 2 A II 4 a).

schränkt sich in § 1 darauf, Kartellverträge und Kartellbeschlüsse zu verbieten und damit lediglich das Marktverhalten von Unternehmen zu kontrollieren. Im Folgenden gilt es näher zu untersuchen, weshalb Strukturkontrollregelungen allgemein und Entflechtungsregelungen im Besonderen fehlen. Vor dem Hintergrund des Leitbildes der „vollkommenen Konkurrenz“ erscheint dies inkonsequent. Es ist schließlich gerade eine ordoliberale Idee, den Missbrauch von Unternehmen und Konzernen durch Machtkonzentrationen mittels Monopolaufsicht und mit Entflechtung zu bekämpfen.[870]

1. Entflechtung im Gesetzgebungsverfahren

Das Gesetzgebungsvorhaben gilt als eines der kontroversesten überhaupt.[871] Zwischen dem Regierungsentwurf aus dem Jahr 1952 und seiner Verabschiedung im Jahr 1957 vergingen fünf Jahre.[872] Die staatsrechtliche Situation führte dazu, dass der Gesetzgeber – neben dem üblichen Einfluss von Interessenverbänden – auch dem Druck der Alliierten ausgesetzt war. Die äußersten Flügel bei der Auseinandersetzung bildeten die deutsche Industrie einerseits und die US-amerikanische Besatzungsmacht andererseits.[873] Das Verfahren war deshalb maßgeblich vom Bemühen geprägt, die beteiligten Interessen auszugleichen. Entflechtung und Fusionskontrolle waren durchaus Gegenstand des Gesetzgebungsverfahrens.

a) Entwurf für das Verwaltungsamt für Wirtschaft

Bevor der Auftrag der Alliierten erging, ein deutsches Kartellrecht zu entwerfen, hatte der sog. „Josten-Ausschuss“ für das Verwaltungsamt für Wirtschaft begonnen, einen umfassenden Entwurf auszuarbeiten.[874]

---

[870] Siehe oben Teil 2 § 2 A II 4 a); *Murach-Brand*, Antitrust auf deutsch, S. 190 f., 219 f.

[871] *Murach-Brand*, Antitrust auf deutsch, S. 203 ff.; *Robert*, Konzentrationspolitik in der Bundesrepublik, S. 186 ff.; *Kartte/Holtschneider*, Konzeptionelle Ansätze und Anwendungsprinzipien im GWB, S. 207 ff.

[872] Ausführlich mit einer Darstellung der Referentenentwürfe ab dem Jahr 1949, siehe *Robert*, Konzentrationspolitik in der Bundesrepublik, S. 122 ff.

[873] Analysen und Darstellungen dazu bei *Murach-Brand*, Antitrust auf deutsch, S. 203 ff.; *Robert*, Konzentrationspolitik in der Bundesrepublik, S. 186 ff.; *Kartte/Holtschneider*, Konzeptionelle Ansätze und Anwendungsprinzipien im GWB, S. 207 ff.

[874] Ausführlich zur geschichtlichen Entwicklung und der ordoliberalen Fundierung, siehe *Murach-Brand*, Antitrust auf deutsch, S. 101 ff.; *Günther*, in: FS Böhm, S. 183 ff.

Der sog. Josten-Entwurf enthielt ein umfassendes Kartellverbot und Entflechtungsregelungen.[875]

(1) Grundzüge des Josten-Entwurfs

Beide Instrumente sah der genannte Entwurf als Teilbereiche der gleichen Aufgabe: wirtschaftliche Macht zu beseitigen.[876] Nach dem Josten-Entwurf muss sich der Staat mit dem Problem wirtschaftlicher Macht als Ganzes auseinandersetzen, das heißt gleichzeitig und nach einheitlichen Grundsätzen. Dahinter steht die Vorstellung, dass es unlogisch und volkswirtschaftlich gefährlich ist, nur bestimmte Formen, unter denen wirtschaftliche Macht sich bildet oder betätigt, zu verbieten, im übrigen aber nur die Symptome und nicht die Ursachen zu behandeln.[877] Eine solche bloße symptomatische Behandlung sahen die Mitglieder des Josten-Ausschusses in einer Beschränkung des Gesetzes auf Kartelle und „solche Marktbetätigungen".[878] Nach Ansicht der Ausschussmitglieder würde jede unterschiedliche Behandlung verschiedener Formen von Macht zu einem Ausweichen der Wirtschaft in die begünstigte Form liegen und damit zu Veränderungen aus wirtschaftsfremden Gründen.[879]

(2) Gründe für das Scheitern des Josten-Entwurfs

Der Josten-Entwurf scheiterte im Wesentlichen am Widerstand von drei Gruppen: der alliierten Militärbehörden, der Wirtschaft und der Ministerialbürokratie.[880] Die Alliierten wendeten sich gegen die Entflechtungsregelung sowie das nahezu absolute Kartellverbot.[881] Ausschlaggebend waren nicht etwa wettbewerbstheoretische Gründe gegen Entflechtung.

[875] Siehe §§ 7 ff., 15 ff. des Entwurfs zu einem Gesetz zur Sicherung des Leistungswettbewerbs und zu einem Gesetz über das Monopolamt, Frankfurt am Main 1949 (im Folgenden abgekürzt als: Josten-Entwurf).

[876] Siehe Stellungnahme des Sachverständigen-Ausschusses zu einigen grundsätzlichen Fragen der deutschen Monopolgesetzgebung, in: Josten-Entwurf, S. 119 f.

[877] Vgl. *Günther,* in: FS Böhm, S. 201 m.w.N.

[878] Vgl. Stellungnahme des Sachverständigen-Ausschusses zu einigen grundsätzlichen Fragen der deutschen Monopolgesetzgebung, in: Josten-Entwurf, S. 120.

[879] Vgl. Stellungnahme des Sachverständigen-Ausschusses zu einigen grundsätzlichen Fragen der deutschen Monopolgesetzgebung, in: Josten-Entwurf, S. 120.

[880] Ausführlich dazu *Günther,* in: FS Böhm, S. 185 ff.; *Kartte/Holtschneider*, Konzeptionelle Ansätze und Anwendungsprinzipien im GWB, S. 203 ff.; *Murach-Brand*, Antitrust auf deutsch, S. 110 ff.; *Nörr*, Die Leiden des Privatrechts, S. 180 ff.

[881] Die Alliierten hatten den Ausschuss angewiesen, keine Entflechtungsregelungen aufzunehmen und an die sonstigen Regelungen in Kapitel V (Beseitigungen handelshemmender Kartellvereinbarungen) der „Havanna-Charta für eine internationale Handelsorganisation" anzulehnen, siehe das Memorandum des Zwei-Mächte-Kontrollamtes (BICO) vom 29. März 1949; zum Ganzen *Günther,* in: FS Böhm, S. 198 f.; *Murach-Brand*, Antitrust auf deutsch, S. 111; *Kartte/Holtschneider*, Konzeptionelle Ansätze und Anwendungsprinzipien im GWB, S. 203.

Vielmehr sollte die Entflechtungsbefugnis aus sicherheitspolitischen Gründen in der Verantwortung der Alliierten verbleiben.[882] Während sich Industrie und Handel von der Einführung eines „unzumutbar strengen“ Wirtschaftsordnungsgesetzes bedroht sahen,[883] wurde der Entwurf innerhalb der Verwaltung für Wirtschaft als zu restriktiv und staatsinterventionistisch empfunden.[884] Der Josten-Entwurf stand unter dem Verdacht, weitere volkswirtschaftlich notwendige Kapazitäten zu vernichten („Atomisierung der Wirtschaft“)[885] und damit die deutsche Wirtschaft sowie den Wiederaufbau zu gefährden.[886] Diese Assoziation bestand nicht zuletzt aufgrund der weitgehenden Übereinstimmung des genannten Entwurfs mit den alliierten Dekartellisierungsgesetzen. Mit diesen Gesetzen verbanden die Alliierten wiederum Bestrafungsaspekte und sicherheitspolitische Ziele im Bezug auf die deutsche Wirtschaft.[887]

Das Scheitern des Josten-Entwurfes und seiner Entflechtungsvorschriften ist vor dem wirtschaftlichen Hintergrund der damaligen Zeit zu betrachten. Die Politik der Jahre 1948/49 orientierte sich angesichts der materiellen Not am Kriterium der wirtschaftlichen Effizienz bzw. Leistungssteigerung unter weitgehender Vernachlässigung ordoliberaler Vorstellungen.[888] Der Ordoliberalismus sah Wirtschafts- und Sozialpolitik als Einheit, womit der Wettbewerbspolitik eine Klammerwirkung im Sinne einer umfassenden, die Wirtschaft prägenden Strukturpolitik zukam.[889] In der praktischen Politik kam es insoweit zu einer Trennung von Marktwirtschaft und Sozialpolitik, womit auch die Wettbewerbspolitik als deren Klammer an Stellenwert verlor; nicht mehr Strukturpoli-

[882] Vgl. das Memorandum des Zwei-Mächte-Kontrollamtes (BICO) vom 29. März 1949; *Murach-Brand*, Antitrust auf deutsch, S. 111; *Robert*, Konzentrationspolitik in der Bundesrepublik, S. 111 f., 113, mit Nachweis der unterschiedlichen Auffassungen der Siegermächte untereinander zu diesem Thema.

[883] Vgl. *Günther*, in: FS Böhm, S. 199; *Murach-Brand*, Antitrust auf deutsch, S. 111; *Kartte/Holtschneider*, Konzeptionelle Ansätze und Anwendungsprinzipien im GWB, S. 203.

[884] Vgl. *Günther*, in: FS Böhm, S. 200; *Kartte/Holtschneider*, Konzeptionelle Ansätze und Anwendungsprinzipien im GWB, S. 203; *Murach-Brand*, Antitrust auf deutsch, S. 111.

[885] *Robert*, Konzentrationspolitik in der Bundesrepublik, S. 110; *Kling/Thomas*, Kartellrecht, § 10 Rn. 5; GK/*Harms*, 4. Auflage (1981), Einl. Zus.-Kontrolle Rn. 39.

[886] *Murach-Brand*, Antitrust auf deutsch, S. 111; *Robert*, Konzentrationspolitik in der Bundesrepublik, S. 109; GK/*Harms*, 4. Auflage (1981), Einl. Zus.-Kontrolle Rn. 39.

[887] Vgl. *Murach-Brand*, Antitrust auf deutsch, S. 111; Zur Entflechtung als Mittel der amerikanischen Sicherheitspolitik, siehe *Robert*, Konzentrationspolitik in der Bundesrepublik, S. 86 ff., 99 f., mit Nachweis des Strafcharakters.

[888] *Robert*, Konzentrationspolitik in der Bundesrepublik, S. 107.

[889] *Kartte/Holtschneider*, Konzeptionelle Ansätze und Anwendungsprinzipien im GWB, S. 204; *Robert*, Konzentrationspolitik in der Bundesrepublik, S. 109.

tik, sondern Wachstumspolitik wurde zur besten Sozialpolitik.[890] Durchgreifende Maßnahmen gegen eine „Verfälschung“ des Wettbewerbs unterblieben daher, obwohl bereits nach der Währungsreform starke wirtschaftliche Machtstellungen mit teilweise monopolistischen Marktstrukturen auftraten.[891] Der Wunsch, gesamtgesellschaftlich relevante Machtkonzentration wettbewerbspolitisch zu bekämpfen, hatte sich folglich der Lösung des Effizienzproblems unterzuordnen.[892]

2. Gründe für das Fehlen von Strukturkontrollregelungen im Regierungsentwurf des GWB

Die Haltung der Alliierten veränderte sich und deshalb sahen auch die ersten Entwurfsfassungen des GWB Strukturkontrollregelungen vor.[893]

a) Haltung der Alliierten zu Entflechtung

Allen voran die US-Amerikaner hatten kritisiert, dass die Referentenentwürfe des GWB nicht gegen die Konzentration ökonomischer Macht als solche vorgingen.[894] Die US-Amerikaner hielten es für unzureichend, das Wettbewerbsrecht allein als Instrument zu begreifen, um wirtschaftliche Machtkonzentration zu überwachen und Unternehmen gegebenenfalls zu einem volkswirtschaftlich richtigen Markt- und Geschäftsverhalten zu zwingen.[895] Diese Vorstellung stand im Gegensatz zum US-amerikanischen Antitrustrecht, das die Aufrechterhaltung kompetitiver Strukturen zum Ziel hat und sich gegen bestehende sowie zukünftige

[890] Ausführlich zum Primat der Leistungssteigerung und zur Auswirkung auf die Sozialpolitik, siehe *Kartte/Holtschneider*, Konzeptionelle Ansätze und Anwendungsprinzipien im GWB, S. 204; *Robert*, Konzentrationspolitik in der Bundesrepublik, S. 109 f.

[891] Vgl. Der Wissenschaftliche Beirat bei der Verwaltung für Wirtschaft des Vereinigten Wirtschaftsgebietes, Gutachten 1948 bis Mai 1950, 9. Gutachten 24. Juli 1949, Göttingen (1950), S. 61; *Robert*, Konzentrationspolitik in der Bundesrepublik, S. 109.

[892] Insoweit wurde der ordoliberale Zielkonflikt zwischen der Förderung der Freiheitsidee durch Bekämpfung von Machtkonzentrationen und der Leistungssteigerung durch Leistungswettbewerb zugunsten des letzten Ziels entschieden; ausführlich dazu *Robert*, Konzentrationspolitik in der Bundesrepublik, S. 110.

[893] Zum Paradigmenwechsel hin zur Sicherung des wirtschaftlichen Potentials als Mittel der amerikanischen Sicherheitspolitik, siehe *Robert*, Konzentrationspolitik in der Bundesrepublik, S. 89 ff., 95; *Kartte/Holtschneider*, Konzeptionelle Ansätze und Anwendungsprinzipien im GWB, S. 201 m.w.N.; *Robert*, Konzentrationspolitik in der Bundesrepublik, S. 89 ff., 95, 157 ff., 161 ff.

[894] Vgl. Vermerk über eine Besprechung mit dem Leiter der Rechtsabteilung der US-High Commission über den Entwurf eines GWB vom 11. Oktober 1950, S. 2; *Robert*, Konzentrationspolitik in der Bundesrepublik, S. 152.

[895] Vgl. Vermerk über eine Besprechung mit dem Leiter der Rechtsabteilung der US-High Commission über den Entwurf eines GWB vom 11. Oktober 1950, S. 2; *Robert*, Konzentrationspolitik in der Bundesrepublik, S. 152.

Machtkonzentrationen richtet.[896] Die US-Amerikaner forderten deshalb neben restriktiven konzentrationspolitischen Regelungen vor allem Entflechtungsvorschriften.[897] Damit konnten sich die US-Amerikaner jedoch bereits aufgrund unterschiedlicher Ansichten der Alliierten untereinander in dieser Frage nicht durchsetzen.[898] Die Briten verfolgten insgesamt bis in das Jahr 1951 ein anderes Sozialstaatsmodell als die US-Amerikaner und behielten sich deshalb etwa die Möglichkeit vor, die deutsche Kohle- und Stahlindustrie zu „sozialisieren".[899] In der Folge standen die Briten Unternehmenskonzentrationen eher wohlwollend gegenüber, während sich die Franzosen weder der britischen noch der US-amerikanischen Auffassung eindeutig anschlossen.[900] Insgesamt verständigten sich die alliierten Besatzungsmächte insoweit, als sie den deutschen Gesetzgeber verpflichteten, ein Bundesgesetz über die „Entflechtung wirtschaftlicher Machtkörper" auszuarbeiten, sollte sich die Missbrauchsaufsicht als nicht ausreichend erweisen.[901]

b) Haltung der deutschen Politik und Wirtschaft

Die deutsche Wirtschaft wehrte sich heftig gegen die konzentrationspolitischen Regelungen.[902] Die deutsche Politik, aber auch die Ministerialbürokratie erkannte wirtschaftliche Konzentration nicht als gesellschafts-

[896] Vgl. ausführlich *Murach-Brand*, Antitrust auf deutsch, S. 190.

[897] Dazu und zum Paradigmenwechsel hin zur Sicherung des wirtschaftlichen Potentials als Mittel der amerikanischen Sicherheitspolitik, siehe *Robert*, Konzentrationspolitik in der Bundesrepublik, S. 89 ff., 95, 151 ff.; *Kartte/Holtschneider*, Konzeptionelle Ansätze und Anwendungsprinzipien im GWB, S. 201, 206.

[898] Zu den unterschiedlichen Ansichten, siehe *Robert*, Konzentrationspolitik in der Bundesrepublik, S. 96, 152 ff.; zur Bedeutung der deutschen Souveränität, siehe *Murach-Brand*, Antitrust auf deutsch, S. 209 ff.

[899] Dazu *Hartwich*, Sozialstaatspostulat und gesellschaftlicher status quo, S. 70 f., 77 ff., 190; *Robert*, Konzentrationspolitik in der Bundesrepublik, S. 152 f.

[900] Zur eher ablehnenden Haltung der britischen Besatzungsmacht gegenüber Entflechtungs- und Dekartellisierungsmaßnahmen, siehe *Hartwich*, Sozialstaatspostulat und gesellschaftlicher status quo, S. 81 ff.; zur französischen Haltung, siehe die Einschätzungen des französischen Hohen Kommissars André François-Poncet, in: Der Volkswirt 1950, Heft 11, S. 11; zum Ganzen *Robert*, Konzentrationspolitik in der Bundesrepublik, S. 152 f.

[901] Vgl. Gesetz vom 28. März 1954 betreffend den Vertrag vom 26. Mai 1952 über die Beziehungen zwischen der Bundesrepublik Deutschland und den Drei Mächten mit Zusatzverträgen, BGBl. II Nummer 3 vom 29. März 1954, S. 57, 166 f.; *Kartte/Holtschneider*, Konzeptionelle Ansätze und Anwendungsprinzipien im GWB, S. 206; *Robert*, Konzentrationspolitik in der Bundesrepublik, S. 137, 157 ff., 161 ff.

[902] *Robert*, Konzentrationspolitik in der Bundesrepublik, S. 262 ff.; *Murach-Brand*, Antitrust auf deutsch, S. 203 ff.; *Kartte/Holtschneider*, Konzeptionelle Ansätze und Anwendungsprinzipien im GWB, S. 210 m.w.N.

politisches, sondern vorwiegend als wirtschaftliches Problem.[903] Die optimale Versorgung der Konsumenten im Bezug auf Art, Menge und Qualität der Produktion wurde zwar häufig angesprochen, allerdings gingen von diesen Fragen keine eindeutigen Impulse für eine schärfere Fassung der Vorschriften aus.[904] Die Politik sah die Belange der Konsumenten und Unternehmer als Gegensatz, womit die Freiheit des einen die Unfreiheit des anderen bedeutete.[905] Das Verhältnis der Politik zu Unternehmenskonzentrationen war deshalb zwiespältig bis unkritisch.[906] Die Aufmerksamkeit der Politik galt auch zu Beginn der 1950er Jahre vornehmlich dem ungestörten Wiederaufbau.[907] Unter diesem Eindruck verstand der Gesetzgeber auch die Wettbewerbspolitik als Mittel des Wiederaufbaus und nicht als ordnende Kraft der Wirtschaft.[908] In seiner gesellschaftspolitischen Dimension galt deshalb weiterhin Wachstums- und nicht Strukturpolitik als beste Sozialpolitik.[909] Die deutsche Regierung lehnte Instrumente wie Entflechtung ab, weil diese das Wachstum und die Leistungsbereitschaft von Unternehmen hemmen könnten.[910] Unter dem Eindruck der alliierten Dekartellisierungsmaßnahmen war das Instrument der Entflechtung assoziativ stark negativ belastet, weil die Alliierten damit versucht hatten, die deutsche Wirtschaftsmacht zu schwächen.[911] Dies führte zu einer breiten Ablehnung von Entflechtungen in der deutschen Öffentlichkeit und Politik.[912] In der Tradition der

[903] *Kartte/Holtschneider*, Konzeptionelle Ansätze und Anwendungsprinzipien im GWB, S. 206 f., mit Nachweis auf die Haltung des Bundeswirtschaftsministers Ludwig Erhard und der Ministerialbürokratie.

[904] Vgl. ausführlich *Robert*, Konzentrationspolitik in der Bundesrepublik, S. 262 ff., 359 f.

[905] In diesem Sinne *Robert*, Konzentrationspolitik in der Bundesrepublik, S. 360.

[906] *Kartte/Holtschneider*, Konzeptionelle Ansätze und Anwendungsprinzipien im GWB, S. 206 ff. m.w.N.

[907] *Kartte/Holtschneider*, Konzeptionelle Ansätze und Anwendungsprinzipien im GWB, S. 206 ff.; *Robert*, Konzentrationspolitik in der Bundesrepublik, S. 137.

[908] Deutlich wird das bereits in der Reg.Begr. zum Ersten GWB vom 13. Juni 1952, 2. Wahlperiode, BT-Drs. 1158, S. 15, 21 nach dem wirtschaftliche Macht zu kontrollieren ist, „(...) wo sie die Wirksamkeit des Wettbewerbs und die ihm innewohnenden Tendenzen zur Leistungssteigerung beeinträchtigt und die bestmögliche Versorgung der Verbraucher in Frage stellt".

[909] *Kartte/Holtschneider*, Konzeptionelle Ansätze und Anwendungsprinzipien im GWB, S. 204; *Robert*, Konzentrationspolitik in der Bundesrepublik, S. 109 f.

[910] *Kartte/Holtschneider*, Konzeptionelle Ansätze und Anwendungsprinzipien im GWB, S. 209 f.; ähnlich *Robert*, Konzentrationspolitik in der Bundesrepublik, S. 137; *Murach-Brand*, Antitrust auf deutsch, S. 219 f.

[911] Vgl. *Murach-Brand*, Antitrust auf deutsch, S. 111; zur amerikanischen Sicherheitspolitik, siehe *Robert*, Konzentrationspolitik in der Bundesrepublik, S. 86 ff., 99 f.; zur alliierten Dekartellisierung, siehe *Möschel*, Entflechtung im Recht der Wettbewerbsbeschränkungen, S. 4 ff.

[912] *Robert*, Konzentrationspolitik in der Bundesrepublik, S. 110; GK/*Harms*, 4. Auflage (1981), Einl. Zus.-Kontrolle Rn. 39; *Murach-Brand*, Antitrust auf deutsch, S. 219 f.

Kartellverordnung von 1923 befürwortete die deutsche Regierung deshalb nur Missbrauchsregelungen gegenüber wirtschaftlichen Machtkonzentrationen.[913] Die entsprechenden Regelungen finden sich heute in §§ 19, 20 GWB.

3. Zwischenergebnis

Während der Ausarbeitung des GWB übten sowohl Interessenverbände als auch die Alliierten Druck auf den Gesetzgeber aus. Der Einfluss wettbewerbspolitischer Gedanken auf das Normsystem des GWB lässt sich wissenschaftlich nicht hinreichend genau nachweisen.[914] Mit ordoliberalen Vorstellungen von Marktmachtkontrolle hat die ursprüngliche Fassung des GWB jedenfalls nur noch wenig gemeinsam.[915] Insgesamt lässt sich feststellen, dass sich strengere Regelungen vor allem dann gegen den Widerstand der Wirtschaft durchgesetzt haben, in denen ordoliberale Gedanken und alliierte Forderungen übereinstimmten.[916] Das generelle Verbot von Kartellen blieb als Prinzip gegen den Widerstand der Wirtschaft aufgrund der Übereinstimmung von ordoliberalem Gedankengut und US-amerikanischen Interessen erhalten.[917] Das Gesetzgebungsverfahren zeigt, dass wettbewerbspolitische Konzepte und Ideen das GWB weit weniger beeinflussten als wirtschaftliche Gesichtspunkte. Wachstum galt dem Gesetzgeber als oberstes Ziel. Deshalb privilegierte das Gesetz Wettbewerbsbeschränkungen „durch Zustand“. Grenzen für bestehende wirtschaftliche Machtpositionen oder externes Wachstum waren nicht gewollt. Das GWB nahm damit wirtschaftliche Macht nicht nur hin, sondern förderte Konzentrationsprozesse.[918]

II. Novellierungsgeschichte des GWB

Das Verhältnis des GWB zu Marktmacht hat sich seit dem Jahr 1958 stark verändert. In der Literatur bewertete man das Gesetz mit dem Kartellverbot einerseits und der Fusionsfreiheit andererseits als „wider-

[913] *Kartte/Holtschneider*, Konzeptionelle Ansätze und Anwendungsprinzipien im GWB, S. 202; strengere Regelungen im Rahmen der Missbrauchskontrolle waren wiederum realpolitisch dem Druck der Alliierten geschuldet, siehe *Murach-Brand*, Antitrust auf deutsch, S. 200.

[914] So bereits *Murach-Brand*, Antitrust auf deutsch, S. 223; *Robert*, Konzentrationspolitik in der Bundesrepublik, S. 352 ff.

[915] Siehe *Blum*, Soziale Marktwirtschaft, S. 288 ff.; *Kartte/Holtschneider*, Konzeptionelle Ansätze und Anwendungsprinzipien im GWB, S. 210.

[916] Vgl. *Murach-Brand*, Antitrust auf deutsch, S. 216.

[917] Vgl. *Murach-Brand*, Antitrust auf deutsch, S. 216.

[918] *Günther*, in: FS Böhm, S. 201 m.w.N.

sprüchlich", „halbherzig" und „ungleichgewichtig".[919] Je strenger die Wettbewerbsbehörden gegen Kartelle vorgingen, desto näher lag es für Unternehmen, Marktmacht durch Fusion zu gewinnen.[920] Tatsächlich verdichteten sich zahlreiche Märkte infolge von Zusammenschlüssen.[921] Aufgrund realitätsferner Annahmen über „vollkommenen" Wettbewerb begannen sich die Vorstellungen der Ministerialbürokratie und des Gesetzgebers der Idee des „funktionsfähigen" Wettbewerbs anzunähern.[922]

1. Einführung der Fusionskontrolle

Nach mehreren Vorstößen[923] wurde im Jahr 1973 im Rahmen der 2. GWB-Novelle die Fusionskontrolle ins GWB aufgenommen.[924] Das GWB stuft seitdem die Entstehung von bestimmten Marktstrukturen als wettbewerbsgefährdend ein. Die fusionsrechtlichen Regelungen finden sich heute in den §§ 35 ff. GWB.

Die Regierungsbegründung zu diesem Gesetzesentwurf sieht als Schutzobjekt nunmehr einen „funktionsfähigen, wirksamen Wettbewerb", d. h. einen Wettbewerb, der seine volkswirtschaftliche Aufgabe möglichst gut erfüllt.[925] Insofern ist „wirksamer Wettbewerb" als neues Leitbild des GWB zu erkennen.[926] Inwiefern die legislativen Änderungen hingegen auf dem Konzept des „funktionsfähigen" Wettbewerbs als Leitbild beruhen, erscheint indes fraglich. Fusionskontroll-, aber auch Entflechtungsregelungen sind sowohl im ordoliberalen Konzept als auch im Leitbild des „funktionsfähigen" Wettbewerbs taugliche Kartellrechtsinstrumente.[927] Der Gesetzgeber scheint vielmehr auf die Konzentrationstendenzen und damit auf äußere Umstände zu reagieren, als auf wett-

[919] GK/*Harms*, 4. Auflage (1981), Einl. Zus.-Kontrolle Rn. 41; *Günther*, in: FS Böhm, S. 202.

[920] GK/*Harms*, 4. Auflage (1981), Einl. Zus.-Kontrolle Rn. 41.

[921] Siehe die Ergebnisse der Konzentrations-Enquete vom 05. Juni 1964, BT-Drs. IV/2320; Stellungnahme der BReg. zum Tätigkeitsbericht des BKartA für 1968, BT-Drs. V/4236, S. 3; *Nagel*, Fusion und Fusionskontrolle, S. 334 m.w.N.

[922] Vgl. Arbeitsgruppe Wettbewerbspolitik des BMWi, Ergebnis der Diskussion über das wettbewerbspolitische Leitbild, abgedruckt in: *Kartte*, Ein neues Leitbild für die Wettbewerbspolitik, S. 42 ff.; Reg.Begr. zur 2. GWB-Novelle, BT-Drs. VI/2520, S. 34; zum Ganzen auch *Lux*, Der Tatbestand der allgemeinen Marktbehinderung, S. 50 f.

[923] Siehe dazu BT-Drs. III/2293 (1960) sowie BT-Drs. IV/2337 (1964).

[924] Siehe §§ 23 bis 24a GBW 1973, BGBl. I Nummer 38 vom 10. April 1974, S. 869 ff.; zum Ganzen *Nagel*, Fusion und Fusionskontrolle, S. 333 ff.

[925] Reg.Begr. zur 2. GWB-Novelle, BT-Drs. VI/2520, S. 34.

[926] So *Bechtold*, GWB, Einl. Rn. 49; *Bunte*, Kartellrecht, S. 5 f.; Loewenheim/Meessen/Riesenkampff/*Meessen*, § 19 GWB Rn. 27; *Hönn*, GRUR 1977, 141, 144; *Tolksdorf*, WuW 1980, 785, 794 f.; *Kartte/Holtschneider*, Konzeptionelle Ansätze und Anwendungsprinzipien im GWB, S. 216; kritisch Immenga/Mestmäcker/*Kellermann*, GWB, § 24 Rn. 44.

[927] Siehe oben Teil 2 § 2 A II 4 a), b).

bewerbspolitische Umstände. Die Bundesregierung stellte in ihrer Entwurfsbegründung insoweit fest, dass das „wettbewerbspolitische Problem Nummer eins“ nicht mehr in der Kartellierung liege, sondern in der Unternehmenskonzentration durch externes Wachstum.[928] Das GWB hat deshalb, im Sinne einer gesellschaftspolitischen Aufgabe zum Ziel, übermäßige wirtschaftliche Macht abzubauen. Demokratie als politisches System und die Marktwirtschaft sind nach dem Regierungsentwurf anders gar nicht denkbar.[929] Vor diesem Hintergrund begrenzt das Kartellrecht die unternehmerische Dispositionsfreiheit. Die Freiheit der Unternehmen verliert ihre Legitimation, wenn sie den Wettbewerb und die Freiheit der Nachfrager und Konkurrenten beseitigt.[930] Eine präventive Zusammenschlusskontrolle soll deshalb eine weitere Vermachtung der Marktstrukturen aufhalten. Wenn dies nicht gelingt und die Vermachtung weiter voranschreitet, dann sieht der Regierungsentwurf nur noch eine Möglichkeit: Konzentrationsprozesse durch Entflechtung zu korrigieren.[931]

2. Anpassung der Fusionskontrolle und der Missbrauchskontrolle an das europäische Recht

Mittlerweile ist eine zunehmend ökonomische Ausrichtung des Kartellrechts zu beobachten, die vom europäischen Wettbewerbsrecht ausgeht.[932] Ökonomische Aspekte wirken sich auch deshalb auf die normative Grundlage das GWB aus.[933] Diese Entwicklung ist im Kontext der benannten neueren industrieökonomischen Forschung zu sehen.[934] Der Einsatz von Entflechtung ist jedoch auch bei einer ökonomischen Bewertung nicht von vornherein unzulässig. Vielmehr sind Entflechtungsmaßnahmen umgekehrt gerechtfertigt, wenn im Einzelfall eine wohlfahrts-

---

[928] Siehe Reg.Entw. vom 25. Januar 1973, BT-Drs. 7/76, S. 14 der unverändert auf den Reg.Entw. vom 19. Mai 1971 zurückgeht, siehe BT-Drs. V/2520, S. 16.

[929] Reg.Begr. zum Entwurf vom 25. Januar 1973, BT-Drs. 7/76, S. 14 bzw. BT-Drs. VI/2520, S. 16.

[930] Reg.Begr. zum Entwurf vom 25. Januar 1973, BT-Drs. 7/76, S. 14 bzw. BT-Drs. VI/2520, S. 16.

[931] Reg.Begr. zum Entwurf vom 25. Januar 1973, BT-Drs. 7/76, S. 14 bzw. BT-Drs. VI/2520, S. 16.

[932] Grundlage des „More Economic Approach“ sind vor allem die „Leitlinien zur Anwendung von Art. 81 Abs. 3 EG-Vertrag“, siehe Bekanntmachung der EG-Kommission, ABl. C vom 27. April 2004, S. 97 ff.; allgemein dazu *Schmidtchen*, WuW 2006, 6, 6 ff.

[933] Übereinstimmend *Böge*, WuW 2004, 726, 727; *Bunte*, Kartellrecht, S. 5 f.; *Herdzina*, Wettbewerbspolitik, S. 126; *Heitzer*, WuW 2007, 854, 855 f., 864 *Mundt*, Wettbewerbsschutz durch Kartellrecht, S. 247, 251; *Nitsche/Thielert*, WuW 2004, 250, 250 f.; Immenga/Mestmäcker/*Zimmer*, GWB, § 1 Rn. 16 ff. m.w.N.

[934] Dazu oben Teil 2 § 2 A II 4 d).

steigernde Wirkung zu erwarten ist.[935] Die neuere Industrieökonomik beruht auf einer „zersplitterten" theoretischen Basis.[936] Die Forschungsrichtung ist dadurch gekennzeichnet, dass sie kein geschlossenes Wettbewerbskonzept auf Basis einer einheitlichen wettbewerbspolitischen Grundlage propagiert, sondern mit Aussagen arbeitet, die sich teilweise widersprechen.[937] Eine stärker ökonomisch ausgerichtete Wettbewerbspolitik führt deshalb zu einer stärkeren Einzelfallbetrachtung.[938] Deutlich wird das im Rahmen der Fusionskontrolle. Seit der 8. GWB-Novelle kommt es für ein behördliches Zusammenschlussverbot gem. § 36 Abs. 1 S. 1 GWB auf den sog. „SIEC"-Test[939] an.[940] Ein Zusammenschluss ist am Maßstab des „SIEC"-Kriteriums dann zu verbieten, wenn durch ihn eine „erhebliche Behinderung wirksamen Wettbewerbs" zu erwarten ist. Das Entstehen oder die Verstärkung einer marktbeherrschenden Stellung – im Sinne einer grundsätzlich wettbewerbsgefährdenden Marktstruktur – reicht für ein behördliches Fusionsverbot alleine folglich nicht aus. Die Kartellbehörden müssen vielmehr im konkreten Fall eine erhebliche Behinderung des Wettbewerbs durch den Zusammenschluss nachweisen. Die Fusionskontrolle ist insoweit flexibler und stärker auswirkungsorientiert als bisher ausgestaltet, womit sie sich ein Stück weit vom Marktbeherrschungstest löst.[941] Gleichwohl bleiben strukturelle Kriterien bei der Beurteilung von Zusammenschlüssen auch weiterhin bedeutsam.[942] Dies kommt bereits unmittelbar im Gesetz zum Ausdruck, das die Marktbeherrschung als Regelbeispiel für die Generalklausel der erheblichen Behinderung wirksamen Wettbewerbs einordnet. Eine solche erhebliche Behinderung ist nach § 36 Abs. 1 GWB n.F. nämlich „insbesondere" dann zu erwarten, wenn

[935] Siehe oben Teil 2 § 2 A II 4 d).

[936] *Hüther,* Wettbewerbspolitik vor einer Zeitenwende, S. 39, 43 f.; siehe oben Teil 2 § 2 A II 4 d).

[937] *Hüther,* Wettbewerbspolitik vor einer Zeitenwende, S. 39, 43 f.; siehe oben Teil 2 § 2 A II 4 d).

[938] Siehe dazu oben Teil 2 § 2 A II 4 d), bzw. unten Teil 2 § 3 A.

[939] Diese Abkürzung steht für „significant impediment to effective competition".

[940] Dazu und zu den Wurzeln des „neuen" Tests in Art. 2 FKVO, siehe *Kühnen,* WuW 2012, 458, 459 ff.; zur Übernahme des SIEC-Tests ins deutsche Recht, siehe *Paal,* ZWeR 2012, 380, 401; zu § 36 a.F. ebenfalls *Paal,* Medienvielfalt und Wettbewerbsrecht, S. 241 ff. mit Bezug zum Medienrecht.

[941] Vgl. im Bezug auf das europäische Recht Langen/Bunte/*Baron,* EG, Art. 2 FKVO Rn. 141; Immenga/Mestmäcker/*Körber,* EU-WettbR II, Art. 2 FKVO Rn. 193 ff.; *Kühnen,* WuW 2012, 458, 464 f.

[942] So auch Schulte/Just/*Schulte,* Kartellrecht, § 36 GWB Rn. 6 ff.; MK, HauptGA XVII (2008), Tz. 688, mit Verweis auf die Entscheidungspraxis der EU-Kommission; Reg.Begr. zur 8. GWB-Novelle, BT-Drs. 17/9852, S. 19; zum Strukturbezug der Fusionskontrolle, siehe Immenga/Mestmäcker/*Körber,* EU-WettbR II, Art. 2 FKVO Rn. 194.

durch eine Fusion ein marktbeherrschendes Unternehmen entsteht oder die marktbeherrschende Stellung verstärkt wird.

Insgesamt lässt die stärker ökonomisch ausgerichtete Kartellrechtspolitik nicht auf eine grundlegend veränderte Haltung des Gesetzgebers gegenüber Marktstrukturregelungen oder Entflechtungen schließen. Anders wäre weder das Verhalten des europäischen noch des deutschen Gesetzgebers zu erklären. Der europäische Normgeber hat die Entflechtungsbefugnis nach Art. 7 VO 1/2003 erst im Jahr 2003 eingeführt. Dieses Vorgehen ist nicht sinnvoll zu erklären, wenn die europäischen Gesetzgebungsorgane strukturelle Maßnahmen im Rahmen des „more economic approach“ insoweit für generell unzulässig oder jedenfalls ökonomisch sinnlos hielten. Der EuGH hat im Jahr 2009 zudem ausdrücklich klargestellt, dass die europäischen Kartellrechtsvorschriften, auch weiterhin, nicht bloß die unmittelbaren Interessen einzelner Wettbewerber oder der Verbraucher schützen, sondern die Marktstruktur und damit den Wettbewerb „als solchen“.[943] Im diesem Sinne ist auch das Vorgehen des deutschen Gesetzgebers zu verstehen. Das novellierte GWB berücksichtigt Effizienzvorteile zwar stärker, allerdings bleibt das Kartellgesetz weiterhin einem strukturorientierten Ansatz verpflichtet.[944] Aus diesem strukturbetonten Kontrollansatz heraus war es folgerichtig, § 32 Abs. 2 GWB a.F. an das europäische Recht anzupassen und den Kartellbehörden ausdrücklich zu erlauben, Wettbewerbsverstöße durch strukturelle Maßnahmen abzustellen.[945]

III. Zusammenfassung

Nachdem zunächst das ordoliberale Modell der „vollkommenen Konkurrenz“[946] das GWB prägte, wurde es später durch das Konzept des „wirksamen“ Wettbewerbs abgelöst.[947] Die historische Betrachtung zeigt

[943] EuGH, Entscheidung vom 4. Juni 2009, Slg. 2009, I-4529, Rn. 38 – *T-Mobile Netherlands*; ebenso Schulte/Just/*Schulte/Just*, Kartellrecht, Einl. Rn. 17.

[944] Siehe oben Teil 1 § 1 A I; im Bezug auf Fusionskontrolle nach der Einführung des SIEC-Tests, siehe *Barth/Bude*, BB 2011, 1859, 1860.

[945] Siehe oben Teil 2 § 1 B 2 b).

[946] Vgl. ausführlich *Kartte/Holtschneider*, Konzeptionelle Ansätze und Anwendungsprinzipien im GWB, S. 210 ff.; *Bunte*, Kartellrecht, S. 5; Wiedemann/*Wiedemann*, Hdb. KartellR, § 1 Rn. 4 m.w.N.; *Rittner/Kulka*, KartellR, § 5 Rn. 26 f.; *Tolksdorf*, WuW 1980, 785, 794 f.; zum Ziel einer vollkommenen Konkurrenz im Josten-Entwurf, siehe *Murach-Brand*, Antitrust auf deutsch, S. 107 ff. m.w.N.; kritisch dazu *Günther*, in: FS Böhm, S. 202 f.

[947] So BKartA, Die Zukunft der Missbrauchsaufsicht in einem ökonomisierten Wettbewerbsrecht, Tagung des Arbeitskreises Kartellrecht am 20. September 2007, abzurufen unter: http://www.bundeskartellamt.de/wDeutsch/download/pdf/Diskussionsbeitraege/070920_AK_Kartellrecht.pdf (letzter Abruf: 31. Oktober 2012), S. 8,

aber, dass sich keines dieser Leitbild eindeutig und umfassend in den Kartellrechtsvorschriften niedergeschlagen hat. Strukturkontrollnormen, allen voran das Instrument der Entflechtung, sehen sowohl der Ordoliberalismus als auch die „workability"-Konzepte als Teil staatlicher Wettbewerbspolitik vor. Ganz unabhängig von der Diskussion, inwieweit ökonomische Aspekte die Ausrichtung des GWB beeinflussen bzw. sinnvollerweise beeinflussen sollten,[948] verfolgt der Staat hiermit keine Wettbewerbspolitik, die Entflechtungsmaßnahmen nicht erlauben würden. Die Entwicklung der Kartellrechtsordnung zeigt letztlich, dass sich etwaige wettbewerbspolitische Fundierungen des GWB insgesamt als zu unbeständig erweisen, um entscheidende Argumente für die aktuelle Entflechtungsdiskussion zu liefern. Die Gesetzgebungsgeschichte verdeutlicht zugleich, dass sich im GWB zwar verschiedene wettbewerbspolitische, vor allem aber realpolitische und wirtschaftliche Einflüsse vermischen.[949] Das deutsche Wettbewerbsrecht hat sich jedenfalls nicht verbindlich auf ein bestimmtes, prägendes wettbewerbspolitisches Modell festgelegt.[950] Im Rahmen einer historischen Betrachtung ist eines jedoch klar festzustellen: Die Wahrnehmung von Marktmacht hat sich nachhaltig gewandelt. Das veränderte und insoweit kritischere Verständnis spiegelt sich in den unterschiedlichen Schutzzwecken der einzelnen Vorschriften wider.[951] Die Missbrauchskontrolle zielt maßgeblich auf das Marktverhalten von „marktbeherrschenden" Unternehmen, die „neuere" Fusionskontrolle auf deren „Struktur". Insoweit verfolgt das GWB nach wie vor einen strukturorientierten Ansatz. Folglich sprechen auch keine dogmatischen Gründe dagegen, eine Entflechtungsregelung ins GWB einzuführen.

zu den Auswirkungen auf das deutsche Recht; *Bunte*, Kartellrecht, S. 5 f.; *Tolksdorf*, WuW 1980, 785, 794 f.; ablehnend *Herdzina*, Wettbewerbspolitik, S. 125 f.

[948] Siehe dazu unten Teil 2 § 3 A; zum Ganzen *Böge*, WuW 2004, 138, 138 ff.; *Heitzer*, WuW 2007, 854, 855 f., 864; Langen/Bunte/*Notdurft*, GWB, § 19 Rn. 8 ff.; *Mundt*, Wettbewerbsschutz durch Kartellrecht, S. 247, 251; *Nitsche/Thielert*, WuW 2004, 250, 252, 259; BKartA, Arbeitskreis Kartellrecht 2004, S. 1 ff.; zu den Auswirkungen auf dieses Ansatzes auf die Rechtssicherheit, siehe ausführlich *Christiansen*, WuW 2005, 285, 287 ff.

[949] Im Bezug auf das ursprüngliche GWB, siehe *Murach-Brand*, Antitrust auf deutsch, S. 165 ff., 216; *Robert*, Konzentrationspolitik in der Bundesrepublik, S. 352; ähnlich auch Immenga/Mestmäcker/*Zimmer*, GWB, § 1 Rn. 110 ff.

[950] Loewenheim/Meessen/Riesenkampff/*Meessen*, Einführung in das europäische und deutsche Kartellrecht Rn. 6; eine entsprechende Auseinandersetzung hat jedenfalls nicht zu allseits konsensfähigen Ergebnissen geführt, siehe Immenga/Mestmäcker/*Zimmer*, GWB, § 1 Rn. 111.

[951] So Immenga/Mestmäcker/*Zimmer*, GWB, § 1 Rn. 111 ff.

C. Systematische Erwägungen

Ausgangspunkt für die systematische Beurteilung des GWB ist der Befund der wettbewerbspolitischen Untersuchung. Danach lässt sich kein eindeutiges Wettbewerbskonzept als Grundlage des GWB identifizieren, anhand dessen hinreichend überprüfbar ist, in welchem Umfang das Instrument der Entflechtung im GWB normativ zulässig ist. Im Folgenden wird deshalb untersucht, inwieweit sich aus der Gesetzessystematik Aussagen ableiten lassen, anhand derer die zulässige Reichweite einer Entflechtungsregelung näher bestimmt werden kann. Dafür wird zunächst die Unterscheidung von Verhaltens- und Strukturkontrolle dargestellt, die zu einer gewissen Systematisierung innerhalb des GBW geführt hat. Anschließend wird überprüft, ob die Verhaltenskontrolle einerseits und die Strukturkontrolle andererseits etwaige Rückschlüsse auf die Zulässigkeit von Entflechtungsinstrumenten zulassen.

I. Verhaltens- und Strukturkontrolle im GWB

Die Elemente „Struktur" und „Verhalten" trennen bestimmte Markterscheinungen. Im Rahmen ihrer wettbewerbspolitischen Bewertung beschreiben die Begriffe damit zugleich Wettbewerbsbeschränkungen „durch Zustand" und „durch Maßnahme".[952] Daraus haben sich zwei grundsätzlich unterschiedliche Methoden der wettbewerblichen Kontrolle herausgebildet: Marktverhaltens- und Marktstrukturkontrolle.[953] Den jeweiligen Typen von Wettbewerbsbeschränkungen stehen beide Kontrollarten spiegelbildlich gegenüber.[954] Der Kontrollgegenstand einer Norm, also entweder Marktstruktur oder Marktverhalten, bestimmt über ihre Einordnung in die benannte Systematik. Im Grundmodell vertritt der systemtheoretische Ansatz, anders als der wohlfahrtsökonomische, eine reine Verhaltenskontrolle. Entflechtung und eine Zusammenschlusskontrolle sind nach einem systemtheoretischen Ansatz Marktstrukturregelungen und demnach abzulehnen. Die klassische Kartellrechtssystematik beruht letztlich auf den verschiedenen wettbewerbspolitischen Grundannahmen zur Bedeutung der Marktstruktur. Die Unterteilung in Verhaltens- und Strukturkontrolle als einander gegen-

[952] *Borchardt/Fikentscher*, Wettbewerb, Wettbeschränkung und Marktbeherrschung, S. 30 ff.; *Emmerich*, Kartellrecht, § 2 Rn. 13; *Mestmäcker*, in: FS Raisch, S. 453; *K. Schmidt*, BB 1990, 719, 720.

[953] *Scherf*, AG 1992, 245, 245; *Hauser*, Strukturelle Maßnahmen, S. 17 sieht sie als „diametrales System" wettbewerblicher Kontrolle; *P. Pohlmann*, Der Unternehmensverbund im Europäischen Kartellrecht, S. 88 f.

[954] *Hauser*, Strukturelle Maßnahmen, S. 17.

sätzliche Systeme prägt das Verständnis der kartellrechtlichen Aufsicht im GWB bis heute.[955]

Vertragliche Wettbewerbsbeschränkungen überprüft im geltenden Recht das Kartellverbot gem. §§ 1 ff. GWB. Das Missbrauchsverbot in den § 19 ff. GWB kontrolliert weiter einseitige, außervertragliche Verhaltensweisen insbesondere von marktbeherrschenden Unternehmen. Das Kartellverbot und die Missbrauchskontrolle repräsentieren zusammen die Verhaltenskontrolle im GWB.[956] Die Zusammenschlusskontrolle gem. §§ 35 ff. GWB untersucht das externe Unternehmenswachstum, also die Marktstruktur, und verkörpert damit die Strukturkontrolle.

II. Bedeutung der Missbrauchskontrolle für die Entflechtung

Im Schrifttum wurde die geplante Entflechtung nach § 41a GWB-RefE dahingehend kritisiert, dass die Regelung das geltende Instrumentarium über die ordnungspolitischen Grenzen des Kartellrechts erweitere.[957] Aus einer Gesamtschau der Kartellrechtsregelungen folgert diese Ansicht, dass es das GWB gerade nicht verbiete, eine marktbeherrschende Stellung aus eigener Kraft zu erreichen.[958] Insoweit kann sich diese Argumentation noch auf einen grundsätzlichen Konsens im Schrifttum berufen.[959] Allerdings zieht diese Auffassung daraus einen radikalen Schluss: Die Art, mit § 41a GWB-RefE durch Entflechtung marktbeherrschender Stellungen mehr Wettbewerb zu erzeugen, stelle einen Systemwechsel im Gesetz dar, der ordnungspolitisch nicht mehr dem Kartellrecht zuzuordnen sei, sondern in der Nähe der Industriepolitik stehe.[960] Aus der strengen Kontrolle des Marktverhaltens marktbeherrschender Unternehmen in § 19 GWB wird somit abgeleitet, dass das GWB marktbeherrschende Stellung aus eigener Kraft grundsätzlich legitimiere und nicht missbillige. Dieser Argumentation ist jedoch aus folgenden Gründen nicht zuzustimmen.

[955] *Bechtold*, GWB, Einführung Rn. 52; Wiedemann/*Wiedemann*, Hdb. KartellR, § 1 Rn. 1; *Hauser*, Strukturelle Maßnahmen, S. 17.

[956] *Bechtold*, GWB, Einführung Rn. 52; Wiedemann/*Wiedemann*, Hdb. KartellR, § 1 Rn. 1.

[957] *Satzky*, WuW 2010, 614, 619.

[958] *Satzky*, WuW 2010, 614, 618.

[959] So bereits die Reg.Begr. zur 7. GWB-Novelle, BT-Drs. 15/3640, S. 33; *Fuchs*, WRP 2005, 1384, 1389; Immenga/Mestmäcker/*Emmerich*, GWB, § 32 Rn. 40 m.w.N.; *Karl/Reichelt*, DB 2005, 1436, 1441; MüKo-GWB/*Keßler*, § 32 Rn. 48.

[960] *Satzky*, WuW 2010, 614, 619; a.A. *Klaue*, in: FS Canenbley, S. 290 f.; für eine Vereinbarkeit mit dem normativen Referenzsystems des GWB, siehe auch *Paal*, JZ 2010, 647, 651.

1. Aufgabe der Verhaltenskontrolle aus wettbewerbspolitischer Sicht

Aus der Unterscheidung zwischen Verhaltens- und Strukturkontrolle folgt grundsätzlich nicht, dass eine praktische Wettbewerbspolitik bei der Verhaltenskontrolle nicht auch Elemente der Marktstruktur berücksichtigt und umgekehrt.[961] Allein ein idealtypischer systemtheoretischer Ansatz ließe die Marktstruktur auch innerhalb der Normstruktur völlig unbeachtet.[962] Die praktische Wettbewerbspolitik nimmt hingegen Konkurrenzprobleme im Sinne eines Nebeneinandertretens einzelner Normen oder Merkmale grundsätzlich in Kauf.[963] Die Missbrauchskontrolle in den §§ 19, 20 GWB beschränkt sich als Verhaltenskontrolle deshalb lediglich selbst, indem die Vorschriften weitgehend eine marktbeherrschende Stellung verlangen und damit ein Strukturmerkmal. Damit trifft die Verhaltenskontrolle jedoch aus zwei Gründen keine Grundentscheidung für das GWB, dass marktbeherrschende Stellungen per se unbedenklich oder hinzunehmen seien.

Erstens kann die Verhaltenskontrolle auf Grundlage der klassischen Systematik nicht das Ziel haben, Marktmacht um ihrer selbst willen abzubauen. Nach dem systemtheoretischen Idealtyp gibt es gerade keine wettbewerbsgefährdenden Marktstrukturen.[964] Marktanteile spiegeln insoweit weder den Verhaltensspielraum von Unternehmen wider, noch das Ausmaß, in dem diese Unternehmen andere Marktteilnehmer beeinflussen können. Marktmacht durch staatliche Eingriffe abzubauen, ist vielmehr Aufgabe der Strukturkontrolle. Die Entflechtung beruht gerade auf dem Gedanken, dass wirtschaftliche Konzentration grundsätzlich unternehmerische Macht indiziert.[965] Deshalb bewertet der benannte Ansatz hohe Marktanteile kritisch und bejaht Entflechtungsmaßnahmen, um übermäßige Marktmacht zu erodieren.[966]

Zweitens steht hinter dem weitgehenden Erfordernis einer marktbeherrschenden Stellung in den §§ 19, 20 GWB genau die umgekehrte Wertung, dass vermachtete Marktstrukturen wettbewerbsgefährdend sind. Gerade deshalb unterwirft §§ 19, 20 GWB vornehmlich marktbeherrschende Unternehmen im Vergleich zu Unternehmen mit geringer Marktmacht einer strengeren Kontrolle mit erhöhten Anforderungen an

---

961 *P. Pohlmann*, Der Unternehmensverbund im Europäischen Kartellrecht, S. 83, 92; *Hauser*, Strukturelle Maßnahmen, S. 20.

962 Siehe oben Teil 2 § 2 A II 3 a).

963 Zum gewandelten Verständnis des Kartellrechts, siehe *K. Schmidt*, BB 1990, 719, 720; Beispiele aus der Praxis bei *P. Pohlmann*, Der Unternehmensverbund im Europäischen Kartellrecht, S. 84.

964 Siehe oben Teil 2 § 2 A II 3 a).

965 Siehe oben Teil 2 § 2 A II 1.

966 Siehe oben Teil 2 § 2 A II 1.

das Marktverhalten.[967] Wenn der Gesetzgeber marktbeherrschende Unternehmen und damit konzentrierte Marktstrukturen nicht als Wettbewerbsproblem einordnen würde, dann ließe sich nicht erklären, weshalb diesen Unternehmen bestimmte Verhaltensweisen verboten werden, die anderen Unternehmen erlaubt sind.

2. Marktstruktureingriffe in der Kartellrechtspraxis

In der praktischen Wettbewerbspolitik zeigt sich zudem, dass die Verhaltenskontrolle in die Struktur von Unternehmen eingreift und damit versucht, ihre Marktmacht zu relativieren.[968] Besonders deutlich zeigt sich das an der kartellrechtlichen Behandlung von Gemeinschaftsunternehmen und der kartellbehördlichen Befugnis, nach § 32 Abs. 2 GWB strukturelle Maßnahmen zu erlassen.

a) Behandlung von Gemeinschaftsunternehmen nach § 1 GWB

Dies liegt zunächst daran, dass es zwangsläufig keine erschöpfende, sachliche Unterscheidung von Marktverhalten und Marktstruktur im deutschen Kartellrecht geben kann.[969] In der Rechtspraxis kann das Kartellverbot in § 1 GWB von der Zusammenschlusskontrolle gem. §§ 35 ff. GWB nicht eindeutig abgegrenzt werden.[970] Deshalb ist es häufig, wenn nicht immer möglich,[971] Kartelltatbestände in die äußere Form eines Zusammenschlusses zu bringen. Aufgrund der fehlenden Trennung von Marktverhalten und Marktstrukturelementen können Gemeinschaftsunternehmen häufig zugleich als Konzentrationsfälle und als Kooperationsfälle aufgefasst werden.[972] Der BGH hat dazu zwar festgestellt, dass es sich beim Kartellverbot und der Fusionskontrolle nicht um

[967] So auch *Herdzina*, Wettbewerbspolitik, S. 188 f.; *Paal*, Medienvielfalt und Wettbewerbsrecht, S. 227.

[968] Siehe dazu Immenga/Mestmäcker/*Zimmer*, GWB, § 1 Rn. 400 ff.; Langen/Bunte/*Bunte*, GWB, § 1 Rn. 258 ff.; für weitere Beispiele mit Bezug zum europäischen Recht, siehe *Hauser*, Strukturelle Maßnahmen, S. 21 ff.

[969] Zu relevanten Marktverhaltens- und Marktstrukturmerkmalen, siehe oben Teil 2 § 2 A I 2.

[970] Dazu und zu den gleichgelagerten Problemen beim vertraglichen Erwerb einer Kontrollbeteiligung oder dem Abschluss von Konzernverträgen, siehe Immenga/Mestmäcker/*Zimmer*, GWB, § 1 Rn. 16 ff.

[971] Weitergehend Langen/Bunte/*Bunte*, GWB, § 1 Rn. 258, der dies „immer“ für möglich hält.

[972] Langen/Bunte/*Bunte*, GWB, § 1 Rn. 258; Immenga/Mestmäcker/*Zimmer*, GWB, § 1 Rn. 400 ff.; zum Problem der kartellrechtlichen Behandlung von Gemeinschaftsunternehmen im deutschen Recht, siehe oben Teil 2 § 1 B III 2 a) (2), zum deutschen Recht; zu diesem Problem im europäischen Recht, siehe *Dreher*, WuW 2002, 828, 830 ff.; MüKo-EuWettbR/*Pohlmann*, Art. 81 EG Rn. 315 ff., 318 ff.; Schröter/Jakob/Mederer/*Rating*, Kommentar zum Europäischen Wettbewerbsrecht, Art. 81 – Fallgruppen Änderung der Unternehmensstruktur Rn. 1 ff., 7 ff.

einen wirtschaftlichen Sachverhalt unter zwei verschiedenen rechtlichen Gesichtspunkten handelt, jedenfalls aber um zwei verschiedene Sachverhalte, die sich in einigen Bereichen überschneiden.[973] Die Abgrenzung beider Kontrollarten richtet sich nach einer strengen Einzelfallbeurteilung anhand einer Fülle von Indizien.[974] Der BGH hat in der Vergangenheit jedoch immer das Kartellverbot zur Beurteilung herangezogen, obwohl die Voraussetzungen des Zusammenschlusstatbestandes ebenfalls erfüllt waren.[975]

b) Strukturelle Eingriffe nach § 32 Abs. 2 GWB

Mit der bereits dargestellten Entflechtungsmöglichkeit in § 32 Abs. 2 GWB weicht das GWB die Trennung von Verhaltens- und Strukturkontrolle zudem weiter auf.[976] Die Entflechtung ist Teil der Abstellungsverfügung. Mit strukturellen Maßnahmen darf die Wettbewerbsbehörde versuchen, Verstöße gegen die Verhaltenskontrollnormen §§ 1, 19 ff. GWB für die Zukunft zu verhindern.[977]

3. Zwischenergebnis

Die Vorstellung vom Schutz bestehender Machtstellungen lässt sich somit auch in der Missbrauchskontrolle nicht länger aufrechterhalten. In diesem Kontext ist auch die breite wissenschaftliche Auseinandersetzung zu sehen, ob und mit welcher Reichweite die Kartellbehörden strukturelle Maßnahmen nach § 32 Abs. 2 GWB erlassen dürfen.[978] An dieser Regelung setzt sich insoweit die grundlegend wettbewerbspolitische Diskussion fort, was Wettbewerb zu sein hat und wie er zu schützen ist. Die Missbrauchskontrolle enthält damit keine abschließende Wertung, inwieweit die Entflechtung nach § 41a GWB-RefE in ihrer Reichweite systematisch zulässig ist. Eine Entscheidung hat der Gesetzgeber im Zuge der derzeitigen Kartellrechtsnovelle jedoch bereits getroffen:[979] Mit § 32 Abs. 2 GWB n.F. und der expliziten Aufnahme struktureller Maßnahmen hat er sich im Grundsatz für das Instrument der Entflechtung ausgesprochen.

[973] BGH WuW/E BGH 1810, 1814 – *Transportbeton Sauerland*; WuW/E BGH 2169, 2169 f. – *Mischwerke*.

[974] Dazu BGH WuW/E BGH 2169, 2169 f. – *Mischwerke*; zum Ganzen Langen/Bunte/*Bunte*, GWB, § 1 Rn. 258 ff.; Immenga/Mestmäcker/*Zimmer*, GWB, § 1 Rn. 400 ff.

[975] Vgl. in jüngerer Zeit BGH WuW DE-R 2742 – *Gratiszeitung Hallo*; WuW/E DE-R 115 – *carpartner*; WUW/E DE-R 711 – *Ostfleisch;* Langen/Bunte/*Bunte*, GWB, § 1 Rn. 257.

[976] Vgl. oben Teil 2 § 1 B III 2.

[977] *Bechtold*, GWB, § 32 Rn. 10; Wiedemann/*Klose*, Hdb. KartellR, § 51 Rn. 19 f.

[978] Siehe oben Teil 2 § 1 B III 2.

[979] Vgl. Reg.Begr. zur 8. GWB-Novelle, BT-Drs. 17/9852, S. 26.

III. Bedeutung der Fusionskontrolle für die Entflechtung

Die Entflechtung nach § 41a GWB-RefE ist wie die Zusammenschlusskontrolle eine Strukturkontrollregelung, die sich gegen übermäßige Unternehmenskonzentrationen wendet. Die Zusammenschlusskontrolle wendet sich dabei nur gegen ein weiteres, externes Wachstum. Bei externem Wachstum schließen sich Unternehmen zusammen, während sie sich bei internem aus sich selbst heraus vergrößern. Beide Wachstumsarten können zu einer hohen Unternehmenskonzentration führen. Die Zusammenschlusskontrolle verhindert, dass Unternehmen eine marktbeherrschende Stellung durch Fusion erreichen oder verstärken. Damit entscheidet sich der Gesetzgeber dagegen, eine fortschreitende Unternehmenskonzentration vom Kartellrecht vollständig unkontrolliert zu lassen.[980] Aus mehreren Gründen ist darin aber keine Entscheidung enthalten, Unternehmenskonzentrationen generell mittels Entflechtung abzubauen.[981]

1. Höhere Risiken durch externes Wachstum

Fusionskontrolle und Entflechtung lassen sich zunächst nicht gleichsetzen, weil sie unterschiedliche Arten von Unternehmenswachstum betreffen können. Anders als die Zusammenschlusskontrolle wendet sich die Entflechtung nicht nur gegen ein weiteres, externes Wachstum. Die Entflechtung kann sich vielmehr auch gegen Unternehmenskonzentrationen richten, die durch internes Wachstum entstanden sind.[982] Der idealtypische wohlfahrtsökonomische und insbesondere auch realpolitische Ansätze beurteilen Verdichtungsprozesse ambivalent und differenzieren vor allem danach, auf welcher Ursache die Unternehmenskonzentration beruht.[983]

Externes Unternehmenswachstum durch Fusionen ist dabei kritischer zu bewerten als internes Wachstum.[984] Zunächst bündeln Zusammenschlüsse allein die Verfügungsmacht über bereits vorhandene Kapazitä-

---

[980] *Möschel*, Entflechtung im Recht der Wettbewerbsbeschränkungen, S. 55; zur fehlenden Kontrolle von internem Unternehmenswachstums, siehe *Paal*, JZ 2010, 647, 649 f.

[981] Im Sinne dieser Reduktionsthese, siehe *Schulte-Braucks*, Die Auflösung marktbeherrschender Stellungen, S. 24 f., 219 f.; *Blair*, Economic Concentration, Structure, Behavior & Public Policy, S. 570 ff.

[982] Dabei muss eine vermachtete Marktstruktur vorliegen, weshalb die Entflechtung intern gewachsener Marktbeherrscher auf innovativen Märkten wohl an der negativen Prognose der Wettbewerbsbedingungen scheitert, siehe *Mundt*, Neue Instrumente zur Beschneidung wirtschaftlicher Macht, S. 30.

[983] Für Details, siehe oben Teil 2 § 2 A II 3, 4.

[984] Dazu U.S. Supreme Court, Entscheidung vom 17. Juni 1963, 374 U.S. 321, 370 f. (1963) – *United States versus Philadelphia National Bank*.

ten, ohne unmittelbar neue Kapazitäten zu schaffen.[985] Durch Fusionen fallen dabei häufig ganze Unternehmen als Wettbewerber weg.[986] Ein Zusammenschluss kann etwa durch neugewonnenes Know-how oder eine verbesserte Produktivität durchaus zu Synergieeffekten bei dem neu entstanden Unternehmen führen.[987] In der Folge können diese Effizienzen ebenfalls das Marktergebnis verbessern und damit die Gesamtwohlfahrt erhöhen.[988] Allerdings kann in großen Unternehmenseinheiten zugleich die Gefahr von Ineffizienzen steigen. Diese Ineffizienzen können die positiven Auswirkungen wieder kompensieren. Zusammenschlüsse verändern die Marktstruktur zudem nachhaltig und in großer Geschwindigkeit. Deshalb beurteilt der wohlfahrtsökonomische Ansatz konzentrierte Marktstrukturen grundsätzlich kritisch. Die potentiell gefährdenden Strukturen sind zugleich nur wenig durch die Marktgegenseite legitimiert. Während die Nachfrage gleichbleibt, setzen die Unternehmen den Impuls zur Marktstrukturänderung. Diese Einseitigkeit rechtfertigt, dass der Staat externes Unternehmenswachstums präventiv kontrolliert.[989]

Theoretisch können kritische Konzentrationsgrenzen gleichwohl auch durch internes Unternehmenswachstum überschritten werden. Die Gefahr vermachteter Marktstruktur durch diesen Prozess ist jedoch deutlich niedriger, weil die Wachstumsgeschwindigkeit wesentlich geringer ist.[990] Den Impuls dazu setzt zudem die Marktgegenseite, denn Unternehmen wachsen langfristig nur bei entsprechender Nachfrage aus sich selbst.[991] Internes Wachstum hat dadurch eine andere Legitimation und schafft gleichzeitig neue Kapazitäten.[992] Unternehmen mit Erfolg am Markt soll das Kartellrecht nicht „bestrafen", eine Politik gegen internes

[985] *Möschel*, Entflechtung im Recht der Wettbewerbsbeschränkungen, S. 46; *Paal*, Medienvielfalt und Wettbewerbsrecht, S. 324.

[986] Dies gilt bei horizontalen Zusammenschlüssen, siehe dazu *Willeke*, Wettbewerbspolitik, S. 312 f.

[987] Zum Zusammenhang von Unternehmensgröße und dem technischen Fortschritt *Hauser*, Strukturelle Maßnahmen S. 80; *I. Schmidt*, Wettbewerbspolitik und Kartellrecht, S. 134 ff.; MK, SonderGA 58 (2010), Tz. 78.

[988] Ausführung zu Effizienzaspekten im Rahmen von Entflechtung, siehe unten Teil 2 § 3.

[989] *Möschel*, Recht der Wettbewerbsbeschränkungen, Rn. 709; vgl. ausführlich dazu *I. Schmidt*, Wettbewerbspolitik und Kartellrecht, S. 174 ff.; *Herdzina*, Wettbewerbspolitik, S. 185 f.

[990] MK, HauptGA IV (1982), Tz. 726 ff., 730 ff.; *I. Schmidt*, Wettbewerbspolitik und Kartellrecht, S. 186 ff.; *Herdzina*, Wettbewerbspolitik, S. 184 f.

[991] *Möschel*, Entflechtung im Recht der Wettbewerbsbeschränkungen, S. 46, spricht vom „Nachfragetest" des Marktes.

[992] So bereits *Möschel*, Recht der Wettbewerbsbeschränkungen, Rn. 710.

Wachstum ist dann „Antiwettbewerbspolitik“.[993] Es gilt deshalb, beide Wachstumsarten getrennt zu beurteilen.

2. Unterschiedliche Folgen falscher Entscheidungen

Gegen eine Gleichsetzung von Entflechtung und Zusammenschlusskontrolle sprechen auch die Folgen falscher Entscheidungen. Die Zusammenhänge von Verhalten, Struktur und Ergebnis bleiben keinem Beweis zugänglich. Deshalb ist gerade nicht empirisch zu belegen, dass große, marktmächtige Unternehmen den Wettbewerb tatsächlich bedrohen, was der systemtheoretische Idealtyp insoweit auch konsequent verneint.[994] Die Strukturkontrolle baut letztlich – unterstützt von wettbewerbspolititischen Hypothesen – auf der bloßen Vermutung auf, dass bestimmte Marktstrukturen den Wettbewerb bedrohen. Kontrollnormen, die an die Marktmacht anknüpfen, sind deshalb im Grunde „Gefährdungstatbestände“.[995] Strukturkontrollnormen bewerten die Wettbewerbsverhältnisse maßgeblich anhand der Marktkonzentration und greifen damit ein Element aus den verschiedensten Elementen von Marktverhalten, Marktstruktur und Marktergebnis heraus.[996] Diese insoweit verengte Anknüpfung an „Marktmacht“ berücksichtigt zwangsläufig nicht alle Marktgegebenheiten und ist deshalb zu einem gewissen Grad willkürlich.[997] Dieses Vorgehen ist jedoch nicht nur nachvollziehbar, sondern legitim, denn anders lassen sich Kartellrechtsnormen nicht handhabbar gestalten.[998]

Die Legitimität, kartellrechtliche Normen in einer gewissen Weise vereinfacht zu gestalten, darf jedoch nicht über die Auswirkungen hinwegtäuschen, die diese Vergröberung mit sich bringt. Die Unternehmensstruktur vor einer Entflechtung oder nach einem Zusammenschluss gefährdet den Wettbewerb womöglich nicht. Es ist etwas grundsätzlich anderes, ob die Kartellbehörde sich über die Wettbewerbsgefahren bestimmter Marktstrukturen irrt und in der Konsequenz einen Unternehmenszusammenschluss verbietet oder ob die Behörde in der Folge eine Entflechtungsanordnung erlässt. Die Folgen einer dann „falschen“ Ent-

[993] *Herdzina*, Wettbewerbspolitik, S. 184 f.; *Satzky*, WuW 2010, 614, 618 f.

[994] Ausführlich zum fehlenden empirischen Nachweis von Kausalzusammenhängen zwischen den Marktelementen, siehe oben Teil 2 § 2 A I 3; für Details zum systemtheoretischen Wettbewerbsansatz, siehe oben Teil 2 § 2 A II 2.

[995] *Mestmäcker*, Der verwaltete Wettbewerb, S. 34; *Möschel*, Entflechtung im Recht der Wettbewerbsbeschränkungen, S. 48.

[996] Zu den verschiedenen Elementen von Marktstruktur und Marktverhalten, siehe oben Teil 2 § 2 A 2 a), b).

[997] *Möschel*, Entflechtung im Recht der Wettbewerbsbeschränkungen, S. 47; allgemein dazu auch *Herdzina*, Wettbewerbspolitik, S. 110; *P. Pohlmann*, Der Unternehmensverbund im Europäischen Kartellrecht, S. 90; *Tolksdorf*, WuW 1980, 785, 799.

[998] *Möschel*, Entflechtung im Recht der Wettbewerbsbeschränkungen, S. 47.

flechtungsentscheidung sind wesentlich größer als die Konsequenzen eines grundlosen Fusionsverbots. Bei einem Fusionsverbot darf das Unternehmen als Ausweichmöglichkeit immerhin intern weiterwachsen. Die Anknüpfung an mögliche Strukturveränderungen ist in diesem Fall eine Art „Daumenregel mit Sicherheitsnetz".[999] Die Entflechtung nach § 41a GWB-RefE nimmt gerade die Marktstruktur zum Anlass, um sie neu zu ordnen. Diesen Eingriff kann das Unternehmen nicht kompensieren oder verhindern. Falsche Entflechtungsentscheidungen haben für die Unternehmen damit deutlich gravierendere Auswirkungen.[1000] Es liegt rechtlich gesprochen ein „schwererer" Eingriff vor.

IV. Zwischenergebnis

Systematische Erwägungen sprechen nicht dagegen, § 41a GWB-RefE im Gesetz zu verankern und die kartellbehördlichen Entflechtungsmöglichkeiten zu erweitern. Selbst in der Verhaltenskontrolle unterliegen marktbeherrschende Stellungen keinem Bestandsschutz. Vielmehr kann die Marktbeherrschung bereits im geltenden Recht, unter den restriktiven Voraussetzungen des § 32 Abs. 2 GWB-RefE, abgebaut werden, um einen Verhaltensverstoß abzustellen. Die Verhaltenskontrolle begrenzt damit aber nicht die Reichweite von § 41a GWB-RefE, die als Strukturkontrollregelung nicht das Marktverhalten überprüft und sanktioniert. Umgekehrt spricht die Systematik nicht grundsätzlich für eine strukturelle Entflechtung von Marktkonzentrationen. § 41a GWB-RefE beruht nicht auf Gründen, aus denen sich die Fusionskontrolle rechtfertigt. Fusionskontrolle und Entflechtung teilen lediglich wettbewerbspolitisch den gleichen Ursprung. Die Entscheidung des Gesetzgebers, Unternehmenskonzentrationen nicht zu fördern, ist keine Entscheidung, diese Konzentration gleichsam abbauen zu wollen. Indem der Gesetzgeber die Strukturkontrolle erweitert, trifft er deshalb notwendigerweise eine neue Entscheidung.[1001]

Insgesamt erweist sich die klassische Kartellrechtssystematik nur eingeschränkt als aussagekräftig. Die Einteilung beruht letztlich auf verschiedenen wettbewerbspolitischen Ansichten zum Wesen und Schutz von Wettbewerb. Vollständig trennen lassen Verhaltens- und Strukturkontrolle allenfalls in der Theorie. Die praktische Wettbewerbspolitik vermischt Elemente der Verhaltens- und Strukturkontrolle zwangsläufig. Eine systematische Argumentation setzt daher letztlich die wettbewerbs-

[999] *Möschel*, Entflechtung im Recht der Wettbewerbsbeschränkungen, S. 48 m.w.N.

[1000] So bereits *Möschel*, Entflechtung im Recht der Wettbewerbsbeschränkungen, S. 48.

[1001] Zur verfassungsrechtlichen Zulässigkeit dieser Entscheidung, siehe Teil 2 § 4.

politische Diskussion fort. Oberstes Ziel der kartellbehördlichen Praxis bleibt aber der effektive Schutz von Wettbewerb. Etwaige Systembildungen aufrechtzuerhalten, ist dabei zweitrangig. Diese insofern eingeschränkte praktische Relevanz schmälert deshalb den Wert systematischer Erwägungen in der kartellrechtlichen Auseinandersetzung mit Entflechtung.

D. Zusammenfassung

Die vorstehende Untersuchung hat gezeigt, dass wettbewerbspolitische Erwägungen nicht dagegen, sondern dafür sprechen, § 41a GWB-RefE in das GWB aufzunehmen. In einem wettbewerbspolitischen Gesamtkontext lässt sich zwar nicht abschließend beurteilen, dass es zulässig ist, die benannte Entflechtungsregelung zu erlassen. Allerdings bewertet nicht nur der – als ein Idealtyp wettbewerbspolitischer Konzepte herausgearbeitete – wohlfahrtsökonomische Ansatz das Mittel der Entflechtung als grundsätzlich zulässig. Vielmehr greifen auch verschiedene realtypische Wettbewerbskonzepte auf Entflechtung als Kartellrechtsinstrument zurück. Im Rahmen einer aktiven Wettbewerbspolitik befürwortet insbesondere das ordoliberale Konzept von „vollständigem Wettbewerb“ weitreichende Entflechtungsmaßnahmen. Die sog. „workability“-Konzepte der 1950er und 1960er Jahre verfolgen ebenfalls einen strukturorientierten Ansatz und stehen Entflechtungsinstrumenten ebenfalls aufgeschlossen gegenüber.

Eine ablehnende Haltung gegenüber Entflechtung nehmen hingegen Wettbewerbskonzepte ein, die der sog. „Chicago School“ zuzuordnen sind. Die entsprechenden Wettbewerbskonzepte vertrauen allein auf den Marktmechanismus und sehen langfristig konzentrierte Märkte durch Effizienzaspekte gerechtfertigt. Zwar konnte die Forderung nach einer stärker wirtschaftlich ausgerichteten Kartellrechtspolitik bis heute eine immer breitere Zustimmung gewinnen.[1002] Gleichwohl hat sich die gänzlich unkritische Haltung der „Chicago School“ gegenüber „Marktmacht“ in neueren industrieökonomischen Forschungen nicht durchgesetzt. In den Mittelpunkt ist hingegen eine noch stärkere Einzelfallbetrachtung gerückt, die aber Entflechtungsmaßnahmen nicht per se ausschließt.

Die vorangegangene Auseinandersetzung mit der Gesetzgebungsgeschichte hat zudem ergeben, dass § 41a GWB-RefE mit dem Ansatz des GWB zum Schutz von Wettbewerb grundsätzlich vereinbar und insoweit wettbewerbspolitisch zulässig ist. Eine stringente wettbewerbspolitische

[1002] Zu den Auswirkungen auf das europäische und deutsche Kartellrecht, siehe unten Teil 2 § 3 A.

Fundierung der deutschen Kartellrechtspolitik durch ein bestimmtes Wettbewerbskonzept lässt sich aber nicht feststellen. Das GWB wurde zwar vom Ordoliberalismus und später den „workability“-Konzepten beeinflusst, allerdings ist das GWB keinem dieser Wettbewerbsansätze konsequent gefolgt. Beide Konzeptionen sehen jedoch neben einer Fusionskontrolle auch Entflechtungsregelungen vor, die der Gesetzgeber erst jetzt mit § 41a GWB-RefE nachhaltig zu implementieren versucht.[1003]

Die zeitgeschichtlichen Umstände zeigen weiterhin, dass Strukturkontrollregelungen im GWB des Jahres 1958 nicht aufgrund von wettbewerbspolitischen Gründen fehlen. Vielmehr erklärt sich der Widerstand gegen entsprechende Regelungen durch das vorrangige Ziel, die deutsche Wirtschaft wiederaufzubauen. Unter dem Eindruck der alliierten Dekartellisierungsmaßnahmen, die darauf zielten, die Wirtschaftskraft Deutschlands zu schwächen, war das Instrument der Entflechtung stark negativ konnotiert und wurde deshalb weithin abgelehnt. Umgekehrt führte der Gesetzgeber keine wettbewerbspolitischen Argumente an, als er die Fusionskontrolle im Jahr 1973 im GWB verankert hat. Die Bundesregierung begründete die entsprechenden Regelungen ausdrücklich realpolitisch, speziell mit der fortschreitenden Konzentrationsentwicklung, der Einhalt zu gebieten sei. Ein Paradigmenwechsel gegenüber „strukturellen“ Kartellrechtsnormen und Entflechtungseingriffen ist auch gegenwärtig nicht zu beobachten. Grundsätzlich dürften ökonomische Aspekte zwar zumindest zu einem „more quantitative approach“ und damit zur stärkeren Berücksichtigung von „economic evidence“ in Wettbewerbsverfahren führen.[1004] Allerdings ist damit für das GWB keine Abkehr von einer strukturorientierten Wettbewerbskontrolle verbunden. Der Gesetzgeber hat nicht nur erwogen, § 41a GWB-RefE einzuführen, sondern hat im Rahmen der 8. GWB-Novelle entschieden, in § 32 Abs. 2 GWB „strukturelle Maßnahmen“ nunmehr ausdrücklich zu erlauben.[1005]

Abschließend stehen systematische Erwägungen ebenfalls nicht entgegen, § 41a GWB-RefE in seiner geplanten Fassung in das GWB aufzunehmen. Die bisherigen Vorschriften, allen voran die Regelungen der Missbrauchs- und der Fusionskontrolle, sind nicht derart ausgestaltet, dass sich aus ihrer Gesamtschau klare Grenzen für ein Entflechtungsinstrument herausarbeiten lassen.[1006] Der Missbrauchskontrolle nach § 19 ff. GWB ist weder die wettbewerbspolitische Wertung immanent,

[1003] Zur Reichweite möglicher Entflechtungsmaßnahmen im Kartellverfahrensrecht gem. § 32 Abs. 2 GWB, siehe oben Teil 2 § 1 B 2 b).

[1004] Siehe dazu *Böge*, WuW 2004, 726, 729, 733.

[1005] Vgl. Reg.Begr. zur 8. GWB-Novelle, BT-Drs. 17/9852, S. 26.

[1006] Siehe oben Teil 2 § 2 C II, III.

dass „Marktbeherrschung" an sich unbedenklich oder hinzunehmen ist, noch ist der Fusionskontrolle zu entnehmen, dass der Gesetzgeber mit ihr beabsichtige, Marktmacht generell abzubauen. Der Gesetzgeber trifft mit dem Erlass von § 41a GWB-RefE folglich auch in systematischer Hinsicht eine zulässige Entscheidung.

§ 3. Ökonomische Erwägungen

Im Folgenden sind die ökonomischen Auswirkungen der Entflechtung nach § 41a GWB-RefE zu untersuchen. Die geplante Entflechtungsregelung führt nicht nur zu Wohlfahrtseffekten, wenn seitens des Bundeskartellamtes eine Entflechtungsanordnung ergeht und sich in der Folge die Marktstruktur verändert. Vielmehr wirkt sich die Regelung im Vorfeld einer Entflechtungsmaßnahme aus. Unternehmen werden in Kenntnis der Entflechtungsregelung vor allem ihr Marktverhalten anpassen, um einer Entflechtungsmaßnahme zu entgehen. Die nachfolgende Auseinandersetzung unterscheidet deshalb die Vorfeldwirkungen der geplanten Entflechtungsregelung von den Auswirkungen einer entsprechenden Entflechtungsmaßnahme.[1007] Eine ökonomische Analyse von § 41a GWB-RefE ist mit den inhärenten Unsicherheiten über das Verhältnis von Marktstruktur, Marktverhalten und Marktergebnis belastet.[1008] Je nachdem, welche wettbewerbspolitische Bedeutung einzelne Autoren der Marktstruktur einräumen, variieren ihre Effizienzbewertungen von Entflechtungsinstrumenten.[1009]

Verschiedene Untersuchungen beurteilen deshalb unterschiedlich, wie ökonomisch effizient Entflechtungsmaßnahmen nach § 41a GWB-RefE tatsächlich sind.[1010] Daneben entscheidet auch das Verständnis von „wirtschaftlicher Wohlfahrt" bzw. „wirtschaftlicher Effizienz" über die Bewertung von Entflechtung. Beide Begriffe sind wie auch der Begriff „Wettbewerb" „offene" Rechtsbegriffe, deren Verständnis letztendlich Postulate für eine bestimmte Wettbewerbspolitik darstellen.[1011] Diese grundsätzlichen Probleme überlasten die vorliegende Untersuchung.

[1007] Zur weitergehenden Differenzierung der Wohlfahrtseffekte in Vorfeldwirkungen ex ante und Wirkungen ex post, die sich wiederum in statische und dynamische Effekte aufteilen, siehe MK, SonderGA 58 (2010), Tz. 47 ff.

[1008] Siehe oben Teil 2 § 2 A II 3.

[1009] Vgl. *Hauser*, Strukturelle Maßnahmen S. 68 ff.; *von Hirschhausen/Neumann/Weigt*, Entflechtung als Instrument einer aktiven Wettbewerbspolitik, S. 4 ff.

[1010] Siehe etwa *Nettesheim/Thomas*, Entflechtung im deutschen Kartellrecht, S. 70 ff.; MK, SonderGA 58 (2010), Tz. 46 ff.

[1011] Ausführlich dazu *Künzler*, Effizienz oder Wettbewerbsfreiheit, S. 278 ff.; *Schuhmacher*, Effizienz und Wettbewerb, S. 172 ff.; zum Begriff „Wettbewerb", siehe oben Teil 2 § 2 A I 1.

Deshalb werden vorab die Entwicklungen der ökonomischen Analyse im Kartellrecht dargestellt und der Prüfungsumfang eingeschränkt. Danach werden die möglichen Vorfeldwirkungen der geplanten Entflechtungsregelung und die möglichen Auswirkungen einer entsprechenden Entflechtungsmaßnahme untersucht. Abschließend werden dann die praktischen Probleme der Effizienzmessung herausgearbeitet und die Erfahrung anderer Länder mit dem Instrument der Entflechtung dargestellt.

A. Grundzüge der ökonomische Analyse des Kartellrechts

Bei der Beurteilung von Kartellrechtstatbeständen gewinnt eine ökonomische Analyse immer größere Bedeutung. Auf europäischer Ebene verfolgt die EU-Kommission seit geraumer Zeit den sog. „more economic approach".[1012] Das Ziel einer insoweit stärker wirtschaftlich ausgerichteten Kartellrechtspolitik ist es, den Nutzen des Wettbewerbs für die Konsumenten zu berücksichtigen.[1013] Damit verschiebt die EU-Kommission den Akzent ihrer Wettbewerbspolitik insgesamt, was sich nicht nur auf den Schutzgegenstand des Wettbewerbsrechts auswirkt, sondern auch auf die Anwendung der Kartellrechtsnormen.[1014] Im Zusammenhang mit

[1012] Grundlegend EG-Kommission, Weißbuch über die Modernisierung der Vorschriften zur Anwendung der Artt. 85 und 86 EG-Vertrag, ABl. C Nummer 132 vom 12. Mai 1999, S. 1 ff.; Mitteilung der EG-Kommission, Leitlinien zu vertikalen Beschränkungen, ABL C Nummer 291 vom 13. Oktober 2000, S. 1 (Rn. 8); Leitlinien zu horizontalen Zusammenschlüssen, ABl. C Nummer 31 vom 05. Februar 2004, S. 5 ff.; *Kroes,* Fordham International Law Journal 29 (2005), 593, 596; zu den Auswirkungen des Ansatzes im Bereich der Fusions- bzw. Missbrauchskontrolle, siehe *Böge,* WuW 2004, 138, 138 ff.; *Dittert,* WuW 2004, 148, 148 ff.; *Eilmansberger,* ZWeR 2009, 437, 437 ff.; *Heitzer,* WuW 2007, 854, 855 ff.; *Mundt,* Wettbewerbsschutz durch Kartellrecht, S. 247, 251; *Nitsche/Thielert,* WuW 2004, 250, 250 ff.; *Paal,* Suchmaschinen, Marktmacht und Meinungsbildung, S. 70; *Schmidtchen,* WuW 2006, 6, 6 ff.; *Christiansen,* WuW 2005, 285, 285 ff.; Langen/Bunte/*Bunte,* EG, Art. 81 generelle Prinzipien Rn. 61; MüKo-EuWettbR/*Strohm,* FKVO Einl. B Rn. 192 ff.

[1013] Mitteilung der EG-Kommission, Leitlinien zu vertikalen Beschränkungen, ABL C Nummer 291 vom 13. Oktober 2000, S. 1 (Rn. 8); Leitlinien zu horizontalen Zusammenschlüssen, ABl. C Nummer 31 vom 05. Februar 2004, S. 5 ff.; *Kroes,* Fordham International Law Journal 29 (2005), 593, 596; *Monti,* A reformed competition policy: achievements and challenges for the future, S. 3 ff., abzurufen unter: http://europa.eu/rapid/press-release_SPEECH-04-477_en.pdf (letzter Abruf: 30. Oktober 2012); dazu *Albers,* Der „more economic approach", S. 2; *Behrens,* in: FS Möschel, S. 115 ff.; *Paal,* Suchmaschinen, Marktmacht und Meinungsbildung, S. 70.

[1014] *Albers,* Der „more economic approach", S. 3; zum insoweit aber weiterhin bestehenden Schutz der Marktstruktur „als solcher" durch das europäische Kartellrecht, siehe EuGH, Entscheidung vom 4. Juni 2009, Slg. 2009, I-4529, Rn. 38 – *T-Mobile Netherlands;* Schulte/Just/*Schulte/Just,* Kartellrecht, Einl. Rn. 17; dazu oben Teil 2 § 2 B II 2.

diesem Ansatz sind bislang viele Details umstritten geblieben, etwa ob es tatsächlich allein auf die Wohlfahrt der Verbraucher oder auch den Nutzen für die Gesamtwirtschaft ankommt.[1015] Die Begründung des Referentenentwurfs legt sich ebenfalls nicht auf einen bestimmten Effizienzmaßstab fest. Nach der Begründung zielt die Vorschrift darauf, die schädlichen Auswirkungen von Marktmacht zu reduzieren und „Wettbewerb zum Vorteil der Verbraucher und der Gesamtwirtschaft" anzustoßen.[1016] Nach einem stärkeren ökonomischen Verständnis sollen sich Marktstrukturen jedenfalls dann verändern, wenn diese Veränderungen im Einzelfall zu Effizienzvorteilen führen.[1017] An dieser Stelle wird nicht vertieft, inwieweit der verstärkte ökonomische Ansatz im europäischen Recht das GWB sinnvollerweise erfassen sollte.[1018] Auf die Probleme, das Kartellrecht durch ökonomische Nachweisanforderungen zu überfordern und damit die Rechtssicherheit sowie einen wirksamen Wettbewerbsschutz zu gefährden, ist an anderer Stelle hinlänglich hingewiesen worden.[1019] Das Bundeskartellamt hat jedoch bereits am Anfang der europäischen Entwicklung festgestellt, dass auch das deutsche Wettbewerbsrecht traditionell auf ökonomischen Füßen stehe.[1020] Deshalb fließen neuere ökonomische Ansätze etwa verstärkt auch in die Beurteilung von Fusionen ein und sollen so die Entscheidungsqualität positiv beeinflussen.[1021] Vor diesem Hintergrund ist auch die Entflechtung nach § 41a GWB-RefE unter Wohlfahrtsgesichtspunkten zu untersuchen. Dabei dif-

[1015] Vgl. Schulte/Just/*Schulte*, Kartellrecht, § 36 GWB Rn. 5; *Eilmansberger*, ZWeR 2009, 437, 455 ff.; *Hellwig*, in: FS Mestmäcker, S. 264 ff.; MüKo-EuWettbR/*Kerber/Schwalbe*, Einl. Rn. 1050 ff.; *Motta*, Competition Policy, S. 40 ff.; *Schmidtchen*, WuW 2006, 6, 10 ff.

[1016] BMWT, Begr. zum GWB-RefE, S. 4.

[1017] *Albers*, Der „more economic approach", S. 2.

[1018] Dazu *Böge*, WuW 2004, 138, 138 ff.; *Heitzer*, WuW 2007, 854, 855 f., 864; Langen/Bunte/*Notdurft*, GWB, § 19 Rn. 8 ff.; *Mundt*, Wettbewerbsschutz durch Kartellrecht, S. 247, 251; *Nitsche/Thielert*, WuW 2004, 250, 252, 259; Schulte/Just/*Schulte*, Kartellrecht, § 36 GWB Rn. 5 ff. mit Bezug zum SIEC-Test; BKartA, Arbeitskreis Kartellrecht 2004, S. 1 ff.; zu den Auswirkungen dieses Ansatzes auf die Rechtssicherheit, siehe ausführlich *Christiansen*, WuW 2005, 285, 287 ff.

[1019] Vgl. *Christiansen*, WuW 2005, 285, 288 ff.; *Dreher*, WuW 2008, 23, 26 f.; *Böge/Ost*, ECLR 2006, 197, 204; *Epple*, ZWeR 2009, 220, 228; BKartA, Arbeitskreis Kartellrecht 2004, S. 4 ff.; *Schmidtchen* WuW 2006, 6, 12 f.; *Wurmnest*, Marktmacht und Verdrängungsmissbrauch, S. 257 ff.

[1020] BKartA, Arbeitskreis Kartellrecht 2004, S. 1; ebenfalls *Böge*, WuW 2004, 726, 726.

[1021] Unter Bezugnahme auf spieltheoretische Erkenntnisse etwa BGH WuW/E DE-R 2451, 2453, 2457 ff. – *E.ON/Stadtwerke Eschwege*; OLG Düsseldorf WuW/E DE-R 2477, 2483 (Rn. 68) – *Phonak/GN Re Sound*; BKartA WuW/E DE-V 1365, 1374 f. – *Phonak/GN Re Sound*; dazu *Epple*, ZWeR 2009, 220, 225 m.w.N.; zum Ganzen, siehe BKartA, Arbeitskreis Kartellrecht, S. 13; zu diesem Ziel im europäischen Recht, siehe *Schmidtchen*, WuW 2006, 6, 10 f.; *Christiansen*, WuW 2005, 285, 287 ff.

ferenziert die vorliegende Arbeit nicht zwischen der Konsumentenwohlfahrt einerseits und Gesamtwohlfahrt andererseits. Im Rahmen der nachstehenden Untersuchung werden vielmehr die erhofften Effizienzgewinne in einzelnen Bereichen aufgezeigt und befürchteten Effizienzverlusten gegenübergestellt. Abschließend werden dann mögliche Zielkonflikte zwischen der Konsumenten- und der Gesamtwohlfahrt aufgezeigt.

B. Mögliche Auswirkungen durch den Regelungserlass

Das Bundeskartellamt kann Unternehmen als Entflechtungsadressaten heranziehen, sobald § 41a GWB-RefE erlassen ist. Es liegt nahe, dass die Unternehmen dieses Risiko in ihren Planungen berücksichtigen und es zu minimieren versuchen. Die Vorschrift hat damit im Vorfeld einer konkreten Entflechtungsmaßnahme keine unmittelbar konzentrationsdämpfende Wirkung. Allerdings setzt die benannte Entflechtungsregelung den Unternehmen Anreize, ihr Verhalten neu auszurichten.

I. Weniger Anreize zum Marktmachtmissbrauch

Das Kartellrecht konnte Unternehmen bislang nicht wirksam davor abschrecken, Marktmacht durch nicht oder nur schwer nachweisbare missbräuchliche Verhaltensweisen aufzubauen, zu verstärken oder abzusichern.[1022] Selbst bei einem erfolgreichen kartellbehördlichen Missbrauchsnachweis haben die Wettbewerbsbehörden nur eingeschränkte Befugnisse, um den festgestellten Missbrauch abzustellen.[1023] Keinesfalls dürfen die Wettbewerbsbehörden eine Entflechtung der betroffenen Unternehmen mit dem Ziel anordnen, deren marktbeherrschende Stellung um ihrer selbst willen zu beseitigen.[1024] In Fällen, in denen jedoch bereits der Missbrauchsnachweis nicht gelingt, bleiben die Kartellbehörden machtlos und dürfen weder verhaltensorientierte noch strukturorientierte Maßnahmen einseitig anordnen.[1025] In den Anwendungsbereich der benannten Entflechtungsregelung fallen nun auch ebendiese Unternehmen, die im Verdacht stehen, ihre Marktmacht zu missbrauchen. Anders als bei den geltenden Kartellrechtsinstrumenten kommt es für die Entflechtung nach § 41a GWB-RefE hingegen nicht darauf an, inwiefern diese Unternehmen ihre Marktmacht tatsächlich missbrauchen. § 41a Abs. 1 S. 1 GWB-RefE verlangt tatbestandlich nur eine marktbeherr-

[1022] MK, SonderGA 58 (2010), Tz. 50; im Bereich des Stromsektors, siehe oben Teil 1 § 3.
[1023] Dazu oben Teil 2 § 1 B III 1.
[1024] Dazu oben Teil 2 § 1 B III 1.
[1025] Dazu oben Teil 2 § 1 B III 1.

schende Stellung des oder der Unternehmen und gerade nicht ihren Missbrauch. Gleichwohl würden durch eine Entflechtungsmaßnahme nach § 41a GWB-RefE etwaige Missbräuche, die wiederum die Marktmacht der betroffenen Unternehmen abgesichert oder ermöglicht haben, ebenfalls scharf sanktioniert.[1026] Bei rationalem Verhalten senken die Unternehmen das Risiko einer kartellbehördlichen Entflechtungsanordnung, indem sie etwaige Missbräuche minimieren oder zukünftig unterlassen.[1027] Diese Abschreckung halten einige Autoren für unangebracht.[1028] Im Kartellrecht bestünden nach ihrer Ansicht keine allgemeinen Vollzugs- und Ermittlungsdefizite. § 41a GWB-RefE gehe insoweit von „gefühlten" Missbräuchen aus, die einer „wissenschaftliche Überprüfung" nicht standhielten.[1029] Die Regelung knüpft aber nicht an die vermeintlichen Missbräuche an, sondern allein an strukturelle Merkmale. Es kann deshalb offenbleiben, ob die Missbräuche tatsächlich vorliegen.[1030] Sinkende Verhaltensverstöße steigern indes insgesamt die Wettbewerbsintensität und damit die wirtschaftliche Effizienz.[1031]

II. Auswirkungen auf Wachstum, Investition und Forschung

Die Entflechtung gem. § 41a GWB-RefE soll vornehmlich wettbewerbliche Marktstrukturen aufrechterhalten bzw. erst ermöglichen. Das Kartellrecht hat demgegenüber vielfältige Ziele, die sich nicht allein im Zweck wettbewerblicher Marktstrukturen erschöpfen.[1032] Mit diesen Zielen kann die geplante Entflechtungsregelung in Konflikt geraten. Neben der Zielsetzung, Kostenersparnisse durch Größen- und Verbundvorteile zu realisieren, ist vor allem der technische Fortschritt betroffen.[1033]

[1026] Siehe dazu MK, SonderGA 58 (2010), Tz. 50.

[1027] *Mundt*, Neue Instrumente zur Beschneidung wirtschaftlicher Macht, S. 30; MK, SonderGA 58 (2010), Tz. 50; zur „deterrent"-Theorie in den USA, siehe *Schulte-Braucks*, Die Auflösung marktbeherrschender Stellungen, S. 75 f.; ablehnend *Nettesheim/Thomas*, Entflechtung im deutschen Kartellrecht, S. 76 ff.

[1028] *Nettesheim/Thomas*, Entflechtung im deutschen Kartellrecht, S. 71, 76; *Bach*, in: FS Möschel, S. 45; der damalige Bundeswirtschaftsministers Brüderle sprach von einer „Notmaßnahme mit disziplinierender Wirkung", dabei setzte er auch auf den „Abschreckungseffekt", siehe dazu Handelsblatt vom 14. Dezember 2009, S. 12.

[1029] *Nettesheim/Thomas*, Entflechtung im deutschen Kartellrecht, S. 77.

[1030] Sie sind ein bloßer Nebeneffekt und deshalb liegt kein Verstoß gegen den in-dubio-pro-reo-Grundsatz vor; a.A. *Nettesheim/Thomas*, Entflechtung im deutschen Kartellrecht, S. 78 f.

[1031] A.A. *Bach*, in: FS Möschel, S. 45.

[1032] Siehe dazu *Herdzina*, Wettbewerbspolitik, S. 32 ff.

[1033] Zur Frage der internationalen Wettbewerbsfähigkeit, siehe *Hauser*, Strukturelle Maßnahmen S. 81 f.; *Nettesheim/Thomas*, Entflechtung im deutschen Kartellrecht, S. 79; Minderheitsvotum des Kommissionsmitglieds *Peter-Michael Preusker*, in: MK, SonderGA 58 (2010), S. 58.

Bereits das abstrakte Risiko einer strukturbedingten Entflechtung könnte das Unternehmensverhalten negativ beeinflussen, hier vor allem die Investitionsplanung und Innovationstätigkeit. Die Entflechtung knüpft an die marktbeherrschende Stellung von Unternehmen an. Diese Marktstellung könnte auf vorangegangenen Investitionen oder einer Forschungs- und Entwicklungstätigkeit der Unternehmen beruhen. Die Zeitpunkte von Investition und Intervention fallen bei einer Entflechtungsanordnung auseinander. Dieses Risiko wird ein rational handelndes Unternehmen durch einen zusätzlichen Abschlag berücksichtigen.[1034] Vor allem effizienzsteigernde Investitionen und Innovationen könnten dann unwirtschaftlich werden, wenn sie eine marktbeherrschende Stellung begründen oder zumindest absichern.[1035]

Die volkswirtschaftlichen Nachteile nehmen zu, wenn die Unternehmen insgesamt versuchen, außerhalb des Anwendungsbereichs von § 41a GWB-RefE zu stehen. Die Unternehmen müssten dazu entweder weiteres Wachstum verhindern oder umgekehrt ihren Marktanteil sogar senken.[1036] Zwischen der Größe eines Unternehmens und der wirtschaftlichen Leistungsfähigkeit besteht jedoch nach einigen Autoren eine positive Wechselbeziehung.[1037] Ohne Wachstum verzichten die Unternehmen darauf, mögliche „economies of scale", also Größen- und Verbundvorteile zu realisieren.[1038] Damit verbrauchen die Unternehmen mehr Ressourcen als notwendig. Das ist volkswirtschaftlich nachteilig, weil diese Ressourcen an anderer Stelle keinen Beitrag zum Bruttosozialprodukt leisten können.[1039] Unternehmen könnten zudem mit Preissteigerungen für Waren und Dienstleistungen den Marktanteil stabil halten oder senken.[1040] Damit würde die Entflechtungsregelung aber steigende Preise erreichen und damit das genaue Gegenteil von dem, was konsumentenseitig erwünscht ist.

[1034] MK, SonderGA 58 (2010), Tz. 48.

[1035] Dazu und zu den Auswirkungen auf verwendungsspezifische Investitionen MK, SonderGA 58 (2010), Tz. 51, 52, 55 ff.

[1036] *Thomas*, JECLAP 2011, 201, 212; *Nettesheim/Thomas*, Entflechtung im deutschen Kartellrecht, S. 74.

[1037] *Schulte-Braucks*, Die Auflösung marktbeherrschender Stellungen, S. 75 f.; *Hauser*, Strukturelle Maßnahmen S. 78 f.; ähnlich mit Bezug zum Medienbereich *Paal*, ZWeR 2012, 380, 388; siehe dazu auch *I. Schmidt*, Wettbewerbspolitik und Kartellrecht, S. 134 ff.

[1038] MK, SonderGA 58 (2010), Tz. 52.

[1039] MK, SonderGA 58 (2010), Tz. 52.

[1040] *Levy/Rodriguez*, International Journal of Industrial Organization 5 (1987), 341, 345 f.; *Thomas*, JECLAP 2011, 201, 212; eingeschränkt auch MK, SonderGA 47 (2007), Tz. 47, die ein sinkendes Interesse an „aggressiven" Preisen fürchtet.

III. Zwischenergebnis

Die Entflechtungsregelung setzt Unternehmen verschiedene Verhaltensanreize. Einerseits könnte das Interesse marktbeherrschender Unternehmen sinken ihre Marktmacht zu missbrauchen. Andererseits könnten Unternehmen versuchen, weiteres Wachstum zu verhindern oder ihren Marktanteil zu senken, um nicht in den Anwendungsbereich von § 41a GWB-RefE zu fallen. Inwiefern das Interesse an Missbräuchen insoweit auf Kosten der Gesamtwohlfahrt sinken wird, lässt sich nicht abschließend feststellen. Größere Einheiten und damit marktstarke oder marktbeherrschende Unternehmen können vorteilhaft sein, weil sie die Möglichkeit haben, reale Produktionsfaktoren einzusparen.[1041] Die Produktion ist dann höher und zugleich effizienter. Die Bedeutung der Unternehmensgröße für Kostenersparnisse und den technischen Fortschritt ist aber empirisch unsicher.[1042] Wettbewerbspolitisch ist deshalb umstritten, ob der Zweck, kompetitive Marktstrukturen aufrechtzuerhalten, überhaupt im Konflikt mit den Zielen steht, Kostenersparnisse und technischen Fortschritt zu realisieren.[1043] Selbst wenn ein solcher Zielkonflikt vorläge, dann ließen sich die Vor- und Nachteile nicht hinreichend quantifizieren und deshalb nicht gegeneinander abwägen. Das Ausmaß der zu erwartenden Nachteile ist zudem variabel. Entscheidenden Einfluss dürfte haben, inwieweit die Unternehmen das Vorgehen der Kartellbehörde einschätzen können.[1044] Je größer die Unsicherheit diesbezüglich ist, desto eher unterbleiben wohlfahrtsfördernde Verhaltensweisen, die im Nachhinein nicht zu einer Entflechtung geführt hätten.[1045] § 41a GWB-RefE ist deshalb auf einen restriktiven Einsatz ausgerichtet.[1046] Eine entsprechende Kartellrechtspraxis stärkt das Vertrauen der Unternehmen und verringert so die Gefahr von Wohlfahrtsverlusten.[1047]

[1041] Dazu und zur Abgrenzung von „financial economies", die Unternehmen allein auf Kosten anderer erzielen, siehe MK, SonderGA 58 (2010), Tz. 72; HauptGA III (1980), Tz. 739.

[1042] Siehe dazu *Hauser*, Strukturelle Maßnahmen S. 78, 80; *I. Schmidt*, Wettbewerbspolitik und Kartellrecht, 95, 112 f.; MK, SonderGA 58 (2010), Tz. 78.

[1043] *I. Schmidt*, Wettbewerbspolitik und Kartellrecht, S. 107 ff.; zum technischen Fortschritt, siehe *Hauser*, Strukturelle Maßnahmen S. 80; ablehnend MK, SonderGA 58 (2010), Tz. 78.

[1044] MK, SonderGA 58 (2010), Tz. 54.

[1045] Bzgl. Investitionsentscheidungen auch MK, SonderGA 58 (2010), Tz. 54.

[1046] BMWT, Begr. zum GWB-RefE, S. 2, spricht von einem Instrument für „außergewöhnliche und seltene Einzelfälle".

[1047] A.A. *Nettesheim/Thomas*, Entflechtung im deutschen Kartellrecht, S. 71 ff.

C. Mögliche Auswirkungen einer Entflechtungsmaßnahme

Eine konkrete Entflechtungsmaßnahme dämpft zunächst die Marktkonzentration. Die sinkende Konzentration wirkt sich vornehmlich auf den einzelnen Entflechtungsadressaten und den betroffenen Markt aus.[1048]

I. Weniger Kartellrechtsverstöße

Eine Entflechtungsanordnung nach § 41a GWB-RefE zielt darauf ab, die Marktmacht des betroffenen Unternehmens abzubauen. Dabei senkt diese Maßnahme häufig den Marktanteil des Entflechtungsadressaten zugunsten der übrigen Marktteilnehmer, wenn ein Vermögensteil zu veräußern ist.[1049] Die Marktstruktur beeinflusst nach dem Gedanken der Entflechtung zugleich die Neigung zu wettbewerblichem Verhalten. Zunächst sinken die Potentiale zum Preishöhenmissbrauch.[1050] Das Unternehmen kann damit schwieriger die Preise erhöhen, indem es sein – nun kleineres – Angebot verknappt.[1051] Die Konsumenten können leichter auf andere Anbieter ausweichen und damit den Erfolg der Preismaßnahme unterlaufen. Die Folge sind sinkende Preise bei höheren Angebotsmengen, was insgesamt zu Wohlfahrtsgewinnen führt.[1052] Das entflochtene Unternehmen hat darüber hinaus weniger Potential, seine Konkurrenten zu behindern. Alleinbelieferungsklauseln und Koppelungsverpflichtungen lassen sich schwerer durchsetzen,[1053] weil andere Unternehmen ebenfalls ausreichend Liefer- oder Produktkapazitäten haben. Damit kann das Unternehmen seine Marktmacht nicht mehr dazu einsetzen, seine Konkurrenten aus dem Markt zu drängen.[1054]

[1048] Die Darstellung konzentriert sich auf die Auswirkungen einer möglichen horizontalen Entflechtung. Zur Gefahr der doppelten Marginalisierung und möglichen Preissteigerungen als Folge, siehe MK, SonderGA 58 (2010), Tz. 75.

[1049] MK, SonderGA 58 (2010), Tz. 68; eine Ausnahme gilt bei organisatorischen Eingriffen.

[1050] MK, SonderGA 58 (2010), Tz. 68.

[1051] So auch MK, SonderGA 58 (2010), Tz. 68.

[1052] MK, SonderGA 58 (2010), Tz. 68.

[1053] Im Rahmen von Koppelungsangeboten werden die Kunden verpflichtet, neben dem gewünschten Produkt noch andere Produkte abzunehmen, die einzeln auf dem Markt häufig günstiger zu beschaffen wären.

[1054] Deshalb lohnen sich auch keine Kampfpreistaktiken mehr, weil die Kompensationsmöglichkeit durch spätere Monopolgewinne fehlt, siehe MK, SonderGA 58 (2010), Tz. 70.

II. Sinkende Preise

Entflechtungsmaßnahmen haben weiterhin das Ziel, die Wettbewerbsintensität zwischen den Unternehmen zu steigern.[1055] Ohne Wettbewerbsdruck haben Unternehmen weniger Anreize, die tatsächlichen Produktionskosten den minimal möglichen Kosten anzunähern.[1056] Die Abweichung zwischen den tatsächlich möglichen und den tatsächlichen Kosten wird auch als sog. „X-Ineffizienz" bezeichnet.[1057] Die X-Ineffizienzen prägt die Annahme, dass Menschen und Unternehmen die Möglichkeiten nicht ausschöpfen, maximal effizient zu arbeiten.[1058] Die Anreize dazu sinken mit der Unternehmensgröße und bei schwachem Konkurrenzdruck weiter.[1059] Ein mächtiges Unternehmen, dessen Marktposition nicht von anderen Unternehmen bedroht ist, ist nicht gezwungen, so effizient und ressourcenschonend wie möglich zu produzieren oder Kunden mit neuen Innovationen zu halten bzw. zu gewinnen. Dies liegt darin begründet, dass das Unternehmen nicht befürchten muss, dass seine Kunden trotz höherer Preise als wirtschaftlich notwendig oder trotz einer schlechten Qualität zu seinen Konkurrenten wechseln. Die Folge sind mangelnde Innovationen und hohe Kosten.[1060] Mit der Entflechtung erhofft man sich kleinere Unternehmenseinheiten und deshalb einen stärkeren Anbieterwettbewerb mit fallenden Preisen.[1061] Die Unternehmen sind dabei gezwungen, so effizient wie möglich zu produzieren, damit die Preise am Markt über den eigenen Grenzkosten liegen. Im Ergebnis sinken im Wettbewerb die X-Ineffizienzen und das wirkt sich das wiederum wohlfahrtssteigernd aus.

[1055] Siehe dazu *I. Schmidt*, Wettbewerbspolitik und Kartellrecht, S. 77 ff.; *Leibenstein*, American Economic Review 56 (1966), 392, 409 ff.

[1056] *I. Schmidt*, Wettbewerbspolitik und Kartellrecht, S. 77 ff.; *Leibenstein*, American Economic Review 56 (1966), 392, 409 ff.

[1057] Die X-Ineffizienz beschrieb erstmals *Leibenstein*, American Economic Review 56 (1966), 392 ff.; zum Ganzen siehe *I. Schmidt*, Wettbewerbspolitik und Kartellrecht, S. 120 ff. m.w.N.; MüKo-EuWettbR/*Strohm*, FKVO Einl. B Rn. 215.

[1058] Erstmals beschrieben von *Leibenstein*, American Economic Review 56 (1966), 392 ff.; ausführlich dazu *I. Schmidt*, Wettbewerbspolitik und Kartellrecht, S. 120 ff. m.w.N.

[1059] *I. Schmidt*, Wettbewerbspolitik und Kartellrecht, S. 120; gleichzeitig steigen die Anreize, in unproduktive Markteintrittsbarrieren zu investieren, siehe MK, SonderGA 58 (2010), Tz. 74.

[1060] Siehe MüKo-EuWettbR/*Strohm*, FKVO Einl. B Rn. 215 m.w.N.

[1061] Die Grenze bilden die Grenzkosten, siehe *Hirschhausen/Neumann/Weigt*, Entflechtung als Instrument einer aktiven Wettbewerbspolitik, S. 4.

III. Auswirkungen auf Investition und Innovation

Der Käufer entflochtener Vermögensteile hat einen erhöhten Investitionsanreiz, um diese optimal in sein Unternehmen einzubinden.[1062] Neues Wissen kann seine Forschungs- und Entwicklungsmaßnahmen beeinflussen, Synergien sind denkbar. Umgekehrt ist jedenfalls abstrakt nicht zu erkennen, dass sich die Innovationstätigkeit auf einem Markt durch eine Entflechtungsmaßnahme verschlechtert. Es wird mittlerweile vielfach bestritten, dass große Unternehmenseinheiten den technischen Fortschritt stärker fördern als mehrere kleinere Unternehmen.[1063] Mit Sicherheit lassen sich die jeweiligen Effekte weder quantifizieren noch sicher prognostizieren. Für diese Vorhersage sind die Einflussfaktoren auf die Innovationstätigkeit zu umfangreich. Eine abschließende Klärung der Korrelation von Unternehmensgröße als Marktstrukturelement und Innovationstätigkeit als Marktergebnis scheitert hingegen an den grundsätzlichen empirischen Unsicherheiten im Wettbewerbsrecht.[1064] Unabhängig von den empirischen Unwägbarkeiten ist aber davon auszugehen, dass vor allem wirksamer Wettbewerb den technischen Fortschritt fördert.[1065] Deshalb weckt eine Entflechtungsmaßnahme zugleich die Hoffnung auf Investitionen und Innovationen.

IV. Mögliche Wohlfahrtsverluste

Unternehmen versuchen in der Regel, die Fertigung so auszurichten, dass sie zu den geringsten Durchschnittskosten produzieren. Muss ein Unternehmensteil oder eine Produktionsstätte verkauft werden, kann sich die Optimierung für die Unternehmen schwieriger gestalten. Rationalisierungsgewinne können verloren gehen.[1066] Gleiches gilt für die die „economies of scale", also die Größen- und Verbundvorteile.[1067] Eine generelle Vorhersage ist jedoch schwierig, denn die Verluste lassen sich häufig nur im Einzelfall schätzen.[1068]

[1062] MK, SonderGA 58 (2010), Tz. 76.

[1063] Siehe mit Nachweisen *Hauser*, Strukturelle Maßnahmen S. 80; *I. Schmidt*, Wettbewerbspolitik und Kartellrecht, S. 134 ff.; MK, SonderGA 58 (2010), Tz. 78.

[1064] Siehe oben Teil 2 § 2 A II 3.

[1065] MK, SonderGA 58 (2010), Tz. 78.

[1066] MK, SonderGA 58 (2010), Tz. 71.

[1067] Verbundvorteile ergeben sich z.B. aus der Mehrfachnutzung von Ressourcen oder einer vertikalen Integration vor- und nachgelagerter Marktstufen, siehe MK, SonderGA 58 (2010), Tz. 71, 73.

[1068] MK, SonderGA 58 (2010), Tz. 72; HauptGA III (1980), Tz. 740 f.; *Thomas*, JECLAP 2011, 201, 211.

D. Probleme der praktischen Effizienzmessung

Die wirtschaftliche Effizienz von Entflechtung lässt sich nicht nur abstrakt, sondern auch im konkreten Einzelfall nicht abschließend und allgemeingültig bewerten. In diesem Zusammenhang wird zunächst auf die Schwierigkeiten eingegangen, einen uneingeschränkt konsentierten Bewertungsmaßstab wirtschaftlicher Effizienz herauszuarbeiten. Anschließend werden dann die praktischen Erfahrungen anderer Länder behandelt.

I. Festlegung eines verbindlichen Bewertungsmaßstabs

In der wettbewerbspolitischen Auseinandersetzung ist grundsätzlich umstritten, ob sich „wirtschaftliche Effizienz" nach der gesamtökonomischen Wohlfahrt (sog. „total surplus")[1069] oder der Konsumentenwohlfahrt (sog. „consumer surplus")[1070] bestimmt.[1071]

1. Gesamtwohlfahrt oder Konsumentenwohlfahrt

Der Gesamtwohlfahrtsstandard hat ausschließlich zum Ziel, die volkswirtschaftliche Gesamtwohlfahrt – also die Summe von Produzenten- und Konsumentenrente – zu maximieren.[1072] Auf die Frage, wie sich die Wohlfahrt wiederum verteilt, kommt es nach dem „total surplus"-Ansatz für die Beurteilung der wirtschaftlichen Effizienz hingegen nicht an.[1073] Anders ist dies beim Konsumentenwohlfahrtsstandard, der einen Wirtschaftsprozess dann als effizient erachtet, wenn die Konsumenten-

[1069] Für dieses Verständnis, siehe *Motta*, Competition Policy, S. 17 ff.; MüKo-EuWettbR/*Kerber/Schwalbe*, Einl. Rn. 1057 ff.; *Tirole*, Industrieökonomik, S. 7 ff.

[1070] *Areeda/Hovenkamp*, Antitrust Law: An Analysis of Antitrust Principles and Their Application, Bd. III, §§ 651b1; *Bishop/Walker*, Economics of EC Competition Law, Tz. 2-019; *Hellwig*, in: FS Mestmäcker 2006, S. 264 ff.; *Kroes,* Fordham International Law Journal 29 (2005), 593, 596; *Posner*, Antitrust Law, S. 9 ff.; Mitteilung der EG-Kommission, Leitlinien zu vertikalen Beschränkungen, ABL C Nummer 291 vom 13. Oktober 2000, S. 1 ff. (Rn. 8); Leitlinien zu horizontalen Zusammenschlüssen, ABl. C Nummer 31 vom 05. Februar 2004, S. 5 ff.; *Wurmnest,* Marktmacht und Verdrängungsmissbrauch, S. 138.

[1071] Ausführlich dazu *Eilmansberger,* ZWeR 2009, 437, 455 ff.; MüKo-EuWettbR/*Kerber/Schwalbe*, Einl. Rn. 1057 ff.; *Künzler*, Effizienz oder Wettbewerbsfreiheit, S. 107 ff.; *Mestmäcker*, ZgS 136 (1980), 387, 387 ff.; *Schuhmacher*, Effizienz und Wettbewerb, S. 23 ff.; *Schmidtchen*, WuW 2006, 6, 10 ff.; *Schwalbe/Zimmer*, Kartellrecht und Ökonomie, S. 11 ff. m.w.N.; *Wurmnest,* Marktmacht und Verdrängungsmissbrauch, S. 138 ff.

[1072] *Künzler*, Effizienz oder Wettbewerbsfreiheit, S. 108; *Schmidtchen*, WuW 2006, 6, 10; *Schwalbe/Zimmer*, Kartellrecht und Ökonomie, S. 11.

[1073] *Künzler*, Effizienz oder Wettbewerbsfreiheit, S. 108; *Schmidtchen*, WuW 2006, 6, 10; *Schwalbe/Zimmer*, Kartellrecht und Ökonomie, S. 11.

rente in der Folge steigt.[1074] Gesamtwohlfahrt und Konsumentenwohlfahrt sind deshalb nicht stets deckungsgleich, sondern fallen in einigen Fällen auseinander. Bereits im Jahr 1968 hat *Williamson* eine Konstellation (sog. „Williamson-Trade-off")[1075] beschrieben, bei der gesamtwirtschaftlich gesehen Wohlfahrtsgewinne zu verzeichnen sind, obwohl diesem Effekt auf dem jeweiligen Markt Wohlfahrtsverluste der Konsumenten gegenüberstehen.[1076] Ein Zusammenschluss kann beispielsweise zu mehr Marktmacht des fusionierten Unternehmens führen, die sich in höheren Preisen niederschlägt,[1077] wenngleich das Unternehmen durch die Verschmelzung eigentlich Kosteneinsparungen[1078] erzielt hat.[1079] Der Gesamtwohlfahrtsstandard bewertet eine solche Fusion dann als ökonomisch vorteilhaft, wenn die Effizienzverluste durch die höheren Preise kleiner sind als die zusammenschlussbedingten Kosteneinsparungen.[1080] Der Konsumentenwohlfahrtsstandard hingegen berücksichtigt die Umverteilung der Wohlfahrt und stellt allein darauf ab, wie sich die Fusion auf die Konsumenten auswirkt. Dieser Ansatz lässt es deshalb nicht zu, die Wohlfahrtsverluste der Konsumenten mit den Wohlfahrtsgewinnen der Produzenten zu saldieren.[1081] Nach dem Konsumentenwohlfahrtsstandard ist diese Fusion lediglich dann zu genehmigen, wenn die Effizienzvorteile der Fusion so groß sind, dass die Preise sinken, obwohl die Marktmacht gestiegen ist.[1082] Zu fallenden Preisen trotz gestiegener Marktmacht kann es bei Fusionen insbesondere dann kommen, wenn Wettbewerber im Markt verblieben sind und sich deshalb keine Monopolpreise durchsetzen lassen.[1083] Das fusionierte Unternehmen wird seine Güter dann zu einem Preis absetzen, der über den neuen, effi-

[1074] *Künzler*, Effizienz oder Wettbewerbsfreiheit, S. 109; *Schmidtchen*, WuW 2006, 6, 10; *Schwalbe/Zimmer*, Kartellrecht und Ökonomie, S. 11.

[1075] Ausführlich MüKo-EuWettbR/*Kerber/Schwalbe*, Einl. Rn. 1057; *Schuhmacher*, Effizienz und Wettbewerb, S. 142 ff.

[1076] *Williamson*, American Economic Review 58 (1968), 18 ff.

[1077] Im Beispiel *Williamson*, American Economic Review 58 (1968), 18 ff. führt die Fusion zu einem Monopol; zum unternehmerischen Verhalten im Monopol und die Gründe für Preissteigerungen, siehe *Künzler*, Effizienz oder Wettbewerbsfreiheit, S. 83 f.

[1078] Zu möglichen Verbundvorteilen, Vorteilen auf Beschaffungsmärkten, Synergieeffekten der Weitergabe von Know-how in diesem Rahmen, siehe *Schwalbe/Zimmer*, Kartellrecht und Ökonomie, S. 423 ff.

[1079] *Williamson*, American Economic Review 58 (1968), 18, 21 ff.; *Schwalbe/Zimmer*, Kartellrecht und Ökonomie, S. 11.

[1080] *Künzler*, Effizienz oder Wettbewerbsfreiheit, S. 83; *Schwalbe/Zimmer*, Kartellrecht und Ökonomie, S. 11 f.

[1081] *Schwalbe/Zimmer*, Kartellrecht und Ökonomie, S. 11 f.

[1082] *Schwalbe/Zimmer*, Kartellrecht und Ökonomie, S. 12.

[1083] *Künzler*, Effizienz oder Wettbewerbsfreiheit, S. 84.

zienteren Produktionskosten, aber unterhalb der alten, höheren Grenzkosten vor dem Zusammenschluss liegt.[1084]

2. Keine Festlegung eines Effizienzmaßstabs im Referentenentwurf

Die Entscheidung, mit welchem Wohlfahrtsstandard kartellrechtliche Maßnahmen zu beurteilen sind, ist letztlich eine politische Entscheidung.[1085] Die Begründung des Referentenentwurfs legt sich auf keinen Wohlfahrtsmaßstab konkret fest, sondern will „Wettbewerb zum Vorteil der Verbraucher und der Gesamtwirtschaft“ anstoßen.[1086] Die Verbindung beider Wohlfahrtsmaßstäbe („und“) lässt sich jedoch dahingehend deuten, dass jedenfalls keine Entflechtungsmaßnahmen durchzuführen sind, wenn der Gesamtwohlfahrts- und der Konsumentenwohlfahrtsstandard auseinanderfallen. Vor dem Hintergrund, dass gerade im Energiesektor die Unzufriedenheit mit den Preissteigerungen die Entflechtungsdebatte ausgelöst hat, ist dies zu begrüßen. Es wäre gesellschaftspolitisch kaum zu vermitteln, dass eine Entflechtungsmaßnahme durchgeführt wird, in deren Folge zwar die gesamtwirtschaftliche Wohlfahrt steigt, die Konsumenten jedoch gleichwohl höhere Strompreise zu bezahlen haben. Davon abgesehen führt die Betonung von Effizienzgesichtspunkten grundsätzlich dazu, Kartellrechtssachverhalte stärker einzelfallbezogen zu beurteilen.[1087] Inwieweit Entflechtungsmaßnahmen als wirtschaftlich sinnvoll zu bewerten sind, ist daher nicht abstrakt, sondern im jeweiligen Einzelfall zu entscheiden. Eine differenziertere Betrachtung kann an dieser Stelle deshalb nicht stattfinden. Im Folgenden sind daher die praktischen Erfahrungen bereits durchgeführter Entflechtungsmaßnahmen zu betrachten.

II. Erfahrungen anderer Länder mit dem Instrument der Entflechtung

In Deutschland fehlen nachhaltige Erfahrungen mit Entflechtungen, die sich bewerten ließen. Die alliierten Entflechtungsverfahren im Nachkriegsdeutschland wurden fast vollständig rückgängig gemacht.[1088] Die Erfahrungen in anderen Ländern bewerten Befürworter und Gegner des

[1084] *Künzler*, Effizienz oder Wettbewerbsfreiheit, S. 84.

[1085] *Künzler*, Effizienz oder Wettbewerbsfreiheit, S. 278 ff.; *Schwalbe/Zimmer*, Kartellrecht und Ökonomie, S. 13.

[1086] BMWT, Begr. zum GWB-RefE, S. 4.

[1087] MüKo-EuWettbR/*Kerber/Schwalbe*, Einl. Rn. 1050; BKartA, Arbeitskreis Kartellrecht 2004, S. 27 f.; zum Streit, inwiefern eine generelle Abkehr von per se-Verboten hin zu einer rule of reason-Analyse wünschenswert ist, siehe *Ackermann*, Art. 85 Abs. 1 EGV und die rule of reason, S. 11 ff., 63 ff.; Immenga/Mestmäcker/*Emmerich*, EU-WettbR I, Art. 101 Abs. 1 Rn. 134 ff.; MüKo-EuWettbR/*Pohlmann/Säcker/Molle*, Art. 81 EG Rn. 480 ff.

[1088] *Möschel*, Entflechtung im Recht der Wettbewerbsbeschränkungen, S. 12 ff., 61.

Instruments unterschiedlich.[1089] Die Fallzahlen sind überdies überschaubar.[1090]

1. Entflechtung in den Vereinigten Staaten von Amerika

Maßgebliche Grundlage für Entflechtungsmaßnahmen ist im US-amerikanischen Recht Section 4 des Sherman Acts.[1091] Dem zuständigen District Court erlaubt Section 4 des Sherman Acts, Verstöße gegen das Monopolisierungsverbot in Section 1 und gegen das Missbrauchsverbot in Section 2 durch „equitable remedies"[1092] abzustellen.[1093] Der Sherman Act gibt keine Abhilfemaßnahmen vor, vielmehr haben die Gerichte einen breiten Beurteilungsspielraum und dürfen zwischen verhaltensbezogenen Maßnahmen („conduct relief") und Entflechtungsanordnungen („structural relief") wählen.[1094] In den Praxis geben die Gerichte in den USA aufgrund des Verhältnismäßigkeitsgrundsatzes verhaltenssteuernden Maßnahmen den Vorzug.[1095] Viele Fälle werden zudem vergleichsähnlich beigelegt („consent decree"), weshalb sich häufig nur schwächere verhaltensorientierte Abhilfemaßnahmen durchsetzen.[1096] Ein weiteres

[1089] Grundsätzlich positiv *Hirschhausen/Neumann/Weigt*, Wirtschaftsdienst 2008, 322, 324 ff.; Gesetzesantrag des Landes Hessen vom 29. Januar 2008, BR-Drs. 76/08, S. 11 ff.; differenzierend *Lübbing*, Kartellrechtliche Entflechtungsregelungen im internationalen Vergleich, S. 89 ff.; *Möschel*, Entflechtung im Recht der Wettbewerbsbeschränkungen, S. 61 ff.; kritisch *Bach*, in: FS Möschel, S. 37 ff.; *Nettesheim/Thomas*, Entflechtung im deutschen Kartellrecht, S. 21 ff.

[1090] In den USA kam es zwischen 1890 und 1969 nur in 32 Fällen zu wesentlichen Entflechtungsmaßnahmen, siehe *Möschel*, Entflechtung im Recht der Wettbewerbsbeschränkungen, S. 63.

[1091] Vgl. 02. Juli 1890, 26. Stat 209. 15 U.S.C. §§ 1–7; zu den Möglichkeiten von Geschädigten im Zivilverfahren nach Clayton Act §§ 1, 16, auf die Anordnung von Entflechtungsmaßnahmen zu klagen, siehe *Areeda/Hovenkamp*, Antitrust Law, Bd. IIA, §§ 326, 326b, 335b ff.; zu Section 7 Clayton Act bereits MK, HauptGA III (1980), Tz. 683 f.

[1092] Darunter sind „der Billigkeit" entsprechende Abhilfemittel zu verstehen, vgl. dazu *Areeda/Hovenkamp*, Antitrust Law, Bd. IIA, §§ 325a; *Hauser*, Strukturelle Maßnahmen, S. 29 f.

[1093] Ausführlich zum Verfahren und den Kompetenzen der Antitrust Division, siehe *Sullivan/Grimes*, The Law of Antitrust, § 16.2a; *Oehler*, Entflechtung und Kontrahierungszwang, S. 27 ff.; *Hauser*, Strukturelle Maßnahmen, S. 28 ff. Grundzüge des Entflechtungsrechts auch bei *Hauser*, Strukturelle Maßnahmen, S. 28 ff.; *Neumann*, Wettbewerbspolitik, S. 145 ff.

[1094] Siehe dazu *Areeda/Hovenkamp*, Antitrust Law: An Analysis of Antitrust Principles and Their Application, Bd. II, § 653a, 653c; *Hauser*, Strukturelle Maßnahmen, S. 29 f.; *Paal*, Suchmaschinen, Marktmacht und Meinungsbildung, S. 63 f.; *I. Schmidt*, US-amerikanische und deutsche Wettbewerbspolitik gegenüber Marktmacht, S. 26 ff.

[1095] *Möschel*, Entflechtung im Recht der Wettbewerbsbeschränkungen, S. 65.

[1096] *Möschel*, Entflechtung im Recht der Wettbewerbsbeschränkungen, S. 66; in den USA werden ungefähr 60 % aller kartellbehördlich eingeleiteten Verfahren durch eine

Problem ist daneben die lange Verfahrensdauer. Andere Einflüsse können dann den Markt verändern, was eine Bewertung der Entflechtung erschwert. In den USA setzten die Wirkungen von Entflechtungsmaßnahmen jedenfalls teilweise erst dann ein, als die Bedeutung des Marktes oder Monopols bereits nachließ.[1097]

2. Entflechtung im Vereinigten Königreich Großbritannien und Nordirland

Das Vereinigte Königreich privatisierte im Jahr 1990 die Energiewirtschaft, die der Staat bis dahin durch ein nationales Energieversorgungsunternehmen direkt kontrollierte.[1098] Neben einem Verteilunternehmen entstanden drei Erzeugungsunternehmen. Mit der steigenden Anbieteranzahl fiel das Preisniveau.[1099] Die Gegner von § 41a GWB-RefE vertreten, dass die im Vereinigten Königreich durchgeführten Entflechtungen nicht mit Maßnahmen aufgrund der geplanten Vorschrift vergleichbar seien.[1100] Die britischen Entscheidungen haben nach ihrer Ansicht nur behördliche Fehlentscheidungen im Rahmen der Privatisierung korrigiert. Ähnliche Fehler wie im Vereinigten Königreich lassen sich jedoch auch hierzulande feststellen. Mit einer laxen Zusammenschlusspolitik haben die Wettbewerbsbehörden die Unternehmenskonzentration geradezu gefördert, vor allem im Stromsektor.[1101] Im Jahr 2009 erging in Großbritannien zudem die Entscheidung, die BAA, den privatisierten, ehemals staatlichen Flughafenbetreiber, teilweise zu entflechten.[1102] Dem Betreiber wurde der Verkauf einiger Flughäfen aufgegeben. Diese Entscheidung wurde gerichtlich überprüft und bestätigt.[1103] Das Vereinigte Königreich greift damit nach wie vor auf Entflechtung als Instrument

„consent degree" beigelegt, siehe dazu und zum Begriff „condenst degree" *Areeda/Hovenkamp*, Antitrust Law, Bd. IIA, § 327a (Fn. 1).

[1097] Entsprechenden Nachweise hierzu bei *Lübbing*, Kartellrechtliche Entflechtungsregelungen im internationalen Vergleich, S. 94 ff.; *Möschel*, Entflechtung im Recht der Wettbewerbsbeschränkungen, S. 67 ff.

[1098] *Nettesheim/Thomas*, Entflechtung im deutschen Kartellrecht, S. 34 f.

[1099] *Hirschhausen/Neumann/Weigt*, Wirtschaftsdienst 2008, 322, 323.

[1100] In diesem Sinne, siehe *Bach*, in: FS Möschel, S. 39; *Nettesheim/Thomas*, Entflechtung im deutschen Kartellrecht, S. 36.

[1101] MK, HauptGA XV (2004), Tz. 1144.

[1102] Competition Commission, BAA Airports Market Investigation, A Report on the Supply of Airport Services by BAA in the UK, 19. März 2009, Tz. 10.30 ff., abzurufen unter: http://www.competition-commission.org.uk/rep_pub/reports/2009/fulltext/545.pdf (letzter Abruf: 30. März 2012).

[1103] Court of Appeal, Urteil vom 13. Oktober 2010, [2010] EWCA Civ 1097, Tz. 61, abzurufen unter: http://www.bailii.org/ew/cases/EWCA/Civ/2010/1097.html (letzter Abruf: 30. März 2012); Supreme Court vom 15. Februar 2011, UKSC 2010/0216, abzurufen unter: http://www.supremecourt.gov.uk/docs/PTA-1102.pdf (letzter Abruf: am 20. Dezember 2011).

staatlicher Wettbewerbspolitik zurück. Die Auswirkungen der im Jahr 2009 angeordneten Entflechtung des staatlichen Flughafenbetreibers lassen sich noch nicht hinreichend evaluieren. Im Energiesektor ist das anders. Die Entflechtungsmaßnahmen haben dort zu sinkenden Preisen und im gesamteuropäischen Kontext zu einem Erzeugermarkt mit der nach wie vor geringsten Unternehmenskonzentration geführt.[1104]

III. Zwischenergebnis

Letztlich lassen sich nur Tendenzaussagen aus den Entflechtungsverfahren anderer Staaten herausarbeiten.[1105] Anhand der geringen Fallzahlen lässt sich jedenfalls keine konsistente Praxis anderer Kartellrechtsjurisdiktionen feststellen. Der restriktive Einsatz von Entflechtung in anderen Ländern verdeutlicht, dass das Kartellrechtsinstrument prinzipiell außergewöhnlichen Fallgestaltungen vorbehalten ist. Dieser Einsicht trägt § 41a GWB-RefE Rechnung, indem die Vorschrift ein Entflechtungsverfahren an tatbestandlich strenge Voraussetzungen knüpft.[1106] Aus den Entflechtungserfahrungen anderer Länder ist gleichwohl nicht abzuleiten, dass diese Verfahren bzw. die Erwerber von entflochtenen Unternehmen am Markt nicht erfolgreich waren. Entflechtung ist als Chance auf mehr Wettbewerb zu verstehen. Nimmt man darauf aufbauend die Zahl der Marktzutritte und eine Veränderung der Marktanteile als Kriterium, kann man die Erfahrungen positiv bewerten.[1107] Diese Änderungen stellten sich jedoch nicht sofort, sondern erst mittel- und langfristig ein.[1108]

[1104] Siehe EU-Kommission, 2009-2010 Report on progress in creating the internal gas and electricity market, S. 7 f., abzurufen unter: http://ec.europa.eu/energy/gas_electricity/legislation/doc/201006 09_internal_market_report_2009_2010.pdf (letzter Abruf: 31. Oktober 2012).

[1105] *Lübbing*, Kartellrechtliche Entflechtungsregelungen im internationalen Vergleich, S. 96; *Möschel*, Entflechtung im Recht der Wettbewerbsbeschränkungen, S. 70.

[1106] Zu den einzelnen Voraussetzungen sowie insbesondere zum Erfordernis einer marktbeherrschenden Stellung und dem wahrscheinlichen Fortbestehen der vermachteten Marktstruktur trotz technischer und wirtschaftlicher Möglichkeit für Wettbewerb, siehe oben Teil 2 § 1 C.

[1107] So etwa *Areeda/Hovenkamp*, Antitrust Law: An Analysis of Antitrust Principles and Their Application, Bd. III, § 653g (Fn. 26), mit Nachweisen auf entsprechende Fälle aus der amerikanischen Kartellrechtspraxis; *Möschel*, Entflechtung im Recht der Wettbewerbsbeschränkungen, S. 66; *Oehler*, Entflechtung und Kontrahierungszwang, S. 238.

[1108] Siehe dazu *Hirschhausen/Neumann/Weigt*, Entflechtung als Instrument einer aktiven Wettbewerbspolitik, S. 7; *Möschel*, Entflechtung im Recht der Wettbewerbsbeschränkungen, S. 75.

E. Zusammenfassung

Grundsätzlich ist durch Entflechtung ein Zuwachs an allokativer Effizienz zu erwarten. Die Auflösung marktbeherrschender Stellungen verspricht ebenfalls Investitionsanreize für neue Unternehmen. Dem steht der mögliche Verlust von Größen- und Verbundvorteilen gegenüber. Die Regelung wäre unter ökonomischen Gründen jedoch abzulehnen, wenn man ihre Berechtigung an den Nachweis konkreter wirtschaftlicher Vorteile knüpft. Gleichsam könnte keine strukturelle Vorschrift diese Voraussetzung erfüllen. Deshalb müssen die Prognosen auf Grundlage der empirischen Modelle ausreichen. Allerdings lässt sich auch dann nicht abschließend feststellen, in welchem Ausmaß sich Wohlfahrtsgewinne und -verluste gegenüberstehen. Die Auswirkungen auf das Angebot und Preisniveau der Güter lassen sich nicht präzise vorhersagen.[1109] Diese Unsicherheiten gilt es im konkreten Einzelfall zu überprüfen und zu berücksichtigen. Sofern sich im Rahmen einer umfassenden Analyse konkret herausstellt, dass die Effizienzverluste die vermuteten Effizienzgewinne übersteigen, so ist von der Entflechtung abzusehen. Grundsätzlich ist zwar davon auszugehen, dass das Bundeskartellamt in diesen Fällen ebenfalls von einer Entflechtung absehen würde, allerdings lässt sich der Verzicht auf nachteilige Entflechtungsmaßnahmen auch verfahrensrechtlich absichern. Dies könnte analog der „efficiency defense“[1110] in der europäischen Fusionskontrolle sichergestellt werden:[1111] Das Unternehmen erhielte dann im Entflechtungsverfahren die Möglichkeit, die fehlende Effizienz der angeordneten Maßnahme geltend zu machen. Die konkrete Berücksichtigung möglicher Effizienzen ermöglicht jedenfalls eine größere Einzelfallgerechtigkeit als eine pauschale Abwägung durch die gesetzlich vorgegebenen Eingreifkriterien.[1112] Damit lassen sich auch Erkenntnisse der neueren industrieökonomischen Forschung angemessen berücksichtigen.[1113] Annähernd präzise lassen sich die wirtschaftlichen Auswirkungen bestimmter Marktstrukturen lediglich im konkreten Ent-

[1109] Kritisch zu Preisveränderungen durch Entflechtung *Hering*, Wirtschaftsdienst 2007, 814, 816.

[1110] Der deutsche Gesetzgeber hat bislang keine entsprechende Regelung zur expliziten Berücksichtigung von Effizienzen eingeführt, siehe dazu MK, SonderGA 63 (2012), Tz. 30; zum wettbewerbspolitischen Hintergrund einer solchen „Effizienzeinrede“, siehe *Neumann*, Wettbewerbspolitik, S. 153 ff.; zum europäischen Recht, siehe *Schwalbe/Zimmer*, Kartellrecht und Ökonomie, S. 11 ff.

[1111] MK, SonderGA 58 (2010), Tz. 81; kritisch dazu *Thomas*, JECLAP 2011, 201, 211.

[1112] So auch MK, SonderGA 58 (2010), Tz. 81.

[1113] Vgl. allgemein MüKo-EuWettbR/*Kerber/Schwalbe*, Einl. Rn. 1050; BKartA, Arbeitskreis Kartellrecht 2004, S. 27 f.; zu den neueren industrieökonomischen Forschungen, siehe oben Teil 2 § 2 A II 4 d).

flechtungsverfahren vorhersagen. Allgemeingültig und abstrakt lassen sich hingegen kaum genaue Aussagen über die wirtschaftliche Effizienz kartellrechtlicher Maßnahmen treffen. Folglich sprechen grundsätzlich keine durchgreifenden ökonomischen Bedenken gegen die Einführung von § 41a GWB-RefE.

§ 4. Verfassungsrechtliche Erwägungen

Die Entflechtung nach § 41a GWB-RefE muss sich auch am Grundgesetz messen lassen. Bislang ist nur die Rückentflechtung von Zusammenschlüssen höchstrichterlich geklärt und bestätigt worden.[1114] Der wissenschaftliche Diskurs gegenüber dem Instrument der Entflechtung ist in grundrechtlicher Hinsicht kontrovers.[1115] Speziell zu § 41a GWB-RefE finden sich bereits mehrere verfassungsrechtliche Bewertungen mit unterschiedlichem Ergebnis.[1116] Den Schwerpunkt der verschiedenen Untersuchungen bildet regelmäßig die Prüfung des Eigentumsgrundrechts nach Art. 14 GG.[1117] Entflechtungsmaßnahmen berühren zwar darüber hinaus weitere Grundrechte, sie reichen in ihrem Schutz jedoch nicht weiter als Art. 14 GG.[1118] In seinen Auswirkungen geht § 41a GWB-

[1114] BGH WuW/E BGH 1501, 1507 – *Kfz-Kupplungen.*

[1115] Für eine Vereinbarkeit mit dem Verfassungsrecht, siehe *Duden*, in: FS Böhm (1965), S. 16; *Engel*, Die verfassungsrechtliche Zulässigkeit eines Entflechtungstatbestands im Kartellgesetz, S. 12 ff., 79 ff.; *Kerber*, Die Unternehmensentflechtung nach dem GWB, S. 107; MK, HauptGA III (1980), Tz. 779; *dies.*, SonderGA 58 (2010), Tz. 92 ff.; *Möschel*, Entflechtung im Recht der Wettbewerbsbeschränkungen, S. 131 ff., 159; *Scholz*, Entflechtung und Verfassung, S. 137 ff.; *Schlichter*, Die Beseitigung von Konzentration in der Wirtschaft durch Unternehmensentflechtungen als Verfassungsfrage, S. 182; *Schulte-Braucks*, Die Auflösung marktbeherrschender Stellungen, S. 260 ff., 287 f.; a.A. *Kerber*, Die Unternehmensentflechtung nach dem GWB, S. 205; *B. Müller*, Entflechtung und Deregulierung, S. 207; *Nettesheim/Thomas*, Entflechtung im deutschen Kartellrecht, S. 85 ff.; *Selmer*, Unternehmensentflechtung und Grundgesetz, S. 60, aufgrund fehlender Normbestimmtheit der Regelung.

[1116] Für eine Verfassungswidrigkeit *Nettesheim/Thomas*, Entflechtung im deutschen Kartellrecht, S. 85 ff.; kritisch *Bechtold*, BB 2010, 451, 452 f.; nach Nachbesserungen zu einzelnen Merkmalen positiv MK, SonderGA 58 (2010), Tz. 92 ff.; positiv zum hessischen Entwurf mit Missbrauchserfordernis *Engel*, Die verfassungsrechtliche Zulässigkeit eines Entflechtungstatbestands im Kartellgesetz, S. 12 ff.

[1117] Siehe mit Nachweisen *Selmer*, Unternehmensentflechtung und Grundgesetz, S. 21, nachdem alle mit der Thematik befassten Autoren darin einig sind, dass Art. 14 GG die „zentral berührte Vorschrift ist".

[1118] In Betracht kommen vor allem Art. 12 Abs. I GG, Art. 9 Abs. 1 GG, Art. 3 Abs. 1 GG und Art. 2 Abs. 1 GG; siehe dazu *Engel*, Die verfassungsrechtliche Zulässigkeit eines Entflechtungstatbestands im Kartellgesetz, S. 10 ff.; *Paal*, JZ 2010, 647, 651; MK, HauptGA III (1980), Tz. 803 f.; MK, SonderGA 58 (2010), Tz. 95; *Selmer*, Unternehmensentflechtung und Grundgesetz, S. 23 f., 70, der sich allerdings gegen eine „Minimalisierung des Art. 12 I GG" wendet; *Duden*, in: FS Böhm (1965),

RefE über den nationalen Rahmen hinaus, weil er große, häufig international agierende Wirtschaftsunternehmen betrifft. Bei einer gerichtlichen Überprüfung könnte daher die Vereinbarkeit mit dem europäischen Recht ins Zentrum rücken. Die bisherige Rechtsprechung des Gerichtshofs legt nahe, dass der Schutz des Eigentums im Unionsrecht nicht weiter reicht als im deutschen Verfassungsrecht.[1119] Auch aus diesem Grund ist die Prüfung von Art. 14 GG von besonderem Interesse. Die materiellen Anforderungen an eine Entflechtungsvorschrift hängen entscheidend davon ab, ob die jeweilige Regelung noch eine Inhaltsbestimmung des Eigentums nach Art. 14 Abs. 1 S. 2 GG darstellt oder bereits eine Enteignung nach Art. 14 Abs. 3 S. 1. Diese Frage steht neben der Untersuchung der Verhältnismäßigkeit im Mittelpunkt der nachstehenden Bearbeitung.

A. Eigentumsgrundrecht und Schutzbereich

Art. 14 GG schützt das „Eigentum" und bestimmt, unter welchen Bedingungen der Staat dieses beschränken oder entziehen kann. Unter „Eigentum" ist die Summe der Rechte zu verstehen, die die Rechtsordnung dem Eigentümer als Rechtsinhaber zuweist.[1120] Das Eigentumsgrundrecht schützt jedoch maßgeblich einen Freiheitsraum im vermögensrechtlichen Bereich und nicht allein einen Rechtsbestand von Eigentum.[1121] Der Einzelne soll damit sein Leben eigenverantwortlich gestalten können.[1122] Der Rechtsinhaber darf deshalb frei und privatnützig über alle vermögenswerten Rechte verfügen, sie also nutzen, verwalten und auch veräußern.[1123] Von dieser Befugnis ist sachlich auch das Eigentum an Produktionsmitteln umfasst.[1124]

Das Bundeskartellamt kann Unternehmen nach § 41a Abs. 1 S. 1 GWB-RefE verpflichten, Vermögensteile zu veräußern oder auf andere

S. 15 f.; *Möschel*, Entflechtung im Recht der Wettbewerbsbeschränkungen, S. 143 ff.; *Schulte-Braucks*, Die Auflösung marktbeherrschender Stellungen, S. 274 ff.

[1119] In der Literatur wird im Gegenteil eher eine geringere Schutzwirkung angenommen, siehe Heselhaus/Nowak/*Heselhaus*, Hdb. EuGR, § 32 Rn. 12 f. m.w.N. und Rn. 96; Calliess/Ruffert/*Calliess*, EUV/AEUV, Art. 17 EU-GRCharta Rn. 33; anders BVerfGE 102, 147, 162 f., das keine „wesentlichen" Unterschiede sieht.

[1120] BVerfGE 112, 93, 107, 115, 97, 110 f.; dazu Maunz/Dürig/*Papier*, GG, Art. 14 Rn. 1.

[1121] BVerfGE 24, 367, 389; 68, 193, 222.

[1122] BVerfGE 83, 201, 208; 97, 350, 371.

[1123] BVerfGE 31, 229, 240; 50, 290, 339; 58, 300, 389; 105, 17, 30; 115, 97, 111 f.

[1124] Jarass/Pieroth/*Jarass*, GG, Art. 14 Rn. 8 f.; MK, HauptGA III (1980), Tz. 785; zum Betriebsvermögen, siehe v. Mangoldt/Klein/Starck/*Depenheuer*, GG, Art. 14 Rn. 134 ff.

Weise zu verselbstständigen.[1125] Damit berührt die Vorschrift die Eigentümerstellung und folglich unmittelbar den Schutzbereich von Art. 14 Abs. 1 GG. Träger des Grundrechts ist das Unternehmen selbst.[1126] Als Eingriffsgegenstände kommen das Anlage- und Betriebsvermögen, Konzernverbindungen und Unternehmensteile in Betracht.[1127] Ein Eingriff liegt entweder mit der Veräußerung durch den Treuhänder vor oder mit dem freihändigen Verkauf durch das Unternehmen selbst.[1128] Der Schutzbereich von Art. 14 Abs. 1 GG ist damit eröffnet.

B. Entflechtung als Inhalts- und Schrankenbestimmung

Das Eigentum nach Art. 14 GG schützt nicht allein den Inhaber des Rechts, weil auch Nichteigentümer darauf angewiesen sind, den Gegenstand zu nutzen.[1129] Die Sozialpflichtigkeit nach Art. 14 Abs. 2 GG verlangt, auch auf andere Rücksicht zu nehmen. Die Eigentumsordnung muss deshalb einen Ausgleich zwischen den Interessen des Einzelnen und denen der Allgemeinheit schaffen.[1130] Der Gesetzgeber hat daher nach Art. 14 Abs. 1 S. 2 GG den Auftrag, Inhalt und Schranken des Eigentumsrechts zu bestimmen. Der Staat konstituiert damit den Schutzgegenstand von Art. 14 GG erst normativ, indem der Gesetzgeber durch einfachgesetzliche Regelungen festlegt, was verfassungsrechtlich abgesichert wird.[1131] Die Gestaltungfreiheit des Gesetzgebers steigt mit dem sozialen Bezug des Eigentumsobjekts.[1132] Gleichzeitig muss der Staat aber die Bestandsgarantie des Eigentums nach Art. 14 Abs. 1 S. 1 GG beachten. Der Gesetzgeber muss die betroffenen Interessen deshalb in „ein ausgewogenes Verhältnis" bringen.[1133]

[1125] Der Gesetzesentwurf selbst lässt die Gegenstände offen, siehe BMWT, Begr. zum GWB-RefE, S. 13.

[1126] Aufgrund von Art. 19 Abs. 3 GG auch unabhängig davon, ob es als juristische Person verfasst ist, siehe dazu *Scholz*, Entflechtung und Verfassung, S. 150; zum Anteilseigentum, siehe *Engel*, Die verfassungsrechtliche Zulässigkeit eines Entflechtungstatbestands im Kartellgesetz, S. 9 f.

[1127] Ausführich dazu *Engel*, Die verfassungsrechtliche Zulässigkeit eines Entflechtungstatbestands im Kartellgesetz, S. 13 ff.; *Nettesheim/Thomas*, Entflechtung im deutschen Kartellrecht, S. 101 ff.

[1128] Bei letzterem erfüllt sich ebenfalls die Drohwirkung des Zwangsverkaufs nach § 41a Abs. 5 S. 2 GWB-RefE, siehe *Engel*, Die verfassungsrechtliche Zulässigkeit eines Entflechtungstatbestands im Kartellgesetz, S. 21.

[1129] MK, HauptGA III (1980), Tz. 786.

[1130] BVerwGE 84, 361, 368.

[1131] ErfurterKomm/*Schmidt*, Art. 14 GG Rn. 2; Maunz/Dürig/*Papier*, GG, Art. 14 Rn. 38.

[1132] BVerfGE 100, 226, 241 m.w.N.

[1133] So ausdrücklich BVerfGE 25, 112, 118; 37, 132, 139 ff.; 50, 290, 340; 79, 174, 198.

I. Abgrenzung der Inhalts- und Schrankenbestimmung zur Enteignung

Von der Inhalts- und Schrankenbestimmung nach Art. 14 Abs. 1 S. 2 GG ist wiederum die Enteignung abzugrenzen, deren Voraussetzungen und Folgen in Art. 14 Abs. 3 GG normiert sind. Nach Art. 14 Abs. 3 S. 1 GG ist die Enteignung nur „zum Wohle der Allgemeinheit" möglich. Das Grundgesetz stellt deshalb bei der Enteignung höhere Anforderungen an das verfolgte Ziel als bei der Inhalts- und Schrankenbestimmung des Eigentums. Zudem darf die Enteignung gem. Art. 14 Abs. 3 S. 2 GG nur durch oder aufgrund eines Gesetzes erfolgen, das selbst die Art und das Ausmaß der Entschädigung regelt. Zwischen der Inhalts- bzw. Schrankenbestimmung einerseits und der Enteignung andererseits besteht eine klare Grenze und kein fließender oder bloß quantitativer Übergang.[1134] Das BVerfG hat insoweit bereits im Jahr 1981 entschieden, dass die Inhalts- und Schrankenbestimmung nicht nach der Intensität des Eingriffs von der Enteignung abzugrenzen ist, sondern nach rein formalen Gesichtspunkten.[1135] Allein der Entzug oder Teilentzug konkreter subjektiver Rechtspositionen zur Erfüllung bestimmter öffentlicher Aufgaben ist deshalb eine Enteignung im Sinne des Art. 14 Abs. 3 S. 1 GG.[1136] Die Enteignung ist folglich ein finaler Rechtsakt, der sich gezielt gegen das Eigentum richtet.[1137]

II. Gründe für eine Einordnung der Entflechtung als Inhalts- und Schrankenbestimmung

In der verfassungsrechtlichen Bewertung ordnen einige Autoren Entflechtung als Enteignung ein.[1138] Vertreter dieser Auffassung argumentieren, dass die Unternehmen Eigentum verlieren, wenn sie einen Unternehmensteil verkaufen oder verselbstständigen müssen.[1139] Diese Begründung überzeugt nicht. Auf einen Eigentumsverlust kann es gerade nicht entscheidend ankommen. Unternehmen können auch bei Inhalts-

[1134] Zur Abkehr vom „enteignungsgleichen" Eingriff im sog. „Naßauskiesungsbeschluss", siehe BVerfGE 58, 300, 320; zur Abgrenzung von Eigentumsbindungen und Entflechtung, siehe Maunz/Dürig/*Papier*, GG, Art. 14 Rn. 355 ff., 527.

[1135] Stellvertretend BVerfGE 58, 300, 320; dazu Maunz/Dürig/*Papier*, GG, Art. 14 Rn. 355 ff.

[1136] BVerfGE 58, 300, 331; 104, 1, 10.

[1137] Maunz/Dürig/*Papier*, GG, Art. 14 Rn. 359.

[1138] *F. Becker*, ZRP 2010, 105, 107; MK, HauptGA III (1980), Tz. 794 f.; *B. Müller*, Entflechtung und Deregulierung, 195 f.; *Duden*, in: FS Böhm (1965), S. 17; *Selmer*, Unternehmensentflechtung und Grundgesetz, S. 62; *Schlichter*, Die Beseitigung von Konzentration in der Wirtschaft durch Unternehmensentflechtungen als Verfassungsfrage, S. 182.

[1139] *Duden*, in: FS Böhm (1965), S. 17; HauptGA III (1980), Tz. 794 f.; *Selmer*, Unternehmensentflechtung und Grundgesetz, S. 62.

und Schrankenbestimmungen Eigentum verlieren, wenn der Gesetzgeber beispielsweise ein Rechtsgebiet neu ordnet und dabei Altrechte entfallen.[1140] Die Argumentation der Eingriffsintensität berücksichtigt zudem die seit dem Jahr 1981 bestehende Rechtsprechung des BVerfG nicht hinreichend.[1141] Danach entscheiden formale Gesichtspunkte und nicht die Intensität des Eingriffs darüber, wie sich die Enteignung von der Inhalts- bzw. Schrankenbestimmung abgrenzt.[1142] Neben der Rechtsstellung des Betroffenen entscheidet deshalb vor allem sein Verhältnis zum Staat über die Qualifikation als Entflechtung oder Eigentumsbindung.[1143] In diesem Zusammenhang sprechen im Wesentlichen zwei Gründe gegen die Annahme einer Enteignung.

Erstens begründet § 41a GWB-RefE generell für jede unternehmerische Eigentumsposition eine „latente Pflichtigkeit".[1144] Eine gleichmäßige Belastung ist generell ein starkes Indiz für eine Inhaltsbestimmung.[1145] Zweitens dient die Entflechtung nicht einem bestimmten Vorhaben als konkretem Gemeinwohlzweck.[1146] Kritiker der Entflechtung hatten insoweit argumentiert, dass der Staat mit der Entflechtung sehr wohl Allgemeinwohlinteressen verfolge.[1147] Das Gemeinwohlinteresse liege darin, dass die Kartellbehörde das jeweilige Entflechtungsobjekt anderen privaten Unternehmen zur Verfügung stelle, um damit als eigentliches Ziel den Wettbewerb wiederherzustellen.[1148] Dies ist jedoch nicht überzeugend. Sofern die Entflechtungsregelung als Enteignung im Sinne von Art. 14 Abs. 3 S. 1 GG zu qualifizieren wäre, dann müsste es für „wirksamen" Wettbewerb erforderlich sein, bestimmte Eigentumsobjekte an bestimmte Unternehmen zu übertragen.[1149] Es trifft den Staat keine Rechtspflicht, den Wettbewerb ausschließlich durch Entflechtungsmaß-

[1140] BVerfGE 78, 58, 75; *Nettesheim/Thomas*, Entflechtung im deutschen Kartellrecht, S. 109.

[1141] BVerfGE 58, 300, 320; siehe dazu Maunz/Dürig/*Papier*, GG, Art. 14 Rn. 355 ff., 527.

[1142] Stellvertretend BVerfGE 58, 300, 320; dazu Maunz/Dürig/*Papier*, GG, Art. 14 Rn. 355 ff.; viele der Untersuchungen, die Entflechtung als Enteignung bewerten, stammen allerdings aus der Zeit vor der geänderten Rechtsprechung, siehe *Duden*, in: FS Böhm (1965); MK, HauptGA III (1980); *Selmer*, Unternehmensentflechtung und Grundgesetz (1981).

[1143] *Nettesheim/Thomas*, Entflechtung im deutschen Kartellrecht, S. 109.

[1144] *Nettesheim/Thomas*, Entflechtung im deutschen Kartellrecht, S. 109.

[1145] *Nettesheim/Thomas*, Entflechtung im deutschen Kartellrecht, S. 109.

[1146] Siehe *Nettesheim/Thomas*, Entflechtung im deutschen Kartellrecht, S. 109 f.; a.A. *F. Becker*, ZRP 2010, 105, 107, weil die Wiederherstellung von Wettbewerb durch Entflechtung nicht vorrangig dem Ausgleich privater Interessen diene.

[1147] Siehe *F. Becker*, ZRP 2010, 105, 107.

[1148] Siehe *F. Becker*, ZRP 2010, 105, 107.

[1149] Siehe die Argumentation von *Engel*, Die verfassungsrechtliche Zulässigkeit eines Entflechtungstatbestands im Kartellgesetz, S. 28.

nahmen wiederherzustellen.[1150] Die „Entflechtung" ist vielmehr nur ein einzelnes Mittel unter vielen anderen Instrumenten, um diesem Ziel näherzukommen. Durch Entflechtungsmaßnahmen beschafft der Staat deshalb weder sich noch dem Erwerber die jeweiligen Unternehmensgegenstände, um einen solchen (konkreten) Gemeinwohlzweck zu erfüllen.[1151] Der Gesetzgeber nimmt mit der Entflechtung marktbeherrschender Unternehmen folglich keine öffentlichen Aufgaben wahr.[1152] Die Normenstruktur gibt dies ebenfalls deutlich zu erkennen. § 41a Abs. 4 S. 4 GWB-RefE gibt dem Entflechtungsadressaten ausdrücklich das Recht, einzelne Vermögensgegenstände und Erwerber vorzuschlagen. Diese Möglichkeit wäre widersinnig, wenn es dem Staat gerade auf bestimmte Eigentumsobjekte und einzelne Erwerber ebendieser Unternehmensteile ankäme. Die Regelung stellt daher eine Inhaltsbestimmung im Sinne des Art. 14 Abs. 1 S. 2 GG dar.[1153]

C. Verhältnismäßigkeit

Die geplante Entflechtungsregelung müsste weiterhin verhältnismäßig sein und Aspekte des Vertrauensschutzes angemessen berücksichtigen.[1154]

I. Verhältnismäßigkeit im weiteren Sinne

Die Verhältnismäßigkeit im weiteren Sinne setzt voraus, dass § 41a GWB-RefE einen legitimen Zweck verfolgt sowie geeignet, erforderlich und angemessen ist. Dies wird nachstehend genauer untersucht.

1. Legitimer Zweck und Geeignetheit

Der Gesetzgeber verfolgt mit der benannten Regelung das Ziel, funktionierenden Wettbewerb auf vermachteten Märkten zu schaffen und damit letztlich das Marktergebnis zu verbessern. Dieser Zweck ist un-

[1150] So selbst *F. Becker*, ZRP 2010, 105, 107.

[1151] *Engel*, Die verfassungsrechtliche Zulässigkeit eines Entflechtungstatbestands im Kartellgesetz, S. 26 ff., 28; MK, SonderGA 58 (2010), Tz. 97.

[1152] So *Engel*, Die verfassungsrechtliche Zulässigkeit eines Entflechtungstatbestands im Kartellgesetz, S. 26 ff.; ähnlich auch *Nettesheim/Thomas*, Entflechtung im deutschen Kartellrecht, S. 109.

[1153] So auch *Engel*, Die verfassungsrechtliche Zulässigkeit eines Entflechtungstatbestands im Kartellgesetz, S. 28; *Nettesheim/Thomas*, Entflechtung im deutschen Kartellrecht, S. 110; ohne Bezug § 41a GWB-RefE, siehe *Kerber*, Die Unternehmensentflechtung nach dem GWB, S. 71 f.

[1154] Zu den verschiedenen Aufbauarten, siehe Mangoldt/Klein/Starck/*Depenheuer*, GG, Art. 14 Rn. 226; *Nettesheim/Thomas*, Entflechtung im deutschen Kartellrecht, S. 96, 112, 128.

bestritten ein legitimes Anliegen.[1155] Näher zu untersuchen gilt es, inwieweit das Instrument der Entflechtung dafür ein geeignetes Mittel darstellt.[1156] Ein Mittel ist schon dann geeignet, wenn es den angestrebten Zweck nur fördert.[1157] Das erwogene Kartellrechtsinstrument muss also nur „irgendetwas" zur Zweckerreichung beitragen.[1158]

§ 41a GWB-RefE soll Marktgefährdungen aus problematischen Marktstrukturen bannen, um damit das Marktergebnis nachhaltig zu verbessern.[1159] Kritiker von Entflechtungsinstrumenten wenden ein, dass die Prognose für eine Wettbewerbsverbesserung zu vage sei.[1160] Die Unsicherheit der Prognose stellt die Geeignetheit von § 41a GWB-RefE aber nicht in Frage. Der Gesetzgeber muss bei seiner Entscheidung für die Regelung komplexe ökonomische Wirkungszusammenhänge beurteilen. Nach der Rechtsprechung des BVerfG steht dem Gesetzgeber dabei ein Prognosespielraum zu.[1161] Auf einen empirisch beweisbaren Kausalzusammenhang zwischen Marktstruktur und Marktergebnis kommt es nicht an.[1162] Für wirtschaftslenkende Gesetze ist selbst ein „experimenteller Charakter" nicht ausgeschlossen.[1163] Die Grenze ist erst dann überschritten, wenn das gewählte Mittel „objektiv" oder „schlechthin" ungeeignet ist.[1164] Die Entflechtung beruht auf der klassischen wettbewerbspolitischen Hypothese, nach der die Marktstruktur das Marktergebnis beeinflusst.[1165] Dem Gesetzgeber muss es möglich sein,

[1155] *Selmer*, Unternehmensentflechtung und Grundgesetz, S. 15; *B. Müller*, Entflechtung und Deregulierung, S. 68, 199 mit Verweis auf Art. 74 Abs. 1 Nr. 16 GG; *Möschel*, Entflechtung im Recht der Wettbewerbsbeschränkungen, S. 135; *Engel*, Die verfassungsrechtliche Zulässigkeit eines Entflechtungstatbestands im Kartellgesetz, S. 41 ff.

[1156] Dafür *Engel*, Die verfassungsrechtliche Zulässigkeit eines Entflechtungstatbestands im Kartellgesetz, S. 37 ff.; MK, HauptGA III (1980), Tz. 784; *Möschel*, Entflechtung im Recht der Wettbewerbsbeschränkungen, S. 151; *Schulte-Braucks*, Die Auflösung marktbeherrschender Stellungen, S. 267; dagegen *Selmer*, Unternehmensentflechtung und Grundgesetz, S. 34, 55; *B. Müller*, Entflechtung und Deregulierung, S. 202 f.

[1157] *Mannssen*, StaatsR II, Rn. 173.

[1158] BVerfGE 30, 292, 316; 115, 276, 308.

[1159] *Engel*, Die verfassungsrechtliche Zulässigkeit eines Entflechtungstatbestands im Kartellgesetz, S. 45 f.; zum Aspekt der „Gefährdung" als potentielle Wettbewerbsbeschränkung, siehe *Scholz*, Entflechtung und Verfassung, S. 123 f.

[1160] *Selmer*, Unternehmensentflechtung und Grundgesetz, S. 56 f.

[1161] BVerfGE 50, 290, 332 ff.; dazu auch *Nettesheim/Thomas*, Entflechtung im deutschen Kartellrecht, S. 115 f.

[1162] Zum unklaren empirischen Verhältnis der Marktelemente, siehe oben Teil 2 § 2 A I 3.

[1163] Maunz/Dürig/*Papier*, GG, Art. 14 Rn. 325.

[1164] BVerfGE 79, 292, 305; 81, 29, 31 ff.; ausführlich Maunz/Dürig/*Papier*, GG, Art. 14 Rn. 322.

[1165] Zum insoweit idealtypischen wohlfahrtsökonomischen Wettbewerbsansatz, siehe oben Teil 2 § 2 A II 1.

die Kartellrechtspolitik anhand verschiedener wettbewerbspolitischer Modelle auszurichten. Ungeeignet wäre die Entflechtung nur dann, wenn tatsächlich keine Verbesserung der Marktstruktur zu erreichen ist. Die fehlende Effizienz von Entflechtungsmaßnahme ist jedoch weder empirisch noch anhand der internationalen Fallpraxis zu beweisen.[1166] Trotz aller Schwierigkeiten, wirtschaftliche Effizienz zu messen, legen vor allem die Erfahrungen des Vereinigten Königreichs eher den umgekehrten Schluss nahe.[1167] Die geplante Entflechtungsregelung ist deshalb ein geeignetes Mittel zur Wettbewerbsförderung.

2. Erforderlichkeit

Sofern mehrere gleich wirksame Mittel zur Auswahl stehen, muss der Gesetzgeber dasjenige wählen, welches das Grundrecht am wenigsten oder nicht beeinträchtigt.[1168] Die Kritiker verneinen deshalb die Erforderlichkeit von Entflechtungsinstrumenten.[1169] Die Autoren verweisen darauf, dass eine funktionierende Missbrauchskontrolle bestehe, die auch strukturelle Maßnahmen ermögliche.[1170] Allerdings stellt selbst eine verschärfte Missbrauchskontrolle kein insgesamt milderes Mittel dar, um denselben Zweck wie § 41a GWB-RefE zu erreichen. Erstens verfolgen Verhaltens- und Strukturkontrolle nicht das gleiche wettbewerbspolitische Ziel.[1171] Eine Überprüfung des Marktverhaltens verändert weder das Marktergebnis noch schafft diese Methode direkt wettbewerbliche Strukturen.[1172] Zweitens ist die Verhaltenskontrolle auf Dauer angelegt. Damit ist ebenfalls zweifelhaft, ob die Verhaltenskontrolle langfristig überhaupt eingriffsschwächer ist als die geplante Entflechtungsregelung.[1173]

Darüber hinaus beschränken sich die strukturellen Eingriffe nach § 32 Abs. 2 GWB auch in seiner neuen Fassung darauf, das missbräuchliche

[1166] Zur unklaren Empirie, siehe oben Teil 2 § 2 A I 3; zu den Problemen der Effizienzmessung sowie der internationalen Fallpraxis, siehe Teil 2 § 3 D I, II.

[1167] *Engel*, Die verfassungsrechtliche Zulässigkeit eines Entflechtungstatbestands im Kartellgesetz, S. 54 f., mit weiteren Details; *von Hirschhausen/Neumann/Weigt*, Wirtschaftsdienst 2008, 322, 323 ff.; kritisch *Bach*, in: FS Möschel, S. 37 ff.

[1168] BVerfGE 53, 135, 145 f.; 67, 157, 177.

[1169] *Selmer*, Unternehmensentflechtung und Grundgesetz, S. 43, allerdings bzgl. extern gewachsener Unternehmen; *B. Müller*, Entflechtung und Deregulierung, S. 204; *Nettesheim/Thomas*, Entflechtung im deutschen Kartellrecht, S. 115 ff.; a.A. *Engel*, Die verfassungsrechtliche Zulässigkeit eines Entflechtungstatbestands im Kartellgesetz, S. 59 ff.; *Klaue*, in: FS Canenbley, S. 289.

[1170] So *Nettesheim/Thomas*, Entflechtung im deutschen Kartellrecht, S. 116.

[1171] Siehe oben Teil 2 § 2 C I, II.

[1172] Ähnlich MK, SonderGA 58 (2010), Tz. 33; *Engel*, Die verfassungsrechtliche Zulässigkeit eines Entflechtungstatbestands im Kartellgesetz, S. 59 f.

[1173] Siehe dazu *Engel*, Die verfassungsrechtliche Zulässigkeit eines Entflechtungstatbestands im Kartellgesetz, S. 60.

Verhalten von Unternehmen abzustellen. Diese Entflechtungsmaßnahmen sind deshalb nicht dafür ausgelegt, wettbewerbliche Strukturen als solche zu schaffen. Der Gesetzgeber könnte zu diesem Zweck zwar die Reichweite von § 32 Abs. 2 GWBE ausbauen, tatbestandsseitig müsste aber auch weiterhin ein Marktmachtmissbrauch des jeweiligen Unternehmens vorliegen. Gerade am Missbrauchsnachweis scheitert das Bundeskartellamt aber häufig.[1174] Eine verhaltensbedingte Entflechtung bekämpft zudem nicht die Wettbewerbsgefährdung, die von Machtkonzentrationen als solchen ausgeht. Vielmehr greift die Verhaltenskontrolle erst dann ein, wenn sich die Gefahren von Marktmacht in einem Missbrauch realisiert haben. Die Befugnisse von § 32 Abs. 2 GWB n.F. und § 41a GWB-RefE sind damit weder in ihrem Anwendungsbereich vergleichbar noch im Ergebnis gleich wirksam.

Es ist weiterhin ebenfalls nicht gleich wirksam und dabei weniger einschneidend, Zusammenschlüsse strengeren Vorschriften zu unterwerfen.[1175] Die Fusionskontrolle greift bestehende Machtstellungen nicht an und hat keinen Einfluss auf internes Wachstum.[1176] Die Zusammenschlusskontrolle verändert somit nicht das bestehende, sondern allein das zukünftige Marktergebnis. Der geplanten Entflechtungsregelung geht es aber gerade um Märkte, deren Konzentration bereits jetzt ein kritisches Maß aufweisen.[1177] Eine Intensivierung der Fusionskontrolle vermag § 41a GWB-RefE deshalb nicht zu ersetzen. Die geplante Entflechtungsvorschrift ist somit auch erforderlich.[1178]

3. Angemessenheit

Die Regelung müsste darüber hinaus ebenfalls zumutbar sein. Der Zweck des Grundrechtseingriffs und die Beeinträchtigung des Betroffenen müssen recht gewichtet und wohl abgewogen sein.[1179] In der Rechtspraxis hat die Prüfung der Verhältnismäßigkeit nur eine begrenzte Bedeutung und Aussagekraft.[1180] Trotz aller Anstrengungen um Objektivität drohen letztlich vor allem die subjektiven Urteile und Vorurteile

[1174] Für den Bereich der Stromversorgung, siehe oben Teil 1 § 3 C.

[1175] *Selmer*, Unternehmensentflechtung und Grundgesetz, S. 43; *Scholz*, Entflechtung und Verfassung, S. 129 f.; *Möschel*, Entflechtung im Recht der Wettbewerbsbeschränkungen, S. 78.

[1176] *Scholz*, Entflechtung und Verfassung, S. 129; MK, SonderGA 58 (2010), Tz. 30.

[1177] BMWT, Begr. zum GWB-RefE, S. 3; zum Ganzen siehe oben Teil 2 § 1 C II 1.

[1178] Zu den verschiedenen Eingriffsarten und der Frage der Geeignetheit, siehe *Engel*, Die verfassungsrechtliche Zulässigkeit eines Entflechtungstatbestands im Kartellgesetz, S. 60 ff.

[1179] Ausführlich *Pieroth/Schlink*, Grundrechte, Rn. 299 ff.

[1180] *Pieroth/Schlink*, Grundrechte, Rn. 304.

des jeweils Prüfenden deutlich zu werden.[1181] Davon ist auch das BVerfG nicht ausgenommen. Es besteht die Gefahr einer „unkalkulierbaren Billigkeitsrechtsprechung, bei der das BVerfG seine subjektiven Wertungen als verfassungsrechtlich verbindlich postuliert".[1182] Eine Regelung verstößt deshalb allein dann gegen die Zumutbarkeit, wenn sie „deutlich unangemessen ist".[1183] Die Kritiker sehen die Angemessenheit der geplanten Entflechtungsvorschrift aufgrund ihrer konkreten Ausgestaltung nicht gewahrt.[1184]

a) Keine grundsätzliche Entwertung des Eigentums

Als Rechtsträger vermittelt Art. 14 GG dem Eigentümer nicht nur eine formale Zuordnung des Gegenstandes, sondern auch eine grundsätzliche Verfügungsbefugnis als Freiheitsrecht.[1185] Sozialpflichtige Einschränkungen des Eigentums nach Art. 14 Abs. 2 GG müssen sich deshalb im Rahmen dieser Privatnützigkeit halten.[1186] Die Kritiker von § 41a GWB-RefE argumentieren, dass Eingriffe auf seiner Grundlage einem Rechtsentzug gleichkämen und damit nicht mehr Ausdruck der Sozialpflichtigkeit seien.[1187] Diesem Vorbringen ist zu widersprechen, denn die Argumentation stellt das Kriterium der „Privatnützigkeit" lediglich verkürzt dar. Das genannte Kriterium dient dazu, eine grundrechtskonforme, entschädigungsfreie Sozialbindung von der „allenfalls" bei Entschädigungsleistung zulässigen Sozialbindung abzugrenzen.[1188] Für diese Abgrenzung wird der verbleibende Nutzen untersucht. Ohne Ausgleich ist daher keine Ausgestaltung des Eigentums möglich, bei der der Eigentümer zwar formal Rechtsträger bleibt, ohne das Eigentum jedoch inhaltlich umfassend nach eigenen Interessen verwenden zu können.[1189] Folglich ist eine Entflechtung nach § 41a GWB-RefE womöglich nur gegen eine Entschädigung möglich.[1190] Gleichwohl wird das Eigentum durch die geplante Vorschrift nicht automatisch entwertet.

[1181] Siehe *Pieroth/Schlink*, Grundrechte, Rn. 303; Maunz/Dürig/*Grzeszick*, GG, Art. 20 Rn. 118.

[1182] Maunz/Dürig/*Grzeszick*, GG, Art. 20 Rn. 119 m.w.N.

[1183] BVerfGE 44, 353, 373; 96, 10, 23.

[1184] Siehe zu § 41a GWB-RefE *Nettesheim/Thomas*, Entflechtung im deutschen Kartellrecht, S. 117 ff.; *Scholz*, Entflechtung und Verfassung, S. 119; *Selmer*, Unternehmensentflechtung und Grundgesetz, S. 52.

[1185] BVerfGE 100, 226, 241.

[1186] *Nettesheim/Thomas*, Entflechtung im deutschen Kartellrecht, S. 118; Maunz/Dürig/*Papier*, GG, Art. 14 Rn. 376.

[1187] *Nettesheim/Thomas*, Entflechtung im deutschen Kartellrecht, S. 119 f.

[1188] Maunz/Dürig/*Papier*, GG, Art. 14 Rn. 375.

[1189] *Nettesheim/Thomas*, Entflechtung im deutschen Kartellrecht, S. 119.

[1190] Zu Entschädigungspflichtigkeit bei der Entflechtung von fusionierten Unternehmen, siehe Maunz/Dürig/*Papier*, GG, Art. 14 Rn. 508.

Die geplante Vorschrift erlaubt – je nach Verhältnismäßigkeit – Eingriffe mit einer unterschiedlichen Eingriffstiefe.[1191] Neben der Veräußerung soll das Bundeskartellamt nach § 41a Abs. 1 S. 1 GWB-RefE auch anordnen dürfen, Unternehmensteile „auf sonstige Weise" zu verselbstständigen. Die Begründung des Referentenentwurfs zählt dazu rein organisatorische bzw. rechtliche Verselbstständigungen.[1192]

Ausdrücklich stellt die Entwurfsbegründung klar, dass das Bundeskartellamt bei der Auswahl des Entflechtungsmittels nicht frei, sondern an den Verhältnismäßigkeitsgrundsatz gebunden ist.[1193] Eigentumsentziehende Maßnahmen darf die Behörde folglich lediglich dann verhängen, wenn mildere Mittel keinen Erfolg versprechen.[1194] Darüber hinaus greifen auch die eigentumsbezogenen Entflechtungsmöglichkeiten keinesfalls gleich intensiv in das Eigentumsgrundrecht des betroffenen Unternehmens ein.[1195] Eine schonende Art der Unternehmensentflechtung ist etwa der Aktiensplit (Pro-rata-Lösung), bei dem die Anteilseigner des Unternehmens zugleich Anteile am ausgegliederten Unternehmensteil erhalten.[1196] In diesem Zusammenhang kommt es lediglich zu einer Eigentumsumschichtung.[1197] Das Bundeskartellamt muss das betroffene Unternehmen nach § 41a Abs. 4 S. 3 GWB-RefE außerdem in das Entflechtungsverfahren einbinden, bevor es eine Entflechtungsanordnung anordnet. Diese Verpflichtung soll sicherstellen, dass die konkrete Entflechtungsmaßnahme so wenig wie möglich in die Verfügungs- und Verwertungsbefugnis der Unternehmen bezüglich ihres Eigentums eingreift.[1198] Der Gesetzgeber berücksichtigt die Belange der Eigentümer folglich nicht nur bei der Auswahl der tauglichen Entflechtungsobjekte und -maßnahmen. Vielmehr berücksichtigt die geplante Vorschrift die Interessen der Eigentümer auch verfahrensrechtlich, durch ihre ausdrückliche Beteiligung bei der kartellbehördlichen Entscheidungsfindung. Die Wertung des Gesetzgebers ist insoweit differenziert und entwertet das Eigentum nicht pauschal. Eine unverhältnismäßige Abwägung durch den Gesetzgeber ist insoweit nicht festzustellen.

[1191] Darunter fällt wohl auch der Zugang zu einer wichtigen Infrastruktur oder Vorleistung zu diskriminierungsfreien Bedingungen, siehe BMWT, Begr. zum GWB-RefE, S. 13; kritisch dazu *Klees/Hauser*, Entflechtungen von Unternehmen, S. 38; zum Ganzen siehe oben Teil 2 § 2 C III.

[1192] BMWT, Begr. zum GWB-RefE, S. 13.

[1193] BMWT, Begr. zum GWB-RefE, S. 13; kritisch dazu *Klees/Hauser*, Entflechtungen von Unternehmen, S. 38.

[1194] BMWT, Begr. zum GWB-RefE, S. 13; kritisch dazu *Klees/Hauser*, Entflechtungen von Unternehmen, S. 38.

[1195] Ausführlich *Engel*, Die verfassungsrechtliche Zulässigkeit eines Entflechtungstatbestands im Kartellgesetz, S. 60 ff., 63.

[1196] MK, HauptGA III (1980), Tz. 795; *Möschel*, Entflechtung im Recht der Wettbewerbsbeschränkungen, S. 137; *Scholz*, Entflechtung und Verfassung, S. 175 f.

[1197] *Scholz*, Entflechtung und Verfassung, S. 176.

[1198] Vgl. BMWT, Begr. zum GWB-RefE, S. 15.

b) Keine Unverhältnismäßigkeit bei Entflechtung internen Wachstums

Die Regelung könnte allerdings unverhältnismäßig sein, weil auch intern gewachsene Unternehmen in den Anwendungsbereich von § 41a GWB-RefE gelangen. Wettbewerbspolitisch wird generell auf einen qualitativen Unterschied zwischen internem und externem Unternehmenswachstum verwiesen.[1199] Dabei gilt es aber zu bedenken, dass auch internes Wachstum nicht stets allein auf eigener Leistung beruhen muss, sondern auch auf günstigen Umständen oder missbräuchlichem Verhalten beruhen kann.[1200] Dennoch könnte die geplante Entflechtungsregelung theoretisch Gefahr laufen, Innovation und Erfolg am Markt zu bestrafen.[1201] Der Gesetzgeber hat dieser Gefahr Rechnung getragen. Zunächst ist der Anwendungsbereich von § 41a GWB-RefE eingeschränkt und an hohe Eingriffsschwellen geknüpft.

Die Vorschrift verlangt nach § 41a Abs. 1 S. 1 GWB-RefE, dass „auf absehbare Zeit das Fortbestehen dieser Marktbeherrschung zu erwarten" ist. Dabei muss das Bundeskartellamt die Ursache der bestehenden marktbeherrschenden Stellung berücksichtigen.[1202] Damit sind intern gewachsene Unternehmen mit Erfolg am Markt nicht per se der Gefahr einer Entflechtung ausgesetzt. „Junge Marktbeherrscher" auf innovativen Märkten sind von der Entflechtung etwa nicht betroffen.[1203] Darüber hinaus muss das Bundeskartellamt in der Prognose feststellen, dass Entflechtungsmaßnahmen eine konkrete Verbesserung der Wettbewerbsbedingungen erwarten lassen.[1204] Die Behörde muss dafür im Entflechtungsverfahren eine aktuellen Untersuchung des betroffenen Wirtschaftszweigs vorweisen.[1205] Zwangsläufig muss sich das Bundeskartellamt deshalb mit den Wohlfahrtsauswirkungen auseinandersetzen. Die Entflechtung innovativ tätiger Unternehmen würde dabei einen Effizienzverlust darstellen. Inwieweit eine marktbeherrschende Stellung also tatsächlich auf eigener Leistung beruht, ist im Einzelfall festzustellen und zu berücksichtigen. Damit rezipiert die Vorschrift die Erkenntnisse

[1199] Zur Differenzierung zwischen beiden Wachstumsarten, siehe oben Teil 2 § 2 C III 1.

[1200] Im Hinblick auf die praktischen Schwierigkeiten der Kartellbehörden, vermutete Missbräuche gerichtsfest zu beweisen, wäre ein Einfluss missbräuchlichen Verhaltens nicht überraschend. Zu diesem Problem im Energiesektor, siehe oben Teil 1 § 3 C; siehe zum Ganzen auch *Engel*, Die verfassungsrechtliche Zulässigkeit eines Entflechtungstatbestands im Kartellgesetz, S. 64.

[1201] Siehe *Satzky*, WuW 2010, 614, 618; *Herdzina*, Wettbewerbspolitik, S. 184 f., allerdings allgemein im Kontext wettbewerbsgefährdender Marktstrukturen.

[1202] Siehe BMWT, Begr. zum GWB-RefE, S. 12.

[1203] Vgl. *Mundt*, Neue Instrumente zur Beschneidung wirtschaftlicher Macht, S. 30; zum Ganzen, siehe oben Teil 2 § 1 C II 2.

[1204] Siehe dazu oben Teil 2 § 1 C III.

[1205] Dies darf eine Sektoruntersuchung sein, ein vorangegangenes Missbrauchs- oder Fusionskontrollverfahren, siehe BMWT, Begr. zum GWB-RefE, S. 12.

der „Chicago School“ und der neueren industrieökonomischen Forschung.[1206] Diese Ansätze propagieren eine detaillierte Einzelfallbewertung der Wohlfahrtswirkungen, weil sich pauschale Aussagen in empirischen Untersuchungen als zu ungenau erwiesen haben.[1207] Verfassungsrechtlich ist deshalb nicht zu beanstanden, dass § 41a GWB-RefE als abstrakt generelle Regelung intern gewachsene Unternehmen nicht von der Entflechtung ausnimmt. Vielmehr ist die Entflechtungsregelung umgekehrt verhältnismäßig, weil die Vorschrift im Einzelfall verlangt, die Ursachen der Marktbeherrschung und die Wohlfahrtsauswirkungen zu berücksichtigen. Weiterhin muss ein Markt mit erheblicher wirtschaftlicher Bedeutung betroffen sein. Damit steigt zwangsläufig auch der soziale Bezug des Eigentums und damit seine Beschränkungsmöglichkeiten.[1208] Der Gesetzgeber hat deshalb an verschiedenen Stellen berücksichtigt, dass auch innovative Unternehmen eine marktbeherrschende Stellung erreichen können. Aus diesem Grund verlangt § 41a GWB-RefE umfangreiche Prognosen und Bewertungen, die dieser Besonderheit im Einzelfall Rechnung tragen. Die Wertung des Gesetzgebers ist deshalb nicht unvertretbar.

Intern gewachsene Strukturen dürfte das Bundeskartellamt theoretisch auch dann entflechten, wenn sie erst unmittelbar entstanden sind. Anders ist dies bei Vermögensgegenständen, die das Unternehmen durch Fusion erworben hat. Für diese Vermögensstände sperrt § 41a Abs. 2 S. 1 GWB-RefE die Entflechtung für insgesamt fünf Jahre. Der Gesetzgeber verhindert damit, dass Fusionskontrollentscheidungen unterlaufen werden und vermeidet zugleich einen Verstoß gegen das europäische Kartellrecht, für den Fall dass die EU-Kommission die Fusion freigegeben hat.[1209] Allerdings steht auch diese Abwägung nicht außer Verhältnis. Der Gesetzgeber behandelt beide Wachstumsarten grundsätzlich unterschiedlich. Internes Wachstum lässt der Staat unkontrolliert. Der Gesetzgeber billigt es, dass Unternehmen dominante Marktpositionen aus sich selbst heraus erreichen. Anders verhält es sich, wenn Unternehmen das Gleiche durch Fusionen anstreben. Zusammenschlüsse kontrolliert der Staat. In Grenzen steht es dem Gesetzgeber deshalb auch bei der Entflechtung frei, zwischen beiden Wachstumsarten zu differenzieren. Anders als bei Fusionen lässt sich der Zeitpunkt internen Wachstums zudem nur schwer bestimmen.[1210] Dies rechtfertigt es, intern gewachsene Strukturen bei der Entflechtung unterschiedlich zu behandeln.

[1206] Siehe dazu oben Teil 2 § 2 A II 4 c), d).

[1207] Siehe dazu oben Teil 2 § 2 A II 4 c), d).

[1208] *Engel*, Die verfassungsrechtliche Zulässigkeit eines Entflechtungstatbestands im Kartellgesetz, S. 65.

[1209] Zum Konflikt mit vorangegangenen Fusionskontrollentscheidungen, siehe unten Teil 2 § 4 C II 2; zu möglichen Eingriffen in Unionskompetenzen, siehe unten Teil 2 § 5 B.

[1210] Ausführlich dazu MK, SonderGA 58 (2010), Tz. 115.

c) *Entflechtung ist kein Sonderopfer für Unternehmen*

Einige Autoren erachten § 41a GWB-RefE weiter auch als unverhältnismäßig, weil Unternehmen nicht verpflichtet seien, ihre Konkurrenten zu fördern.[1211] Die Kritiker behaupten, die Entflechtung sei ein Sonderopfer für Unternehmen, das jenseits der Handlungssphäre und außerhalb ihrer Verantwortung liege.[1212] Im deutschen Recht gibt es dieser Ansicht nach keine „Marktstrukturverantwortung“ für Unternehmen.[1213] Diese Argumentationslinie verkennt aber die besonderen Verhaltenspflichten in der Missbrauchskontrolle und die Begrenzung des externen Wachstums durch die Fusionskontrolle.[1214] Es überzeugt überdies bereits vom Ansatzpunkt nicht, mit „Verantwortlichkeiten“ zu argumentieren. Dem Kartellrecht geht es nicht darum, Konkurrenz als Selbstzweck zu fördern, sondern um wirksamen Wettbewerb aufrechtzuerhalten.[1215] In Übereinstimmung dazu zielt § 41a GWB-RefE darauf ab, die Funktionsfähigkeit wichtiger Märkte im Allgemeininteresse zu sichern.[1216] Der Entflechtungseingriff geschieht vor allem zum Vorteil der Marktgegenseite, der Verbraucher, aber auch der Unternehmen selbst. Deshalb ist auch diese Wertung des Gesetzgebers vertretbar.

d) *Angemessener Anspruch des Unternehmens auf Ausgleich*

Das entflochtene Unternehmen erhält den Verkaufserlös als Kompensation, wenn das Bundeskartellamt anordnet, Vermögensteilen zu veräußern.[1217] Damit verringert § 41a GWB-RefE die Belastungen, die durch den Entflechtungseingriff entstehen. Diese Kompensation könnte beeinflussen, ob die Regelung zumutbar ist. Die Bewertung der Zumutbarkeit hängt wieder davon ab, ob der Staat nicht bereits verfassungsrechtlich verpflichtet ist, den Eingriff auszugleichen. Für Inhalts- und Schrankenbestimmungen muss der Staat die Eigentümer grundsätzlich nicht entschädigen, weil es keine Bestandswertgarantie für das Gesamtvermögen gibt.[1218] Es ist deshalb ohne Ausgleich hinzunehmen, wenn der Staat das Vermögen teilweise entzieht. Eine Entschädigung muss der Staat allerdings dann gewähren, wenn der Eingriff so schwer wiegt, dass er ansonsten unzumutbar wäre.[1219] Dabei entscheidet nicht die Eingriffstiefe

---

[1211] *Nettesheim/Thomas*, Entflechtung im deutschen Kartellrecht, S. 122.
[1212] *Nettesheim/Thomas*, Entflechtung im deutschen Kartellrecht, S. 122 f.
[1213] *Satzky*, WuW 2010, 614, 619 f.
[1214] Siehe dazu oben Teil 2 § 2 C II, III.
[1215] Zum Problem des unbestimmten Wettbewerbsbegriff und seine Festlegung durch die praktische Wettbewerbspolitik, siehe oben Teil 2 § 2 A, B.
[1216] Sie oben Teil 2 § 1 C; dazu auch BMWT, Begr. zum GWB-RefE, S. 12.
[1217] BMWT, Begr. zum GWB-RefE, S. 6.
[1218] Maunz/Dürig/*Papier*, GG, Art. 14 Rn. 378a m.w.N.
[1219] BVerfGE 14, 263, 283.

allein, sondern auch die Abwägung der öffentlichen und privaten Interessen.[1220] Eine Entschädigungspflicht ist differenziert nach der Entflechtungsart zu beurteilen.

Eine Kompensationspflicht ist zu verneinen, wenn die Entflechtung ohne Übertragung von Vermögensgegenständen an Dritte auskommt.[1221] Die Entflechtung begünstigt aber nicht mehr nur die Allgemeinheit, wenn Dritte Vermögensgegenstände des entflochtenen Unternehmens erhalten.[1222] Unter Wertungsgesichtspunkten ist dann eine Ausgleichspflicht zu bejahen, ansonsten bekämen die Empfänger die jeweiligen Vermögensgegenstände quasi „geschenkt".[1223] Bei der Entflechtung nach § 41a GWB-RefE erhalten die entflochtenen Unternehmen den Verkaufserlös, wenn der Gegenstand veräußert wird. Verschiedene Autoren streiten darüber, ob darin eine Kompensation für den Eingriff liegen kann und inwieweit diese in der Höhe ausreicht.[1224] Das BVerfG hat jedoch in anderem Zusammenhang entschieden, dass der Gesetzgeber die Art der Entschädigung selbst zu entscheiden habe.[1225] Neben Geld kommen auch andere Werte wie „Ersatzland" oder „Rechte" in Betracht.[1226] Deshalb ist auch der Verkaufserlös grundsätzlich als Ausgleich für die Entflechtungsmaßnahme geeignet. An der Angemessenheit lässt sich nur dann zweifeln, wenn das Unternehmen den Vermögensteil weit unter Wert veräußern muss. Bei Zwangsversteigerungen von Grundstücken ist dieses Problem bekannt.[1227] § 817a ZPO sieht bei der Versteigerung von beweglichen Sachen eine Mindesterlösgrenze von der Hälfte des gewöhnlichen Werts vor. Diese Grenze hat das BVerfG bislang nicht beanstandet.[1228] § 41a Abs. 5 S. 2 GWB-RefE sieht diese Grenze für den Fall des Zwangsverkaufs ebenfalls vor. Eine Unverhältnismäßigkeit ist deshalb nicht ersichtlich.

[1220] *Engel*, Die verfassungsrechtliche Zulässigkeit eines Entflechtungstatbestands im Kartellgesetz, S. 67 m.w.N.

[1221] *Engel*, Die verfassungsrechtliche Zulässigkeit eines Entflechtungstatbestands im Kartellgesetz, S. 67; zustimmend für bloß umgestaltende Entflechtungsmaßnahmen *Scholz*, Entflechtung und Verfassung, S. 175 ff.

[1222] *Engel*, Die verfassungsrechtliche Zulässigkeit eines Entflechtungstatbestands im Kartellgesetz, S. 67 f.

[1223] *Engel*, Die verfassungsrechtliche Zulässigkeit eines Entflechtungstatbestands im Kartellgesetz, S. 67 f.

[1224] Dagegen *F. Becker*, ZRP 2010, 105, 107, der Entflechtung jedoch als Enteignung einordnet; *Nettesheim/Thomas*, Entflechtung im deutschen Kartellrecht, S. 125 ff.; zweifelnd *Bechtold*, BB 2010, 451, 453; dafür *Engel*, Die verfassungsrechtliche Zulässigkeit eines Entflechtungstatbestands im Kartellgesetz, S. 68.

[1225] BVerfGE 24, 367, 419.

[1226] BVerfGE 24, 367, 419.

[1227] Kritisch zum Vergleich der Entflechtung mit der Zwangsversteigerung *Nettesheim/Thomas*, Entflechtung im deutschen Kartellrecht, S. 127 f.

[1228] So bereits BMWT, Begr. zum GWB-RefE, S. 18.

II. Vertrauensschutz

Der Staat könnte mit der Entflechtungsregelung schutzwürdige Interessen von Unternehmenseigentümern beeinträchtigen.[1229] Art. 20 GG bzw. Art. 14 Abs. 1 S. 1 GG schützen das Vertrauen „in die Beständigkeit staatlicher Regelungen".[1230] § 41a GWB-RefE berührt das Vertrauen der Eigentümer in zweifacher Hinsicht: Einerseits erlaubt die Regelung, marktbeherrschende Stellungen zu entflechten, die bereits bestanden, bevor § 41a GWB-RefE erlassen wurde. Andererseits erfasst die Vorschrift auch Unternehmen, die durch Fusion, also mit Zustimmung der Kartellbehörden, gewachsen sind.[1231]

1. Bestand bereits bestehender Marktpositionen

Tatsächlich erlaubt § 41a GWB-RefE, bereits bestehende marktbeherrschende Stellungen zu entflechten. Dies ist zulässig, denn der Gesetzgeber greift damit nicht in abgeschlossene, sondern in zukünftige Vorgänge ein.[1232] Der Staat beurteilt dabei die gegenwärtigen und weiterhin zu erwartenden Wettbewerbswirkungen. Die geplante Entflechtungsregelung knüpft deshalb nicht allein an die marktbeherrschenden Stellungen der Vergangenheit an, sondern an ihre heutige und zukünftige Existenz. Der Gesetzgeber verbietet damit nicht marktbeherrschende Stellungen als solche. Nach wie vor ist es zulässig, dominante Marktpositionen einzunehmen und auszubauen. Der Gesetzgeber enttäuscht allenfalls ein Vertrauen der Eigentümer, die erwarten, dass das Kartellrecht ihre Marktmacht nicht abbaut. Spätestens mit Novellierung der Entflechtungsbefugnis in § 32 Abs. 2 GWB – wenn nicht sogar durch die alte Fassung der Vorschrift – müssen die Eigentümer aber mit dem Gegenteil rechnen.[1233] Sofern Unternehmen ihre Marktmacht missbrauchen, müssen sie somit auch mit Entflechtungsmaßnahmen rechnen. Unabhängig davon wäre ein etwaiges Vertrauen der Eigentümer auf den Bestand ihre marktbeherrschenden Stellungen nicht schutzwürdig. Aus der Missbrauchskontrolle konnten die Unternehmen nicht zulässigerweise den Schluss ziehen, dass der Gesetzgeber marktbeherrschende Stellungen hinnimmt oder billigt.[1234] Im Gegenteil hat der Gesetzgeber marktstarke

[1229] MK, SonderGA 58 (2010), Tz. 110 ff.; *Engel*, Die verfassungsrechtliche Zulässigkeit eines Entflechtungstatbestands im Kartellgesetz, S. 35; *Nettesheim/Thomas*, Entflechtung im deutschen Kartellrecht, S. 128 ff.

[1230] MK, SonderGA 58 (2010), Tz. 110.

[1231] Zur Differenzierung zwischen externem und internem Wachstum, siehe oben Teil 2 § 2 C III.

[1232] MK, SonderGA 58 (2010), Tz. 110 verweist auf eine „unechte Rückwirkung".

[1233] Ausführlich zu dieser Regelung und der Zulässigkeit „struktureller Maßnahmen" vor der Gesetzesnovelle, siehe oben Teil 2 § 1 B III.

[1234] Siehe dazu oben Teil 2 § 2 C II.

und marktbeherrschende Unternehmen gerade einer strengeren Verhaltenskontrolle unterworfen.[1235] Gegen ein schutzwürdiges Vertrauen in die Zulässigkeit marktbeherrschender Stellungen aufgrund der §§ 19, 20 GWB spricht auch das Ziel dieser Vorschriften, vorwiegend das Marktverhalten zu kontrollieren.[1236] Aus diesem Grund legen §§ 19, 20 GWB marktstarken und marktbeherrschenden Unternehmen erhöhte Verhaltenspflichten auf. Noch weniger begründen diese Regelungen deshalb ein Vertrauen in die Tatsache, dass der Gesetzgeber marktbeherrschende Stellungen in der Zukunft nicht abbaut. Die kritische Haltung gegenüber marktbeherrschenden Unternehmen zeigt der Gesetzgeber auch durch die Fusionskontrolle gem. §§ 35 ff. GWB, die wettbewerbsbeschränkende Marktstellungen zu verhindern versucht.[1237] Folglich enttäuscht der Gesetzgeber mit der Entflechtung nach § 41a GWB-RefE kein schützenswertes Vertrauen.

2. Bestand fusionierter Unternehmen

Die Entflechtungsregelung könnte das Vertrauen von Unternehmenseigentümern in kartellbehördliche Entscheidungen enttäuschen.[1238] Das Gesetz verpflichtet die Kartellbehörden, mögliche Auswirkungen einer Fusion auf den Wettbewerb zu überprüfen. Die Wettbewerbsbehörden verhängen insbesondere dann ein Zusammenschlussverbot,[1239] wenn nach der konkreten Vorhersage ein marktbeherrschendes Unternehmen entsteht oder ein solches seine marktbeherrschende Stellung verstärkt. Ansonsten geben die Behörden die Fusion frei.[1240] Prognosen können sich dabei im Nachhinein stets als falsch herausstellen. Womöglich verhilft der Zusammenschluss dem Unternehmen doch zu einer marktbeherrschenden Stellung. Nach der Freigabe fehlte den Kartellbehörden dagegen bislang eine rechtliche Handhabe. § 41a GWB-RefE verändert diese Situation. Das Bundeskartellamt wäre berechtigt, dem Unternehmen Entflechtungsmaßnahmen aufzugeben, wenn es eine dauerhaft vermachtete Marktstruktur feststellt.

Eine Entflechtungsmaßnahme nach § 41a GWB-RefE enttäuscht möglicherweise die Eigentümer in ihrem Vertrauen auf eine vorangegangene

---

[1235] Zur Missbrauchskontrolle im GWB, siehe oben Teil 2 § 2 C II.

[1236] Zum Überschneidungsbereich mit der Fusionskontrolle, siehe oben Teil 2 § 2 C II 2 a).

[1237] Zur Fusionskontrolle im GWB, siehe oben Teil 2 § 2 C II.

[1238] MK, SonderGA 58 (2010), Tz. 110 ff.; *Engel*, Die verfassungsrechtliche Zulässigkeit eines Entflechtungstatbestands im Kartellgesetz, S. 35; *Nettesheim/Thomas*, Entflechtung im deutschen Kartellrecht, S. 128 ff.

[1239] Zur Übernahme des SIEC-Tests in das GWB und die Folgen, siehe oben Teil 2 § 2 B II 2.

[1240] Siehe §§ 36 Abs. 1, 40 Abs. 1, 2 GWB.

Fusionskontrollentscheidung. In diesem Verfahren hat die Behörde die möglichen Auswirkungen des Zusammenschlusses auf die Wettbewerbsverhältnisse prognostiziert. Dabei hat die Kartellbehörde diese Auswirkungen für wettbewerblich unproblematisch erachtet und den Zusammenschluss freigegeben. Die Entflechtung wiederum knüpft gem. § 41a Abs. 1 S. 1 GWB-RefE maßgeblich an die marktbeherrschende Stellung des Unternehmens an. Damit könnte eine Entflechtungsmaßnahmen gerade diejenige Unternehmensstruktur verändern, die durch den Zusammenschluss entstanden ist. Auf diesem Weg könnten Entflechtungen somit vorangegangene Fusionskontrollentscheidungen faktisch rückgängig machen. Im Folgenden ist aufgrund der Richtung und der Reichweite der fusionsrechtlichen Kontrolle zu unterscheiden, in welchem Ausmaß Unternehmen berechtigterweise auf Freigabeentscheidungen vertrauen dürfen.

a) Zielrichtung und Reichweite der Fusionskontrolle

Die Zusammenschlusskontrolle überprüft die Marktstruktur nur einmalig und präventiv. Die Behörden überprüfen dabei isoliert die Auswirkungen des fraglichen Fusionsvorhabens. Die Rechtsprechung des BGH unterscheidet in diesem Kontext zwischen den Auswirkungen „mit" und „durch" den Zusammenschluss.[1241] Die Auswirkungen „mit" dem Zusammenschluss treten sofort ein, die „durch" den Zusammenschluss erst später. Die Prognose nach § 36 Abs. 1 GWB berücksichtigt die längerfristigen Folgen daher nur, wenn konkret nachweisbare Umstände „mit hoher Wahrscheinlichkeit" nahelegen, dass sich die Wettbewerbswirkungen „alsbald verändern".[1242] Allein die individuelle Prognose offenbart deshalb, inwieweit die Kartellbehörden bereits zum Zeitpunkt des Zusammenschlusses über Anhaltspunkte verfügten, die eine Konzentration des Marktes möglich erscheinen ließen. Fehler in der Prognose sind zwar möglich, die Wettbewerbssituation kann sich aber ebenso gut unvermittelt verändert haben. Generell enttäuscht der Gesetzgeber damit also nicht das Vertrauen in die Freigabeentscheidung.

b) Kein unmittelbarer Zusammenhang zwischen Fusionskontrolle und Entflechtung

Entflechtungsentscheidungen stehen zudem nicht in einem unmittelbaren Zusammenhang mit der Fusionskontrolle.[1243] Mit § 41a GWB-RefE ergänzt der Gesetzgeber vielmehr die bislang präventive Marktstruktur-

[1241] BGH WuW/E BGH 1501, 1506 f. – *Kfz-Kupplungen.*
[1242] BGH WuW/E BGH 1501, 1506 f. – *Kfz-Kupplungen.*
[1243] Zu den Unterschieden zwischen Entflechtung und Fusionskontrolle, siehe oben Teil 2 § 2 C III.

kontrolle um ein weiteres Instrument. Die Entflechtung dient der laufenden Marktstrukturkontrolle im Interesse kompetitiver Marktstrukturen. Der Staat beabsichtigt den Erlass von § 41a GWB-RefE nicht, um isoliert die Auswirkungen einzelner Zusammenschlüsse zu korrigieren, sondern um insgesamt funktionierenden Wettbewerb herzustellen. In der Folge wählt der Gesetzgeber einen breiten Prüfungsansatz. Das Bundeskartellamt analysiert die Wettbewerbssituation für den gesamten Markt. Notwendigerweise haben auch die Freigabeentscheidungen der Fusionskontrolle die Marktstruktur beeinflusst.

Womöglich haben der Zusammenschluss und seine Folgen auch zur Konzentrationsentwicklung beigetragen. Auf die Auswirkungen der betreffenden Fusionsfreigabe kommt es dem Gesetzgeber dabei aber nicht entscheidend an. Die Marktstruktur könnte auf ganz anderen Gründen beruhen, die auch eine Rückentflechtung nicht beseitigt.[1244] Deshalb erfassen die Abhilfemaßnahmen neben der eigentumsrechtlichen Trennung auch lediglich gesellschaftsrechtliche oder organisatorische Maßnahmen.[1245]

Fusionskontrolle und Entflechtung überprüfen die Marktstruktur mit einem unterschiedlichen Ziel und in einem unterschiedlichen Umfang. Das trennt beide Instrumente und dennoch überschneiden sie sich zwangsläufig. Das Vertrauen in Freigabeentscheidungen sperrt Entflechtungen jedoch nicht vollständig. Die Fusionskontrolle versucht, Marktstrukturgefährdungen präventiv zu verhindern. Mit der Freigabeentscheidung sieht die Behörde nur eine geringe Gefahr, dass das Unternehmen durch die Fusion marktbeherrschend wird. Die Wettbewerbsbehörde trägt dabei das Prognoserisiko.[1246] Wenn sich die Behörde täuscht, darf sie den Zusammenschluss dennoch nicht rückentflechten. Dessen ungeachtet müssen die Unternehmen aber gleichwohl mit neuen repressiven gesetzlichen Kartellrechtsinstrumenten rechnen, die sich auch auf ihre Marktmacht beziehen können.[1247] Deshalb darf der Gesetzgeber mit neuen Regelungen auch bestehende Machtpositionen abbauen. Dafür knüpft der Staat an die vermachtete Marktstruktur insgesamt an, im Interesse des Wettbewerbs. Die Prognose der Fusionskontrolle schafft deshalb kein schutzwürdiges Vertrauen, dass der Gesetzgeber marktbeherrschende Stellungen in ihrem Bestand garantiert.

[1244] Beispielsweise neue Produktentwicklungen oder Schutzrechte wie Patente.

[1245] Zu den Entflechtungsmöglichkeiten, siehe oben Teil 2 § 1 C III.

[1246] *Nettesheim/Thomas*, Entflechtung im deutschen Kartellrecht, S. 159; *Uhlig*, Zusagen, Auflagen und Bedingungen im Fusionskontrollverfahren, S. 220.

[1247] Zur fehlenden Schutzwürdigkeit eines Vertrauens in den Bestand der marktbeherrschenden Stellung, siehe oben Teil 2 § 4 C II 1.

c) *Schutz von Fusionskontrollentscheidungen durch zeitlich befristete Entflechtungssperre*

Gleichwohl berücksichtigt der Gesetzgeber auch im Entflechtungsverfahren ein etwaiges Vertrauen auf die vorangegangene Prognose im Fusionskontrollverfahren. Alle durch Fusion erworbenen Unternehmensteile sperrt § 41a Abs. 2 S. 1 GWB-RefE für fünf Jahre von einer Entflechtung. In dieser Zeit erscheint eine Entflechtung ohnehin abwegig, weil das Bundeskartellamt die Wettbewerbssituation plötzlich gegenteilig, das heißt als dauerhaft vermachtet bewerten müsste. Mit zunehmender Zeit verändern sich die Märkte aber und mit ihnen die Unternehmen. Etwaige Entflechtungsverfahren betreffen dann nicht mehr die Wettbewerbsbedingungen der kartellbehördlichen Prognose, denn dafür müssten sie statisch, also unveränderlich bleiben.[1248] Die Interessen der Eigentümer und ihr Vertrauen in die Prognoseentscheidung bleiben damit durch die geplante Entflechtungsregelung hinreichend gewahrt. Insgesamt berücksichtigt § 41a GWB-RefE somit Vertrauensschutzaspekte in ausreichendem Umfang.

III. Zwischenergebnis

Der Gesetzgeber hat die geplante Entflechtungsregelung verhältnismäßig ausgestaltet. Die Entflechtungsregelung verfolgt dabei den legitimen Zweck, funktionierenden Wettbewerb auf vermachteten Märkten zu schaffen. Die Regelung ist dafür auch geeignet, auch wenn sich der Nutzen von Entflechtungsmaßnahmen nicht empirisch belegen lässt. Insoweit kann sich der Gesetzgeber auf eine breite Meinungsgruppe im Spektrum der wettbewerbspolitischen Diskussion berufen.[1249] Der Gesetzgeber verfügt dabei auch nicht über ein gleich geeignetes und dabei milderes Mittel, um auf vermachteten Märkten die strukturellen Voraussetzungen für wirksamen Wettbewerb zu schaffen. Eine verhaltensbedingte Entflechtung nach § 32 Abs. 2 GWB n.F. verfolgt bereits ein anderes Ziel als § 41a GWB-RefE. Die verhaltensbedingte Entflechtung setzt einen vorangegangenen Marktmachtmissbrauch voraus und ist in ihrer Reichweite darauf beschränkt, den festgestellten Missbrauch abzustellen.[1250] Verschärfte Fusionskontrollvorschriften sind ebenfalls kein gleich geeignetes Mittel, weil sie nur eine weitere Vermachtung der

---

[1248] MK, SonderGA 58 (2010), Tz. 115, 119 *Engel*, Die verfassungsrechtliche Zulässigkeit eines Entflechtungstatbestands im Kartellgesetz, S. 35 f.

[1249] Zu den verschiedenen wettbewerbspolitischen Strömungen, siehe oben Teil 2 § 2 A I.

[1250] Zur Zulässigkeit und Reichweite von strukturellen Maßnahmen gem. § 32 Abs. 2 GWB, siehe oben Teil 2 § 1 B III 2.

Märkte verhindern könnten. Die Erosion von Marktmacht durch einen staatlichen Eingriff ist aber das erklärte Ziel von § 41a GWB-RefE.

Die benannte Entflechtungsregelung ist darüber hinaus auch angemessen. Der Gesetzgeber hat § 41a GWB-RefE differenziert ausgestaltet und entwertet das unternehmerische Eigentum nicht grundsätzlich. Das Bundeskartellamt muss auf Grundlage des Verhältnismäßigkeitsgrundsatzes entscheiden, ob nach § 41a Abs. 1 S. 1 GWB-RefE bestimmte Unternehmensteile zu veräußern oder auf sonstige Weise zu verselbstständigen sind. Eigentumsentziehende Entflechtungsmaßnahmen sind gegenüber den sonstigen Maßnahmen die „ultima ratio". Zulässigerweise hat der Gesetzgeber durch Fusion, aber auch intern gewachsene Unternehmen der Entflechtung nach § 41a GWB-RefE unterworfen. Internes Wachstum beruht erstens nicht per se allein auf eigener Leistung und zweitens muss das Bundeskartellamt die Ursache der Marktbeherrschung in ihrer Analyse der Wettbewerbsbedingungen berücksichtigen. Entflechtungsmaßnahmen, die innovative Unternehmen treffen, dürften volkswirtschaftlich nicht sinnvoll und deshalb bereits ungeeignet sein, die Wettbewerbsverhältnisse zu verbessern. Entflechtungsmaßnahmen sind darüber hinaus auch kein Sonderopfer für die betroffenen Unternehmen. Der Entflechtungseingriff erfolgt diesbezüglich unter der wettbewerbspolitisch zulässigen Prämisse, dass funktionierender Wettbewerb letztlich allen Marktteilnehmern zum Vorteil gereicht.[1251] Die vorgesehene Kompensation des entflochtenen Unternehmens durch den Verkaufserlös ist sowohl generell als auch in der Höhe angemessen. Die geplante Entflechtungsregelung berücksichtigt auch etwaige Vertrauensschutzaspekte hinreichend. Zunächst rechtfertigt das geltende GWB mit seiner kritischen Haltung gegenüber Marktmacht kein schützenswertes Vertrauen in den Bestand bestehender marktbeherrschender Stellungen. Das Vertrauen von Eigentümern in den Bestand fusionierter Unternehmen schützt die geplante Entflechtungsregelung hingegen für eine Dauer von fünf Jahren. Dieser Zeitraum ist angemessen, nachdem die Wettbewerbsverhältnisse nicht statisch sind, sondern sich in der Wirklichkeit laufend verändern.

D. Zusammenfassung

Die vorgeschlagene Entflechtungsregelung ist mit Art. 14 GG vereinbar. Die eigentumsrechtliche Entflechtung auf Grundlage von § 41a GWB-RefE greift zwar tief in den Schutzbereich von Art. 14 GG ein, allerdings ist dieser Eingriff verfassungsrechtlich gerechtfertigt und damit zulässig.

[1251] Zur wettbewerbspolitischen Bedeutung der Marktstrukturen, siehe oben Teil 2 § 2 A II.

Nach den vorstehenden Ausführungen handelt es sich bei der geplanten Entflechtungsregelung um eine zulässige Inhalts- und Schrankenbestimmung gem. Art. 14 Abs. 1 S. 2 GG. Andere Untersuchungen kommen bezüglich des Instruments der Entflechtung allgemein zu einem gegenteiligen Ergebnis. Bislang fehlt jedoch eine höchstrichterliche Auseinandersetzung mit und eine Entscheidung über die verfassungsrechtliche Zulässigkeit von Entflechtungen. Diese Unsicherheit belastet nicht nur das vorgeschlagene Entflechtungsinstrument. Vielmehr ist damit zu rechnen, dass etwaige Entflechtungsanordnungen durch das Bundeskartellamt gerichtlich angegriffen und insoweit überprüft werden. Es drohen deshalb langwierige Verfahren mit ungewissem Ausgang. Entscheidend wird es in diesen Verfahren auf die Verhältnismäßigkeit der angeordneten Entflechtungsmaßnahmen ankommen. Die rechtliche Zulässigkeit und die Reichweite dieser Maßnahmen lassen sich deshalb nur mit Schwierigkeiten abstrakt und allgemein bestimmen. Die wirtschaftliche Effizienz einer Entflechtungsmaßnahme und ihre verfassungsrechtliche Zulässigkeit stehen dabei in einem engem Zusammenhang. Es ist eine Frage des Einzelfalls, inwieweit bestimmte Marktstrukturen zu Wohlfahrtsverlusten führen. Deshalb ist es eine Frage des Einzelfalls, in welchem Verhältnis sich die Allgemeinwohlinteressen und die Interessen des betroffenen Eigentümers gegenüberstehen. Die nachträgliche gerichtliche Klärung einer kartellbehördlichen Entflechtungsentscheidung hat einen gravierenden Nachteil. Der Vollzug der Entflechtungsanordnung ist bis zur Entscheidung nach § 64 Abs. 1 GWB-RefE grundsätzlich gesperrt. Nach einem Entflechtungsverfahren, das mehrere Jahre dauern kann, schließt sich dann eine gerichtliche Untersuchung an, die nochmal den gleichen Zeitraum in Anspruch nehmen kann. Entsprechende Verfahren werden das Bundeskartellamt zwangsläufig zeitlich und personell stark beanspruchen. Allein diese Belastungen legen einen restriktiven Einsatz des neuen Entflechtungsinstruments nahe. Auf Märkten mit einer zentralen Bedeutung für die Versorgung der Allgemeinheit gilt es, das Risiko einer gerichtlichen Niederlage allerdings nicht zu scheuen. Wenn die Voraussetzungen für eine Entflechtungsmaßnahme nach § 41a GWB-RefE vorliegen, dann sollte das Bundeskartellamt diese nach einem ordnungsgemäßen Verfahren auch anordnen. Eine praktikable wettbewerbsbehördliche Entflechtungspraxis kann sich nur dann herausbilden, wenn das Bundeskartellamt das Entflechtungsinstrument tatsächlich einsetzt und den verfassungsrechtlich zulässigen Rahmen mit Hilfe der Rechtsprechung absteckt.

§ 5. Vereinbarkeit mit dem EU-Wettbewerbsrecht

Die Europäische Gemeinschaft hat sich von einem primär wirtschaftsliberalen Zweckverband zu einer „Europäischen Union“ fortentwickelt. In der Auseinandersetzung mit Entflechtung gewinnt ihre europarechtliche Dimension deshalb zunehmend an Bedeutung. Dabei hat die Union als „staatsähnlicher Verbund“ immer mehr Kompetenzen hinzugewonnen.[1252] Auch deswegen stehen das deutsche und europäische Kartellrecht in einem Spannungsverhältnis. Art und Reichweite der Unionskompetenzen bestimmen darüber, ob und in welchem Umfang der nationale Gesetzgeber überhaupt noch selbst Kartellrechtsvorschriften erlassen kann. Es gilt folglich zu untersuchen, ob und inwieweit § 41a GWB-RefE mit dem EU-Wettbewerbsrecht vereinbar ist. Ein Verstoß ist in zweifacher Weise denkbar: Möglicherweise hat der deutsche Gesetzgeber seine Kompetenz für die Entflechtung bereits vollständig an die Union verloren. Es würde dann eine Missachtung des europäischen Rechts darstellen, § 41a GWB-RefE zu erlassen. Der Gesetzgeber könnte mit der Regelung zudem auch eine bestehende Kompetenz überschreiten. Dabei verstieße das deutsche GWB gegen das Unionsrecht, wenn die geplante Vorschrift in ihrer Reichweite materiell in Regelungsbereiche eingreifen würde, die der Europäischen Union vorbehalten sind.

A. Verstoß gegen eine Unionskompetenz für Entflechtung

Prinzipiell ist der deutsche Gesetzgeber umfassend zuständig und somit nach Art. 74 Abs. 1 Nr. 11, 16 GG grundsätzlich ermächtigt, § 41a GWB-RefE als Bundesgesetz zu erlassen.[1253] Etwas anderes könnte jedoch gelten, wenn Deutschland seine Zuständigkeit für Entflechtungen inzwischen teilweise oder vollständig an die Europäische Union übertragen hat. Problematisch ist, dass sich im Kartellrecht nur schwer erkennen lässt, wie die Kompetenzen zwischen der Union und den Mitgliedsstaaten verteilt und abgegrenzt sind.[1254] Der Vertrag von Lissabon hat in Art. 2 ff. AEUV – über das Wettbewerbsrecht hinaus – eine klare Kom-

[1252] *Nettesheim/Thomas*, Entflechtung im deutschen Kartellrecht, S. 148.
[1253] Zur Allzuständigkeit und den Grenzen, siehe Maunz/Dürig/*Korioth*, GG, Art. 30 Rn. 9.
[1254] Im Bezug auf Art. 3 Abs. 1 lit. b AEUV, vgl. Calliess/Ruffert/*Calliess*, EUV/AEUV, Art. 3 Rn. 6 ff.; Grabitz/Hilf/Nettesheim/*Nettesheim*, Das Recht der Europäischen Union, Art. 3 Rn. 12; zum „Kompentenzwirrwarr“ vor dem Reformvertrag von Lissabon, siehe *Wuermeling*, EuR 2004, 216, 218 f.

petenzabgrenzung versucht.[1255] Art. 3 Abs. 1 lit. b) AEUV erklärt ausschließlich die Union dafür zuständig, diejenigen Wettbewerbsregeln festzulegen, die für einen funktionierenden Binnenmarkt „erforderlich" sind. Dadurch hat der deutsche Gesetzgeber nach Ansicht einiger Autoren seine Berechtigung für die Entflechtung eingebüßt und kann § 41a GWB-RefE nicht mehr erlassen.[1256] Ob die Entflechtung tatsächlich unter diese ausschließliche Unionskompetenz fällt, lässt sich jedoch nicht direkt anhand von Art. 3 AEUV entscheiden. Die Vorschrift ist selbst keine Kompetenznorm,[1257] sondern listet nur „schlagwortartig"[1258] die Sachbereiche auf, die einer ausschließlichen Zuständigkeit unterfallen.[1259] Deshalb kann Art. 3 Abs. 1 lit. b) AEUV auch nur solche Wettbewerbsregelungen betreffen, für die bereits eine Unionskompetenz besteht. Art. 2 Abs. 6 AEUV bestätigt dieses Ergebnis.[1260] Diese Vorschrift stellt ausdrücklich klar, dass die „Bestimmungen der Verträge" sowohl den Umfang als auch die Einzelheiten zur Kompetenzausübung enthalten. Die Auseinandersetzung mit Entflechtung muss deshalb zunächst auf materiellrechtlicher Ebene geführt werden. Dazu gilt es die Rechtsquellen des europäischen Kartellrechts daraufhin zu untersuchen, ob sie der Union auch den Bereich der Entflechtung zuweisen. Erst im Anschluss folgen deshalb kritische Überlegungen darüber, welche Bedeutung Art. 3 AEUV in der Entflechtungsdiskussion tatsächlich zukommt.

I. Rechtsquellen für eine europäische Entflechtungskompetenz

Eine einheitliche primärrechtliche Kartellrechtsordnung fehlt bislang. Das EU-Wettbewerbsrecht hat deshalb verschiedene Rechtsquellen. Unmittelbar in den europäischen Verträgen ist das Kartellverbot und die Missbrauchskontrolle geregelt. Unternehmen ist durch Art. 101 AEUV verboten, Kartelle zu bilden, und nach Art. 102 AEUV untersagt, eine

[1255] Siehe Artt. 2 ff. Vertrag von Lissabon zur Änderung des Vertrags über die Europäische Union und des Vertrags zur Gründung der Europäischen Gemeinschaft, unterzeichnet in Lissabon am 13. 12. 2007, ABl. C 306 vom 17. Dezember 2007, S. 1 ff.

[1256] *Nettesheim/Thomas*, Entflechtung im deutschen Kartellrecht, S. 145 ff., 157; ähnlich, aber im Zusammenhang mit Art. 102 AEUV *Roth*, in: FS Möschel, S. 509.

[1257] Grabitz/Hilf/Nettesheim/*Nettesheim*, Das Recht der Europäischen Union, Art. 2 Rn. 10.

[1258] Grabitz/Hilf/Nettesheim/*Nettesheim*, Das Recht der Europäischen Union, Art. 2 Rn. 7.

[1259] Calliess/Ruffert/*Calliess*, EUV/AEUV, Art. 3 Rn. 3.

[1260] Alles andere verstieße zudem gegen das Prinzip der „begrenzten Einzelermächtigung" nach Art. 5 Abs. 1 S. 1, Abs. 2 S. 1 EUV; siehe dazu Grabitz/Hilf/Nettesheim/*Bast/von Bogdandy*, Das Recht der Europäischen Union, Art. 5 EUV Rn. 5, 13 f.

marktbeherrschende Stellung zu missbrauchen. Ausdrücklich ermächtigen die europäischen Verträge die Union weder dazu, Entflechtungsmaßnahmen zu ergreifen noch eine sekundärrechtliche Entflechtungsregelung zu erlassen. Damit fehlt eine entsprechende Kompetenz aber nicht zwangsläufig, weil auch die Zusammenschlusskontrolle nicht explizit geregelt ist. Mit der FKVO[1261] ist die Zusammenschlusskontrolle dennoch Teil des europäischen Kartellrechts. Die Rechtsgrundlagen der FKVO könnten entscheidende Hinweise liefern, wie die Kompetenzen für Entflechtungen verteilt sind. Dies liegt daran, dass Entflechtung und Fusionskontrolle die gleiche wettbewerbspolitische Wurzel teilen.[1262] Beide Instrumente sind systematisch wie wettbewerbspolitisch der Strukturkontrolle zuzuordnen und könnten deshalb grundsätzlich auf die gleichen Kompetenzvorschriften gestützt werden. Womöglich ermächtigen diese Vorschriften die Union sogar, eine Entflechtungsregelung zu erlassen. Im Kern ist damit die Frage verbunden, wie die Strukturkontrolle auf europäischer Ebene verankert ist. Dies gilt es im Folgenden herauszuarbeiten.

Der erste Ansatzpunkt ist die Verhaltenskontrolle, wenngleich das der klassischen wettbewerbspolitischen Systematik widerspricht. Dieses Vorgehen ist historisch begründet. Bevor die Gemeinschaft im Jahr 1989 die erste FKVO erließ, hat die EG-Kommission einige Zusammenschlussentscheidungen auf Artt. 85, 86 EWGV (nunmehr Artt. 101, 102 AEUV) gestützt.[1263] Das Augenmerk gilt zunächst diesen Vorschriften und erst anschließend der eigentlichen Rechtsgrundlage der FKVO.

1. Verhaltenskontrolle durch Artt. 101, 102 AEUV

Die Verhaltenskontrolle wird im europäischen Kartellrecht vor allem durch Artt. 101, 102 AEUV gewährleistet. Alle Arten von bewusstem und gewolltem Zusammenwirken von Unternehmen mit wettbewerbsbeeinträchtigendem Charakter verbietet Art. 101 AEUV.[1264] Die genannte Vorschrift erfasst damit nur das Marktverhalten.[1265] Zusätzlich unter-

[1261] Derzeit VO 139/2004/EG des Rates vom 20. Januar 2004 über die Kontrolle von Unternehmenszusammenschlüssen, ABl. L 24 vom 29. Januar 2004, S. 1 ff.; zuvor VO 4064/89/EG des Rates vom 21. Dezember 1989 über die Kontrolle von Unternehmenszusammenschlüssen, ABl. L 395 vom 30. Dezember 1989, S. 1 ff.

[1262] Zur wettbewerbspolitischen Trennung von Verhaltens- und Strukturkontrolle, siehe oben Teil 2 § 2 A II 1, 2.

[1263] EG-Kommission, Entscheidung vom 09. Dezember 1971, ABl. L 7 vom 08. Januar 1972, S. 25 (Rn. 23) – *Continental Can*; Entscheidung vom 27. Juli 1979, ABl. L 217 vom 25. August 1979, S. 17 ff. – *Philip Morris*.

[1264] Loewenheim/Meessen/Riesenkampff/*Gippini-Fournier/Mojzesowicz*, Art. 81 Abs. 1 Rn. 33 ff.

[1265] *Hauser*, Strukturelle Maßnahmen, S. 17; a.A. *P. Pohlmann*, Der Unternehmensverbund im Europäischen Kartellrecht, S. 106.

sagt Art. 102 AEUV marktbeherrschenden Unternehmen solche Verhaltensweisen, die als missbräuchlich anzusehen sind. Von der Vorschrift nicht erfasst ist hingegen der bloße strukturelle Vorgang, dass ein Unternehmen eine marktbeherrschende Stellung erreicht, innehat oder ausbaut. Die Kontrolle beschränkt sich auch hier auf das Marktverhalten.[1266] Direkt lässt sich dem primärrechtlichen Unionskartellrecht daher keine Kontrolle der Marktstruktur entnehmen.

2. Artt. 101, 102 AEUV als Grundlagen der Strukturkontrolle

Die Fälle sind übersichtlich geblieben, in denen die EG-Kommission Unternehmenszusammenschlüsse anhand der Artt. 85, 86 EWGV (nunmehr Artt. 101, 102 AEUV) kontrolliert und verboten hat.[1267] Die Umstände dieser Entscheidungen sprechen aber dagegen, dass diese Vorschriften die Union zu einer umfassenden Marktstrukturkontrolle ermächtigen.

a) Kartellbehördliche Fusionskontrolle nach Art. 86 EWGV

Die EG-Kommission untersagte im Jahr 1971 einen Zusammenschluss zweier Unternehmen in einem Missbrauchsverfahren nach Art. 86 EWGV.[1268] Die Kartellbehörde stellte dabei ausdrücklich auf ein unternehmerisches Verhalten ab.[1269] Inhaltlich ging es um ein bereits marktbeherrschendes Unternehmen, das seine Stellung erheblich verstärkte, indem es mit einem anderen Unternehmen fusionierte. Dieser Zusammenschluss schaltete den Wettbewerb für die fraglichen Waren auf einem wesentlichen Teil des Marktes praktisch aus. Darin erkannte die EG-Kommission einen Verstoß gegen Art. 86 EWGV. Der EuGH überprüfte die Entscheidung und bestätigte im Ergebnis, dass Art. 86 EWGV auf Unternehmenszusammenschlüsse anwendbar ist.[1270] Eine eindeutige Ermächtigung dazu konnte das Gericht aber weder in der Vorschrift selbst noch im Vertrag insgesamt finden.[1271] Das Fehlen einer entspre-

---

[1266] *Hauser*, Strukturelle Maßnahmen, S. 17 f., mit weiteren Details.

[1267] EG-Kommission, Entscheidung vom 09. Dezember 1971, ABl. L 7 vom 08. Januar 1972, S. 25 (Rn. 23) – *Continental Can*; SG (84), D/3964.342 vom 22. März 1984 betreffend die Sachen IV/30.342 und IV/30.926 – *Philip Morris*; Entscheidung vom 26. Juli 1988, ABl. L 272 vom 04. Oktober 1988, S. 27 ff. – *Tetra Pak I*.

[1268] EG-Kommission, Entscheidung vom 09. Dezember 1971, ABl. L 7 vom 08. Januar 1972, S. 25 (Rn. 23) – *Continental Can*.

[1269] EG-Kommission, Entscheidung vom 09. Dezember 1971, ABl. L 7 vom 08. Januar 1972, S. 25 (Rn. 22) – *Continental Can*, spricht von „Erwerb"; zu diesem Aspekt, siehe ebenfalls *K. Schmidt*, BB 1990, 719, 721.

[1270] EuGH, Urteil vom 21. Februar 1973, Slg. 1973, 215 (Rn. 18 ff.) – *Continental Can*.

[1271] So bereits Loewenheim/Meessen/Riesenkampff/*Simon*, Einführung FKVO Rn. 4.

chenden Ermächtigung räumt der EuGH selbst ein,[1272] um sodann auf den Geist, Aufbau und Wortlaut sowie auf das System und die Ziele des Vertrages zurückzugreifen:[1273] Das Gericht stellt insoweit zutreffend fest, dass der EWGV nach Art. 3 Abs. 1 lit g) ein System schaffen will, das den Wettbewerb im Binnenmarkt vor Verfälschungen schützen soll. Daraus schließt der EuGH wiederum, dass der Vertrag damit „erst recht" fordere, dass der Wettbewerb nicht ausgeschaltet werde.[1274] Deshalb könne es nach Art. 86 EWGV nicht erlaubt sein, durch Zusammenschluss eine „so beherrschende Stellung" zu erlangen, dass „jede ernstzunehmende Wettbewerbsmöglichkeit praktisch ausgeschlossen sei".[1275] Diese Argumentation überzeugt nicht. Der EuGH hat hier die Feststellung, eine „Fusionskontrolle sei notwendig, in die Folgerung umgemünzt, sie sei auch vorhanden".[1276] Ein solches Vorgehen ist nicht nur dogmatisch zweifelhaft, sondern im Hinblick auf eine wirksame Fusionskontrolle auch wenig zielführend. Mit Art. 86 EWGV konnte die EG-Kommission jedenfalls keine umfassende Strukturkontrolle betreiben.[1277] Die Regelung setzt eine bestehende marktbeherrschende Stellung voraus, erfasst also allein ihre Verstärkung und überprüft diese Marktstellung auch bloß nachträglich im Rahmen eines Missbrauchsverfahrens. Den eigentlichen Grund für seine Entscheidung liefert der Gerichtshof selbst. Ohne eine Fusionskontrolle entstünden Wertungswidersprüche, die den Binnenmarkt in seiner Funktionsweise grundlegend gefährden und in das Kartellrecht als Ganzes eine „Bresche schlagen".[1278] Mit dem Urteil erhöhte das Gericht den Druck auf die EG-Kommission (nunmehr EU-Kommission), die sich in der Folge stärker dafür einzusetzen begann, eine umfassende Fusionskontrolle auf europäischer Ebene zu verankern.[1279]

[1272] EuGH, Urteil vom 21. Februar 1973, Slg. 1973, 215 (Rn. 25) – *Continental Can* spricht von „Ermangelung ausdrücklicher Vorschriften".

[1273] EuGH, Urteil vom 21. Februar 1973, Slg. 1973, 215 (Rn. 22 ff.) – *Continental Can.*

[1274] EuGH, Urteil vom 21. Februar 1973, Slg. 1973, 215 (Rn. 24) – *Continental Can.*

[1275] EuGH, Urteil vom 21. Februar 1973, Slg. 1973, 215 (Rn. 25) – *Continental Can.*

[1276] So treffend *K. Schmidt*, BB 1990, 719, 721, der das für „gewagt" hält.

[1277] MüKo-EuWettbR/*Koch*, FKVO Einl. A Rn. 16; MK, SonderGA 17 (1989), Tz. 27.

[1278] EuGH, Urteil vom 21. Februar 1973, Slg. 1973, 215 (Rn. 25) – *Continental Can.*

[1279] Zum politischen Druck auf den Ministerrat durch den EuGH, siehe unten Teil 2 § 5 A I 3 b); im Bezug auf die EG-Kommission, siehe Schröter/Jakob/Mederer/*Hacker/Kleemann*, Kommentar zum Europäischen Wettbewerbsrecht, FKVO Einl. Rn. 1; MüKo-EuWettbR/*Koch*, FKVO Einl. A Rn. 16.

b) Kartellbehördliche Fusionskontrolle nach Art. 85 EWGV

Im Jahr 1984 wendete die EG-Kommission gegen Art. 85 EWGV (nunmehr Art. 101 AEUV) auf einen Zusammenschluss an, was der EuGH im Jahr 1987 gerichtlich bestätigte.[1280] Damit überraschte das Gericht breite Teile der Wissenschaft, die das bis dato für unmöglich gehalten hatten.[1281] Inhaltlich musste das Gericht beurteilen, ob der Tabakkonzern Philip-Morris gegen das Kartellrecht verstoßen hatte, indem er eine Kapitalbeteiligung an seinem Konkurrenten Rothmans International erwarb. Grundsätzlich stellt der Kapitalerwerb nach dem EuGH keinen Verstoß gegen Art. 85 EWGV dar.[1282] Etwas anders gelte jedoch, wenn der Vorgang dazu diene, das Wettbewerbsverhalten des anderen Unternehmens zu beeinflussen – dann verfälsche es den Wettbewerb. So lag es für das Gericht im Fall *Philip-Morris*, weil das Unternehmen faktisch die Kontrolle über das Geschäftsverhalten von Rothmans International erhielt.[1283] Weitere Kriterien nannte das Urteil nicht.

Der Preis für diese Entscheidung lag in einer „erheblichen Rechtsunsicherheit" für die kartellrechtliche Zulässigkeit von Kapitalbeteiligungen.[1284] Als Grundlage für eine effektive Fusionskontrolle war die Entscheidung indes untauglich und der EuGH selbst wollte die Entscheidung nicht als Basis für eine allgemeine Fusionskontrolle verstanden wissen.[1285] Die Feststellungen rechtfertigten sich nach dem Gericht vielmehr aus den „besonderen Aspekte der fraglichen Vereinbarungen".[1286] Bereits damals überzeugte das Konzept einer Fusionskontrolle nach Art. 85 EWGV bloß wenige.[1287] Dies ist nachvollziehbar, weil die

---

[1280] Siehe EG-Kommission, SG (84), D/3964.342 vom 22. März 1984 betreffend die Sachen IV/30.342 und IV/30.926 – *Philip-Morris*; EuGH, Urteil vom 17. November 1987, Slg. 1987, 4487 (Rn. 37) – *Philip-Morris.*

[1281] *Gleiss/Hirsch*, EWG-Kartellrecht, Art. 85 Rn. 220, 225; *Kleinmann/Bechtold*, Kommentar zur Fusionskontrolle, EWG-Recht Rn. 2 ff.; *Mestmäcker*, Europäisches Wettbewerbsrecht (1974), S. 403 ff.; zum Meinungsstand, siehe *Immenga/Fuchs*, NJW 1988, 3052, 3052.

[1282] EuGH, Urteil, vom 17. November 1987, Slg. 1987, 4487 (Rn. 46) – *Philip-Morris.*

[1283] EuGH, Urteil vom 17. November 1987, Slg. 1987, 4487 (Rn. 37 ff.) – *Philip-Morris.*

[1284] *Immenga/Fuchs*, NJW 1988, 3052, 3052 f.; *Schödermeier*, WuW 1988, 185, 192 f., 194.

[1285] So auch die Interpretation von *Riesenkampff*, WuW 1988, 465, 470.

[1286] EuGH, Urteil vom 17. November 1987, Slg. 1987, 4487 (Rn. 71) – *Philip-Morris.*

[1287] Zur überwiegend ablehnenden Haltung der Literatur, siehe Immenga/Mestmäcker/*Immenga/Körber*, EU-WettbR II, FKVO Einl. Rn. 13 m.w.N.; *Immenga/Fuchs*, NJW 1988, 3052, 3059; *Riesenkampff*, WuW 1988, 465, 469 f.; *K. Schmidt*, BB 1990, 719, 723; differenzierend und daher teilweise als a.A. eingeordnet *Schödermeier*, WuW 1988, 185, 187 ff., 191, der in dem Urteil zwar „ein mächtiges Instru-

Vorschrift Unternehmen lediglich verbietet, miteinander Kartelle zu bilden. Damit setzt Art. 85 EWGV aber gerade rechtlich selbstständige Firmen voraus. Nur deshalb konnte das Gericht die Vorschrift im Fall *Philip-Morris* überhaupt anwenden.[1288] Bei der Verschmelzung oder Umwandlung von Unternehmen bleibt aber nur eine rechtliche Struktur zurück.[1289] Damit fallen besonders die klassischen Zusammenschlüsse aus dem Anwendungsbereich heraus. Die Kontrolle durch Art. 85 EWGV ist damit bestenfalls lückenhaft.

c) Zwischenergebnis

Artt. 101, 102 AEUV ermöglichen direkt keine umfassende Fusionskontrolle. Beide Vorschriften erfassen aber den strukturellen Vorgang einiger Zusammenschlüsse, wenn man auf den rechtstatsächlichen Vorgang des „Erwerbs" als Handlung abstellt. Die Ambivalenz wirtschaftlicher Sachverhalte schafft dafür die Grundlage, weil sie sich häufig sowohl unter Verhaltens- als auch unter Strukturaspekten betrachten lassen. Der wettbewerbspolitischen Trennung von Verhaltens- und Strukturkontrolle widerspricht es aus den nachstehenden Gründen dennoch, wenn der EuGH Fusionen mit Verhaltenskontrollregelungen überprüft.[1290]

(1) Verhaltens- und Strukturkontrolle als zwei Arten wettbewerblicher Kontrolle

Zunächst baut die wettbewerbspolitische Systematisierung der Kartellrechtsnormen in solche der Verhaltens- und der Strukturkontrolle gerade darauf auf, dass sich „Marktverhalten" und „Marktstruktur" samt ihrer Kontrolle sauber unterscheiden.[1291] Tatsächlich gelingt das aber al-

ment zur Kontrolle von Anteilserwerb" erkennt, jedoch die Anwendung auf Zusammenschlüsse aus wettbewerbspolitischen und praktischen Gründen für „wenig sinnvoll" hält; der damalige Wettbewerbskommissar Peter Sutherland behielt sich hingegen vor, Artt. 85, 86 EWGV weiterhin für die Fusionskontrolle zu nutzen, siehe Handelsblatt vom 07. Oktober 1987, S. 7.

[1288] EuGH, Urteil vom 17. November 1987, Slg. 1987, 4487 (Rn. 31) – *Philip-Morris.*

[1289] *Schödermeier*, WuW 1988, 185, 187; *Riesenkampff*, WuW 1988, 465, 469 f.; *Immenga/Fuchs*, NJW 1988, 3052, 3056.

[1290] Zur wettbewerbspolitischen Trennung von Verhaltens- und Strukturkontrolle, siehe oben Teil 2 § 2 A II 1, 2; im Bezug auf das europäischer Recht, siehe *Hauser*, Strukturelle Maßnahmen, S. 17, der sie als „diametrales System" wettbewerblicher Kontrolle ansieht; *P. Pohlmann*, Der Unternehmensverbund im Europäischen Kartellrecht, S. 88 f.

[1291] Mit Artt. 101, 102 AEUV einerseits und der FKVO andererseits liegen die Kategorien von Marktverhaltens- und Marktstrukturkontrolle auch dem europäischen Kartellrecht zugrunde, siehe dazu *Mestmäcker*, in: FS Raisch, S. 453 f.; *K. Schmidt*, BB 1990, 719, 720.

lenfalls in der Wettbewerbstheorie.[1292] In der Wirklichkeit überschneiden sich deshalb auch die Tatbestände der Verhaltens- und Strukturkontrolle, sofern Fusionskontrollregelungen bestehen.[1293] Die Folgen für das Kartellrecht hängen davon ab, welche Bedeutung man der Systematik einräumt.[1294] Die Grenzen zwischen Verhaltens- und Strukturkontrolle weichen zunehmend auf. Mittlerweile reagiert das Kartellrecht in Art. 7 VO 1/2003 sogar auf Verhaltensverstöße mit strukturellen Maßnahmen. Dies ist aus zwei Gründen konsequent. Einerseits ist die absolute Trennung zwischen Verhaltens- und Strukturkontrolle künstlich, weil sie sich in der Wirklichkeit nicht aufrechterhalten lässt. Andererseits verfolgt das Kartellrecht darüber hinaus auch ein anderes Ziel. Das Wettbewerbsrecht versucht „Wettbewerb" effektiv zu schützen und nicht etwaige Systembildungen aufrechtzuerhalten. Diese Relativierungen berauben systematischen Erwägungen aber nicht vollständig ihrer Berechtigung. Das Kartellrecht ist vor dem wettbewerbspolitischen Hintergrund entstanden,[1295] dass Verhaltens- und Strukturkontrolle grundsätzlich verschieden sind. Die Normen sind deshalb entweder auf eine Verhaltens- oder eine Strukturkontrolle ausgerichtet. Vom Kontrollgegenstand ist wiederum der Eingriffsgegenstand zu trennen. Letzteren betreffen die Überlegungen, mit welchen Mitteln die Wettbewerbsbehörde festgestellte Wettbewerbsverstöße jeweils abstellen darf. Es ist nach wie vor umstritten, Verhaltensverstöße mit Strukturmaßnahmen abzustellen.[1296] An dieser Stelle geht es aber darum, den Kontrollgegenstand und damit den Anwendungsbereich der Artt. 101, 102 AEUV zu bestimmen. Deshalb gilt es die klassische Systematik bei der Auslegung kartellrechtlicher Normen weiter zu bedenken.

[1292] Zur Trennung von Verhaltens- und Strukturkontrolle im Rahmen des wohlfahrtsökonomischen und des systemtheoretischen Idealtyps, siehe oben Teil 2 § 2 A II 1, 2; dazu auch *K. Schmidt*, BB 1990, 719, 720.

[1293] Beispiele aus der Praxis bei *P. Pohlmann*, Der Unternehmensverbund im Europäischen Kartellrecht, S. 84.

[1294] Zu den Zweifeln am Sinn dieser Systematik, siehe *Hauser*, Strukturelle Maßnahmen, S. 19, 24.

[1295] Zur wettbewerbspolitischen Trennung von Verhaltens- und Strukturkontrolle, siehe oben Teil 2 § 2 A II 1, 2.

[1296] Siehe dazu oben Teil 2 § 1 B III 2 b); ablehnend *P. Pohlmann*, Der Unternehmensverbund im Europäischen Kartellrecht, S. 84; zum Meinungsstand, siehe MüKo-EuWettbR/*Bauer*, Art. 7 VO 1/2003 Rn. 18 ff.; *Klees*, Europäisches Kartellverfahrensrecht, § 6 Rn. 75 ff.

(2) Lückenhafte Erfassung von Zusammenschlüssen durch Artt. 101, 102 AEUV

Die Kartellrechtspraxis muss im Einzelfall damit umgehen, dass Theorie und Wirklichkeit an mehreren Punkten auseinanderfallen.[1297] In diesem Zusammenhang ergingen die Entscheidungen des EuGH, allerdings vor Erlass der FKVO. Deshalb schweigen die Entscheidungen zum Überschneidungsbereich von Artt. 101, 102 AEUV mit der Fusionskontrolle. Artt. 101, 102 AEUV greifen für eine umfassende Fusionskontrolle aber dennoch zu kurz. Der Schwerpunkt und die Probleme von Zusammenschlüssen liegen gerade darin, dass sich das Organisations- und Kontrollgefüge strukturell verändert. Die Artt. 101, 102 AEUV erfassen diese Veränderungen aber nur ungenau über die Zwecke des Zusammenschlusses. Bei einer Fusion gewinnt das übernehmende Unternehmen strukturell Einflussmöglichkeiten, die es ihm ermöglichen, das Wettbewerbsverhalten der hinzugewonnenen Einheit zu kontrollieren. Deshalb ist die Wirkung des Zusammenschlusses wettbewerbswidrig und nicht der mit ihm verfolgte Zweck.[1298] Die Absichten hinter einer Fusion sind deshalb insgesamt zweitrangig und für die Kartellbehörden nicht entscheidend. Dies zeigt sich am geltenden Fusionskontrollregime. Die Untersagung eines Zusammenschlusses rechtfertigt nach Art. 2 Abs. 2 FKVO seine Wirkung. Durch die Fusion muss eine „erhebliche Behinderung wirksamen Wettbewerbs" zu erwarten ist. Inwiefern der Zusammenschluss den beteiligten Unternehmen dabei tatsächlich als Mittel zu wettbewerbsbeschränkendem Verhalten dient, wird abschließend bzw. ohne Spekulation kaum festzustellen sein und kann deshalb letztlich dahinstehen.

(3) Kein klares Mandat zur Fusionskontrolle durch Artt. 101, 102 AEUV

Das Ziel und die Ausrichtung trennen die Fusionskontrolle somit von den Artt. 101, 102 AEUV. Die Zusammenschlusskontrolle versucht die Gefahr wettbewerbsbeschränkender Marktstrukturen zu bannen, indem sie verhindert, dass solche Marktstrukturen – unabhängig von der unternehmerischen Willensrichtung – überhaupt entstehen. Der Verhaltenskontrolle geht es hingegen um einen Verhaltensvorwurf. Darum knüpft die Kartell- bzw. Missbrauchskontrolle an ein unternehmerisches Handeln an. Aufgrund dieser Ausrichtung können die Verhaltenskontrollvorschriften nur einen kleinen Ausschnitt aller Fusionssachverhalte

[1297] Zum gewandelten Verständnis der Kartellrechtslehre, siehe *K. Schmidt*, BB 1990, 719, 720.

[1298] Auf beides stellt jedoch das Gericht ab, siehe EuGH, Urteil vom 17. November 1987, Slg. 1987, 4487 (Rn. 37 ff., 41) – *Philip-Morris*.

erfassen. Das macht aus Artt. 101, 102 AEUV aber immer noch keine Strukturkontrollnormen. Trotz rechtspraktischer Überschneidungen bleiben Verhaltens- und Strukturkontrolle deshalb durch ihre wettbewerbspolitischen Zwecke getrennt. Artt. 101, 102 AEUV sind direkt für eine Fusionskontrolle weder gedacht noch materiell geeignet. Als dogmatische Grundlage der Fusionskontrolle bzw. der Strukturkontrolle insgesamt scheiden die Vorschriften daher aus. Direkt lassen sich Artt. 101, 102 AEUV insoweit auch nicht für das Instrument der Entflechtung heranziehen.

3. Rechtsquellen für die Strukturkontrolle nach der FKVO

Mit den vorstehend dargestellten Urteilen beeinflusste der EuGH die Auseinandersetzung, auf welche Rechtsgrundlage eine europäische Fusionskontrollverordnung zu stützen ist. Die Diskussionen in der Wissenschaft über den Ursprung der europäischen Strukturkontrolle müsste heute nicht mehr fortdauern.[1299] Die Mitgliedstaaten hätten die Diskussionen beenden können, als sie die europäische Fusionskontrolle aushandelten. Die beteiligten Parteien ließen die Chance aber ungenutzt, Fusionskontrollregelungen gleichberechtigt neben der Missbrauchskontrolle in die Verträge aufzunehmen.[1300] Die Befürworter einer primärrechtlichen Verankerung setzten sich nicht durch.[1301] Am Ende des 13-jährigen Prozesses stand – nur – die FKVO.[1302] Die FVKO ersparte den Parteien zwar eine langwierige und schwierige Vertragsänderung,[1303] allerdings stritten die Parteien umso heftiger über ihre Rechtsgrundlage.[1304] Zur Debatte standen Art. 87 und Art. 35 EWGV. Beide Regelungen sind heute durch Artt. 103 bzw. 352 AEUV abgelöst. Als Grundlage sahen die Beteiligten entweder nur einen der Artikel oder beide, gleichrangig

[1299] Zum Meinungsstand *Kronast*, Die »Philip-Morris-Doktrin« und die Europäische Fusionskontrolle, S. 88 ff.

[1300] Dazu *Kronast*, Die »Philip-Morris-Doktrin« und die Europäische Fusionskontrolle, S. 93 f.

[1301] Vor allem die Vertreter der romanischen Länder wie Italien haben dies gefordert, siehe Bericht über die FIW-Veranstaltung, Brüssel, 21/22. Juni 1988, WuW 1988, 765, 766; weitere Nachweise auch zu den Gegnern bei *Kronast*, Die »Philip-Morris-Doktrin« und die Europäische Fusionskontrolle, S. 94, 138 Fn. 347; gegen eine Vertragsänderung *Krimphove*, Europäische Fusionskontrolle, S. 341.

[1302] Siehe VO 4064/89/EG des Rates vom 21. Dezember 1989 über die Kontrolle von Unternehmenszusammenschlüssen, ABl. L 395 vom 30. Dezember 1989, S. 1; heute gilt die VO 139/2004/EG des Rates vom 20. Januar 2004 über die Kontrolle von Unternehmenszusammenschlüssen („EG-Fusionskontrollverordnung"), ABl. L 24 vom 29. Januar 2004, S. 1.

[1303] Siehe Bericht über die FIW-Veranstaltung, Brüssel, 21/22. Juni 1988, WuW 1988, 765, 766.

[1304] Siehe *Kronast*, Die »Philip-Morris-Doktrin« und die Europäische Fusionskontrolle, S. 88 ff.

oder mit Vorrang von Art. 235 EWGV.[1305] Art. 87 EWGV ermächtigte die Gemeinschaft, die heute in Art. 101 und Art. 102 AEUV „niedergelegten Grundsätze“ durch zweckdienliche Verordnungen zu verwirklichen. Art. 235 EWGV half hingegen, wenn eine Lücke in den Verträgen vorlag, der Gemeinschaft also vertragliche Befugnisse fehlten. Auf seiner Grundlage konnte die Gemeinschaft dann Vorschriften für Aufgaben erlassen, die notwendig waren, um ein vertragliches Ziel zu erfüllen.[1306]

a) Offizielle Rechtsgrundlage der FKVO

Die Europäische Gemeinschaft ging einen Mittelweg und stützte FVKO „vor allem“ auf Art. 235 EWGV und „nicht nur“ auf Art. 87 EWGV.[1307] Den Grund dafür nennt die Verordnung selbst: Art. 101 und Art. 102 AEUV „reichen materiell nicht aus, um alle Zusammenschlüsse“ zu erfassen, die sich als unvereinbar mit dem Wettbewerb erweisen.[1308] Es liegt daher eine Lücke im Vertrag vor, die verhindert, die Fusionskontrolle allein oder weitgehend auf Art. 87 EWGV zu stützen.[1309] „Daher“ stützt sich die Verordnung eben „nicht nur“ auf Art. 87 EWGV, sondern „vor allem“ auf Art. 235 EWGV.

b) Zusammenhang zwischen der Entstehung der FKVO und der EuGH-Rechtsprechung

Die Rechtsprechung des EuGH zu Art. 101 und Art. 102 AEUV ist im Kontext der grundlegenden Diskussion über die Notwendigkeit einer Strukturkontrolle zu sehen.[1310] Diese Diskussion wurde nicht nur auf wettbewerbspolitischer, sondern zugleich auch auf kompetenzrechtlicher Ebene geführt. Das Gericht unterstützte mit seinen Urteilen die Forderungen nach Fusionskontrollregelungen.[1311] Im *Continental-Can*-Urteil[1312] entkräftete der EuGH die Argumentation der Gegner, dass der

[1305] Für Art. 103 AEUV (ehemals Art. 87 EWGV) *Emmerich*, in: FS Steindorff, S. 965 im Rahmen der Ermächtigungsgrundlage für eine FKVO; *Vonnemann*, DB 1988, 2085, 2088; *Mestmäcker*, EuR 1988, 349, 371; für Art. 352 AEUV (ehemals Art. 235 EWGV) *Krimphove*, Europäische Fusionskontrolle, S. 344; *Riesenkampff*, WuW 1988, 465, 471; weitere Differenzierungen bei *Kronast*, Die »Philip-Morris-Doktrin« und die Europäische Fusionskontrolle, S. 93 f.

[1306] Calliess/Ruffert/*Rossi*, EUV/AEUV, Art. 352 AEUV Rn. 10.

[1307] Siehe Erwägungsgrund 8 VO 4064/89; Erwägungsgrund 7 VO 139/2004.

[1308] So Erwägungsgrund 6 VO 4064/89; Erwägungsgrund 7 VO 139/2004.

[1309] *Kronast*, Die »Philip-Morris-Doktrin« und die Europäische Fusionskontrolle, S. 87.

[1310] Zum wettbewerbspolitischen Hintergrund der Diskussion, siehe oben Teil 2 § 2 A II.

[1311] EuGH, Urteil vom 21. Februar 1973, Slg. 1973, 215 (Rn. 25) – *Continental Can*.

[1312] EuGH, Urteil vom 21. Februar 1973, Slg. 1973, 21 (Rn. 25) – *Continental Can*; MK, SonderGA 17 (1989), Tz. 133.

EWGV von 1957 bewusst lückenhaft sei und sich grundsätzlich gegen eine Fusionskontrolle ausspreche.[1313] Aus den Zielen des EWGV und den Art. 85 ff. EWGV schließt der EuGH, dass die Verfasser vorrangig ein ausreichendes System gegen Wettbewerbsbeschränkungen anstrebten.[1314] Nicht entscheidend ist deshalb, inwieweit die Verfasser glaubten, dass dieses Ziel ohne eine Fusionskontrolle zu erreichen sei. Eine solche Argumentation würde vielmehr die zentrale und zwingende Entscheidung der Verfasser für einen effektiven Wettbewerbsschutz missachten.[1315] Mit dieser Auslegung des Vertrages schuf das Gericht erst die Voraussetzung, um die FKVO auf den EWGV zu stützen. Das *Philip-Morris*-Urteil erging im Jahr 1987 wiederum in einer Phase, in der die Verhandlungen über die FKVO stockten.[1316] Das Gericht sendete mit diesem Urteil eine unmissverständliche politische Warnung in Richtung Ministerrat:[1317] Sollte dieser nicht endlich eine Fusionskontrolle verabschieden, zeigte sich der EuGH bereit, die Lücke notfalls durch Artt. 101, 102 AEUV zu schließen.[1318]

c) Kritische Überlegungen zur europäischen Fusionskontrolle

Die europäische Fusionskontrolle überzeugt in ihrer Konstruktion aus den nachstehenden Gründen nicht.

(1) Untauglichkeit der offiziellen Rechtsgrundlage

Als Ermächtigungsgrundlage für die FKVO erscheint Art. 235 EWGV wettbewerbspolitisch ungeeignet.[1319] Auf Basis dieser Vorschrift sollte die Gemeinschaft Lücken im Vertrag schließen. Im EWGV fehlte jedoch

---

[1313] So etwa die Argumentation der italienischen Regierung im Rat, nach v. Groeben/v. Boeckh/Thiesing/Ehlermann/*Schröter*, Kommentar zum EWG-Vertrag, Art. 86 Rn. 72 unter Verweis auf die umfassenden Regelungen in Art. 66 §§ 1–6 EGKSV; kritisch dazu MüKo-EuWettbR/*Koch*, FKVO Einl. A Rn. 7; siehe die Nachweise bei *Kronast*, Die »Philip-Morris-Doktrin« und die Europäische Fusionskontrolle, S. 132 Fn. 234.

[1314] EuGH, Urteil vom 21. Februar 1973, Slg. 1973, 215 (Rn. 25) – *Continental Can*, der auf die „zwingende Geltung dieser Ziele" verweist; *Kronast*, Die »Philip-Morris-Doktrin« und die Europäische Fusionskontrolle, S. 134.

[1315] *Kronast*, Die »Philip-Morris-Doktrin« und die Europäische Fusionskontrolle, S. 134.

[1316] MüKo-EuWettbR/*Koch*, FKVO Einl. A Rn. 26 ff., 32.

[1317] Vor allem in Bezug auf die Entscheidung zu Art. 101 AEUV, siehe *Schödermeier*, WuW 1988, 185, 194; zur Signalwirkung ebenfalls *Riesenkampff*, WuW 1988, 465, 470 f.; *Immenga/Fuchs*, NJW 1988, 3052, 3056.

[1318] In diesem Sinne Loewenheim/Meessen/Riesenkampff/*Simon*, Einführung FKVO Rn. 7; ähnlich wohl auch Immenga/Mestmäcker/*Immenga/Körber*, EU-WettbR II, FKVO Einl. Rn. 13.

[1319] *Kronast*, Die »Philip-Morris-Doktrin« und die Europäische Fusionskontrolle, S. 138.

nicht eine einzelne Regelung, vielmehr fehlt mit der Strukturkontrolle ein ganzer Regelungsbereich, eine komplette Kontrollart. Die Fusionskontrolle stellt ein eigenständiges Wettbewerbsinstrument dar, das neben und nicht unter Artt. 101, 102 AEUV steht. Deshalb füllte die Gemeinschaft mit der FKVO keine Lücke, sondern erweiterte die vertraglichen Befugnisse.[1320] Damit überdehnte die Gemeinschaft Art. 235 EWGV als Ermächtigungsvorschrift. In seiner Reichweite verkennen bzw. missachten die Verordnungsgeber ebenfalls Art. 87 EWGV. Die Missbrauchsvorschriften Artt. 101, 102 AEUV sind materiell für eine Fusionskontrolle weder gedacht noch geeignet.[1321] Damit dient die FKVO auch nicht den dort „niedergelegten Grundsätzen", weshalb Art. 87 EWGV als Rechtsgrundlage streng genommen ausscheidet. Die Fusionskontrolle als Rechtsverordnung zu erlassen, hat das europäische Kartellrecht ganz grundsätzlich in eine Schieflage gebracht. Die Verhaltenskontrolle findet sich direkt im Vertrag, während die Strukturkontrolle in Form der FKVO im normhierarchischen Rang unter ihr steht. Systematisch überzeugt das nicht, denn aus einem wettbewerbspolitisch gleichrangigen Instrument wurde damit ein von der Verhaltenskontrolle abhängiges Kartellrechtsmittel.

(2) Rechtspraktische Probleme als Folge

Gravierender sind jedoch die rechtspraktischen Probleme, die sich aus dieser Konstruktion ergeben. Der Verordnungsgeber verschärfte damit auf verschiedenen Ebenen die Konkurrenzprobleme im Überschneidungsbereich von Fusions- und Kartellkontrolle. Wenn die Vorschriften bei bestimmten Zusammenschlüssen nebeneinandertreten, kann man die Sachverhalte sowohl nach Artt. 101, 102 AEUV als auch nach der FKVO beurteilen.[1322] Aus wettbewerblichen Gründen ist das jedoch weitgehend unnötig, weil die FKVO nunmehr die Marktstruktur schützt und damit die Kontrolllücke schließt.[1323] Naheliegend wäre es deshalb, die Fusionskontrolle grundsätzlich als spezieller anzusehen und ihr einen Teil des Überschneidungsbereiches „zuzuschlagen". Dies scheitert an

---

[1320] Nachweise zur damaligen Kritik in der Literatur bei *Kronast*, Die »Philip-Morris-Doktrin« und die Europäische Fusionskontrolle, S. 94 f.

[1321] *Kronast*, Die »Philip-Morris-Doktrin« und die Europäische Fusionskontrolle, S. 135.

[1322] Zu diesem Überschneidungsbereich, siehe oben Teil 2 § 1 B III 2 b) (2); zur unmöglichen Trennung von Marktverhaltens- und Marktstrukturmerkmalen als Ursache, siehe oben Teil 2 § 2 A I 2.

[1323] GK/*Schütz*, 5. Auflage (2004), Art. 3 Rn. 25 m.w.N.; *Dreher*, WuW 2002, 828, 831; *K. Schmidt*, BB 1990, 719, 722; a.A. MK, SonderGA 34 (2002), Tz. 224 ff.; *Basedow*, EuZW 2003, 44, 50; ausführlich zur abweichenden Beurteilung bei der Gründung von Gemeinschaftsunternehmen, siehe Immenga/Mestmäcker/*Zimmer*, EU-WettbR I, Art. 101 Abs. 1 Rn. 307 ff.

formalen Gründen. Die FKVO kann Art. 101 und Art. 102 AEUV als europäisches Primärrecht nicht verdrängen, weil sie im Rang unter ihnen steht.[1324] Die Artt. 101, 102 AEUV könnten deshalb aus sich selbst heraus auch den nationalen Fusionskontrollvorschriften vorgehen. Damit zieht die Entscheidung für eine Rechtsverordnung das gesamte System der Zuständigkeiten für die Fusionskontrolle in Zweifel.[1325] In der Rechtspraxis soll Art. 3 Abs. 3 S. 1 HS. 1 VO 1/2003 diese Konsequenz verhindern und Rechtsklarheit schaffen. Dies bleibt ein Versuch, denn auch die VO 1/2003 kann als sekundäres Unionsrecht das Primärrecht nicht verändern.[1326] In diesem Zusammenhang erweist sich vor allem die weite Auslegung der Artt. 85, 86 EWGV durch den EuGH als Hindernis. In den genannten Entscheidungen hat das Gericht eindeutige Fusionssachverhalte anhand von Verhaltenskontrollnormen überprüft. Zu diesem Zweck musste das Gericht Artt. 85, 86 EWGV tatbestandlich extensiv ausgelegen. Damit hat der EuGH den zwangsläufig bestehenden Überschneidungsbereich zwischen Verhaltens- und Strukturkontrolle künstlich erweitert. Mit diesen Entscheidungen ist die Trennungslinie zwischen Konzentration, Kooperation und einseitigem Unternehmensverhalten weiter verwischt worden.[1327] Die Kartellrechtspraxis muss sich deshalb noch stärker als eigentlich notwendig mit dem Konkurrenzverhältnis zwischen Artt. 101, 102 AEUV und der FVKO auseinandersetzen.[1328]

(3) Zwischenergebnis

Insgesamt hat die Gemeinschaft also aus einem grundlegenden wettbewerbstheoretischen Problem den falschen Schluss gezogen. Trotz Überschneidungen gilt es, kartellrechtliche Tatbestände weiter nach ihren wettbewerbspolitischen Zwecken zu trennen.[1329] Für die Fusionskontrolle wäre die Vertragsänderung deshalb der richtige Weg gewesen. Aktuell bleibt nichts anderes möglich, als die entstandenen Probleme einzudämmen. Deshalb ist eine enge Auslegung von Artt. 101, 102 AEUV zu

[1324] Daran ändert auch Art. 87 EWGV als Rechtsgrundlage nichts, siehe *Kronast*, Die »Philip-Morris-Doktrin« und die Europäische Fusionskontrolle, S. 87, 138 ff., 218; zur parallelen Anwendung von Art. 102 AEUV, siehe Immenga/Mestmäcker/*Fuchs/Möschel*, EU-WettbR I, Art. 102 Rn. 383 ff.; Grabitz/Hilf/Nettesheim/Jung, Das Recht der Europäischen Union, Art. 102 AEUV Rn. 326 ff., 337 ff.

[1325] Ausführlich GK/*Schütz*, 5. Auflage (2004), Art. 3 Rn. 23 ff.

[1326] Langen/Bunte/*Sura*, EG, Art. 3 VO 1/2003 Rn. 26; GK/*Schütz*, 5. Auflage (2004), Art. 3 Rn. 23.

[1327] In diese Richtung bereits *Riesenkampff*, WuW 1988, 465, 471.

[1328] Zum zwingenden Überschneidungsbereich, der auf der fehlenden Trennung von Marktverhaltens- und Marktstrukturmerkmalen beruht, siehe oben Teil 2 § 2 A I 2.

[1329] So auch *K. Schmidt*, BB 1990, 719, 720 m.w.N.

befürworten und die Rechtsprechung des EuGH dazu für überholt anzusehen.[1330]

4. Zwischenergebnis

Der europäische Gesetzgeber besitzt im Rahmen der Missbrauchskontrolle umfassende Kompetenzen, nicht jedoch für die Strukturkontrolle. Weder Art. 103 noch Art. 352 AEUV ermächtigt die Union zu umfassenden sekundärrechtlichen Marktstrukturregelungen. In den letzten Jahren ist zudem die Skepsis vor einer zunehmenden Kompetenzverlagerung von den Mitgliedsstaaten hin zur Union erheblich gestiegen.[1331] Dabei ist die integrationsfreundliche Auslegung des EuGH in die Kritik geraten, allen voran die „exzessive Handhabung" von Art. 352 AEUV.[1332] Für eine Entflechtungsregelung müsste die Union ihre Verordnungsermächtigungen extrem weit auslegen. Damit droht die Europäische Union aber das Prinzip der begrenzten Einzelermächtigung nach Art. 5 Abs. 2 EUV zu missachten. Bereits das BVerfG hat davor gewarnt, Ermächtigungsnormen durch Auslegung faktisch zu erweitern.[1333] Ein entsprechendes Vorgehen wäre zudem unionsrechtlich unzulässig. Insoweit bestimmt Art. 48 Abs. 4 EUV ausdrücklich, dass die Union ein Vertragsänderungsverfahren durchführen muss, um ihre Kompetenzen zu erweitern. Einer allzu großzügigen Interpretation von Unionskompetenzen sind daher zwingende rechtliche Grenzen gesetzt. Inwieweit sich die Union allerdings faktisch über diese Grenzen hinwegsetzt, ist eine andere Frage, die hier nicht erörtert werden soll. Die Untersuchung der Ermächtigungsgrundlage der FVKO hat gezeigt, dass der Unionsgesetzgeber seine Kompetenzgrenzen bei der Rechtssetzung bisweilen missachtet, um den Schwierigkeiten eines Vertragsänderungsverfahrens aus dem Weg zu gehen. Im Rahmen der FKVO hat die Union damit vielleicht eine politisch notwendige Entscheidung getroffen. Dies vermag jedoch nichts daran zu ändern, dass diese Entscheidung rechtlich unzulässig ist. Für die Entflechtung hat das bedeutende Konsequenzen. Der Union fehlt die Kompetenz, um eine strukturelle Regelung im Sinne von § 41a GWB-RefE zu erlassen. Ein Verstoß gegen die europäischen Zuständigkeiten im Wettbewerbsrecht liegt damit nicht vor. An dieser Bewertung würde sich im Übrigen auch nichts verändern, wenn die Union Art. 352 AEUV als Rechtsgrundlage für eine mögliche Entflechtungsregelung heranzieht. Denn diese Vorschrift setzt ja gerade voraus, dass die Union

[1330] So bereits *Dreher*, WuW 2002, 828, 831; GK/*Schütz*, 5. Auflage (2004), Art. 3 Rn. 25 m.w.N.

[1331] Siehe zu dieser Diskussion Grabitz/Hilf/Nettesheim/*Nettesheim*, Das Recht der Europäischen Union, Art. 2 AEUV Rn. 1 ff. m.w.N.

[1332] Siehe *Goll/Kenntner*, EuZW 2002, 101, 102.

[1333] Mit staatsrechtlicher Begründung BVerfGE 89, 155, 186 f., 210 – *Maastricht*.

keine entsprechende Zuständigkeit besitzt, also unionsseitig eine Kompetenzlücke besteht.

II. Auswirkung von Art. 3 Abs. 1 lit. b) AEUV auf die Kompetenzverteilung

Beim Versuch, die Kompetenzverteilung für die Entflechtung aufzuklären, spricht der Wortlaut von Art. 3 Abs. 1 lit. b) AEUV für eine gewisse Relevanz der Vorschrift. Danach ist die Union ausschließlich dafür zuständig, Wettbewerbsregeln festzulegen, die für einen funktionierenden Binnenmarkt „erforderlich" sind. Art. 3 AEUV begründet jedoch keine neue Kompetenzen, sondern beschreibt nur bestehende.[1334] Nachdem in den Verträgen eine Unionskompetenz für die Entflechtung fehlt, scheidet die Vorschrift in der Diskussion streng genommen aus. Einige Autoren sehen in § 41a GWB-RefE dennoch einen Verstoß gegen diese Regelung.[1335] Als Aufhänger dient der grundlegende Streit in der Wissenschaft über die Reichweite des Zuständigkeitsbereichs in Art. 3 Abs. 1 lit. b) AEUV. Bislang ist kein Konsens darüber gefunden, welche Kartellrechtsregelungen für einen funktionierenden Binnenmarkt genau „erforderlich" sind.[1336] Einigkeit besteht aber darin, dass die „erforderlichen Regeln" aus den Artt. 101 bis 109 AEUV zu bestimmen sind.[1337]

1. Unklares Verständnis von Art. 3 Abs. 1 lit. b) AEUV als Ausgangspunkt

Teile der Literatur verstehen Art. 3 Abs. 1 lit. b) AEUV nun dahingehend, dass die Vorschrift der Union einen bestimmten „materiell-gegenständlichen Bereich" allein zuweise.[1338] Der Union fielen damit nicht nur die Verordnungsermächtigungen in den Artt. 101 bis 109 AEUV zu, wie umgekehrt ihre Kritiker meinen.[1339] Vielmehr erfasse die Kompetenz auch die materiellen Kartellrechtsvorschriften Art. 101 und Art. 102 AEUV.[1340] Allerdings wäre auch in diesem Fall § 41a

[1334] Siehe Art. 2 Abs. 1, 1. HS. AEUV; Grabitz/Hilf/Nettesheim/*Nettesheim*, Das Recht der Europäischen Union, Art. 2 AEUV Rn. 10, 15.

[1335] *Nettesheim/Thomas*, Entflechtung im deutschen Kartellrecht, S. 145 ff., 157.

[1336] Siehe zum Streitstand Grabitz/Hilf/Nettesheim/*Nettesheim*, Das Recht der Europäischen Union, Art. 3 AEUV Rn. 11 ff.

[1337] Dazu Calliess/Ruffert/*Calliess*, EUV/AEUV, Art. 3 AEUV Rn. 6 ff.

[1338] *Nettesheim/Thomas*, Entflechtung im deutschen Kartellrecht, S. 152.

[1339] Also auf Artt. 103, 105 Abs. 3, 106 Abs. 3, 108 Abs. 4 und 109 AEUV, siehe Calliess/Ruffert/ *Calliess*, EUV/AEUV, Art. 3 AEUV Rn. 9; Lenz/Borchardt/*Lenski*, EU-Verträge, Art. 3 AEUV Rn. 9 f.; *Ludwigs*, ZEuS, 2004, 211, 227; *Scharf*, Die Kompetenzordnung im Vertrag von Lissabon, S. 15.

[1340] *Craig*, The Lisbon Treaty, S. 160 f.; *Nettesheim/Thomas*, Entflechtung im deutschen Kartellrecht, S. 152; ablehnend *Ludwigs*, ZEuS, 2004, 211, 227.

GWB-RefE nicht europarechtswidrig, weil die Union schließlich keine Kompetenz für die Entflechtung hat; weder nach Artt. 101, 102 AEUV noch nach Art. 103 AEUV. Mit diesem Problem setzen sich die Kritiker von § 41a GWB-RefE aber nicht auseinander, weil sie die materiellen Kompetenzen der Union nicht näher untersuchen. Die Autoren stellen vielmehr umgekehrt fest, dass der Vertragsgeber auf die ausschließliche Kompetenz „in der vorliegenden Fassung" verzichtet hätte, „wenn er nicht davon ausgegangen wäre, dass die wesentlichen Strukturen des geltenden Rechts nicht Regelungen wären, die nunmehr in die ausschließliche Kompetenz der Europäischen Union fielen".[1341]

Die Existenz der Fusionskontrolle zeigt für die Kritiker der Entflechtung zugleich, dass die Kompetenzen der Europäischen Union nicht mit Artt. 101, 102 AEUV enden, sondern „vollständig eine Ordnung und den Schutz der Wettbewerbsstrukturen im Binnenmarkt umfassen".[1342] Für Sachverhalte mit unionsweiter Bedeutung schließe Art. 3 Abs. 1 lit. b) AEUV nunmehr ein nationales Handeln aus. Die Regelung untersage es, ein „Parallelwettbewerbsrecht" zu erlassen.[1343] § 41a GWB-RefE erfasst aber tatsächlich auch die Entflechtung von Sachverhalten mit unionsweiter Tragweite. Folglich verstößt die geplante Entflechtungsvorschrift ihren Kritikern zufolge gegen Art. 2 Abs. 1, Art. 3 Abs. 1 lit. b) AEUV.[1344]

2. Konstituierungsfunktion der Verträge als entscheidender Gesichtspunkt

Dem Ergebnis und dem Ansatz der Prüfung ist zu widersprechen. Der Sachbereich der Wettbewerbsregeln und sein Inhalt waren seit jeher umstritten.[1345] Die Kritik richtete sich vor allem dagegen, die Kompetenz an die Nähe zum Binnenmarkt anzulehnen. Die Kompetenz wird dadurch ungenau und deshalb beliebig, weil sich ein solcher Binnenmarktsbezug letztlich immer feststellen lässt. Die Entscheidung des Verfassungskonvents, den Sachbereich dennoch als ausschließliche Kompetenz in Art. 3 AEUV aufzunehmen, gilt als „politische Entscheidung".[1346] Wovon die Teilnehmer dabei ausgingen, ist nicht bekannt. Die Gründe können jedoch dahinstehen.

1341 *Nettesheim/Thomas*, Entflechtung im deutschen Kartellrecht, S. 154 f.

1342 *Nettesheim/Thomas*, Entflechtung im deutschen Kartellrecht, S. 154.

1343 *Nettesheim/Thomas*, Entflechtung im deutschen Kartellrecht, S. 155.

1344 Vgl. *Nettesheim/Thomas*, Entflechtung im deutschen Kartellrecht, S. 155.

1345 Siehe *Calliess*, EuZW 1995, 693, 694 ff.

1346 Vgl. Calliess/Ruffert/*Calliess*, EUV/AEUV, Art. 3 AEUV Rn. 11; Grabitz/Hilf/Nettesheim/ *Nettesheim*, Das Recht der Europäischen Union, Art. 3 AEUV Rn. 11 ff.

Die Untersuchung konstruiert letztlich eine umfassende Kompetenz für das Kartellrecht allein aus einer Art Gesamtschau der bestehenden Regelungen. Ein solches Verständnis der Kompetenzen steht in klarem Widerspruch zum Prinzip der Einzelermächtigung gem. Art. 5 Abs. 2 EUV. Die Verträge müssen entweder die Kompetenznormen unmittelbar enthalten oder die Kompetenzen müssen sich auf die Verträge zurückführen lassen. (sog. „Konstituierungsfunktion der Verträge").[1347] An beiden Voraussetzungen fehlt es hier. Eine umfassende Unionskompetenz für das Kartellrecht ist damit europarechtlich nicht haltbar. Deshalb steht Art. 3 Abs. 1 lit. b) AEUV einer Entflechtungsregelung im Sinne des § 41a GWB nicht entgegen, ganz unabhängig von ihrem genauen Verständnis.

III. Zusammenfassung

Der Union ist vertraglich keine Kompetenz für Entflechtungen zugewiesen. Folglich steht die Kompetenz weiter dem deutschen Gesetzgeber zu. Insoweit verstößt der Erlass von § 41a GWB-RefE nicht gegen europäisches Recht.

B. Entflechtung im Bereich der FKVO

Der nationale Gesetzgeber besitzt eine umfassende Kompetenz für die Entflechtung. Deren Grenze könnte § 41a GWB-RefE allerdings materiell überschreiten und dabei in zweifacher Weise in die europäische Fusionskontrolle eingreifen.[1348] Einerseits besteht die Gefahr, dass § 41a GWB-RefE europäische Fusionsentscheidungen faktisch unterläuft. Andererseits könnte die Regelung den Anwendungsbereich der FKVO unzulässig beschränken, indem § 41a GWB-RefE den Rückerwerb von entflochtenen Unternehmensteilen zeitweise verbietet.

I. Entflechtung eines Unternehmens nach vorangegangener fusionskontrollrechtlicher Freigabe durch die EU-Kommission

Entflechtungskritiker werfen § 41a GWB-RefE vor, dass die Regelung ein „nationales Revokationsrecht" europäischer Fusionsentscheidungen schaffe.[1349] Das Bundeskartellamt wende letztlich nationales Kartellrecht

---

[1347] Siehe Art. 5 Abs. 1 S. 1, Abs. 2 S. 1 EUV; zum Ganzen Grabitz/Hilf/Nettesheim/*Bast/von Bogdandy*, Das Recht der Europäischen Union, Art. 5 EUV Rn. 5, 13 f.

[1348] Dazu *Bechtold*, BB 2010, 451, 452; *Nettesheim/Thomas*, Entflechtung im deutschen Kartellrecht, S. 158.

[1349] *Nettesheim/Thomas*, Entflechtung im deutschen Kartellrecht, S. 160.

auf Zusammenschlüsse von unionsweiter Bedeutung an. Gerade dies verbietet aber Art. 21 Abs. 3 FKVO. Im Mantel eines Konkurrenzproblems zwischen nationalem und europäischem Recht verbirgt sich abermals die Frage, wie Fusionskontrolle und Entflechtung gegeneinander abzugrenzen sind.[1350]

Nach der hier vertretenen Auffassung widerruft § 41a GWB-RefE keine Freigabeentscheidungen der Fusionskontrolle.[1351] Entflechtung und Fusionskontrolle sind verschiedene Kartellrechtsinstrumente, die die Marktstruktur unter verschiedenen Blickwinkeln mit unterschiedlichen Zielen untersuchen. Zwangsläufig beeinflussen aber die Fusionsentscheidungen der Vergangenheit die Marktstruktur der Gegenwart und damit die Bewertung im Entflechtungsverfahren. Eine vollständige Trennung beider Instrumente zu verlangen, bedeutet, zwischen ihnen wählen zu müssen. Der jeweilige Gesetzgeber könnte dann entweder die Fusionskontrolle verwirklichen oder die Entflechtung. In ihrer Auswahl aus dem gesamten wettbewerbspolitischen Instrumentarium wären der Staat und die Union folglich beschränkt. Weder das europäische noch das nationale Kartellrecht grenzen die Kompetenzen jedoch so rigide ab. Kartell- und Missbrauchskontrolle einerseits und Fusionskontrolle andererseits überschneiden sich ebenfalls und doch existieren beide Kontrollarten im geltenden Recht. Zugleich überschneiden sich damit zwangsläufig bereits heute die Kontrollkompetenzen zwischen der Union und den Nationalstaaten. Die Folgen für die Entflechtung verstärken überdies die Zweifel an Sinn und Nutzen eines so kompromisslosen Kompetenzverständnisses. Der Union fehlt die Kompetenz für eine Entflechtungsregelung. Die Mitgliedsstaaten wären zum Erlass einer entsprechenden Vorschrift zwar befugt, aber gleichzeitig durch das europäische Recht gehindert. Das Kartellrecht wäre zum Stillstand verurteilt, die Gesellschaft müsste beherrschte Märkte hinnehmen. Dies überzeugt nicht.

Der Konflikt zwischen der Entflechtung und der Fusionskontrolle ließe sich zwar grundsätzlich durch eine veränderte Auslegung von Art. 21 Abs. 3 FKVO beseitigen. Einschränkend sollte die Regelung allein die innerstaatlichen Fusionskontrollregelungen verdrängen.[1352] Dieses Vorgehen berücksichtigt die Unterschiede zwischen Entflechtung und Fusionskontrolle in ihrer Konzeption und Zielrichtung. Der klare Wortlaut der Vorschrift steht einer einschränkenden Auslegung jedoch entge-

[1350] Zum parallelen Problem im nationalen Verfassungsrecht, siehe oben Teil 2 § 4 C II 2.

[1351] Zu den Argumenten, siehe oben Teil 2 § 4 C II 2.

[1352] Aus dogmatischen Gründen, aber in anderem Zusammenhang *K. Schmidt*, BB 1990, 719, 724.

gen.[1353] Die immanenten Überschneidungen gilt es deshalb auf tatbestandlicher Ebene und in der Kartellrechtspraxis zu berücksichtigen. Die Vertrauensschutzregelung für fusionierte Unternehmen in § 41a Abs. 2 S. 1 GWB-RefE klammern die Überschneidungen weitgehend aus. Deshalb verstößt die Regelung nicht gegen Art. 21 Abs. 2 FKVO.[1354]

II. Entflechtung im Anwendungsvorrang der europäischen Fusionskontrolle nach Art. 21 Abs. 3 Unterabs. 1 FKVO

§ 41a Abs. 4 S. 5 GWB-RefE verbietet es für zehn Jahre, die veräußerten Vermögensteile zurückzuerwerben oder einen wettbewerblich erheblichen Einfluss auf die verselbstständigten Vermögensteile wieder zu erlangen. Dieses Erfordernis soll die Marktstruktur schützen und Unternehmen daran hindern, die Entflechtungsentscheidung faktisch zu unterlaufen. In seinen Auswirkungen kommt § 41a Abs. 4 S. 5 GWB-RefE aber einem Fusionsverbot gleich. Soweit die Schwellenwerte der europäischen Zusammenschlusskontrolle überschritten sind, greift der Gesetzgeber damit in den Zuständigkeitsbereich der Union ein. Deshalb sollte der Gesetzgeber im Anwendungsbereich der FKVO auf die Bestimmung des § 41a Abs. 4 S. 5 GWB-RefE verzichten. Der nationale Gesetzgeber hat zu respektieren, dass die Union im Rahmen der FKVO über eine exklusive Kontrollkompetenz verfügt. Zudem verspricht die Regelung kaum praktischen Nutzen. § 41a Abs. 4 S. 5 GWB-RefE soll widerstreitende Entscheidungen der Kartellbehörden im Entflechtungs- und Fusionskontrollverfahren verhindern. Es erscheint aber unwahrscheinlich, dass die Behörden die Wettbewerbssituation im Zusammenschlussverfahren völlig anders einschätzen als zuvor im Entflechtungsverfahren. Die Kartellbehörden versuchen in beiden Fällen zu verhindern, dass die Märkte vermachten. Nach einer erfolgreichen Entflechtungsmaßnahme kann das gesetzliche Fusionsverbot überflüssig sein oder den Wettbewerb sogar verzerren. Die Marktverhältnisse könnten sich dahin gehend verbessert haben, dass ein Zusammenschluss den Wettbewerb nicht mehr beeinträchtigt.[1355] Das generelle Fusionsverbot beschränkt den Wettbewerb dann selbst unbillig. Die Regelung in § 41a Abs. 4 S. 5 GWB-RefE schafft somit mehr Probleme, als sie löst. Entweder ist die Regelung zu streichen oder klarstellend darauf hinzuweisen, dass das Erwerbsverbot nicht in den Anwendungsbereich der

[1353] Loewenheim/Meessen/Riesenkampff/*Westermann*, Art. 21 FKVO Rn. 7; Immenga/Mestmäcker/*Immenga/Körber*, Art. 21 Rn. 19 m.w.N.

[1354] Im Ergebnis ähnlich *Roth*, in: FS Möschel, S. 506, der eine „dramatische" Veränderung der Wettbewerbsbedingungen verlangen will; MK, SonderGA 58 (2010), Tz. 119.

[1355] Dazu *Roth*, in: FS Möschel, S. 508.

FKVO eingreifen soll.[1356] Ein Verstoß gegen das Unionsrecht lässt sich damit vermeiden.

III. Zusammenfassung

Die Entflechtungsregelung greift grundsätzlich nicht in die Kompetenzen für die europäische Fusionskontrolle ein. Das Bundeskartellamt darf damit auch fusionierte Unternehmen entflechten, deren Zusammenschluss die Kartellbehörden auf Basis der FKVO freigegeben haben. Darüber hinaus ist ein Verstoß gegen den Anwendungsvorrang der FKVO durch eine tatbestandliche Klarstellung im Rahmen des § 41a Abs. 4 S. 5 GWB-RefE vermeidbar.

C. Zwischenergebnis

Die Entflechtungsregelung des § 41a GWB-RefE verstößt materiell nicht gegen europäische Wettbewerbsrecht. Die Union hat im Bereich der reinen Entflechtung keine Kompetenz, so dass die Regelung insoweit europarechtskonform ist. Konflikte der geplanten Entflechtungsvorschrift mit dem Unionsrecht ergeben sich allein in Abgrenzung zur Fusionskontrolle nach der FKVO. Mögliche Überschneidungen lassen sich jedoch angemessen auf tatbestandlicher Ebene lösen. Das Verbot, entflochtene Unternehmensteile zurückzuerwerben, gilt es auf das nationale Zusammenschlussverfahren zu beschränken. Der Gesetzgeber kann die Entflechtungsregelung deshalb ohne weiteres unionsrechtskonform ausgestalten und erlassen.

§ 6. Zusammenfassung Teil 2

Der Vorschlag zu § 41a GWB-RefE als strukturorientierte Entflechtungsregelung ist zu begrüßen, seine Aufnahme ins GWB zu befürworten. In diesem Zusammenhang ist nicht zu verkennen, dass die geplante Regelung die bestehenden Grenzen für strukturelle Maßnahmen im GWB aufbricht. Eingriffe in die Unternehmensstruktur erlaubt das GWB bislang nur abhängig von einem Unternehmensverhalten und auf dieses Verhalten beschränkt. § 41a GWB-RefE fehlt diese Fixierung, denn die Regelung versucht nicht, einen früheren Zustand wiederherzustellen oder ein bestimmtes Verhalten abzustellen. Die geplante Entflechtungsvorschrift hat einen anderen, einen neuen Zweck: § 41a GWB-RefE will den Wettbewerb auf vermachteten Märkten wiederbeleben. Über Ent-

[1356] Für eine Ergänzung der Regelung *Roth*, in: FS Möschel, S. 508.

flechtungsmaßnahmen nach § 41a GWB-RefE entscheiden deshalb allein strukturelle Gesichtspunkte. Mit diesem Ziel und dieser Anknüpfung berührt § 41a GWB-RefE wettbewerbspolitische Grundkonflikte und provoziert deshalb zwangsläufig Widerstand. Die in der wissenschaftlichen Auseinandersetzung vorgebrachten Bedenken sind verständlich, aber letztlich unbegründet.

Die Entflechtungsregelung überschreitet keine wettbewerbspolitischen Grenzen. Die Vorstellung von Wettbewerb und seinem Schutz bestimmen den Kreis tauglicher und legitimer Kartellrechtsinstrumente. Die zulässigen Wettbewerbsinstrumente sind zwangsläufig subjektiv zu bestimmen, weil ein allgemeinverbindliches Verständnis des Begriffs „Wettbewerb" fehlt. Die einzelnen Wettbewerbskonzepte sind dabei bloße „Entwürfe", sie vermitteln weder abschließende Erkenntnis noch Wissen über Wettbewerb.[1357] Die wettbewerbspolitische Zulässigkeit von Entflechtung beurteilt sich deshalb allein nach den Vorstellungen des Gesetzgebers. Mit § 41a GWB-RefE bestimmt der Gesetzgeber die Rolle des Kartellrechts im Spannungsfeld zwischen „Macht" und „Wettbewerb" neu. Mit der geplanten Vorschrift erlaubt das GWB erstmals, dass das Bundeskartellamt bestehende Machtpositionen aktiv und ohne Anknüpfung an einen vorangegangenen Marktmachtmissbrauch abbaut. Die Konzentrationsbekämpfung bekommt damit einen größeren Stellenwert in der Kartellrechtspolitik. Diese gesetzgeberische Entscheidung gilt es zu respektieren.

Zwangsläufig nimmt der Gesetzgeber mit Erlass von § 41a GWB-RefE auch Risiken in Kauf. Nach wie vor fehlen empirische Beweise, dass Entflechtung die Wettbewerbsbedingungen tatsächlich verbessert. Volkswirtschaftlich besteht durch Marktstruktureingriffe zwar die Chance auf mehr Wettbewerb, aber ohne absolute Sicherheit. Entflechtungsmaßnahmen bewegen sich zudem in einem grundrechtssensiblen Bereich. Der Gesetzgeber hat die Regelung zwar verfassungskonform ausgestaltet, das Bundeskartellamt muss die Rechte des Betroffenen im Entflechtungsverfahren aber auch tatsächlich wahren. Der Spielraum für Fehler ist gering, gerade auch an der Schnittstelle zum europäischen Recht. Die Konzeption des Unionskartellrechts ist komplex, teils widersprüchlich. Mögliche Kompetenzkonflikte gilt es für das Bundeskartellamt deshalb durch vorausschauendes Verhalten zu vermeiden.

Insgesamt ist die Regelung dennoch zu befürworten, auch in Kenntnis der Unsicherheiten. Das bestehende Kartellrechtssystem war auf vermachteten Märkten nicht erfolgreich. Es ist nicht gelungen, wirksamen Wettbewerb allein mit Verhaltens- und Zusammenschlussverboten herbeizuführen. Die Entflechtung nach § 41a GWB-RefE weckt diese Hoffnung aufs Neue, allerdings ohne den Erfolg zu garantieren. Das Risiko

[1357] Zum Entwurfscharakter bereits *Künzler*, Effizienz oder Wettbewerbsfreiheit, S. 286 f. m.w.N.

mahnt zu Vorsicht, nicht zu Untätigkeit. Die Regelung nicht einzuführen bedeutet, eine Chance verstreichen zu lassen. Der Gesetzgeber sollte gerade umgekehrt die Regelung einführen und ihren Erfolg anhand der praktischen Erfahrungen bestimmen.

Dritter Teil. Kartellrechtliche Entflechtung im Stromsektor

Bereits die Vorgängerentwürfe zu § 41a GWB-RefE hoben den Erstabsatzmarkt für Strom hervor und nannten ihn als zentrales Beispiel für das Problem vermachteter Märkte.[1358] Es hat sich gezeigt, dass das Kartellrecht bislang keine überzeugende Antwort auf stark konzentrierte Marktstrukturen gefunden hat. An dieser Stelle setzt § 41a GWB-RefE an und verspricht, die Wettbewerbssituation zu verbessern. Mit Entflechtungsüberlegungen beschäftigte sich nicht nur der deutsche Gesetzgeber, sondern zeitgleich auch die Europäische Union. Letztere bemüht sich bereits seit dem Jahr 1998, die wirtschaftliche Macht der Netzbetreiber zu begrenzen. Faktisch beschnitt die Europäische Union damit den Einfluss von RWE, E.ON, Vattenfall und EnBW. Dieser Teil der Arbeit prüft ausschließlich, ob § 41a GWB-RefE als kartellrechtliche Regelung die sektorspezifischen Bemühungen ergänzen könnte.[1359]

In einem ersten Kapitel (§ 1) werden dazu die Entflechtungsvorgaben des EnWG dargestellt. Die Regelungen im EnWG zeigen, wie das Regulierungsrecht zu verhindern versucht, dass die Stromkonzerne ihre Übertragungsnetze missbräuchlich einsetzen. Das zweite Kapitel (§ 2) untersucht dann, welche Möglichkeiten und welcher Bedarf für eine kartellrechtliche Entflechtung bestehen. In diesem Zusammenhang gilt es die Entwicklungen des Jahres 2011 zu berücksichtigen. Im japanischen Fukushima ereignete sich im März 2011 die folgenschwerste Nuklearkatastrophe seit der Kernschmelze in Tschernobyl im Jahr 1986. Der deutsche Gesetzgeber richtete daraufhin seine Energiepolitik neu aus und ließ acht Atomreaktoren endgültig abschalten. Es gilt deshalb zu untersuchen, wie stark dieser Eingriff die Wettbewerbsverhältnisse verändert hat und welche Rückschlüsse für die Entflechtung daraus zu ziehen sind.

[1358] Gesetzesantrag des Landes Hessens vom 29. Januar 2008, BR-Drs. 76/08, S. 1, 16; Gesetzesvorschlag der FDP-Fraktion vom 15. März 2008, BT-Drs. 16/8405, S. 1, 7.

[1359] Zu den Entflechtungsvorgaben im EnWG, siehe BerlKommEnR/*Säcker/Schönborn*, § 6 Rn. 1 ff.; Schneider/Theobald/*Schneider*, Recht der Energiewirtschaft, § 2 Rn. 48 ff.

§ 1. Bestehende Entflechtungsregelungen im EnWG

Die Regulierungs- und nicht die Wettbewerbsbehörden überprüfen, ob sich die Betreiber von Stromnetzen wettbewerblich verhalten. Die Bundesnetzagentur bzw. die Landesregulierungsbehörden kontrollieren nach dem EnWG, ob Dritte zu fairen Bedingungen an das Netz angeschlossen werden oder es nutzen dürfen. Dabei setzt die Regulierungsbehörde auch die Entgelte fest, welche die Nutzer dafür zu entrichten haben. In welcher Höhe diese Entgelte angemessen sind, entscheiden vor allem die Kosten der Betreiber. Der Netzbetreiber kennt seine Kosten, Erlöse und andere Parameter stets besser als die überprüfende Behörde. Bei RWE, E.ON, Vattenfall und EnBW hatten sie sich jedoch darüber hinaus mit den Einnahmen und Ausgaben anderer Geschäftsbereiche vermischt. Das EnWG schreibt den Betreibern in den §§ 6a bis 10e deshalb gewisse Unternehmensstrukturen vor. Die vertikalen Entflechtungsvorgaben des EnWG isolieren dabei den Netzbetrieb unterschiedlich stark von den übrigen Wertschöpfungsstufen. Die Regulierungsbehörden können so Kosten und Leistungen des Netzbetriebs besser zuordnen. Damit erhöhen die Entflechtungsvorgaben die Transparenz und helfen, das Informationsdefizit der Regulierungsbehörden zu beseitigen.[1360] Die Entwicklung des energiewirtschaftlichen Entflechtungsregimes zeigt jedoch, dass die Europäische Union mit ihm Ziele verfolgt, die über die reine Kostenzuordnung hinausgehen.

A. Bedeutung der Entflechtung im Rahmen der Regulierung

In der energiewirtschaftlichen Diskussion betrachten viele Autoren die Entflechtungsregelungen ausschließlich „netzbetriebsorientiert“ und deshalb als reines Hilfsmittel der Behörden, um die Entgelte überhaupt regulieren zu können.[1361] Dieser Ansicht nach zielt das EnWG mit seinen vertikalen Entflechtungsvorgaben jedenfalls nicht darauf ab, den Netzbetrieb als solchen unabhängig zu machen.[1362] Tatsächlich steigerte der Gesetzgeber mit seinen Entflechtungsvorgaben kurz nach der Liberalisierung lediglich die Transparenz der Kosten. Im EnWG von 1998 verpflichtete der Gesetzgeber die Stromkonzerne vor allem zu einer getrenn-

---

[1360] *Steger/Büdenbender/Feess/Nelles*, Die Regulierung elektrischer Netze, S. 56 ff.

[1361] *Büdenbender/Rosin*, Energierechtsreform 2005, S. 90; Schneider/Theobald/*de Wyl/Finke*, Recht der Energiewirtschaft, § 4 Rn. 36; Danner/Theobald/*Eder*, Energierecht, I B 1, § 6 Rn. 16 ff.

[1362] Schneider/Theobald/*de Wyl/Finke*, Recht der Energiewirtschaft, § 4 Rn. 36; Danner/Theobald/*Eder*, Energierecht, I B 1, § 6 Rn. 19.

ten Rechnungslegung für den Netzbetrieb.[1363] Das „zweite Binnenmarktpaket“[1364] verschärfte die Entflechtungsregelungen allerdings erheblich und ging über eine buchhalterische und binnenorganisatorische Trennung weit hinaus. Das EnWG verlangte von den Betreibern, ihre Übertragungsnetze von den übrigen Geschäftssparten gesellschaftsrechtlich zu trennen.[1365] Die Unternehmen mussten den Netzbetrieb deshalb in eigene Gesellschaften ausgliedern. Außerdem beschränkte der Gesetzgeber die Informationen, die dort angestellte Mitarbeiter an die übrigen Unternehmenssparten weitergeben dürfen.[1366] Damit versucht das EnWG zu verhindern, dass die Stromkonzerne durch den Netzbetrieb über mehr Informationen verfügen als ihre Wettbewerber. Ansonsten könnten die Unternehmen ihre Netze strategisch zulasten der Konkurrenten nutzen.[1367] Die Entflechtungsvorgaben griffen folglich immer tiefer in die Organisationsstrukturen der Stromkonzerne ein. Einerseits ermöglichten die Entflechtungsvorgaben den Behörden, die Entgelte zu kontrollieren, und halfen, Diskriminierungen aufzudecken. Andererseits zielten die Vorschriften darauf ab, dass die Stromkonzerne aufgrund der neuen Strukturen ihr Verhalten veränderten.

Deshalb darf etwa das Gehalt leitender Mitarbeiter nicht von Leistungen und Erfolgen des Stromkonzerns abhängen, sondern von denen des Netzbetriebs.[1368] Je unabhängiger die Mitarbeiter in der Netzgesellschaft arbeiten, desto geringer ist ihr Interesse, andere Vertriebsunternehmen zu behindern oder andere Konzernbereiche heimlich zu subventionieren.[1369] In dieser Funktion verfolgen die Entflechtungsregelungen einen

---

[1363] Durch §§ 4, 4a und 7 EnWG 1998 musste die Netzebene zudem als eigene Betriebsabteilung geführt werden, also getrennt von Erzeugung und Vertrieb.

[1364] Entscheidend RL 2003/55/EG des europäischen Parlaments und des Rates vom 26. Juni 2003 über gemeinsame Vorschriften für den Erdgasbinnenmarkt und zur Aufhebung der RL 98/30/EG, ABl. L 176 vom 15. Juli 2003, S. 57 ff.; zu den weiteren Bestandteilen des Binnenmarktpakets und allgemein der sekundärrechtlichen Gestaltung des Energiebinnenmarktes durch die Europäische Union, siehe BerlKommEnR/*Schmidt-Preuß*, Ein. B EnWG Rn. 62 ff.; dazu und zu einer rechtsvergleichenden Bestandsaufnahme, siehe Schneider/Theobald/*Schneider*, Recht der Energiewirtschaft, § 2 Rn. 33 ff., 53 ff.; *ders.*, Liberalisierung der Stromwirtschaft durch regulative Marktorganisation, S. 197 ff., 316 ff., 341 ff., 377.

[1365] Siehe Artt. 10, 15 RL 2003/54/EG; *Koenig/Kühling/Rasbach*, Energierecht, S. 32 m.w.N.; *Möllinger*, Eigentumsrechtliche Entflechtung, S. 29; Schneider/Theobald/*Schneider*, Recht der Energiewirtschaft, § 2 Rn. 52.

[1366] Siehe § 9 EnWG 2005.

[1367] Z.B. Informationen zu Erzeugungsausfällen, Lastenprofilen, siehe EU-Kommission, KOM(2006) 841 endg. S. 7; *Storr*, EuZW 2007, 232, 233.

[1368] Vgl. Reg.Begr. zu § 8 EnWG, BT-Drs. 15/3917, S. 54.

[1369] In diesem Sinne auch *Koenig/Kühling/Rasbach*, Energierecht, S. 140; Reg.Begr. zu § 6 EnWG, BT-Drs. 15/3917, S. 51, nach der die Entflechtung den Netzbetreibern „den nötigen Freiraum“ schaffen soll, um das Geschäft ausschließlich an netzeigenen Interessen auszurichten.

eigenen Zweck, der über die Kostentransparenz hinausgeht. Die Bezeichnung als „dritte Säule" des energiewirtschaftlichen Instrumentariums spiegelt diese Bedeutung zutreffend wider.[1370]

B. Keine Beschränkung auf die Missbrauchsabwehr

Das natürliche Monopol der Stromnetze begründet die marktbeherrschende Stellung aller Netzbetreiber. Diese marktbeherrschende Stellung können die Netzbetreiber mit überhöhten Entgelten missbrauchen. Die Entflechtungsvorgaben ermöglichen nicht nur eine Entgeltkontrolle, sondern zugleich auch eine Missbrauchskontrolle. Soweit die Entflechtungsregelungen den Netzbetrieb dadurch durch bestimmte Organisations- und Rechnungslegungsvorgaben transparenter gestalten, speisen sie sich deshalb aus dem materiellen Gedanken von § 19 Abs. 1 GWB und Art. 102 AEUV.[1371] Soweit die Vorschriften den Netzbetrieb aber strukturell von den Konzernen ablösen, um Missbrauchsanreize zu beseitigen, gehen sie über das Verbot des Marktmachtmissbrauchs hinaus. Die Entflechtung im EnWG hat sich folglich zu einem Instrument entwickelt, das Wettbewerbsprozesse in der netzgebundenen Stromwirtschaft „proaktiv" fördert.[1372] Die zunehmend strengeren Entflechtungsvorgaben der Stromwirtschaft zeigen, dass sich der Umgang mit Marktmacht im EnWG verändert hat. Im Gegensatz dazu nahm das GWB vermachtete Märkte bislang weitgehend hin. Mit § 41a GWB-RefE steht das allgemeine Kartellrecht folglich vor einem Entwicklungsprozess, den das sektorspezifische Regulierungsrecht bereits weitgehend abgeschlossen hat.

C. Diskussionen über eine eigentumsrechtliche Entflechtung

Bis zu seiner Reform im Jahr 2011 verpflichtete das EnWG die Übertragungs- und Verteilnetzbetreiber zu den gleichen Entflechtungsschritten.[1373] Alle Netzgesellschaften mussten nach den §§ 6 ff. EnWG aus dem Jahr 2005 von den übrigen Wettbewerbssparten getrennt sein – buchhalterisch, informatorisch, organisatorisch und in ihrer Rechts-

[1370] *Koenig/Kühling/Rasbach*, Energierecht, S. 140.

[1371] So auch *Koenig/Kühling/Rasbach*, Energierecht, S. 139; mit Einordnung als die Regulierungsvorschriften „ergänzendes Instrumentarium", vgl. Stuhlmacher/Stappert/Schoon/Jansen/*Beisheim*, Teil 2 Kapitel 1 Rn. 2.

[1372] Ähnlich mit Verweis auf weitere, gleichgerichtete Instrumente *Koenig/Kühling/Rasbach*, Energierecht, S. 140.

[1373] Siehe Gesetz zur Neuregelung energiewirtschaftsrechtlicher Vorschriften vom 26. Juli 2011, BGBl. I Nummer 41 vom 03. August 2011, 1554; Zweites Gesetz zur Neuregelung des Energiewirtschaftsrechts vom 07. Juli 2005, BGBl. I Nummer 42 vom 12. Juli 2005, 1970.

form.[1374] Diese Trennungsvorgaben beseitigten aber nicht alle Anreize, um die Netztochtergesellschaften nach dem Gesamtinteresse des Konzerns zu steuern.[1375] Der strategische Einsatz bleibt das natürliche Interesse eines Unternehmens und ist im System von Herrschaft und Beherrschung angelegt.[1376] Dieser Antrieb führt bei den Übertragungsnetzen allerdings zu größeren Gefahren als bei den Verteilnetzen. Bei Ersteren haben Netzengpässe, aber auch Erzeugungs- und Vertriebsinteressen eine größere Bedeutung als bei den Verteilnetzen.[1377] Es ist fraglich, ob sich Einflüsse auf die Netzgesellschaften innerhalb eines Unternehmens überhaupt verhindern lassen.[1378] Vollständig beseitigen lassen sich die Einflüsse jedenfalls durch eine eigentumsrechtliche Entflechtung der Netzgesellschaften. Die EU-Kommission versuchte deshalb, die eigentumsrechtliche Entflechtung für die Übertragungsnetze durchzusetzen und scheiterte damit.[1379] Der Widerstand war zu groß. Die Mitgliedsstaaten und Vertreter aus der Wissenschaft hielten die eigentumsrechtliche Entflechtung weder für erforderlich noch für unions- und grundrechtskonform.[1380] Wenngleich die Notwendigkeit einer verbesserten Neutralitätssicherung der Netze grundsätzlich anerkannt ist, stellt sich wie auch im Rahmen der Entflechtung nach § 41a GWB-RefE insbesondere die Frage nach der Verhältnismäßigkeit des Eigentumseingriffs.[1381] Die im „dritten Binnenmarktpaket“[1382] beschlossene Richtlinie sieht deshalb neben der eigentumsrechtlichen Entflechtung noch zwei weitere

---

[1374] Siehe dazu Britz/Hellermann/Hermes/*Hölscher*, EnWG, § 7 Rn. 4 ff.; § 8 Rn. 4 ff.; *Koenig/Kühling/Rasbach*, Energierecht, S. 148 ff.; Schneider/Theobald/*Schneider*, Recht der Energiewirtschaft, § 2 Rn. 47 ff.

[1375] *Kerber*, Mehr Wettbewerb durch Entflechtung?, S. 8.

[1376] Dies ganz unabhängig davon, ob man darin eine Rechtspflicht sieht oder nicht, dafür *Hommelhoff*, Die Konzernleitungspflicht, S. 71 f.; dagegen MüKo-AktG/*Bayer*, Bd. 1, § 18 AktG Rn. 16 ff.; Baumbach/Hueck/*Zöllner*, GmbHG, Schlussanhang Rn. 102.

[1377] Siehe Erwägungsgrund 26 RL 2009/72/EG.

[1378] EU-Kommission, KOM(2007) 528 endg., S. 4 f.; *Kerber*, Mehr Wettbewerb durch Entflechtung?, S. 7; *Bausch*, ZNER 2004, 332, 333.

[1379] Siehe Artt. 8 ff. des Richtlinienentwurfs der EU-Kommission vom 19. September 2007, KOM(2007) 528 endg., S. 32.

[1380] *Möllinger*, Eigentumsrechtliche Entflechtung, S. 237 ff.; *Mayen/Karpenstein*, RdE, 2008, 33, 33 ff.; dazu und zu kompetenzrechtlichen Einwänden, siehe Schneider/Theobald/*Schneider*, Recht der Energiewirtschaft, § 2 Rn. 57.

[1381] Nachweise zum Meinungsstand bei Schneider/Theobald/*Schneider*, Recht der Energiewirtschaft, § 2 Rn. 57 Fn. 217.

[1382] Entscheidend RL 2009/73/EG des europäischen Parlaments und des Rates vom 13. Juli 2009 „über gemeinsame Vorschriften für den Erdgasbinnenmarkt und zur Aufhebung der RL 2003/55/EG“, ABl. L 211 vom 14. August 2009, S. 94; zu den weiteren Bestandteilen des Binnenmarktpaktes, siehe BerlKommEnR/*Schmidt-Preuß*, Ein. B EnWG Rn. 67; Schneider/Theobald/*Schneider*, Recht der Energiewirtschaft, § 2 Rn. 44 ff.

Entflechtungsmodelle vor.[1383] Der deutsche Gesetzgeber hat in §§ 8 bis 10 EnWG alle drei Modelle ins deutsche Recht übernommen. Die Verteilnetzbetreiber bleiben weiterhin nur den seit 2005 geltenden Entflechtungsregelungen in §§ 6a bis 7b EnWG unterworfen. Auf Stromkonzerne kommen weitere Einschnitte zu, wenn sie zugleich Übertragungsnetze betreiben. Zwar dürfen die Betreiber nach dem schwächsten Modell (sog. „ITO-Modell") weiterhin das Eigentum an den Tochtergesellschaften behalten, allerdings ist ihr Einfluss erheblich reduziert.[1384] Die EU-Kommission wird allerdings bis März 2013 überprüfen, ob sich das „ITO-Modell" als effektiv erweist.[1385] Die Entflechtungsart gilt als das „schwarze Schaf unter den Entflechtungsvarianten",[1386] weshalb weitere legislative Vorstöße von der EU-Kommission zu erwarten sind.

D. Zwischenergebnis

Die schärferen Entflechtungsvorgaben hätten in Deutschland ursprünglich alle vier Stromkonzerne getroffen. Die Vorschriften verpflichten faktisch allerdings nur noch die EnBW zu weiteren strukturellen Änderungen.[1387] RWE, E.ON und Vattenfall sind einer stärkeren Entflechtung zuvorgekommen und haben ihre Übertragungsnetze verkauft. Die Europäische Union hat nicht nur einen transparenteren, sondern einen immer unabhängigeren Netzbetrieb durchgesetzt. Indem das EnWG den Konzernen mehr und mehr strukturelle Vorgaben machte, konnten diese den Netzbetrieb immer weniger beeinflussen. Es fiel RWE, E.ON, Vattenfall und EnBW deshalb immer schwerer, ihre Netzgesellschaften strategisch auszurichten. Unter taktischen Gesichtspunkten blieb den Unternehmen deshalb nichts anderes übrig, als die Übertragungsnetze zu verkaufen.[1388] Damit hat die EU-Kommission ihr eigentliches Ziel mit der Entflechtung erreicht. Die EU-Kommission hat nie einen Zweifel daran gelassen, dass sie es für einen „inhärenten", kaum lösbaren Interessenkonflikt hält,

[1383] Die eigentumsrechtliche Entflechtung ist in Art. 9 Abs. 1 lit. b) RL 2009/72/EG geregelt, das Modell eines unabhängigen Netzbetreibers (ISO) in Art. 9 Abs. 8 lit. a) RL 2009/72/EG, das Modell des unabhängigen Übertragungsnetzbetreibers (ITO) in Art. 17 RL 2009/72/EG.

[1384] Ausführlich zum ITO-Modell Schneider/Theobald/*de Wyl/Finke*, Recht der Energiewirtschaft, § 4 Rn. 9; Britz/Hellermann/Hermes/*Hölscher*, EnWG, Vorb. §§ 6–9 Rn. 16 ff.; MK, SonderGA 59 (2011), Tz. 406 ff.

[1385] Siehe Art. 47 Abs. 3 bis 5 RL 2009/72/EG.

[1386] Danner/Theobald/*Däuper*, Energierecht, Ia B, Einführung in das Europäische Energierecht Rn. 45.

[1387] MK, SonderGA 59 (2011), Tz. 407.

[1388] So auch *Kerber*, Mehr Wettbewerb durch Entflechtung?, S. 8.

wenn Stromkonzerne zugleich Netze betreiben.[1389] Rechtlich kontrolliert das EnWG lediglich die Monopolmacht der Netzbetreiber immer strenger. Die sektorspezifische Entflechtung im EnWG ist anders als § 41a GWB-RefE nicht ausdrücklich darauf ausgerichtet, die Konzentration im Stromsektor durch einen Verkauf von Unternehmensteilen zu senken. Durch die immer stärkere Entflechtung entzog das Gesetz den Stromkonzernen jedoch nahezu alle Anreize zum Betrieb der Übertragungsnetze. Dieses Vorgehen zwang die Unternehmen zum Verkauf der Übertragungsnetze. Mit Hilfe des Regulierungsrechts dämpfte der Gesetzgeber somit faktisch die vertikale Konzentration im Stromsektor. Die bestehenden Entflechtungsvorschriften im EnWG und die Entflechtungsvorschrift in § 41a GWB-RefE sind damit zwar weniger in ihren rechtlichen Ausgestaltungen als vielmehr in ihren konzentrationsdämpfenden Auswirkungen vergleichbar.

§ 2. Anwendung von § 41a GWB-RefE im Energiesektor

§ 41a GWB-RefE erlaubt es, die Macht von RWE, E.ON, Vattenfall und EnBW im Stromsektor strukturell einzuschränken. Dabei hat das Bundeskartellamt zwei unterschiedliche Möglichkeiten. Die Behörde könnte einerseits dem Beispiel des EnWG folgen und die Präsenz der Unternehmen entlang der Wertschöpfungskette weiter einschränken. Daneben könnte das Bundeskartellamt andererseits die marktbeherrschenden Konzerne zwingen, Kraftwerke zu verkaufen, und so ihren Einfluss begrenzen, wenn sie Strom erstmalig absetzen. Dieses Kapitel beschäftigt sich vornehmlich mit der zweiten Option. § 41a GWB-RefE knüpft Entflechtungsmaßnahmen an strenge Bedingungen. Es gilt deshalb zu untersuchen, inwieweit die Voraussetzungen für eine Entflechtung im Stromsektor erfüllt sind. Im Laufe dieser Arbeit haben sich die politischen Rahmenbedingungen jedoch abermals grundlegend verändert. Die nachstehende Untersuchung unterscheidet deshalb zwischen den Gegebenheiten bis zum Jahr 2011 und den Folgen des vorgezogenen Atomausstiegs.

[1389] Bzgl. der Übertragungsnetze, siehe EG-Kommission, KOM(2007) 528 endg., S. 4 f.

A. Horizontale statt vertikale Entflechtung

Im Stromsektor haben sich zwei Entwicklungen als wettbewerblich problematisch erwiesen:[1390] Erstens kontrollieren die großen Konzerne den erstmaligen Absatz von Strom. Zweitens beteiligen sich RWE, E.ON, Vattenfall und EnBW an allen weiteren Prozessen, um die Endverbraucher mit Strom zu versorgen. Die Kartellbehörden könnten nun dem Ansatz des EnWG folgen und ergänzend ihre Tätigkeit auf den Wettbewerbsmärkten stärker trennen.[1391] Die Konzerne profitieren von Manipulationen beim erstmaligen Stromabsatz nicht nur, wenn sie Elektrizität handeln. Vielmehr verschaffen die Konzerne dabei auch ihren Vertriebsunternehmen Vorteile, sofern sie deren Konkurrenten behindern. Diese Anreize dürften durch vertikale Entflechtungsmaßnahmen sinken. Allerdings sollte das Bundeskartellamt aus mehreren Gründen von einem solchen Einsatz absehen.

Erstens sind die Auswirkungen zwischen der vertikalen Integration des Netzbetriebs und der unternehmerischen Präsenz auf den Wettbewerbsmärkten nicht vergleichbar. Wenn RWE, E.ON, Vattenfall und EnBW Strom erstmalig absetzen, handeln und an Endkunden vertreiben, folgt daraus kein Monopolproblem. Dies stellt sich jedoch anders dar, wenn die Konzerne zusätzlich Stromnetze betreiben. Die Konkurrenten sind dann auf jedes der Unternehmen angewiesen, um sich auf den übrigen Märkten engagieren zu können.[1392] Die Handels- und Vertriebsmärkte sind hingegen nur insoweit von den erstabsetzenden Unternehmen abhängig, als sie den Kunden nur so viel Strom liefern können, wie die Konzerne produzieren oder importieren. Technisch und wirtschaftlich wäre aber mehr Wettbewerb zwischen den Anbietern möglich. Eine vertikale Entflechtung ist deshalb nicht notwendig.

Zweitens behielten RWE, E.ON, Vattenfall und EnBW auch bei einer vertikalen Entflechtung ihre Anreize, den Strompreis durch strategischen Einsatz ihrer Erzeugerkapazitäten zu manipulieren. Von überhöhten Preise profitieren die Konzerne auch, wenn ihre Tätigkeit auf den übrigen Märkten eingeschränkt ist. Wenn die Unternehmenssparten stärker getrennt sind, haben die Stromkonzerne allenfalls ein geringes Interesse, ihre Konkurrenten im Vertrieb zu behindern. Zwar könnten die Kartellbehörden missbräuchliche Preise leichter erkennen, wenn die Kosten den einzelnen Unternehmenssparten besser zuzuordnen sind. Allerdings ist § 41a GWB-RefE weder dazu geeignet noch dafür konzipiert, die Trans-

[1390] Zum Einfluss der vier Stromkonzerne und den Wettbewerbsproblemen im Stromsektor, siehe oben Teil 1 § 2 B, § 3.

[1391] Allgemein zu einem vertikalen Einsatz, siehe MK, SonderGA 58 (2010), Tz. 13; *Klees/Hauser*, Entflechtungen von Unternehmen, S. 37.

[1392] Dazu *Bausch*, ZNER 2004, 332, 334.

parenz im Stromsektor zu erhöhen. Das Bundeskartellamt müsste zunächst jeden Stromversorger vertikal entflechten, der auf allen Wettbewerbsmärkten tätig ist. Anders als das EnWG stellen das GWB und § 41a GWB-RefE jedoch keine allgemeinen Trennungsvorschriften auf. Die Behörde darf nur im Einzelfall die Unternehmensstruktur verändern. Einerseits müssten dafür alle betroffenen Unternehmen marktbeherrschend sein. Andererseits müssten verschiedene Entflechtungsanordnungen gegen die einzelnen Unternehmen ergehen, die jeweils ein eigenes Verfahren verlangen.

Die Entflechtung nach § 41a GWB-RefE ist drittens nicht dazu gedacht, die Kartellbehörden beim Nachweis missbräuchlicher Preise zu unterstützen. Die geplante Regelung verfolgt vielmehr einen strukturorientierten Ansatz und knüpft an die Marktstruktur als Ursache der Wettbewerbsbeschränkungen an. Überhöhte Preise folgen hingegen bloß aus der missbrauchsanfälligen Marktstruktur.[1393]

Das Wettbewerbsproblem liegt im Kern nicht darin, dass sich RWE, E.ON, Vattenfall und EnBW auf allen Märkten, abseits des Netzbetriebs, betätigen. Vielmehr ist es kritisch zu beurteilen, dass die Unternehmen den erstmaligen Stromabsatz dominieren. Deshalb ist im Folgenden allein ein horizontaler Einsatz von § 41a GWB-RefE auf dem Erstabsatzmarkt näher zu untersuchen.

B. Eingriffsmöglichkeiten vor der Energiewende

Der Staat veränderte die Rahmenbedingungen auch vor der Energiewende im Jahr 2011 mehrfach. Zuletzt machte der Gesetzgeber im Dezember 2010 den geplanten Atomausstieg teilweise rückgängig und beschloss, dass die Kernkraftwerke im Durchschnitt zwölf Jahre länger Strom produzieren sollten, als ursprünglich geplant war.[1394] Von den hohen Gewinnmargen der Kraftwerke hätten RWE, E.ON, Vattenfall und EnBW dann wesentlich länger profitiert. Das Bundeskartellamt hätte den Wettbewerb nur dann durch Entflechtungen beleben können, wenn die Voraussetzungen von § 41a GWB-RefE damals erfüllt gewesen wären.

[1393] Immenga/Mestmäcker/*Möschel*, GWB, § 19 Rn. 151; zum Nutzen der kartellrechtlichen Preiskontrolle, siehe oben Teil 1 § 3 C II.

[1394] Siehe Art. 1 des Elften Gesetzes zur Änderung des Atomgesetzes vom 08. Dezember 2010, BGBl. I Nummer 62 vom 13. Dezember 2010, S. 1814 ff.; BKartA, Sektoruntersuchung Stromgroßhandel, S. 264.

I. Markt von gesamtwirtschaftlicher Bedeutung

Die Begründung des Referentenentwurfs nennt keine konkreten Beispiele für Märkte mit „gesamtwirtschaftlicher Bedeutung“ im Sinne des § 41a Abs. 1 GWB-RefE. Allerdings zählt die Entwurfsbegründung ausdrücklich Märkte dazu, die Unternehmen und Verbraucher mit „wichtigen oder unverzichtbaren Gütern“ versorgen.[1395] Hier hätten die Marktteilnehmer und die Allgemeinheit ein gesteigertes Bedürfnis nach funktionierendem Wettbewerb.[1396] Die technisierte Wirtschaft und das gesellschaftliche Leben hängen von einer verlässlichen Stromlieferung ab.[1397] Deshalb gehört die Stromlieferung zu den elementaren und unverzichtbaren Versorgungsleistungen.[1398] Die vorangegangenen Gesetzesentwürfe aus dem Jahr 2008 verwiesen auf Güter und Dienstleistungen von „allgemeinem wirtschaftlichem Interesse“ und nannten als Beispiel Energieversorgungsdienstleistungen.[1399] Die Wertschöpfung der Elektrizitätsversorgung beginnt, wenn Unternehmen Strom erstmalig absetzen. Der große Einfluss auf die Strompreise verdeutlicht, dass wettbewerbliche Marktverhältnisse hier volkswirtschaftliche Vorteile mit sich bringen. Deshalb bildet der erstmalige Absatz einen Markt mit gesamtwirtschaftlicher Bedeutung.

II. Marktbeherrschung

§ 41a GWB-RefE soll vermachtete Märkte beleben, auf denen der Wettbewerb erstarrt ist. Mittlerweile erachtet das Bundeskartellamt nicht nur RWE und E.ON, sondern auch Vattenfall und EnBW auf dem Erstabsatzmarkt für marktbeherrschend.[1400] Die marktbeherrschende Stellung der Unternehmen hat die Behörde allerdings nicht mit den klassischen, strukturellen Konzentrationsmaßen, allen voran dem Marktanteil, bewiesen. Vielmehr hat die Behörde bei ihrer Bewertung der Wettbewerbssituation den Residual-Supply-Index und damit die Abhängigkeit der Kunden von den Stromkonzernen berücksichtigt.[1401] Nachstehend wird die Feststellung der marktbeherrschenden Stellung durch das Bundeskar-

[1395] BMWT, Begr. zum GWB-RefE, S. 12.
[1396] BMWT, Begr. zum GWB-RefE, S. 12.
[1397] Statt vieler *Ströbele/Pfaffenberger/Heuterkes*, Energiewirtschaft (2010), S. 229.
[1398] LG Cottbus, NZM 2000, 1080, 1080.
[1399] Gesetzesantrag des Landes Hessens vom 29. Januar 2008, BR-Drs. 76/08, S. 1, 18; Gesetzesvorschlag der FDP-Fraktion vom 15. März 2008, BT-Drs. 16/8405, S. 1, 8; EG-Kommission, Weißbuch zu Dienstleistungen von allgemeinem Interesse vom 12. Mai 2004, KOM(2004) 374 endg., Anhang 1), S. 27.
[1400] Für Details zur kartellbehördlichen Begründung der Marktbeherrschung, siehe Teil 1 § 2 B I.
[1401] Für Details zum RSI und der Argumentation des BKartA, siehe Teil 1 § 2 B I 3.

tellamt genauer untersucht. Zunächst werden die Gründe dargelegt, die die Behörde bewogen haben, alternative Ansätze zur Bewertung der Wettbewerbssituation heranzuziehen. Anhand der relevanten Rechtsprechung wird sodann kritisch überprüft, auf welche dogmatische Grundlage sich die Feststellung einer Einzelmarktbeherrschung mehrerer Unternehmen stützt. Abschließend wird untersucht, ob dieser Ansatz in einem Entflechtungsverfahren sinnvollerweise heranzuziehen ist und welche der vier Unternehmen insoweit als marktbeherrschend anzusehen sind.

1. Isoliertes Missbrauchspotential der einzelnen Unternehmen

Die Schwierigkeiten, RWE, E.ON, Vattenfall und EnBW nachzuweisen, dass sie den Erstabsatzmarkt gemeinsam beherrschen, bildete den Ausgangspunkt für den neuen Prüfungsansatz der Kartellbehörden.[1402] Die kollektive Marktbeherrschung nach § 18 Abs. 5 GWB verlangt, dass die Unternehmen ähnliche Strukturmerkmale aufweisen müssen, die jedoch nur für RWE und E.ON zu erkennen sind.[1403] Das Bundeskartellamt kritisiert nun,[1404] dass § 19 Abs. 2 S. 2 GWB a.F. (nunmehr § 18 Abs. 5 GWB zu wenig berücksichtige, inwieweit die Kunden von einzelnen Anbietern abhängig sind. In einer großen Anzahl an Stunden fragen die Kunden so viel Strom nach, dass alle vier Konzerne Elektrizität produzieren müssen. Die Macht der Stromkonzerne zeigt sich für die Behörde daran, dass alle vier Unternehmen – RWE, Vattenfall, RWE und EnBW – diese Abhängigkeit jeweils einzeln missbrauchen können, indem sie Kapazitäten zurückhalten oder zu teuer anbieten.

2. Einzelmarktbeherrschung als neuer Weg des Bundeskartellamtes

Nach dem Bundeskartellamt beherrschen alle vier Stromkonzerne den erstmaligen Stromabsatz unabhängig voneinander oder zumindest nebeneinander im Sinne des § 19 Abs. 2 S. 1 GWB a.F. (nunmehr § 18 Abs. 1, 3 GWB).[1405] Diese Annahme ist innovativ, weil die Behörde dafür nicht wie beim Oligopol die Unternehmensstrukturen vergleichen muss.[1406] Das Bundeskartellamt erläutert nicht näher, auf welche Regelung innerhalb des § 19 Abs. 2 GWB a.F. es seine Annahme einer Einzelmarktbeherrschung mehrerer Unternehmen normativ stützt. Vielmehr verweist die Behörde auf jeweils eine Entscheidung des EuGH zu Art. 82

[1402] Siehe dazu oben Teil 1 § 2 B I 2; zu den Voraussetzungen für die Feststellung eines marktbeherrschenden Oligopols, siehe oben Teil 1 § 2 A III 2.

[1403] Zu den Voraussetzungen eines marktbeherrschenden Oligopols, siehe oben Teil 1 § 2 A III 2.

[1404] Siehe BKartA, Sektoruntersuchung Stromgroßhandel, S. 105.

[1405] BKartA, Sektoruntersuchung Stromgroßhandel, S. 114.

[1406] So bereits MK, SonderGA 59 (2011), Tz. 631.

EGV (nunmehr Art. 102 AEUV) bzw. des BGH zu § 19 GWB, um ihre Feststellung zu legitimieren.[1407] Nachstehend wird zunächst die „*Magill*"-Entscheidung[1408] des EuGH dargestellt und die dogmatische Begründung der Einzelmarktbeherrschung mehrerer Unternehmen kritisch hinterfragt. Anschließend wird das „*Reisestellenkarte*"-Urteil[1409] des BGH untersucht, das sich wiederum auf die angesprochene Entscheidung des EuGH bezieht.

a) „Magill"-Entscheidung des EuGH

In der Rechtssache „*Magill*" musste der EuGH prüfen, ob gesetzliche Ausschließlichkeitsrechte ihrem Inhaber eine marktbeherrschende Stellung vermitteln.[1410] Nach dem irischen Recht hatten Fernsehanstalten Urheberrechte an ihren Programminformationen.[1411] Dadurch konnten die Sendeanstalten entscheiden, welche Unternehmen Fernsehzeitschriften herausgeben konnten und kontrollierten damit den Marktzugang durch ein faktisches Monopol.[1412] Für die eigene Leistung (Programmzeitschriften) sind die Herausgeber auf die fremde Leistung angewiesen (Informationen). Die Zeitschriftenherausgeber konnten auch nicht auf andere Anbieter ausweichen, weil die Programminformationen der verschiedenen Anstalten nicht gegeneinander austauschbar sind. Die Fernsehsender bestimmen den Sendekanal, den Tag, die Uhrzeit und den Titel der Sendungen. Damit sind die Sendeanstalten zugleich die einzige Informationsquelle, also „Zwangspartner" und deshalb marktbeherrschend.[1413] Das Gericht selbst untersucht nicht näher, wie die Unternehmen den Markt beherrschen. Der EuGH stellt lediglich allgemein fest, dass die „Rechtsmittelführerinnen eine beherrschende Stellung einnehmen".[1414] Verschiedene Autoren bewerten die Konstellation teils als Einzelmarktbeherrschung, teils als gemeinsame Marktbeherrschung, überwiegend unterbleibt eine nähere Einordnung in der Literatur allerdings vollständig.[1415]

[1407] Siehe BKartA, Sektoruntersuchung Stromgroßhandel, S. 96 (Fn. 129); EuGH, Urteil vom 06. April 1995, Slg. 1995, I-743 (Rn. 47) – *Magill*; BGH WuW DE-R 2708, 2712 (Rn. 32) – *Reisestellenkarte*.

[1408] EuGH, Urteil vom 06. April 1995, Slg. 1995, I-743 (Rn. 47) – *Magill*.

[1409] BGH WuW DE-R 2708, 2712 (Rn. 32) – *Reisestellenkarte*.

[1410] EuGH, Urteil vom 06. April 1995, Slg. 1995, I-743 (Rn. 47) – *Magill*.

[1411] EuGH, Urteil vom 06. April 1995, Slg. 1995, I-743 (Rn. 47) – *Magill*.

[1412] EuGH, Urteil vom 06. April 1995, Slg. 1995, I-743 (Rn. 47) – *Magill*.

[1413] Dauses/*Emmerich*, Hdb. EU-WirtschaftsR, H.I. § 3 Art. 102 AEUV Rn. 34.

[1414] EuGH, Urteil vom 06. April 1995, Slg. 1995, I-743 (Rn. 47) – *Magill*.

[1415] Für eine Einzelmarktbeherrschung Dauses/*Emmerich*, Hdb. EU-WirtschaftsR, H.I. § 3 Art. 102 AEUV Rn. 34; in diese Richtung wohl auch Immenga/Mestmäcker/*Fuchs/Möschel*, EU-WettbR I, Art. 102 Rn. 90 Fn. 382; a.A. Wiedemann/*de Bronett*, Hdb. KartellR, § 22 Rn. 32; ohne genauere Einordnung der Markt-

(1) Einfluss der Marktabgrenzung

Das Urteil legt eine Marktabgrenzung nahe,[1416] die zwischen den Informationen und den Programmzeitschriften trennt.[1417] Die Programminformationen müssten einen eigenen, einheitlichen Markt darstellen, damit mehrere Unternehmen ihn einzeln beherrschen. Nachdem die Informationen jedoch einzigartig und nicht austauschbar sind, könnte man ebenso verschiede Märkte für die „jeweilige" Programminformation abgrenzen. Nachdem der EuGH selbst dazu schweigt, wird unterschiedlich gedeutet, von welcher Marktabgrenzung das Gericht wohl ausging.

Nach einer Meinung hat der EuGH verschiedene Märkte für die (jeweiligen) Programminformationen unterschieden.[1418] Das Gericht gehe von so vielen faktischen Monopolen wie Fernsehsender aus und nicht bloß von einem faktischen Monopol.[1419] Damit beherrschen dann aber nicht mehrere Unternehmen einen einzelnen Markt, sondern jedes Unternehmen einen eigenen. Andere Auffassungen sehen den EuGH wiederum einen einheitlichen Markt abgrenzen.[1420] Dies überzeugt deshalb mehr, weil Erzeugnisse eines Ausschließlichkeitsrechts grundsätzlich keinen eigenen Markt bilden. Vielmehr sind diese Produkte ebenfalls einem für sie sachlich relevanten Markt zuzuordnen. Für Programminformationen gibt es aber zunächst keinen eigenen Markt. Deshalb grenzt eine Ansicht einen Markt für Programminformationen als bloßen hypothetischen Inputmarkt für den insoweit nachgelagerten Markt für Pro-

beherrschung *Bechtold/Bosch/Brinker/Hirsbrunner*, EG-Kartellrecht, Art. 82 EG Rn. 20; Hoeren/Sieber/*Beckmann/Müller*, Hdb. MultimediaR, Teil 10 Rn. 274 ff.; *Doutrelepont*, GRUR Int 1994, 302 ff.; *Jehoram/Mortelmans*, GRUR Int 1997, 11 ff.; Grabitz/Hilf/Nettesheim/*Jung*, Das Recht der Europäischen Union, Art. 102 AEUV; *Pilny*, GRUR Int 1995, 954 ff.; *Mestmäcker/Schweitzer*, Europäisches Wettbewerbsrecht, § 28 Rn. 123 ff.; Schröter/Jakob/Mederer/*Schröter*, Kommentar zum Europäischen Wettbewerbsrecht, Art. 82; Schulte/Just/*Weber*, Kartellrecht, § 102 AEUV.

[1416] An mehreren Stellen verweist der EuGH, auf einen „abgeleiteten" Markt für Fernsehprogrammführer, siehe EuGH, Urteil vom 06. April 1995, Slg. 1995, I-743 (Leitsatz 2 sowie Rn. 29, 30, 35, 56) – *Magill.*

[1417] Abwegig erscheint es deshalb, von einem einheitlichen Markt für Programmzeitschriften auszugehen, weil die Sendeanstalten die Zeitschriften nicht selbst herausgeben. So aber EuG, Urteil vom 10. Juli 1991, Slg. 1991, II-535 (Rn. 50) – *BBC/Kommission*; Grabitz/Hilf/Nettesheim/*Jung*, Das Recht der Europäischen Union, Art. 102 AEUV Rn. 87.

[1418] Immenga/Mestmäcker/*Ullrich*, EG-WettbR I, 1. Auflage, GRUR B, GRUR B Rn. 39 Fn. 312.

[1419] Immenga/Mestmäcker/*Ullrich*, EG-WettbR I (1997), GRUR B Rn. 39 Fn. 312.

[1420] *Deselaers*, WuW 2008, 179, 180; *Ensthaler/Kempel*, WRP 2010, 1109, 1112; so auch BGH WuW DE-R 2708, 2712 (Rn. 32) – *Reisestellenkarte*; in einem anderen Kontext der EuGH, Urteil vom 06. März 1974, Slg. 1974, 223 (Rn. 22) – *Commercial Solvents*; Immenga/Mestmäcker/*Ullrich*, EG-WettbR I (1997), GRUR B Rn. 39.

grammzeitschriften ab.[1421] Unter diesem Blickwinkel begründet dann aber jede einmalige und wichtige Information eine marktbeherrschende Stellung.[1422] Damit haben die Sendeanstalten wiederum ein faktisches Monopol und jede Anstalt ist automatisch marktbeherrschend.[1423]

(2) Begründung der Marktstellung dogmatisch fragwürdig

Die angesprochene Entscheidung erging im Spezialbereich der Urheberrechte, der vor einem Dilemma steht, wenn Unternehmen Informationen wirtschaftlich verwerten.[1424] Urheberrechte vermitteln dem Inhaber Ausschließlichkeitsrechte und verweisen seine Wettbewerber auf einen substitutiven statt einen imitierenden Wettbewerb.[1425] Dadurch droht es für Dritte unmöglich zu werden, Informationen wirtschaftlich zu verwerten. Im Fall der Programmzeitschriften ist ein Substitutionswettbewerb unmöglich und ein Imitationswettbewerb schutzrechtlich ausgeschlossen.[1426] Die „schöpferische Eigentümlichkeit“[1427] von Programminformationen ist urheberrechtlich als gering zu betrachten. Es leuchtet deshalb ein, dass der EuGH in seiner Entscheidung kartellrechtliche Gesichtspunkte auf Kosten des Ausschließlichkeitsschutzes bevorzugt hat.[1428]

In dogmatischer Hinsicht vermag die Entscheidung ebenfalls nicht zu überzeugen. Die Marktabgrenzung ist künstlich und droht das kartellrechtliche Marktmachtkonzept zu manipulieren. Auf einem fiktiven Markt für Programminformationen kann die Macht einzelner Unternehmen nicht mehr differenziert werden.[1429] Zwangsläufig verschwimmt damit der Unterschied zwischen relativer und absoluter Marktmacht. Alle Sendeanstalten beherrschen vielmehr automatisch den Markt. Der EuGH hat damit ein Werturteil zulasten aller Sender getroffen. Das Gericht bevorzugt pauschal die Herausgeber von Programmzeitschriften und begründet dieses Vorgehen mit ihrer Abhängigkeit.[1430] In seinem Ur-

[1421] So *Deselaers*, WuW 2008, 179, 180, der hier von einem Fall der „essential facility“-Doktrin im Rahmen von Art. 102 AEUV ausgeht.

[1422] Immenga/Mestmäcker/*Ullrich*, EG-WettbR I (1997), GRUR B Rn. 39, der deshalb eine Abwägung der „Wertigkeit der Information im Verhältnis zu vergleichbaren (nicht identischen) Informationen“ fordert.

[1423] Kritisch Immenga/Mestmäcker/*Ullrich*, EG-WettbR I (1997), GRUR B Rn. 39, der dadurch die Ermittlung der Marktstellung mit der Urheberstellung vermischt sieht.

[1424] Immenga/Mestmäcker/*Ullrich*, EG-WettbR I (1997), GRUR B Rn. 39.

[1425] Immenga/Mestmäcker/*Ullrich*, EG-WettbR I (1997), GRUR B Rn. 39.

[1426] Entscheidend für die Marktbeherrschung ist damit nicht das Urheberrecht, sondern die fehlende Substituierbarkeit der Informationen, dazu Immenga/Mestmäcker/*Ullrich*, EG-WettbR I (1997), GRUR B Rn. 39.

[1427] Zu diesem Begriff BGH GRUR 1986, 739, 740 – *Anwaltsschriftsatz*.

[1428] In diesem Sinne bereits Loewenheim/Meessen/Riesenkampff/*Lübbing*, Art. 82 Rn. 209.

[1429] Immenga/Mestmäcker/*Ullrich*, EG-WettbR I (1997), GRUR B Rn. 39 Fn. 316.

[1430] Immenga/Mestmäcker/*Ullrich*, EG-WettbR I (1997), GRUR B Rn. 39 Fn. 316.

teil ist der EuGH damit vom missbräuchlichen Verhalten ausgegangen, als er die Marktbeherrschung bestimmt hat.[1431] Dieses Vorgehen verkehrt aber die kartellrechtliche Dogmatik, denn die strengere Verhaltenskontrolle nach Art. 102 AEUV rechtfertigt sich ja gerade umgekehrt aus der Marktstellung.[1432]

(3) Zwischenergebnis

Der EuGH hat mit der *„Magill"*-Entscheidung versucht, eine abweichende Urheberrechtslösung kartellrechtlich zu korrigieren.[1433] Tatsächlich wäre es hier rechtlich stringenter und deshalb vorzugswürdig gewesen, den Konflikt schutzrechtsimmanent, direkt im irischen Urheberrecht zu bewältigen. Das Kartellrecht ist jedenfalls nicht das geeignete Mittel, um innerhalb Europas die gewerblichen Schutzrechte in ihrer Reichweite gleichzuschalten.

b) „Reisestellenkarte"-Entscheidung des BGH

Der BGH hat unlängst auf die *„Magill"*-Entscheidung zurückgegriffen.[1434] Dabei hatte das Gericht zu bestimmen, inwieweit Kreditkartenunternehmen ihren Kunden auf der Abrechnung die Umsatzsteuer ausweisen dürfen. Die Lufthansa erlaubte nur der eigenen Kreditkartentochter, die Umsatzsteuer für Reiseleistungen mit der Fluggesellschaft anzugeben.[1435] Anderen Herausgebern von Kreditkarten verweigerte das Unternehmen hingegen die Ausweisung. Damit stellt sich in diesem Fall das gleiche Problem wie in der *„Magill"*-Entscheidung des EuGH: Es ist kein sachlicher Markt zu erkennen, dem zuzuordnen wäre, inwieweit Unternehmen es gestatten, die Umsatzsteuer auf Kreditkartenabrechnungen auszuweisen. Man könnte in dieser Konstellation nun ebenfalls einen hypothetischen Inputmarkt bilden. Die Erlaubnis anderer Fluggesellschaften kompensiert wiederum nicht, dass die Kreditkartenherausgeber bei Flugleistungen der Lufthansa keine Umsatzsteuer angeben dürfen.

Wenn der BGH allein auf die abhängigen Kreditkartenunternehmen hätte abstellen wollen, dann hätte das Gericht einzelne Teilmärkte bil-

[1431] *Jestaedt*, WuW 1995, 383, 484; Immenga/Mestmäcker/*Ullrich*, EG-WettbR I (1997), GRUR B Rn. 39 Fn. 316, 317.

[1432] *Jestaedt*, WuW 1995, 383, 485.

[1433] In diesem Sinne Immenga/Mestmäcker/*Ullrich*, EG-WettbR I (1997), GRUR B Rn. 39; *Jestaedt*, WuW 1995, 383, 484 f.; zum Ziel, das nationale Urheberrecht zu korrigieren, siehe *Doutrelepont*, GRUR Int 1994, 302, 307.

[1434] BGH WuW DE-R 2708, 2712 (Rn. 32) – *Reisestellenkarte*.

[1435] BGH WuW DE-R 2708, 2709 – *Reisestellenkarte*.

den müssen.[1436] Die Lufthansa würde dann einen dieser Märkte aufgrund eines faktischen Monopols beherrschen.[1437] Damit würde das Kartellrecht jedoch eine thematisch zusammengehörige Marktstruktur „atomisieren“, wenn es bei der Marktabgrenzung allein auf die Abhängigkeit der Kunden abstellt.[1438] In der Konsequenz würden durch dieses Vorgehen viele marktbeherrschende Unternehmen „künstlich“ geschaffen.[1439] Dieses Problem scheint auch der BGH gesehen zu haben und bezweifelt, ob eine konkurrenzfähige Kreditkarte wirklich den Umsatzsteuerausweis „jedes noch so unbedeutenden“ Anbieters voraussetzt.[1440] Unter Wertungsgesichtspunkten ist deshalb von einem einheitlichen Markt auszugehen.[1441] Es ist deshalb abzuwägen, welches Gewicht jedem Unternehmen zukommt, das den Umsatzsteuerausweis erlauben oder verweigern kann.[1442] Der BGH untersucht jedoch nicht, welche Marktstellung und Bedeutung der Lufthansa zukommt. Vielmehr lässt das Gericht unter Verweis auf die „*Magill*“-Entscheidung des EuGH ausdrücklich offen, ob nicht auch noch weitere Unternehmen (z.B. Deutsche Bahn) den Markt beherrschen.[1443]

Der BGH hält die Lufthansa vielmehr für beherrschend, weil sie auf dem nachgelagerten Markt den Wettbewerb verhindern kann.[1444] Dieses Vorgehen ist dogmatisch zweifelhaft. Wenn ein Unternehmen einen nachgelagerten Markt abschottet, handelt es nur dann missbräuchlich, wenn es den Primärmarkt beherrscht. Der BGH begründet mit dem Verhalten der Lufthansa deren beherrschende Stellung. Damit dreht das Gericht aber den gesamten Aufbau des Missbrauchstatbestandes um.[1445]

c) Zwischenergebnis

Der EuGH untersuchte den Primärmarkt ferner insoweit, als die marktbeherrschende Stellung mehrerer Unternehmen auf dem faktischen Mo-

[1436] So ist wohl die Vorinstanz zu verstehen, siehe OLG Düsseldorf WUW/E DE-R 2184, 2186 ff.; so auch die Lesart von *Kapp/Schumacher*, WuW 2008, 662, 664 Fn. 9.

[1437] *Ensthaler/Kempel*, WRP 2010, 1109, 1112.

[1438] *Kapp/Schumacher*, WuW 2008, 662, 664; *Ensthaler/Kempel*, WRP 2010, 1109, 1110.

[1439] Ähnlich *Kapp/Schumacher*, WuW 2008, 662, 664; *Ensthaler/Kempel*, WRP 2010, 1109, 1110.

[1440] BGH WuW DE-R 2708, 2712 (Rn. 33) – *Reisestellenkarte*.

[1441] So scheint auch der BGH den Gestattungsmarkt abzugrenzen, siehe BGH WuW DE-R 2708, 2712 (Rn. 32) – *Reisestellenkarte*; *Ensthaler/Kempel*, WRP 2010, 1109, 1111.

[1442] So auch *Ensthaler/Kempel*, WRP 2010, 1109, 1112, die auf den Marktanteil abstellen.

[1443] BGH WuW DE-R 2708, 2712 (Rn. 32) – *Reisestellenkarte*.

[1444] BGH WuW DE-R 2708, 2711 (Rn. 25) – *Reisestellenkarte*.

[1445] Wie hier bereits *Ensthaler/Kempel*, WRP 2010, 1109, 1112.

nopol beruhte. Der BGH wendet sich vollends vom Primärmarkt ab. Für eine individuell marktbeherrschende Stellung auf dem Primärmarkt reicht es dem Gericht zufolge aus, dass die Unternehmen „neben einander oder unabhängig voneinander“ den Wettbewerb auf dem nachgelagerten Markt verhindern können.[1446] Wie zuvor der EuGH im Fall „*Magill*“ prüft auch der BGH in seinem „*Reisestellenkarte*“-Urteil nicht näher, wie das Konzept der Einzelmarktbeherrschung im Rahmen des Missbrauchsverbots gem. Art. 82 EGV bzw. § 19 GWB (nunmehr Art. 102 AEUV bzw. § 18 GWB) normativ verankert ist. In diesem Vorgehen offenbart sich die große Schwäche beider Entscheidungen, die nur unter praktischen, nicht jedoch unter dogmatischen Gesichtspunkten überzeugen. Der EuGH und der BGH hätten die Voraussetzungen einer gemeinsamen Marktbeherrschung nach Art. 82 EGV bzw. § 19 Abs. 2 S. 2 GWB kaum nachweisen können. Die Nachweisschwierigkeiten liegen zunächst darin begründet, dass sich für Informationen und die rechtliche Erlaubnis, die Umsatzsteuer auszuweisen, kein sachlich relevanter Markt abgrenzen lässt. Der Wettbewerb auf dem nachgelagerten Markt hing zudem in beiden Fällen entscheidend von den Produkten jedes einzelnen Unternehmens ab. Die Gerichte konnten deshalb nicht auf strukturelle Merkmale zurückgreifen, um den relativen Einfluss von einzelnen Unternehmen auf das Wettbewerbsgeschehen zu bestimmen. In diesem Sonderfall, wenn Ausschließlichkeitsrechte und das Kartellrecht zusammentreffen, mag es darum sinnvoll sein, mehrere Unternehmen als marktbeherrschend anzusehen. Gleichwohl kommt in diesem Vorgehen ein Verständnis von Marktbeherrschung zum Ausdruck, das sich nur schwer mit der gesetzlichen Dogmatik vereinbaren lässt. In § 19 Abs. 2 S. 1 Nr. 1, 2 GWB a.F. (nunmehr § 18 Abs. 1, 3 GWB) unterscheidet das Gesetz vielmehr nur drei Fälle in denen ein einzelnes Unternehmen im Vergleich zu den anderen Unternehm als marktbeherrschend anzusehen ist:[1447] Ein Unternehmen ist danach marktbeherrschend, wenn es entweder ohne Wettbewerber oder keinem wesentlichen Wettbewerb ausgesetzt ist oder im Verhältnis zu seinen Wettbewerbern eine überragende Marktstellung hat. Während § 19 Abs. 2 S. 1 GWB a.F. (nunmehr § 18 Abs. 1, 3 GWB) somit festlegt, in welchen Fällen „ein Unternehmen“ marktbeherrschend ist, so bestimmt § 19 Abs. 2 S. 2 GWB a.F. (nunmehr § 18 Abs. 5 GWB) ausdrücklich, unter welchen Voraus-

[1446] Dabei geht er von einer Einzelmarktbeherrschung aus, was in seinem Literaturnachweis deutlich wird, den er mit dem Hinweis versieht, dass der Autor „diese Fallgruppe allerdings den Fällen gemeinsamer Marktbeherrschung zuordnet“, siehe BGH WuW DE-R 2708, 2712 (Rn. 32) – *Reisestellenkarte*.

[1447] Zu den verschiedenen Arten der Marktbeherrschung und ihrer Verankerung im novellierten GWB, siehe oben Teil 1 § 2 A II; zum bisherigen Regelungsstand, siehe *Paal*, Medienvielfalt und Wettbewerbsrecht, S. 228 ff.

setzungen, „zwei oder mehr Unternehmen“ marktbeherrschend sind. Das Gesetz unterscheidet damit lediglich danach, ob ein Unternehmen den Markt alleine oder ob mehrere Unternehmen zusammen den Markt beherrschen. Der EuGH vermeidet eine Auseinandersetzung mit den Oligopolvoraussetzungen, indem das Gericht ein „faktisches Monopol“ der Sendeanstalten annimmt. Der BGH wiederum umgeht eine dogmatisch saubere Feststellung der Marktbeherrschung in zweierlei Hinsicht: Einerseits lässt das Gericht die genaue Marktabgrenzung von Primär- und Sekundärmarkt im Unklaren. Andererseits nimmt das Gericht eine marktbeherrschende Stellung der Lufthansa an, ohne sich hinreichend mit der wirtschaftlichen Bedeutung des Unternehmens im Vergleich zu den anderen Wettbewerbern auseinanderzusetzen. Die besonderen Umstände der Entscheidungen verdeutlichen, dass die Gerichte in beiden Fällen nicht versucht haben, die gesetzliche Dogmatik der Marktbeherrschung generell neu auszurichten, als vielmehr sachgerechte Einzelfallentscheidungen zu ermöglichen. Diese Tatsache spricht grundsätzlich dagegen, abseits der gesetzlich normierten Fälle mehrere Unternehmen gem. 18 Abs. 5 GWB für marktbeherrschend zu erachten.

3. Schlussfolgerung

Das Konzept einer Einzelmarktbeherrschung mehrerer Unternehmen ist nicht auf den Stromsektor und den Erstabsatzmarkt zu übertragen. Die Eigentümlichkeiten der Stromversorgung sind nicht mit den besonderen Umständen in den Fällen „*Magill*“ und „*Reisestellenkarte*“ vergleichbar. Strom ist anders als Programminformationen und die Gestattung eines Umsatzsteuerausweises als Gut völlig homogen. Alle Kraftwerke erzeugen deshalb Strom, der ohne jeden Qualitätsunterschied gegeneinander austauschbar ist. Darüber hinaus könnte beim erstmaligen Absatz importierter Strom die inländische Produktion ersetzen. Bei der Elektrizitätserzeugung liegt damit kein faktisches Monopol der Stromkonzerne vor.

Grundsätzlich ist zwar zu begrüßen, dass die Kartellbehörden bei ihrer Bewertung der Wettbewerbsverhältnisse nicht mehr in gleichem Umfang wie bisher auf strukturelle Konzentrationsmaße zurückgreifen wollen. Gerade in der Missbrauchskontrolle sollten die Wettbewerbsbehörden berücksichtigen, wie stark die Kunden auf einem Markt von den Anbietern abhängig sind. Allerdings beherrschen RWE, E.ON, Vattenfall und EnBW den erstmaligen Stromabsatz nach eigener Feststellung des Bundeskartellamtes maßgeblich temporär, in Zeiten hoher Nachfrage.[1448] In einzelnen Missbrauchsverfahren können die Behörden deshalb unterschiedlich betrachten, welche Unternehmen den Markt jeweils be-

[1448] Ausführlich dazu oben, Teil 1 § 2 B I 3.

herrschen. Für die Missbrauchskontrolle entscheiden jeweils die gegenwärtigen Marktbedingungen im Zeitpunkt der Missbrauchsverfügung.[1449]

Das Bundeskartellamt begründet die individuell marktbeherrschende Stellung von RWE, E.ON, Vattenfall und EnBW damit, dass sie jeweils „unvermeidlicher Handelspartner“ ihrer Stromabnehmer seien.[1450] Der EuGH rechtfertigte mit diesem Merkmal jedoch die Marktbeherrschung eines einzelnen Unternehmens und nicht die beherrschende Stellung mehrerer Anbieter.[1451] Die Eigenschaft als „unvermeidlicher Handelspartner“ charakterisiert das fragliche Unternehmen dahingehend, dass es sich relativ lange Zeit vom Wettbewerb unabhängig verhalten kann.[1452] Für den EuGH zeigt sich die Unabhängigkeit des Unternehmens vor allem darin, wie stark ein Unternehmen zur gesamten Produktion des Marktes beiträgt. In der angesprochenen Entscheidung hatte das betroffene Unternehmen auf den verschiedenen Märkten einen Anteil von 47 %, 81 %, 84 %, 64 %, und 58 %.[1453] Aufgrund dieser Position der Stärke war das Unternehmen nach dem EuGH ein „nicht zu übergehender Geschäftspartner“.[1454] Beim erstmaligen Stromabsatz setzt sich keiner der vier Konzerne derart deutlich von seinen Konkurrenten ab. Die Marktanteile von RWE, E.ON, Vattenfall und EnBW liegen bei jeweils unter 40 %. Die Stromverbraucher hängen zudem nicht durchgehend, sondern nur in Zeiten hoher Nachfrage von allen Unternehmen ab. Die Konzerne beherrschen deshalb den Wettbewerb auf den folgenden Märkten nicht dauerhaft neben- oder unabhängig voneinander. Damit unterschiedet sich der erstmalige Stromabsatz zugleich von der Konstellation des BGH in seinem „*Reisestellenkarte*“-Urteil. Aus diesem Grund ist es nicht gerechtfertigt, alle vier Stromkonzerne jeweils einzeln als unvermeidlichen Handelspartner anzusehen und deshalb als marktbeherrschend einzuordnen.

Weiterhin bestehen Zweifel, dass es ein Entflechtungsverfahren praktisch erleichtern würde, wenn man RWE, E.ON, Vattenfall und EnBW als individuell beherrschend erachtet. Zwangsläufig muss sich das Bundeskartellamt bei § 41a GWB-RefE mit dem Markt als Ganzem auseinandersetzen. Grundsätzlich kann die Behörde zwar auch einzelne Konzerne auswählen oder Entflechtungsmaßnahmen mit unterschiedlicher Eingriffstiefe erlassen, wenn mehrere Unternehmen den Markt gemein-

---

[1449] In anderem Zusammenhang Immenga/Mestmäcker/*Möschel*, § 19 GWB Rn. 81.

[1450] BKartA, Sektoruntersuchung Stromgroßhandel, S. 96.

[1451] EuGH, Urteil vom 13. Februar 1979, Slg. 1979, I-461 (Rn. 50 ff.) – *Hoffmann-La Roche*.

[1452] EuGH, Urteil vom 13. Februar 1979, Slg. 1979, I-461 (Rn. 41) – *Hoffmann-La Roche*; BKartA, Sektoruntersuchung Stromgroßhandel, S. 97.

[1453] EuGH, Urteil vom 13. Februar 1979, Slg. 1979, I-461 (Rn. 50 ff.) – *Hoffmann-La Roche*.

[1454] EuGH, Urteil vom 13. Februar 1979, Slg. 1979, I-461 (Rn. 41) – *Hoffmann-La Roche*; BKartA, Sektoruntersuchung Stromgroßhandel, S. 97.

sam beherrschen.[1455] Stets muss die Behörde dabei aber den Gleichheitsgrundsatz beachten.[1456] Dafür kommt es vor allem auf die einzelnen Marktanteile an und wie sie sich zwischen den Unternehmen verteilen.[1457] Im Rahmen der Entflechtung darf es deshalb keinen Erfolg versprechen, alle Unternehmen gleichmäßig zu belasten.[1458] Wenn mehrere Unternehmen den Markt einzeln beherrschen, kann für die Entflechtung insoweit nichts anderes gelten.

Ohne Zweifel bedarf es einer geordneten Rechtsfortbildung, damit die Wettbewerbsbehörden das Kartellrecht auf dem Strommarkt effektiv durchsetzen können.[1459] Sofern das Bundeskartellamt jedoch die Marktstrukturen mit Entflechtung verändern will, sollten die Behörde das mit strukturellen Aspekten begründen, die in die Zukunft weisen. Bei der Entflechtung treten temporäre Abhängigkeiten deshalb in den Hintergrund. Die Marktanteile der Stromkonzerne zeigen deutlich, dass hier eine gemeinsame Marktbeherrschung nach § 18 Abs. 5 GWB zu prüfen ist. Es sollte deshalb neu nachgedacht werden, unter welchen Voraussetzungen ein Oligopol anzunehmen ist.[1460] Für ein Entflechtungsverfahren sollte das Bundeskartellamt jedenfalls auf seinen neuen Marktbeherrschungsansatz verzichten. Deshalb gilt es weiterhin zu untersuchen, ob die Stromkonzerne den Markt kollektiv beherrschen. Nachdem lediglich RWE und E.ON vergleichbare Strukturen aufweisen, sind sie nach wie vor als Duopol anzusehen, ohne Vattenfall und EnBW.[1461]

III. Fortbestehen der Marktbeherrschung zu erwarten

Nach § 41a Abs. 1 S. 1 GWB-RefE muss zu erwarten sein, dass die marktbeherrschende Stellung auf absehbare Zeit fortbesteht. Das Bundeskartellamt müsste durch einer Prognose zeigen, dass RWE und E.ON ihren Einfluss beim erstmaligen Absatz auch zukünftig behalten. Davon ist auszugehen, wenn sich die Umstände, die Unternehmen bislang davon abhielten, in den Markt einzutreten, nicht zu verändern scheinen.[1462] Ein überarbeiteter Entwurf präzisiert die Zeitspanne auf „voraussichtlich mindestens fünf Jahre".[1463] Dieser Zeitraum erscheint angemessen,

[1455] BMWT, Begr. zum GWB-RefE, S. 12.
[1456] BMWT, Begr. zum GWB-RefE, S. 12.
[1457] BMWT, Begr. zum GWB-RefE, S. 11.
[1458] BMWT, Begr. zum GWB-RefE, S. 11 f.
[1459] MK, SonderGA 59 (2011), Tz. 631.
[1460] Dafür spricht auch, dass die „*Magill*"-Entscheidung teilweise als Unterfall der gemeinsamen Marktbeherrschung eingeordnet wird, siehe Wiedemann/*de Bronnet*, Hdb. KartellR, § 22 Rn. 32.
[1461] Zu Aspekt der parallelen Unternehmensstrukturen, siehe oben Teil 1 § 2 B I 2.
[1462] Zum Gewicht der Marktzutrittsschranken, siehe BMWT, Begr. zum GWB-RefE, S. 12.
[1463] Siehe *Klees/Hauser*, Entflechtungen von Unternehmen, S. 32 Fn. 110.

weil es dem üblichen Prognosezeitraum in der Fusionskontrolle von drei bis fünf Jahren entspräche.[1464]

Durch den ursprünglich geplanten Atomausstieg wären bis zum Jahr 2024 ca. 23 % der bestehenden Erzeugungskapazitäten weggefallen.[1465] Bis auf zwei Minderheitsbeteiligungen durch Stadtwerke betreiben nur E.ON, RWE, Vattenfall und EnBW Kernkraftwerke.[1466] Die Erzeuger hätten weiterhin nur dann ausreichend Strom produzieren können, wenn sie neue Kraftwerke gebaut hätten. Für konzernunabhängige Anbieter bestanden deshalb viele Anreize, eigene Anlagen zu bauen und zu betreiben. Indem der Gesetzgeber die Laufzeiten verlängerte, verschlechterte er die Bedingungen, zu denen neue Betreiber in den Markt hätten eintreten können.[1467]

Im Grundlastbereich produzieren Atomanlagen zusammen mit Braunkohlekraftwerken konkurrenzlos billigen Strom.[1468] Diese Kraftwerke haben so geringe Grenzkosten, dass sie nach der Merit Order regelmäßig produzieren, um den konstanten Strombedarf zu decken. Nachdem andere Grundlastkraftwerke nicht so günstig Strom erzeugen, hätten unabhängige Anbieter kaum Marktanteile gewinnen können. Zugleich wären die Gewinne der vier Stromkonzerne gestiegen, weil die Unternehmen mit den günstig produzierenden Kernkraftwerken vom einheitlichen Großhandelspreis besonders profitiert hätten.[1469]

Tendenziell war zu erwarten, dass die Atomkraftwerke bis zum Jahr 2020 deshalb noch mehr Strom als bislang produzieren. Damit wäre der Marktanteil von RWE, E.ON, Vattenfall und EnBW sogar weiter gestiegen.[1470] Die hohen Gewinne hätten die Unternehmen für neue Kraftwerksprojekte verwenden können, um ihren beherrschenden Einfluss auch zukünftig sicherzustellen. Dies rechtfertigt eine negative Prognose der Wettbewerbsbedingungen.

[1464] OLG Düsseldorf WuW/E DE-R 1835, 1836 – *Deutsche Börse/London Stock Exchange;* Bechtold, GWB, § 36 Rn. 5.

[1465] BKartA, Sondergutachten Stromgroßhandel, S. 266 ff.

[1466] MK, SonderGA 59 (2011), Tz. 18.

[1467] Siehe Arrhenius, Auswirkung einer Laufzeitverlängerung der Kernkraftwerke auf die Preise und die Wettbewerbsstruktur im deutschen Strommarkt, S. 16 ff., abzurufen unter: http://www.8ku.de/fileadmin/media/8KU_Office/Kurzstudie_Uni_Leipzig.pdf (letzter Abruf: 12. März 2012); BKartA, Sondergutachten Stromgroßhandel, S. 266 ff.

[1468] *Badtke/Vahrenholt*, WRP 2010, 852, 853 f.; MK, SonderGA 59 (2011), Tz. 16 Fn. 12; BKartA, Sektoruntersuchung Stromgroßhandel, S. 261 f.

[1469] Siehe Kurzfassung des Gemeinschaftsgutachtens von Enervis, S. 2, abzurufen unter: http://www.enervis.de/images/stories/enervis/pdf/publikationen/gutachten/kurzfassung_gemeinschaftsgutachten_wettbewerbs_klimaschutzeffekte_lzv.pdf (letzter Abruf: 12. März 2012).

[1470] BKartA, Sondergutachten Stromgroßhandel, S. 266 ff.

IV. Zusammenfassung

Bevor der Gesetzgeber im Jahr 2011 die Energiewende beschloss, hätte das Bundeskartellamt auf Grundlage von § 41a GWB-RefE ein Entflechtungsverfahren gegen RWE und E.ON einleiten können. Im dessen Verlauf hätte die Behörde dann entscheiden müssen, welches Unternehmen welche Kraftwerke hätte abgeben müssen. Eine entsprechende Entflechtungsanordnung hätte es wiederum neuen oder ausländischen Versorgern ermöglichen können, in den Markt einzutreten.[1471] Dabei wäre die Behörde aber mit wirtschaftlichen und verfassungsrechtlichen Unsicherheiten konfrontiert gewesen.

Die Anlagenbetreiber reduzieren ihr Geschäftsrisiko, indem sie mit verschiedenen Kraftwerkstypen Strom erzeugen.[1472] Spitzenlastkraftwerke produzieren nur selten Strom. Gleichzeitig sind diese Kraftwerke dringend erforderlich, damit der Markt auch dann genügend Strom anbieten kann, wenn die Kunden viel verbrauchen. Es lohnt sich vor allem für große Stromerzeuger, unterschiedliche Anlagen zu betreiben. Diese Stromproduzenten können die wirtschaftlichen Risiken im Unternehmen besser verteilen und somit verringern. Gleichzeitig haben große Unternehmen die finanziellen Mittel, um Spitzenlastkraftwerke zu bauen, weil ihre Mittel- und Grundlastanlagen häufiger Strom produzieren und damit kontinuierlich Erträge abwerfen. Entflechtungsmaßnahmen erschweren nun diese Risikodiversifizierung innerhalb eines Unternehmens.[1473] Es besteht deshalb die Gefahr, dass Stromversorger nicht mehr in neue Kraftwerke investieren. Mittelfristig könnte das eine zuverlässige Stromversorgung der Verbraucher gefährden. Weiterhin wäre nach Abschluss des Verfahrens nach § 41a GWB-RefE zu erwarten gewesen, dass E.ON oder RWE gerichtlich hätten überprüfen lassen, ob das Bundeskartellamt eine Entflechtung rechtmäßig angeordnet hat.[1474] In einem so grundrechtssensiblen Bereich können behördliche Fehler schnell dazu führen, dass eine Entflechtungsmaßnahme rechtswidrig ist. Nachdem die Beschwerde zudem nach § 64 Abs. 1 GWB-RefE aufschiebende Wirkung hat und gerichtliche Verfahren in der Regel mehrere Jahre dauern, wäre erst langfristig damit zu rechnen gewesen, dass die Entflechtung den Wettbewerb belebt.[1475]

[1471] MK, SonderGA 49 (2007), Tz. 608; *Bartel*, Wettbewerbsprobleme auf dem deutschen Energiemarkt durch Unternehmenszusammenschlüsse, S. 645.

[1472] MK, SonderGA 49 (2007), Tz. 608.

[1473] MK, SonderGA 49 (2007), Tz. 608.

[1474] Allgemein zu diesem Risiko MK, SonderGA 47 (2007), Tz. 50.

[1475] So auch MK, SonderGA 47 (2007), Tz. 50.

C. Energiewende und ihre Implikationen für die Entflechtung

Am 10. März 2011 ereignete sich in Japan ein schweres Erdbeben, dem ein Tsunami folgte. Die ausgelösten Überschwemmungen führten in den Tagen danach zur einer Kernschmelze in drei Reaktorblöcken des Atomkraftwerkes Fukushima Daiichi. Dabei wurden große Mengen radioaktiver Partikel und Strahlung freigesetzt. Die japanischen Behörden ordneten deshalb an, die Einwohner im Umkreis der Anlage zu evakuieren. Mit den Gefahren der Kernenergie aufs Neue konfrontiert, begann die Bundesregierung die Atomkraft neu zu bewerten.[1476] Der Gesetzgeber novellierte daraufhin das Atomgesetz, welches in § 7 Abs. 1a Nr. 1 bis 6 nun vorsieht, die Kernkraftwerke bis zum Jahr 2022 stufenweise abzuschalten.[1477] Zunächst während eines dreimonatigen Moratoriums und dann endgültig zum 6. August 2011 mussten die Betreiber bereits acht der insgesamt 17 Atommeiler stilllegen.[1478] Damit korrigierte die Bundesregierung innerhalb von sechs Monaten ihre eigene Entscheidung, das letzte Kernkraftwerk nicht im Jahr 2023, sondern erst im Jahr 2035 abzuschalten. RWE, E.ON und Vattenfall versuchen, die vorgezogene Zwangsabschaltung ihrer Atomkraftwerke gerichtlich doch noch zu verhindern, und haben Verfassungsbeschwerde gegen die Neuregelung eingelegt.[1479] Schneller aus der Atomkraft auszusteigen, ist allerdings nur eine der gesetzlich beschlossenen Maßnahmen. Die Bundesregierung hat darüber hinaus ein Gesamtkonzept erarbeitet, das darauf ausgerichtet ist, die Verbraucher nachhaltig mit Strom zu versorgen.[1480]

Die Energiedebatte überschneidet sich mit der „Klimadebatte" und den Bemühungen der Bundesrepublik, zukünftig weniger klimaschädliche Gase auszustoßen.[1481] Die Treibhausgase in der Atmosphäre lassen

[1476] Ausführlich zur Neubewertung MK, SonderGA 59 (2011), Tz. 6, 10 ff.

[1477] Siehe § 7 Abs. 1a Nr. 1 bis 6 Gesetz über die friedliche Verwendung der Kernenergie und den Schutz gegen ihre Gefahren (Atomgesetz) in der Fassung der Bekanntmachung vom 15. Juli 1985, BGBl. I Nummer 41 vom 31. Juli 1985, S. 1565, zuletzt geändert durch Art. 1 des Gesetzes vom 31. Juli 2011, BGBl. I Nummer 43 vom 05. August 2011, S. 1704.

[1478] Zum dreimonatigen Moratorium, siehe § 19 Abs. 3 AtG; zur vorgezogenen Abschaltung der acht Kernkraftwerke, siehe § 7 Abs. 1a Nr. 1 AtG.

[1479] Siehe Handelsblatt vom 12. Juli 2012, S. 27; lediglich EnBW hat von einer Verfassungsbeschwerde Abstand genommen und verweist auf seine fehlende Grundrechtsfähigkeit, weil das Unternehmen zu 98 % im Besitz der öffentlichen Hand ist, siehe Frankfurter Allgemeine Zeitung, 31. Juli 2012, S. 13.

[1480] Für Details zu den Novellierungen der energierechtlichen Rahmenbedingungen im EnWG, im EEG und in den entsprechenden Rechtsverordnungen sowie zum neuerlassenen „Netzausbaubeschleunigungsgesetz Übertragungsnetz", siehe Danner/Theobald/*Danner*, Energierecht, Einführung Rn. 24b; *Erbguth*, NVwZ 2012, 326 ff.; *Sellner/Fellenberg*, NVwZ 2011, 1025, 1026 ff.

[1481] Siehe die Schlussfolgerungen des Vorsitzes der Tagung des Europäischen Rates vom 29./30. Oktober 2009, 15265/1/09 Rev 1, Rn. 7, nach dem die Emissionen um

sich wohl nur dann um 80 bis 95 % reduzieren, wenn die Unternehmen bei der Stromversorgung kein Kohlenstoffdioxid mehr emittieren.[1482] Regenerative Energien sollen nach dem Willen des Gesetzgebers deshalb mehr Strom produzieren, ihr Marktanteil soll von heute 17 % bis zum Jahr 2020 auf mindestens 35 % steigen.[1483] Bis zum Jahr 2030 ist wiederum geplant, dass Anlagen auf Basis regenerativer Energien mindestens die Hälfte des gesamten Stroms erzeugen. Durch die Energiewende soll im Jahr 2040 dann 65 % des Strom aus erneuerbaren Energien stammen und bis zum Jahr 2050 sogar 80 % oder mehr.[1484] Eine umfassende Untersuchung des Sachverständigenrats für Umweltfragen legt nahe, dass es technisch möglich ist, die Verbraucher allein oder weitgehend auf Basis regenerativer Energien mit Strom zu versorgen.[1485] Dieses Ziel lässt sich allerdings nicht allein durch eine Förderung erneuerbarer Energien erreichen. Deshalb sieht das Konzept der Bundesregierung flankierende Maßnahmen vor:[1486] Die Betreiber sollen Netze und Stromspeicher ausbauen. Daneben sollen die Energieeffizienz und die Gebäudesanierung verbessert werden. Der Umschwung durch die Energiewende erfasst somit die gesamte Energiewirtschaft. Damit könnten sich die Marktchancen für neue Kraftwerksbetreiber zukünftig verbessern. Wenn das Bundeskartellamt seine Prognose korrigieren müsste, könnte es RWE oder E.ON nicht mehr entflechten. Im Folgenden wird deshalb untersucht, inwieweit sich beim erstmaligen Stromabsatz die Grundlagen für eine Wettbewerbsprognose verändert haben.

I. Notwendige Veränderungen der Kraftwerkslandschaft

Mit den Atomanlagen verliert der Erstabsatzmarkt innerhalb von elf Jahren Kraftwerke, die bis zu 20.000 MW Strom in der Grundlast produzieren.[1487] Mittelfristig sind damit ca. 23 % der Marktanteile an der Stromerzeugung neu zu vergeben.[1488] Die Betreiber müssen deshalb massiv in neue Kraftwerkskapazitäten investieren.[1489] Durch die Energie-

---

80 bis 95 % im Vergleich zu 1990 sinken sollen; zu den Zielen in Deutschland SRU, SonderGA 2011, BT-Drs. 17/4890, Tz. 358 ff.

[1482] SRU, SonderGA 2011, BT-Drs. 17/4890, Tz. 440, 359 ff.

[1483] Siehe § 1 Abs. 2 EEG.

[1484] Reg.Begr. zur EEG-Novelle 2012, BT-Drs. 17/6071, S. 1, 43; *Sellner/Fellenberg*, NVwZ 2011, 1025, 1028.

[1485] SRU, SonderGA 2011, BT-Drs. 17/4890, Tz. 1 ff.

[1486] Reg.Begr. zum AtG, BT-Drs. 17/6070, S. 5.

[1487] BKartA, Sektoruntersuchung Stromgroßhandel, S. 28.

[1488] Der Anteil der Kernkraftwerke an der Gesamterzeugungskapazität lag 2009 nur bei 14 %, allerdings liegt ihr Anteil an der netto erzeugten Strommenge bei 23 %, siehe BDEW, Energiemarkt Deutschland 2010, S. 16, abzurufen unter: http://www.bdew.de/internet.nsf/id/42E50819A5083E88C1257877002D00AB/$file/Energiemarkt%20Deutschland%202010.pdf (letzter Abruf: 30. März 2012).

[1489] MK, SonderGA 59 (2011), Tz. 27.

wende verlangt der Markt jedoch immer weniger Strom, der aus konventionellen Kraftwerken stammt. Die Nachfrage verlagert sich hin zu Elektrizität, die Anlagen aus regenerativen Quellen gewinnen. Der Gesetzgeber hat rechtlich abgesichert, dass die Verbraucher den alternativ produzierten Strom tatsächlich abnehmen.[1490] Nach § 8 EEG müssen die Netzbetreiber diesen Strom grundsätzlich vorrangig in die Netze einspeisen.[1491] Diese Regelung schafft zunächst Anreize, in alternative Kraftwerkskapazitäten zu investieren. Jede neue oder erweiterte Anlage steigert die Strommengen, welche die Netzbetreiber vorrangig einspeisen müssen. Zwangläufig sinkt dadurch die Auslastung bestehender, konventioneller Kraftwerke, weil ein immer größerer Teil der Nachfrage durch EEG-Strom gedeckt wird. Durch diesen sog. „Merit-Order-Effekt"[1492] werden die jeweils teuersten konventionellen Erzeugungsanlangen im Umfang der EEG-Strommengen aus der Merit Order verdrängt. Zukünftig werden viele dieser Produktionsanlagen zeitweilig sogar vollständig abgeschaltet sein.[1493] Die bestehende Kraftwerkslandschaft ist allerdings nicht darauf ausgelegt, dass viele Kraftwerke häufig stillstehen. Wegen der stärkeren Integration erneuerbarer Energien müssen die Betreiber ihre Kraftwerksparks deshalb umbauen. Allen voran geraten Grundlastkraftwerke wie Braunkohle- und Kernkraftanlagen unter Druck. Diese Kraftwerke sind für einen konstanten Betrieb konzipiert, sonst steigen ihre Systemkosten.[1494] Gleichzeitig gefährdet die von der Wetterlage abhängige Einspeisung von EEG-Strom einen stabilen Netzbetrieb.[1495] Die Angebotslücken von EEG-Strom müssen Kraftwerke ausgleichen, die flexibel einsetzbar sind. Die Leistung von Grundlastkraftwerken lässt sich aber nur begrenzt und häufig nicht kurzfristig an-

[1490] Der bevorzugte Einsatz ist grundsätzlich auch ökonomisch sinnvoll, weil Windenergie- und Photovoltaikanlagen anders als konventionelle Kraftwerke keinen Brennstoff benötigen und deshalb beim Betrieb keine variierenden Kosten haben, siehe SRU, SonderGA 2011, BT-Drs. 17/4890, Tz. 236; zum Problem von „negativen Preisen" als Ausnahme, siehe BKartA, Sektoruntersuchung Stromgroßhandel, S. 256 ff.

[1491] Zu den weiteren Einspeisemodellen von EEG-Strom, siehe oben Teil 1 § B II 1; zum Ganzen *P. Becker*, Aufstieg und Krise der deutschen Stromkonzerne, S. 308.

[1492] Ausführlich dazu BKartA, Sektoruntersuchung Stromgroßhandel, S. 249 f.

[1493] BKartA, Sektoruntersuchung Stromgroßhandel, S. 259; SRU, SonderGA 2011, BT-Drs. 17/4890, Tz. 237.

[1494] Allen voran durch höhere Wartungskosten und Mindeststandzeiten nach Abschaltungen, siehe SRU, SonderGA 2011, BT-Drs. 17/4890, Tz. 237.

[1495] Zur schwankenden Produktionsleistung von EEG-Anlagen je nach Wetterlage, siehe oben Teil 1 § 1 B I 2; die Energiewende erfordert darüber hinausgehend auch einen Umbau der Netze, um Netzengpässe und Spannungsstörungen zu vermeiden, siehe *Kment*, ZNER 2011, 225, 225 ff.

passen.[1496] Die „klassische Grundlast" fällt damit zukünftig weg, nach einigen Experten existiert sie bereits bis 2020 nicht mehr.[1497] Entsprechende Kraftwerke neu zu bauen, wird damit zunehmend unrentabel.[1498]

Die Leistung von Mittel- und Spitzenlastkraftwerke lässt sich leichter regeln, weshalb sie zukünftig immer wichtiger werden.[1499] Die bestehenden Anlagen reichen aber nicht aus, um genügend Strom zu produzieren, wenn die Leistung regenerativer Kraftwerke kurzfristig abfällt. Der Markt fragt insoweit neue und innovative Kraftwerke nach.[1500] Dazu zählen vor allem Speicherkraftwerke (Druckluft oder Pumpspeicher) und in geringerem Umfang wohl auch Gaskraftwerke.[1501]

II. Chancen durch Atomausstieg und Energiewende

Die Energiewende verbessert die Aussichten, dass neue Anbieter mit den Stromkonzernen konkurrieren, um den benötigten Strom zu produzieren. Alleine hätten kleinere Anbieter keine Atom- oder Kohlekraftwerke betreiben können. Zwar sind die Brennstoff- und Betriebskosten von entsprechenden Kraftwerken niedrig, der Bau und die Planung machen jedoch hohe Investitionen erforderlich.[1502] Erschwerend kommt hinzu, dass RWE und Vattenfall nahezu den gesamte Braunkohleabbau kontrollieren und der Gesetzgeber neue Atomanlagen nicht mehr genehmigt.[1503] Deshalb fehlten gerade kleinen Versorgern bislang alternative Kraftwerksarten, um Strom günstig selbst zu erzeugen. Daher bezogen diese Unternehmen ihren Strom hauptsächlich von RWE, E.ON, Vattenfall und EnBW. Faktisch schotteten die günstigen Kohle- und Nuklear-

[1496] Dazu und zu den unterschiedlichen Angaben zur Flexibilität von Kernkraft- und Braunkohlekraftwerken, siehe SRU, SonderGA 2011, BT-Drs. 17/4890, Tz. 237 m.w.N.

[1497] Siehe die Nachweise zu den Studien bei SRU, SonderGA 2011, BT-Drs. 17/4890, Tz. 237.

[1498] Als Grenze wird ein Anteil von etwa 30 % von erneuerbaren Energien genannt, siehe SRU, SonderGA 2011, BT-Drs. 17/4890, Tz. 653; kritisch bzgl. des Neubaus von Kohlekraftwerken auch *Holm-Müller/Weber*, Wirtschaftsdienst 2011, 255, 156.

[1499] SRU, SonderGA 2011, BT-Drs. 17/4890, Tz. 237.

[1500] BKartA, Sektoruntersuchung Stromgroßhandel, S. 259.

[1501] SRU, SonderGA 2011, BT-Drs. 17/4890, Tz. 652 f.; *Holm-Müller/Weber*, Wirtschaftsdienst 2011, 255, 156; zum Speicherausbau, siehe *P. Becker*, Aufstieg und Krise der deutschen Stromkonzerne, S. 308; zu den verschiedenen Speichertechnologien *Dorste-Franke/Paal/Rehtanz/Sauer/Schneider/Schreurs/Ziesemer*, Balancing Renewable Electricity, S. 86 ff.

[1502] SRU, SonderGA 2011, BT-Drs. 17/4890, Tz. 235.

[1503] Nach § 7 Abs. 1 S. 2 AtG war es verboten, neue Atomanlagen zu bauen; zur Braunkohle, siehe Kurzfassung des Gemeinschaftsgutachtens von Enervis, S. 4.

anlagen der Stromkonzerne einen Teil des Marktes ab, den der Atomausstieg und die Energiewende wieder freigeben.[1504]

Die Erzeuger müssen mit ihren konventionellen Anlangen nunmehr mit neuen Kraftwerken konkurrieren, um weiterhin Strom zu produzieren. Wenn regenerative Anlagen Elektrizität einspeisen, dann müssen die Netzbetreiber diesen Strom mit hohen, gesetzlich garantierten Sätzen vergüten. Diese Vorgabe macht es für private Investoren und die ca. 900 kommunalen Anbieter wirtschaftlich attraktiv, Strom auf Basis von Windkraft, Wasserkraft, Photovoltaik und Biomasse zu erzeugen.[1505] Gleichzeitig könnten sich kleine Versorger durch diese Anlagen von den großen Stromkonzernen unabhängig machen. Diese Möglichkeit könnte die verkrustete Marktstruktur beim erstmaligen Stromabsatz aufbrechen.

Hinzu kommt, dass Investitionen in neue Kraftwerke entscheidend davon abhängen, wie die Unternehmen wirtschaftlich aufgestellt sind. Die abgeschrieben Kernkraftwerke der vier Stromkonzerne erwirtschaften keine zusätzlichen Gewinne mehr, weil sie früher vom Netz gehen. RWE, E.ON, Vattenfall und ENBW verlieren dadurch Finanzierungsvorteile, wenn sie in große regenerative Kraftwerke investieren.[1506] Konkurrierende Anbieter haben es dadurch leichter, Marktanteile zurückzugewinnen.[1507] Durch die Energiewende wird eine dezentrale Energieversorgung möglich, mit vielen kleineren Kraftwerkseinheiten. Damit könnte Wirklichkeit werden, was das Kartellrecht bislang nicht geschafft hat, nämlich die wirtschaftliche Macht bei der Erzeugung zwischen vielen verschiedenen Investoren aufzuteilen.[1508] Den kommunalen Anbietern kommt in diesem Zusammenhang eine entscheidende Bedeutung zu.[1509] Der Atomausstieg beschleunigt diese Entwicklung und verstärkt die Chancen der bislang technisch wie wirtschaftlichen unterlegenen Wettbewerber von RWE, E.ON, Vattenfall und EnBW.

[1504] Kurzfassung des Gemeinschaftsgutachtens von Enervis, S. 4; für den Bereich der Atomkraft ähnlich BKartA, Sektoruntersuchung Stromgroßhandel, S. 268.

[1505] *P. Becker*, Aufstieg und Krise der deutschen Stromkonzerne, S. 264 f.

[1506] So im Zusammenhang mit der Laufzeitverlängerung 2010 BKartA, Sektoruntersuchung Stromgroßhandel, S. 269 f.

[1507] Kurzfassung des Gemeinschaftsgutachtens von Enervis, S. 6.

[1508] *P. Becker*, Aufstieg und Krise der deutschen Stromkonzerne, S. 269 f.

[1509] Bundesumweltminister Norbert Röttgen, Rede zur Konferenz „Vision 2050 – Perspektiven für Stadtwerke im Energiemarkt" am 06. Juli 2010, abzurufen unter: http://www.bmu.de/reden/norbert_roettgen/doc/46315.php (letzter Abruf: 18. November 2011); ähnlich auch *P. Becker*, Aufstieg und Krise der deutschen Stromkonzerne, S. 266; zur Wettbewerbssituation und den Herausforderungen der kommunalen Versorger zu Beginn der Liberalisierung, siehe *Schneider*, Das neue Energierecht: Bedrohung oder Chance der kommunalen Versorgungswirtschaft?, S. 119 ff.

III. Mögliche Auswirkungen auf die Marktanteile

Im Jahr 2011 wurde gefürchtet, dass der Einfluss der vier Stromkonzerne vorübergehend weiter steigen könnte.[1510] RWE, E.ON, Vattenfall und EnBW haben im Jahr 2011 zwar kurzfristig 5.000 MW an Kapazitäten verloren, weil acht Atomkraftwerke nun keinen Strom mehr produzieren können.[1511] Diese Lücke konnten jedoch alte, bereits abgeschaltete Anlagen der großen Energieerzeuger füllen. Damit hätten die vier Stromkonzerne ihren Einfluss stabilisieren, vielleicht sogar ausbauen können. Die bislang vorliegenden Erzeugerdaten aus dem Jahr 2011 verdeutlichen, dass sich diese Befürchtung nicht bewahrheitet hat.[1512] Gemessen an der Brutto-Stromerzeugung haben im Jahr 2011 alle Stromproduzenten zusammen nur noch ca. 18 % der Elektrizität aus Uran erzeugt, aber deutlich mehr aus anderen Energiequellen, namentlich 24 % aus Braunkohle, 18 % aus Steinkohle, 14 % aus Erdgas, 1 % aus Mineralöl und 21 % aus erneuerbaren Energien.[1513] Der gegenüber dem Jahr 2009 um ca. 5 % gesunkene Anteil an Atomstrom wurde bilanziell weitgehend durch den um ca. 4 % gestiegenen Anteil an erneuerbaren Energien kompensiert. Die großen Stromkonzerne haben damit ihren Einfluss nicht behaupten können, sondern tendenziell an Marktanteilen verloren. Dies bestätigt sich in ersten Bewertungen, denen zufolge die Stadtwerke im Jahr 2011 ihren Marktanteil von unter 10 % auf 13 % erhöht haben.[1514] Mit der Energiewende dürften die Marktanteile von RWE, E.ON, Vattenfall und EnBW auf längere Sicht weiter fal-

[1510] Dazu *Mundt*, in: Wirtschaftswoche vom 20. Juni 2011, S. 14.

[1511] MK, SonderGA 59 (2011), Tz. 10.

[1512] Siehe dazu Verband kommunaler Unternehmen, Pressemitteilung 81/12 vom 05. September 2012, abzurufen unter: http://www.vku.de/service-navigation/presse/pressemitteilungen/liste-pressemitteilung/pressemitteilung-8112.html (letzter Abruf: 10. November 2012).

[1513] Ca. 4 % werden aus sonstigen Energieträgern gewonnen. Zum Ganzen, BMWT, Monitoring Bericht zur Versorgungssicherheit im Bereich der leitungsgebundenen Versorgung 2012, S. 6, abzurufen unter: http://www.bmwi.de/BMWi/Redaktion/PDF/M-O/monitoringbericht-versorgungssicherheit-im-bereich-leitungsgebundener-versorgung-2012,property=pdf,bereich=bmwi2012,sprache=de,rwb=true.pdf (letzter Abruf: 30. Oktober 2012); zu den Erzeugerdaten aus dem Jahr 2009, siehe oben Teil 1 § 1 B I.

[1514] Siehe dazu Verband kommunaler Unternehmen, Pressemitteilung 81/12 vom 05. September 2012, abzurufen unter: http://www.vku.de/service-navigation/presse/pressemitteilungen/liste-pressemitteilung/pressemitteilung-8112.html (letzter Abruf: 10. November 2012); Handelsblatt online vom 05. November 2012, abzurufen unter: http://www.handelsblatt.com/unternehmen/industrie/energieversorgung-angriff-der-kleinen/7344858.html (letzter Abruf: 10. November 2012).

len.[1515] Die Experten sind dabei unterschiedlich optimistisch: Die Monopolkommission äußerte sich bislang vorsichtig („tendenziell fallen").[1516] In der Literatur wird sogar ein „Niedergang der Stromkonzerne" prognostiziert.[1517] Im Folgenden wird anhand der Kraftwerksportfolios dargestellt, welcher Veränderungsbedarf auf die großen vier Energieversorger zukommt.

1. E.ON

E.ON erzeugt von allen vier Unternehmen die größte Menge an Atomstrom. Das Unternehmen betreibt fast 40 % der installierten Kernkraftwerkskapazität.[1518] Die hohen Gewinnmargen fallen mit dem Atomausstieg relativ schnell weg. Zudem erzeugt das Unternehmen zu hohen Kosten weitere 35 % seines Stroms aus Erdgas, was aufgrund des Preisniveaus im Großhandel zunehmend unrentabel ist.[1519] Dies könnte dem Unternehmen große Investitionen in neue Kraftwerksprojekte erschweren. Zudem hat E.ON wichtiges Betriebsvermögen verkauft, das gerade für eine dezentrale Stromversorgung mit erneuerbaren Energien entscheidend ist: seine Wasserkraftkapazitäten und sein Hochspannungsnetz.[1520] E.ON erzielt seinen Hauptumsatz anders als früher nicht mehr in Deutschland.[1521] Der Konzern verlagert seine Geschäftsaktivitäten insgesamt stärker aus Deutschland weg ins Ausland.[1522] Dazu hat das Unternehmen inländische Kraftwerke und Beteiligungen verkauft und im Ausland hinzugekauft. Damit erzeugt das Unternehmen immer weniger Strom in Deutschland. Der Anteil von E.ON an EEG-Strom liegt bei unter 10 %. Das alles spricht dafür, dass E.ON die Stromerzeugung zukünftig weniger beeinflussen wird.

2. RWE

Der Atomausstieg und die Energiewende treffen auch RWE hart. Das Unternehmen hat mit ca. 26 % den zweithöchsten Anteil an der Atomanlagenkapazität und betreibt zudem große Braun- bzw. Steinkohlekraftwerke.[1523] Diese Kraftwerke werden umso geringer ausgelastet sein,

[1515] So auch MK, SonderGA 59 (2011), Tz. 13; *P. Becker*, Aufstieg und Krise der deutschen Stromkonzerne, S. 307 ff.

[1516] MK, SonderGA 59 (2011), Tz. 13.

[1517] So *P. Becker*, Aufstieg und Krise der deutschen Stromkonzerne, S. 307.

[1518] *P. Becker*, Aufstieg und Krise der deutschen Stromkonzerne, S. 315.

[1519] Siehe dazu Handelsblatt vom 14. November 2012, S. 14.

[1520] BKartA, Sektoruntersuchung Stromgroßhandel, S. 91; zur Verpflichtung ggü. der EU, siehe EU-Kommission, Bekanntmachung gem. Art. 27 Abs. 4 der VO 1/2003/EG des Rates, ABl. C 146 vom 12. Juni 2008, S. 34 (Rn. 6 f.).

[1521] *P. Becker*, Aufstieg und Krise der deutschen Stromkonzerne, S. 316.

[1522] BKartA, Sektoruntersuchung Stromgroßhandel, S. 91 f.

[1523] *P. Becker*, Aufstieg und Krise der deutschen Stromkonzerne, S. 317.

je stärker neue EEG-Anlagen Strom produzieren. Neue Kraftwerksprojekte kann auch RWE immer weniger durch Gewinne der Atomanlagen finanzieren. Gleichzeitig konzentriert das Unternehmen sein Geschäft auf Deutschland. Deshalb kann RWE neue Kapazitäten auch nicht mit Gewinnen aus dem Auslandsgeschäft finanzieren.

3. EnBW

Noch größer als bei E.ON und RWE scheinen die Probleme von EnBW. Das Unternehmen erwirtschaftet sogar fast 90 % seines Umsatzes in Deutschland, vor allem in Baden-Württemberg.[1524] Gemessen am konzerneigenen Kraftwerksportfolio hat EnBW mit rund 57 % zudem von allen Betreibern den höchsten Anteil an Atomkraftkapazitäten. Mit Kohlekraftwerken als zweitem Standbein erzeugt das Unternehmen rund 30 % seines Stromes.[1525] Damit hängt EnBW extrem stark von der fossilen Stromerzeugung ab und muss sein Geschäftsmodell fundamental neu ausrichten.[1526] Den Konzernumbau erschwert finanziell zusätzlich, dass EnBW bereits zwei Kernkraftwerke stilllegen musste.

4. Vattenfall

Vattenfall erzeugt ebenfalls den meisten Strom auf Basis von Braunkohle und Kernkraft. Die Atomkraftwerke musste das Unternehmen bereits abschalten und die Braunkohlekraftwerke werden mit der Energiewende wohl unrentabel werden.[1527] Bislang hat der Konzern in Deutschland nicht wesentlich in erneuerbare Energien investiert. Zudem verkaufte Vattenfall sein Hochspannungsnetz. Dieses Netz gilt aber neben den Stromspeichern als besonders wichtig, damit die Energieversorgung auf regenerative Energien umgestellt werden kann.[1528] Das Unternehmen ist deshalb auf strategischen Geschäftsfeldern nicht mehr vertreten.

5. Zwischenergebnis

Auf RWE, E.ON, Vattenfall und EnBW kommen erhebliche finanzielle Belastungen zu. Alle vier Unternehmen müssen massiv in neue Kraftwerke investieren, um ihre Marktanteile auf dem jetzigen Niveau halten zu können. Der finanzielle Spielraum der Unternehmen verschlechtert

---

[1524] *P. Becker*, Aufstieg und Krise der deutschen Stromkonzerne, S. 319.

[1525] Die Kohlekraft macht rund 30 % des gesamten von EnBW erzeugten Stroms aus, siehe *Leprich*, EnBW: Perspektiven eines Energiekonzerns, S. 16, 29.

[1526] Sonst drohe EnBW ein Sanierungsfall zu werden, siehe *Leprich*, EnBW: Perspektiven eines Energiekonzerns, S. 49.

[1527] Dafür wird entscheidend sein, ob die Speicherung von CO_2 gelingt, siehe *P. Becker*, Aufstieg und Krise der deutschen Stromkonzerne, S. 321; kritisch zu den Chancen SRU, SonderGA 2011, BT-Drs. 17/4890, Tz. 43.

[1528] *P. Becker*, Aufstieg und Krise der deutschen Stromkonzerne, S. 321.

sich dabei durch die vorgezogene Abschaltung aller Atomkraftwerke bis zum Jahr 2022. Die Unternehmen können Unternehmensgewinne nicht mehr so leicht wie bisher durch eine konstante und kostengünstige Produktion von Atomstrom generieren. Es ist deshalb zu bezweifeln, dass die Unternehmen den zwangsläufigen Verlust von Kraftwerkskapazitäten in vollem Umfang durch neue Anlagen werden ausgleichen können. Insgesamt scheint es deshalb wahrscheinlich, dass RWE und E.ON, aber auch Vattenfall und EnBW zukünftig immer weniger Strom produzieren. Damit dürften die vier Unternehmen den erstmaligen Stromabsatz immer weniger beeinflussen.

IV. Unsicherheiten über die weitere Entwicklung

Wie stark sich die Erzeugerstrukturen tatsächlich verändern werden, hängt von der weiteren Entwicklung ab, die auch mit Unsicherheiten belastet ist. Die Energiewende erfordert große Investitionen.[1529] Leistungsstarke Kraftwerksprojekte sind kapitalintensiv, vor allem gilt dies für Offshore-Windparks.[1530] Bislang ist noch nicht absehbar, ob neue Anbieter die großen Unternehmen hier angreifen. Die Meinungen sind zudem geteilt, ob die Betreiber von Atomkraftwerken für den Ausstieg zu entschädigen sind.[1531] Diese Frage wird wohl gerichtlich zu klären sein.[1532] Das Ergebnis entscheidet darüber, wie stark RWE, E.ON, Vattenfall und EnBW in teure, neue Kraftwerksprojekte investieren können. Mit Sicherheit lässt sich deshalb nicht vorhersagen, dass sie ihre Marktstellung verlieren. Damit sich der Markt dynamisch entwickelt, muss der Gesetzgeber auch die Hürden abbauen, die neue Produzenten von Investitionen abhalten. Dazu zählen vor allem lange Planungs- und Genehmigungszeiten für Kraftwerksprojekte.

Gleichzeitig muss sich die Infrastruktur verändern. Die Netze sind für die volatile, dezentrale und nachfrageunabhängige Einspeisung von gro-

[1529] Zu dem an dieser Stelle nicht behandelten Investitionsbedarf im Bereich der Stromübertragungsnetze und zu den Investitionssteuerungsansätzen des Gesetzgebers, siehe *Schneider*, Infrastrukturausbau als Aufgabe des Regulierungsrechts, S. 69, 72 ff.

[1530] MK, SonderGA 59 (2011), Tz. 73 m.w.N.; zu den rechtlichen Problemen von Offshore-Windparks und ihrer Anbindung an das Stromnetz, siehe *Schneider*, Aktuelle Rechtsprobleme von Offshore-Windenergieanlagen und ihrer Netzanbindung, S. 60 ff., 71 ff.

[1531] Dagegen *Ewer*, NVwZ 2011, 1035, 1039; *Bruch/Greve*, DÖV 2011, 794, 804; *H.-J. Koch*, NJW 2000, 1529, 1535; a.A. *Sellner/Fellenberg*, NVwZ 2011, 1025, 1027 f.; *Schmidt-Preuß*, NJW 2000, 1524, 1529.

[1532] Siehe Handelsblatt vom 12. Juli 2012, S. 27.

ßen Mengen EEG-Strom nicht bereit.[1533] Für ein hohes Niveau an EEG-Strom müssen die Betreiber die Netze massiv um- und ausbauen.[1534] Nach wie vor fehlen aufnahmefähige Stromspeicher. Konventionell erzeugter Strom konkurriert deshalb immer stärker mit EEG-Strom um die Einspeisung ins Netz. Grundsätzlich löst § 8 EEG den Konflikt zulasten konventioneller Anlagen.[1535] Diese Vorschrift stützt die Erfolgschancen regenerativer Energien.[1536] Allerdings reicht der konventionelle Strom nicht aus, um Angebotslücken zu schließen, wenn EEG-Anlagen wetterbedingt zu wenig produzieren. Der Staat muss deshalb mit stabilen Rahmenbedingungen sicherstellen, dass Unternehmen und Investoren ausreichend in neue, dringend erforderliche Kraftwerke investieren. Der abrupte Ausstieg aus der Atomkraft weckt Zweifel an einer konstanten Wirtschaftspolitik.[1537] Inwieweit sich eine dezentrale Stromerzeugung realisieren lässt, hängt deshalb auch von der weiteren Konsequenz des Gesetzgebers ab.

V. Prognoseentscheidung des Bundeskartellamtes

Das Bundeskartellamt müsste diese Unsicherheiten im Entflechtungsverfahren nach § 41a GWB-RefE in seine Prognose der zukünftigen Wettbewerbsbedingungen aufnehmen und bewerten. Die behördliche Einschätzung könnte sich im Nachhinein als falsch herausstellen. Es ist grundsätzlich nicht ungewöhnlich und stellt den Sinn einer Vorhersage nicht in Frage, dass sie sich nachträglich als falsch erweist.[1538] Was richtig ist, zeigt nur die Zukunft, deshalb kann es keine Wahrheitskriterien für Prognosen geben.[1539] Dieses Risiko belastet zwangsläufig jede Vorhersage. Es gilt allerdings die gravierenden Folgen zu berücksichtigen, die eintreten, wenn das Bundeskartellamt im Verfahren nach § 41a GWB-RefE eine nachträglich falsche Prognoseentscheidung trifft.

Mit einer konkreten Entflechtungsmaßnahme knüpft der Staat an die insoweit fehlerhafte Prognose an, um belastend in das Unternehmen ein-

---

[1533] MK, SonderGA 59 (2011), Tz. 366; Danner/Theobald/*Danner*, Energierecht, Einführung Rn. 24d; *Erbguth*, NVwZ 2012, 326, 326; *Sellner/Fellenberg*, NVwZ 2011, 1025, 1030 ff.

[1534] Siehe SRU, SonderGA 2011, BT-Drs. 17/4890, Tz. 233.

[1535] Nach § 13 Abs. 2 EnWG darf der Betreiber erneuerbare Energien in Ausnahmen jedoch abregeln, zur strittigen Frage einer Entschädigung, siehe MK, SonderGA 59 (2011), Tz. 321; zur Einspeisung von EEG-Strom bereits oben, Teil 1 § 1 B II 1.

[1536] *P. Becker*, Aufstieg und Krise der deutschen Stromkonzerne, S. 308.

[1537] Zur Kritik MK, SonderGA 59 (2011), Tz. 27.

[1538] *Markopoulos*, Die Prognoseentscheidung in der europäischen Fusionskontrolle, S. 25.

[1539] *Markopoulos*, Die Prognoseentscheidung in der europäischen Fusionskontrolle, S. 24 f., 88.

zugreifen. Wenn das Bundeskartellamt hingegen falsch beurteilt, wie sich ein Zusammenschluss auswirkt, dann verbietet es die Fusion höchstens.[1540] Damit greift der Staat aber nicht in die bestehende Unternehmenssubstanz ein. Deshalb ist näher zu untersuchen, welche Anforderungen an die Prognose zu stellen sind.

1. Unklare gesetzliche Anforderungen

Bislang ist nicht bekannt, ob die Kartellbehörden die wettbewerbliche Dynamik auf dem Erstabsatzmarkt verändert einschätzen, nachdem sich im Stromsektor durch die beschlossene Energiewende stark beschleunigte Umwälzungen abzeichnen. Die gesetzlichen Anforderungen an die Prognose bestimmen deshalb, inwieweit das Bundeskartellamt im Entflechtungsverfahren nach § 41a GWB-RefE immer noch eine negative Entscheidung treffen könnte.

Nach § 41a Abs. 1 S. 1 GWB-RefE muss „zu erwarten sein", dass die beherrschende Stellung fortbesteht. Welche Voraussetzungen die Behörde an die Wahrscheinlichkeit zu stellen hat, bleibt indes offen.[1541] Die Entwurfsbegründung hilft ebenfalls nicht weiter. Die Begründung verweist allein darauf, dass das Bundeskartellamt in seiner Prognose „begründet" darlegen müsse, weshalb das Fortbestehen der Marktbeherrschung zu erwarten sei, obwohl Wettbewerb technisch und wirtschaftlich grundsätzlich möglich sei.[1542] Eine negative Prognose könne „beispielsweise" auf Marktzutrittsschranken beruhen.[1543] Daraus lässt sich jedoch kein klarer Prüfungs- oder Wahrscheinlichkeitsmaßstab ableiten.

2. Die Prognose der Wettbewerbsbedingungen in der Zusammenschlusskontrolle als Vergleich

Es bliebe die Möglichkeit, sich für die Vorhersage der Wettbewerbsbedingungen an ähnlich gelagerten Prognoseentscheidungen zu orientieren. Nach § 36 Abs. 1 GWB ist ein Zusammenschluss zu untersagen, wenn durch ihn eine „erhebliche Behinderung wirksamen Wettbewerbs" zu erwarten ist. Dies ist vor allem dann der Fall, wenn eine marktbeherrschende Stellung entsteht oder sich verstärkt, wenn zwei Unternehmen sich zusammenschließen, vgl. § 36 Abs. 1 GWB. Klare gesetzliche Entscheidungshilfen fehlen allerdings auch für die Prognose im Rahmen der

---

[1540] Zu den unterschiedlichen Folgen falscher Entscheidungen, siehe oben Teil 2 § 2 C III 2.

[1541] Zum Problem des Wahrscheinlichkeitsbegriffs und dem erforderlichen Beweismaßstab *Markopoulos*, Die Prognoseentscheidung in der europäischen Fusionskontrolle, S. 87 ff.

[1542] BMWT, Begr. zum GWB-RefE, S. 12.

[1543] BMWT, Begr. zum GWB-RefE, S. 12.

Zusammenschlusskontrolle.[1544] Die Regierungsbegründung fordert „konkrete Umstände", die mit „hoher Wahrscheinlichkeit" nahelegen, dass sich die Wettbewerbssituation „alsbald" verbessert oder verschlechtert.[1545] Das Kammergericht verlangte, dass sich eine „abstrakte Möglichkeit" durch den Zusammenschluss zu einem „gesteigerten Grad von Wahrscheinlichkeit für einen zu erwartenden Erfolg" verdichtet.[1546] Der BGH differenziert stärker und berücksichtigt „Wahrscheinlichkeiten" nur bei längerfristigen Auswirkungen „durch" den Zusammenschluss.[1547] Dann müssen Veränderungen aber aufgrund „konkreter Umstände alsbald mit hoher Wahrscheinlichkeit zu erwarten sein".[1548]

3. Schlussfolgerung

Der Vergleich mit der Fusionskontrolle legt nahe, dass im Rahmen eines Entflechtungsverfahren nach § 41a GWB-RefE hohe Anforderungen an eine negative Prognose zu stellen sind. Vorliegend ist mit den Entwicklungen im Rahmen der Energiewende unsicher geworden, ob die tatsächlichen Umstände, auf denen die Prognose aufbaut, unverändert bleiben werden. Bei Zweifeln spricht viel dafür, dass sich die Behörde mit einer negativen Prognose zurückhält, weil sie einen belastenden Eingriff zur Folge hätte.[1549] Nachdem sich die Kraftwerkslandschaft in Deutschland verändern muss, gerät der Markt zwangläufig in Bewegung. Innerhalb von neun Jahren soll sich der Anteil erneuerbarer Energien an der Stromversorgung auf 35 % mehr als verdoppeln.[1550] Mit dem Atomausstieg fallen zwangsweise Kraftwerkskapazitäten auf dem Erstabsatzmarkt weg, die ausschließlich RWE, E.ON, Vattenfall und EnBW zur Stromerzeugung genutzt haben. Innerhalb der kommenden elf Jahre sind weiterhin 23 % der Marktanteile neu zu verteilen. Folglich ist un-

[1544] Die kartellrechtlichen Auswirkungen einer Fusion seien deshalb „häufig Hochseilakte ohne Netz" und gingen auf Kosten der Rechtssicherheit, siehe *Moosecker*, GRUR 1978, 517, 517.

[1545] Siehe mit Nachweis Immenga/Mestmäcker/*Mestmäcker/Veelken*, GWB, § 36 Rn. 135.

[1546] KG WuW/E OLG 1745, 1754 – *Sachs*.

[1547] Der BGH unterscheidet zwischen Auswirkungen, die „mit" und „durch" den Zusammenschluss eintreten. Für die unmittelbaren Auswirkungen komme es nicht auf Wahrscheinlichkeiten an, sondern auf Besonderheiten des Zusammenschlusses, siehe BGH WuW/E BGH 1501, 1506 f. – *Kfz-Kupplungen*; zum Ganzen Langen/Bunte/*Ruppelt*, GWB, § 36 Rn. 43 ff.; Immenga/Mestmäcker/*Mestmäcker/Veelken*, GWB, § 36 Rn. 134 ff.

[1548] BGH WuW/E BGH 1501, 1506 – *Kfz-Kupplungen*; kritisch dazu Bechtold, GWB, § 36 Rn. 4.

[1549] Im Bezug auf Regulierungseingriffe im TKG, siehe Beck-TKG/*Korehnke*, § 11 Rn. 24; Immenga/Kirchner/Knieps/Kruse/*Kirchner*, Telekommunikation im Wettbewerb, S. 155.

[1550] Siehe § 1 Abs. 2 EEG.

wahrscheinlich geworden, dass die Marktanteile der Stromkonzerne unverändert bleiben. Es ist deshalb nicht mehr hinreichend sicher, dass RWE und E.ON den Markt weiterhin beherrschen. Damit liegen die Voraussetzungen für eine negative Wettbewerbsprognose im Entflechtungsverfahren nicht mehr vor.

VI. Zwischenergebnis

RWE und E.ON erfüllen nach der Energiewende im Jahr 2011 nicht mehr die Voraussetzungen von § 41a GWB-RefE. Das Bundeskartellamt kann somit keine Entflechtungsverfahren mehr gegen die beiden Unternehmen einleiten. Mit dem vorgezogenen Atomausstieg und der massiven Förderung erneuerbarer Energien hat der Gesetzgeber die Chance auf eine völlig neue Erzeugerstruktur eröffnet. Der Gesetzgeber hat RWE, E.ON, Vattenfall und EnBW bereits unmittelbar Einfluss entzogen, indem er schon acht Atomkraftwerke endgültig abschalten ließ. Zudem haben kleinere bzw. mittelgroße Stromerzeuger im Rahmen einer dezentralen Stromerzeugung gute Erfolgsaussichten am Markt. Sofern sich diese Erzeuger am Markt behaupten, könnten sie die Stromkonzerne zukünftig stärker wettbewerblich unter Druck setzen. Gleichwohl gilt es die Unsicherheiten in der weiteren Entwicklung zu berücksichtigen. Es hängt entscheidend von der Finanzkraft der vier Stromkonzerne ab, in welchem Umfang die Unternehmen in neue Kraftwerksprojekte investieren können. Vom Volumen dieser Investitionen wird es wiederum abhängen, ob und inwieweit die vier Unternehmen ihre Marktanteile werden verteidigen können. Die tatsächliche Finanzausstattung der Atomkonzerne ist derzeit ungewiss und wird maßgeblich vom BVerfG bestimmt werden. Mit ihrer Verfassungsbeschwerde haben sich RWE, E.ON und Vattenfall dazu entschlossen, den entschädigungslosen Ausstieg aus der Atomverstromung nicht hinzunehmen.[1551] Im Lichte dieser Unsicherheiten lässt sich derzeit keine hinreichend genaue Prognose der künftigen Wettbewerbsverhältnisse auf dem Erstabsatzmarkt treffen. Vor diesem Hintergrund ist auch in einem Entflechtungsverfahren nach § 41a GWB-RefE derzeit keine negative Einschätzung der Wettbewerbsverhältnisse auf dem Erstabsatzmarkt gerechtfertigt. Deshalb sind RWE und E.ON insoweit nicht mehr als kartellrechtliche Entflechtungsadressaten heranzuziehen.

[1551] Siehe dazu oben Teil 3 § 2 C.

D. Zusammenfassung

In dem Teil des Stromsektors, der dem Kartellrecht unterworfen ist, hätte der Gesetzgeber die geplante Entflechtungsvorschrift nur horizontal und nicht auch vertikal einsetzen können. Die Entflechtungsregelungen des EnWG geben den Stromkonzernen direkt vor, wie sie den Netzbetrieb von den Wettbewerbsbereichen abzutrennen haben. § 41a GWB-RefE hingegen erlaubt lediglich gezielte strukturelle Eingriffe im Rahmen eines kartellbehördlichen Verfahrens.

Vor der Energiewende und dem Atomausstieg wären als kartellrechtliche Entflechtungsadressaten nur RWE und E.ON in Betracht gekommen. Der Ansatz des Bundeskartellamtes, alle vier Unternehmen auf dem Erstabsatzmarkt als marktbeherrschend im Sinne des § 18 GWB anzusehen, überzeugt nicht. Das Bundeskartellamt bezieht sich hier auf eine bislang singulär gebliebene Entscheidung des BGH, in der das Gericht eine sachgerechte Entscheidung auf Kosten der kartellrechtliche Dogmatik getroffen hat. Anstatt der missverständlichen Begründung des Bundeskartellamtes, dass „in der Rechtsprechung des BGH anerkannt" sei,[1552] dass im Einzelfall mehrere Unternehmen individuell marktbeherrschend sein können, müsste es richtigerweise heißen, dass die Annahme einer Einzelmarktbeherrschung mehrerer Unternehmen in der Rechtsprechung des BGH lediglich in einem einzigen Fall anerkannt ist. Deshalb scheiden Vattenfall und EnBW bereits vor der Energiewende im Jahr 2011 als mögliche Entflechtungsadressaten aus. Nach dem vorgezogenen Atomausstieg und dem beschlossenen Ausbau regenerativer Energien können auch RWE und E.ON nicht mehr für eine Entflechtung nach § 41a GWB-RefE herangezogen werden. Durch die Neuorientierung der staatlichen Energiepolitik ist ein grundlegender Umbau der derzeitigen Erzeugungsstrukturen erforderlich geworden. In diesem Zusammenhang ist ungewiss, ob RWE, E.ON, Vattenfall und EnBW ihre Marktmacht weiterhin behaupten können.

§ 3. Zusammenfassung Teil 3

Der seinerzeitige Bundeswirtschaftsminister Rainer Brüderle hatte beabsichtigt, mit § 41a GWB-RefE ein „scharfes Schwert" zu schmieden, um vermachteten Märkten wirkungsvoll entgegenzutreten.[1553] Durch die Entflechtungsregelungen im EnWG hat der Gesetzgeber die Macht der vier Stromkonzerne bereits erfolgreich beschränkt. Es gestaltet sich je-

[1552] Siehe BKartA, Sektoruntersuchung Stromgroßhandel, S. 96.
[1553] Siehe Handelsblatt vom 04. April 2011, S. 13.

doch schwierig, ergänzend durch horizontale Entflechtungen weitere Unternehmen an der Stromerzeugung zu beteiligen. Dem Bundeskartellamt gelingt es nicht nachzuweisen, dass RWE, E.ON, Vattenfall und EnBW das Marktgeschehen beherrschen. Vor dem Jahr 2011 hätte die Behörde deshalb nur RWE und E.ON durch Entflechtungsmaßnahmen zwingen können, bestimmte Kraftwerke zu verkaufen. Diese Möglichkeit hat dem Bundeskartellamt allerdings der Gesetzgeber genommen. Im Bereich der Stromerzeugung haben sich die Wettbewerbsaussichten für konzernunabhängige Unternehmen verbessert, nachdem der Staat die Energiewende beschlossen und die Laufzeiten der Kernkraftanlagen verkürzt hat. Es ist somit nicht mehr gerechtfertigt, den Wettbewerb auf dem Erstabsatzmarkt zu beleben, indem das Bundeskartellamt die Unternehmenssubstanz von RWE und E.ON angreift.

Daraus ist jedoch nicht der Schluss zu ziehen, dass Entflechtungsmaßnahmen die Wettbewerbssituation bei der Stromerzeugung nicht hätten verbessern können. Vielmehr scheiden nur weitere strukturelle Maßnahmen aus. Der Gesetzgeber hat bereits in die Marktstruktur eingegriffen, indem er die Betreiber gezwungen hat, acht Atomkraftwerke sofort abzuschalten. Diese Entscheidung dämpfte die Machtkonzentration beim erstmaligen Stromabsatz zwangsläufig, weil nur RWE, E.ON, Vattenfall und EnBW Erzeugungskapazitäten verloren haben. Zudem sind die Kraftwerkparks dieser Unternehmen nicht auf die Bedürfnisse des Marktes ausgelegt, die sich mit der Energiewende verändern. Die großen Atom- und Braunkohlekraftwerke der vier Stromkonzerne werden immer schlechter ausgelastet sein. Es wird wirtschaftlich attraktiver werden, in kleinen Anlagen dezentral Strom zu produzieren. Damit sind die Marktzutrittsschranken gefallen, die kleine Versorger oder private Investoren bislang abhielten, selbst Strom zu produzieren. RWE, E.ON, Vattenfall und EnBW stehen deshalb einer größeren Konkurrenz gegenüber, um die notwendigen Anlagen für die zukünftige Stromversorgung zu bauen.

Rückblickend hätten Entflechtungsmaßnahmen die verkrusteten Marktstrukturen allerdings aufbrechen können, als der Atomausstieg und die Energiewende noch nicht abzusehen waren. Das Bundeskartellamt hätte damit neue Erzeuger stärker beteiligen können, Strom für die Grundlast zu produzieren. Trotz Liberalisierung hatten die vier ehemaligen Monopolunternehmen den Marktteil faktisch abgeschottet. Deshalb konnten Wettbewerber preislich nicht mit dem günstigen Atom- bzw. Braunkohlestrom von RWE, E.ON, Vattenfall und EnBW konkurrieren. In diesem Bereich wären wettbewerbliche Impulse besonders wünschenswert gewesen, weil bis heute nahezu zwei Drittel der gesamten Kraftwerksleistung auf die Grundlast entfallen.[1554] Damit hätten andere

[1554] *Ströbele/Pfaffenberger/Heuterkes*, Energiewirtschaft (2010), S. 218.

Unternehmen ebenfalls einen konkurrenzfähigen Kraftwerkpark aufbauen können, der auch Mittel- und Spitzenlastanlagen umfasst.

Die Voraussetzungen für Entflechtungsmaßnahmen liegen heute nicht mehr vor und waren nur teilweise gegeben, als sich der Referentenentwurf zu § 41a GWB verbreitete. Die Schwierigkeiten, den Erstabsatzmarkt als Paradebeispiel vermachteter Märkte zu entflechten, spricht nicht grundsätzlich gegen das Kartellrechtsinstrument. Das Bundeskartellamt soll die Entflechtung ja gerade nicht auf Märkten einsetzen, die sich durch Wettbewerbsprozesse selbst verändern werden. Auf diesen Märkten produziert Wettbewerb als selbststeuernder Prozess ausreichend gute, wenngleich nicht genau vorhersehbare Ergebnisse.[1555] Ein staatlicher Eingriff in das Wettbewerbsgeschehen ist unter diesen Voraussetzungen weder erforderlich noch zweckmäßig. Mit der Energiewende hat der Gesetzgeber das Fundament entwertet, auf der die Marktmacht von RWE, E.ON, Vattenfall und EnBW aufbaut. Die bislang unverzichtbaren Grundlastkraftwerke der vier Stromkonzerne werden zukünftig technisch und wirtschaftlich immer weniger Bedeutung haben. Die lange zementiert scheinenden Marktstrukturen auf dem Erstabsatzmarkt werden dadurch zwangsläufig immer stärker aufgebrochen. Kartellrechtliche Entflechtungsmaßnahmen waren deshalb nicht überflüssig, sondern kommen für den Stromsektor lediglich zu spät.

[1555] Zu diesem Aspekt im Rahmen des systemtheoretischen Wettbewerbsansatzes, siehe oben Teil 2 § 2 A II 2.

Gesamtwürdigung und Schlussbetrachtung

Der Gesetzgeber hat sich entschlossen, § 41a GWB-RefE im Zuge der 8. GWB-Novelle nicht einzuführen.[1556] Für den Stromsektor ist das die richtige Entscheidung. Der Atomausstieg und die Energiewende haben bereits das geschafft, was sonst durch Entflechtungen zu realisieren gewesen wäre: eine Chance auf mehr Wettbewerb.

Der Staat dürfte damit zugleich die Grenzen seiner Gestaltungsmöglichkeiten erreicht haben. Der Gesetzgeber kann mit strukturellen Maßnahmen nur die Voraussetzungen schaffen, dass sich die Strompreise nach wettbewerblichen Gesichtspunkten bilden. Niedrigere Preise wird der Gesetzgeber damit auch zukünftig nicht direkt durchsetzen können. Die Energiewende hat die Bilanzen der großen Stromkonzerne für das Jahr 2011 massiv verschlechtert.[1557] Der negative Trend hat sich im Jahr 2012 fortgesetzt und hat E.ON bereits gezwungen, eine Gewinnwarnung für das Jahr 2013 herauszugeben.[1558] Diese Entwicklungen zeigen, vor welchen finanziellen Herausforderungen die vier Unternehmen nun stehen. Bis jedoch neue Kraftwerke die Marktstruktur grundlegend verändern und die Macht von RWE, E.ON, Vattenfall und EnBW nachhaltig schwächen können, wird noch einige Zeit vergehen. Die Diskussionen um Manipulationen und überhöhte Preise werden den Stromsektor deshalb weiterhin beschäftigen, mit oder ohne Entflechtungsregelung. An dieser Situation wird sich erst etwas ändern, wenn Überkapazitäten entstehen, die die bestehenden Missbrauchsanreize beseitigen. In der Zwischenzeit liegt die beste Abschreckung vor Missbräuchen in einem transparenteren Handelsablauf und einer schärferen Kontrolle des Stromgroßhandels. Die Beschlüsse der Bundesregierung sind deshalb zu begrüßen, handelsrelevante Informationen ab dem Jahr 2013 zentral zu speichern, um so eine effektivere Marktaufsicht zu gewährleisten.[1559]

Im Stromsektor sind mit diesen Entwicklungen die Weichen gestellt, um das Problem dominanter Konzerne lösen zu können. Die Diskussionen

---

[1556] Siehe Reg.Begr. zur 8. GWB-Novelle, BT-Drs. 17/9852.

[1557] Handelsblatt vom 07. März 2012, S. 20; 08. März 2012, S. 27; 15. März 2012, S. 4; zum pessimistischen Ausblick für das Geschäftsjahr 2012 im Bezug auf E.ON, siehe ebenfalls Handelsblatt vom 13. November 2012, S. 14.

[1558] Dazu und zum Trend bei RWE, siehe Handelsblatt vom 14. November 2012, S. 14, 30.

[1559] Zu den Details, siehe oben Teil 1 § 3 C 3.

um mehr Wettbewerb im Stromsektor werden und müssen jedoch weitergehen. EEG-Strom wird bislang vorrangig und nicht nach wettbewerblichen Gesichtspunkten in die Stromnetze eingespeist. Die Vergütungssätze für regenerativ erzeugten Strom sind festgelegt und orientieren sich nicht an Angebot und Nachfrage. Dadurch fehlen Anreize und eine Steuerung, um möglichst günstigen Strom aus erneuerbaren Energien zu beziehen. Der Versuch des Gesetzgebers mit „Marktprämien" für mehr Wettbewerb und weniger Planwirtschaft zu sorgen,[1560] wird nicht ausreichen. Es verwundert daher nicht, dass der Präsident des Bundeskartellamtes „weniger eine Reparatur als eine Grundüberholung" des Systems fordert.[1561] Das bestehende Vergütungssystem verursacht zudem eine groteske Fehlentwicklung bei den Strompreisen. Die Verbraucher müssen bei regenerativ erzeugtem Strom die Differenz zwischen Marktpreis und Produktionskosten über die EEG-Umlage ausgleichen. Diese Umlage wird im Jahr 2013 gegenüber dem Vorjahr um ca. 47 % steigen.[1562] Nachdem darüber hinaus immer mehr EEG-Strom in die Netze eingespeist wird, verursacht diese Vergütungsmethode kontinuierlich steigende Elektrizitätspreise der Verbraucher. Umgekehrt sind die Strompreise im Großhandel in den letzten Jahren aber gesunken.[1563] Fallende Großhandelspreise sind zustande gekommen, weil durch den EEG-Strom die jeweils teuersten konventionellen Kraftwerke aus der Merit Order verdrängt worden sind und deshalb häufiger keinen Strom erzeugt haben. Dieser Effekt hat sich im Börsenhandel wiederum in einem niedrigeren markträumenden Strompreis und insoweit gesunkenen Großhandelspreisen insgesamt niedergeschlagen. Aufgrund des geltenden Vergütungssystems für EEG-Strom werden die Verbraucher an diesen günstigen Preisentwicklungen im Großhandel aber faktisch nicht beteiligt, sondern müssen im Gegenteil immer mehr Geld für Strom bezahlen.[1564] Dieses Ergebnis kann nicht richtig sein,

---

[1560] Zur Marktprämie nach § 33g EEG, siehe oben Teil 1 § 1 B II 1.

[1561] Siehe Handelsblatt vom 18. Januar 2012, S. 14.

[1562] Im Jahr 2012 betrug die Umlage für EEG-Strom 3,592 ct/kWh und wird im Jahr 2013 auf 5,277 ct/kWh steigen, siehe BNetzA, Pressemitteilung vom 15. Oktober 2012, abzurufen unter: http://www.bundesnetzagentur.de/cln_1931/SharedDocs/Pressemitteilungen/DE/2010/101015ErhoehungEEGUmlage.html (letzter Abruf: 01. November 2012).

[1563] Zum Merit Order-Effekt, siehe oben Teil 3 § 2 C I; ausführlich zum Aspekt der fallenden Strompreise und zu den zeitweilig „negativen" Strompreisen, siehe BKartA, Sektoruntersuchung Stromgroßhandel, S. 249 ff., 256 ff.; zum gesunkenen Preisniveau im Stromgroßhandel in den Jahren 2008 bis 2012, siehe Handelsblatt vom 14. November 2012, S. 24.

[1564] Maßgeblich aufgrund dieser Förderpolitik zählen die Verbraucherstrompreise in Deutschland neben denen Dänemarks zu den höchsten innerhalb der Europäischen Union, siehe EU-Kommission, Energy Markets in the European Union in 2011, S. 56,

deshalb bedarf die bestehende Förderung erneuerbarer Energien, auch nach Ansicht der EU-Kommission,[1565] dringend einer Korrektur.

Dieser Befund bestätigt sich auch unter wettbewerbsrechtlichen Gesichtspunkten. Das starre Fördersystem drängt die Anwendung des Kartellrechts im Stromsektor unaufhörlich zurück. Vor dem Atomausstieg wurden immerhin noch 67 % des Stroms wettbewerblich eingespeist und unterlagen so der kartellbehördlichen Kontrolle.[1566] Je stärker der Gesetzgeber den Ausbau alternativer Energie forciert, desto mehr schrumpft der wettbewerbliche, kartellrechtsrelevante Teil des Marktes. Dadurch beschränkt das geltende Vergütungssystem für EEG-Strom zugleich die Reichweite und letztlich den Einfluss der Wettbewerbsbehörden, deren Aufgabe es grundsätzlich ist, den erstmaligen Stromabsatz umfassend zu überwachen. Die Erfahrungen vor der Liberalisierung stimmen insoweit bedenklich und zeigen, dass weniger Wettbewerb und weniger Kartellrechtskontrolle eher Schlechtes befürchten als Gutes hoffen lassen.

Für den deutschen Stromsektor dürfte sich das Thema einer kartellrechtlichen Entflechtung durch die Maßnahmen im Zuge der Energiewende auf absehbare Zeit erledigt haben. Wenn sich das Problem marktmächtiger Stromkonzerne neu stellt, dann auf Unionsebene. Die EU-Kommission versucht seit der ersten Liberalisierungsrichtlinie einen gemeinsamen Binnenmarkt für Strom zu schaffen.[1567] Der Fortschrittsbericht 2009/2010 zur Wettbewerbssituation in den Energiemärkten belegt die anhaltend hohe Konzentration bei der Stromerzeugung in Europa.[1568] Die europäischen Produzenten betreiben Kraftwerke mit einer Gesamtleistung von 840.000 MW. Davon halten die jeweils größten drei Erzeuger der einzelnen Länder zusammen 600.000 MW. Nur im Vereinigten Königreich, das seine Stromversorger entflochten hat, liegt der Marktan-

abzurufen unter: http://ec.europa.eu/energy/gas_electricity/doc/20121115_iem_swd_0368_part2_en.pdf (letzter Abruf: 16. November 2012).

[1565] Zur Kritik des derzeitigen EU-Energiekommissars Günter Oettinger am derzeitigen Fördersystem und der geplanten „Überprüfung" der vorrangigen Einspeisung von EEG-Strom durch die Europäische Union, siehe Handelsblatt vom 14. November 2012, S. 9 f.; in die gleiche Richtung, allerdings ohne direkten Bezug zum deutschen Fördersystem EU-Kommission, KOM(2012), 663 endg., S. 16.

[1566] *Schiffer*, Energiemarkt Deutschland (2010), S. 220.

[1567] Erwägungsgrund 4 RL 96/92/EG; Erwägungsgrund 1, 3 RL 2003/54/EG; Erwägungsgrund 1 RL 2009/72/EG.

[1568] Siehe EU-Kommission, 2009-2010 Report on progress in creating the internal gas and electricity market, KOM(2010), 84 endg., S. 7; Commission Staff Working Document vom 09. Juni 2011, S. 7 f., abzurufen unter: http://ec.europa.eu/energy/gas_electricity/legislation/doc/20100609_internal_market_report_2009_2010.pdf (letzter Abruf: 31. Oktober 2012).

teil der größten drei Unternehmen bei weniger als 40 %. In allen anderen Ländern, außer Spanien und Deutschland, beträgt der Marktanteil der drei größten Erzeuger jeweils knapp 90 % oder mehr. Der Hang zu „national champions" in der Stromversorgung ist somit ein europäisches, kein rein deutsches Problem.

Europa könnte auf einem gemeinsamen Binnenmarkt auch ohne Entflechtung auskommen. Dafür müssten sich aber die Marktchancen kleiner Elektrizitätserzeuger durch eine forciert dezentrale Stromerzeugung verbessern. Im Dezember 2011 stellte die EU-Kommission ihren „Energiefahrplan 2050" vor und musste bekennen, dass die weitere Richtung der europäischen Energiepolitik „zurzeit nicht wirklich klar" ist.[1569] Die Europäische Union peilt zwar „einen höheren Anteil erneuerbarer Energien" an, allerdings hält die EU-Kommission die Kernenergie weiterhin für einen wichtigen Faktor.[1570]

Der deutsche Strommarkt zeigt 15 Jahre nach der Liberalisierung noch keine zufriedenstellende Wettbewerbsdynamik. Es erscheint deshalb fraglich, ob der Wettbewerb auf einem gemeinsamen europäischen Markt bereits dann funktionieren wird, wenn Netzengpässe beseitigt sind und Strom europaweit bezogen werden kann. Gegen einen vermachteten europäischen Strommarkt anzugehen, wird gleichwohl schwieriger sein. Die Europäische Union kann keine Entflechtungsregelung erlassen und sieht sich zudem Mitgliedsstaaten wie Frankreich gegenüber, die auf große Staatsunternehmen und Atomkraft setzen.

Alle Länder Europas sind vor die Frage gestellt, wie die Stromversorgung der Zukunft aussehen soll. Die bestehende Infrastruktur wird und muss sich verändern. Deutschland hat beschlossen, den Wandel aktiv zu gestalten, hat sich mit Mut gegen die Konzerne gestellt und für Innovation entschieden. Den anderen Mitgliedstaaten steht diese Wahl mit all ihren Unsicherheiten noch bevor. Diese Länder müssen abwägen, ob sie bei der Stromversorgung von morgen tatsächlich auf die Technologien von gestern setzen wollen. Wenn Europa die Risiken einer Energiewende scheut, dann wird die Chance auf mehr Wettbewerb verstreichen. In diesem Fall wird die Europäische Union überlegen müssen, ob sie vermachtete Märkte hinnehmen oder diese Märkte mit kartellrechtlichen Instrumenten verändern will.

[1569] EU-Kommission, KOM(2011) 885 endg., S. 2.
[1570] EU-Kommission, KOM(2011) 885 endg., S. 11, 14 f.

Stichwortverzeichnis

(Die Zahlen verweisen auf die jeweiligen Seiten.)